LE GUIDE
MICHELIN

PARIS
ET SES ENVIRONS

MICHELIN

LES ENGAGEMENTS DU GUIDE MICHELIN

Si le guide MICHELIN peut se prévaloir d'une **notoriété mondiale**, c'est principalement grâce à la constance de son engagement vis-à-vis de ses lecteurs. Au Japon ou aux États-Unis, en Chine et partout en Europe, celui-ci est fondé sur quelques principes immuables, scrupuleusement respectés par tous ses inspecteurs :

Première règle d'or, les inspecteurs testent les tables de façon **anonyme** et **régulière**, afin d'apprécier pleinement le niveau des prestations offertes à tout client. Ils paient donc toujours leurs additions.

La sélection des établissements s'effectue en toute **indépendance**, et l'inscription des établissements dans le guide est totalement gratuite.

Loin d'être un simple annuaire d'adresses, le guide propose une **sélection** des meilleurs restaurants, dans toutes les catégories de standing et de prix.

Les informations pratiques, les classements et distinctions sont tous revus et mis à jour chaque année, afin d'offrir **l'information la plus fiable**.

Les critères de classification sont identiques pour tous les pays couverts par le guide MICHELIN, afin de garantir **l'homogénéité** de la sélection. À chaque culture sa cuisine, mais la **qualité** se doit de rester **un principe universel.**

Michelin s'est donné une mission : **l'aide à la mobilité**. Dans l'unique dessein que vos voyages soient toujours placés sous le signe du plaisir et de la sécurité.

CHER LECTEUR,

Les époques changent, mais Paris demeure. Nous sommes heureux de vous présenter cette édition 2018 de notre guide dédié aux bonnes tables de la capitale. Quoi de nouveau cette année ? En tout, plus de 660 restaurants sélectionnés ; parmi eux, 118 étoilés dont 17 nouveaux, ce qui n'est pas loin d'être un record. C'est un fait : en termes de qualité gastronomique, toutes les routes mènent à « Paname ».

Premier constat, une tendance se confirme : celle du métissage culinaire et de l'abolition des frontières du goût. On ne compte plus les chefs étrangers venus jouer de leurs spatules dans nos contrées : que d'horizons, que de couleurs, que d'expériences ! Alan Geaam (Liban et États-Unis), Comice (un couple canadien), Copenhague (Danemark), Mavrommatis (patron grec et chef italien), et toujours les chefs japonais, aussi exigeants que méticuleux, qui mêlent avec une incroyable dextérité leur histoire à la nôtre : Pertinence, Montée, Étude, Ken Kawasaki, et combien d'autres..

Nous avons aussi assisté, avec bonheur, au retour de toques bien connues sur le devant de la scène parisienne. Citons par exemple Antonin Bonnet, dont le Quinsou (6e) est incontestablement l'un des tubes du moment, Jean Chauvel, à Boulogne-Billancourt, ou encore Christopher Hache, aux commandes de l'Écrin à l'Hôtel de Crillon (8e). N'oublions pas non plus ces passionnés qui, comme les grands vins, se bonifient avec le temps : on pense en particulier à Bruno Verjus (Table, dans le 12e), et au Basque Iñaki Aizpitarte, qui a atteint une jolie maturité au Chateaubriand (11e).

Impossible de clore ce tour d'horizon sans évoquer nos bien-aimés Bib Gourmand, qui permettent de se régaler à prix raisonnables (menu complet à 37 €). Ces 75 adresses – dont 16 nouveautés en 2018 – sont les vrais bons plans de cette sélection : là aussi, la variété, l'inspiration, l'envie de bien faire sont au rendez-vous.

À belle assiette, bel écrin... nous espérons, enfin, que cette nouvelle formule du guide – plus aérée, plus illustrée – vous séduira autant que son contenu !

L'équipe du guide MICHELIN ———————

SOMMAIRE

LES SYMBOLES
DU GUIDE MICHELIN

LA QUALITÉ DE LA CUISINE

**Trois symboles qualifient la qualité de la cuisine : l'Étoile,
le Bib gourmand et l'Assiette.**

Une ✿, deux ✿✿ ou trois ✿✿✿ — les étoiles distinguent les cuisines les
plus remarquables. Le choix des produits, la maîtrise des cuissons et
des saveurs, la personnalité de la cuisine, la constance de la prestation
et le bon rapport qualité-prix : voilà les critères qui, au-delà des genres
et des types de cuisine, définissent les plus belles tables.

LES PLUS DE L'ÉTABLISSMENT,
SES ÉQUIPEMENTS ET SES SERVICES

🍇	Belle carte des vins
🎪	Table en terrasse
⟨	Belle vue
🌳	Parc ou jardin
♿	Accès pour les personnes à mobilité réduite
A/C	Salle à manger climatisée
⬡	Salon pour repas privé
🧤	Voiturier
🅿	Parking
🚫	L'établissement n'accepte pas les cartes de paiement
🍷	Menu boisson comprise
Ⓝ	Une nouvelle adresse dans le guide !

LES MOTS-CLÉS

Deux mots-clés vous aideront à trouver la bonne adresse :
rouge pour la cuisine, or pour l'atmophère.

cuisine créative • cosy

——————— **LES DISTINCTIONS :**

LES ÉTOILES

✿✿✿ **Trois étoiles : une cuisine unique. Vaut le voyage !**
La signature d'un très grand chef ! Produits d'exception, pureté et puissance des saveurs, équilibre des compositions : la cuisine est ici portée au rang d'art. Les assiettes, parfaitement abouties, s'érigent souvent en classiques.

✿✿ **Deux étoiles : une cuisine d'exception. Vaut le détour !**
Les meilleurs produits magnifiés par le savoir-faire et l'inspiration d'un chef de talent, qui signe, avec son équipe, des assiettes subtiles et percutantes, parfois très originales.

✿ **Une étoile : une cuisine d'une grande finesse. Vaut l'étape !**
Des produits de première qualité, une finesse d'exécution évidente, des saveurs marquées, une constance dans la réalisation des plats.

LE BIB GOURMAND

Nos meilleurs rapports qualité-prix.
Un moment de gourmandise pour un maximum de 37€ (33€ en province) : de bons produits bien mis en valeur, une addition mesurée, une cuisine d'un excellent rapport qualité-prix.

L'ASSIETTE

Une cuisine de qualité
Qualité des produits et tour de main du chef : un bon repas tout simplement !

LES RESTAURANTS

10 FAÇONS
DE CHERCHER UNE ADRESSE...

Au sein de chaque arrondissement, nous avons
classé nos adresses par distinctions de qualité
de cuisine : les étoiles d'abord, de 3 à 1, puis
les Bib Gourmand et les Assiettes.
Même principe pour notre sélection autour de
Paris : chaque localité (de A à Z) décline ses
adresses suivant leur qualité.
Ensuite, les mots-clés rouges et or — type de
cuisine et ambiance — sauront vous guider
vers l'adresse qui correspond à votre envie.
De la table la plus élaborée à la plus simple,
pour un repas d'affaires, un dîner entre amis ou
en amoureux, pour une expérience créative ou
un moment d'authentique tradition, c'est selon
l'humeur du moment ou à la circonstance !

———

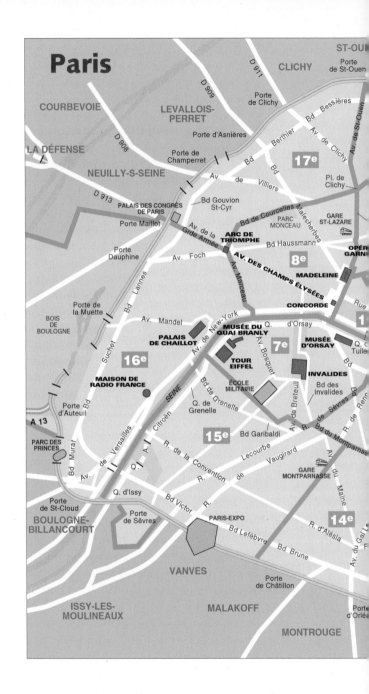

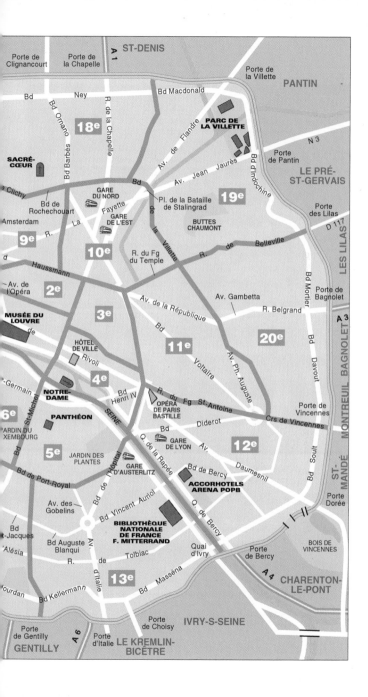

B. Jannsen/age fotostock

1er

PALAIS ROYAL • LOUVRE • TUILERIES • LES HALLES

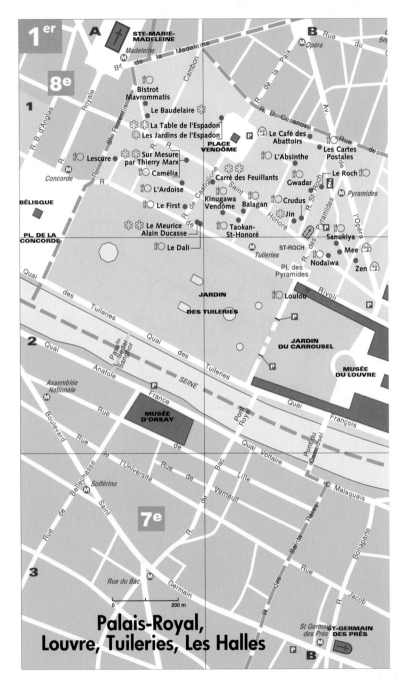

Palais-Royal,
Louvre, Tuileries, Les Halles

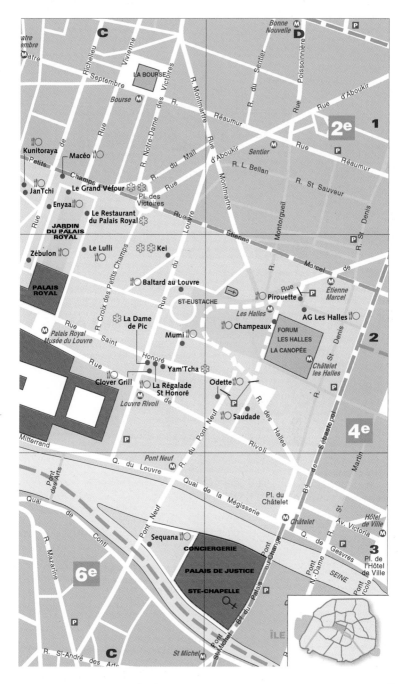

❀❀

Cuisine moderne • Élégant

CARRÉ DES FEUILLANTS

Il est rare qu'un restaurant marie si parfaitement ambiance et style culinaire. Indéniablement, le Carré des Feuillants réussit cette osmose. Point d'exubérance ou d'élans démonstratifs, tout dans la mesure et la maîtrise : c'est la première impression qui se dégage de cet ancien couvent (bâti sous Henri IV). Conçu par l'artiste plasticien Alberto Bali, ami d'Alain Dutournier, le décor n'est que lignes épurées, presque minimalistes, et matériaux naturels, dans une veine contemporaine.

Un cadre baigné de sérénité, pour un service impeccable et une cuisine à la hauteur. Marquée par la générosité et les racines landaises du chef, elle fait preuve de caractère et d'inventivité. Composées à la manière d'un triptyque – «le basique, son complice végétal et le révélateur» –, les assiettes ont l'art de valoriser l'authenticité du produit tout en sublimant le «futile». Quant à la cave, elle recèle de vrais trésors.

Menu 68 € (déjeuner)/198 € – Carte 130/160 €

PLAN : B1
14 r. de Castiglione
TEL. 01 42 86 82 82
www.carredesfeuillants.fr
Ⓜ Tuileries

Fermé août, samedi et dimanche

■ **Entrées :** Pâté croûte de caille des prés façon Rossini, tapenade de truffe et crumble noisettes • Huîtres d'Arcachon, caviar et feuilles au goût d'huître

■ **Plats :** Quartier d'agneau de lait, cousinage de légumes et ris cuits dans l'argile • Caneton croisé flanqué de foie gras, sauce bigarade, navet surprise

■ **Desserts :** Fraises des bois en pavlova, sorbet à la rose, gelée de litchis • Tarte rhubarbe caramélisée, fraises gariguettes, riz au lait vanillé

Cuisine créative • Classique

LE GRAND VÉFOUR

Bonaparte et Joséphine, Lamartine, Hugo, Mac-Mahon, Sartre.. Depuis plus de deux siècles, l'ancien Café de Chartres est un vrai bottin mondain! Le plus vieux restaurant de Paris (1784-1785) connut, d'un propriétaire à l'autre, grandeur et décadence. Il entre dans la légende en 1820 avec Jean Véfour, qui lui donne son nom. Quelques guerres plus tard, en 1948, Raymond Oliver lui rend son éclat en lui apportant ses premières étoiles, que Guy Martin entretiendra à sa suite. Reste le lieu, unique en son genre, restauré comme à l'origine et classé monument historique. Ouvertes sur le jardin par des arcades, deux magnifiques salles Directoire : miroirs, lustres en cristal, dorures, toiles peintes fixées sous verre inspirées de l'Antiquité. Quant à la cuisine, influencée par les voyages et la peinture – couleurs, formes, textures, le chef atypique «croque» ses plats comme un artiste –, c'est un juste équilibre entre grands classiques et recettes créatives.

Menu 115 € (déjeuner)/315 € – Carte 230/320 €

PLAN : C1
17 r. de Beaujolais
TEL. 01 42 96 56 27
www.grand-vefour.com
Ⓜ **Palais Royal**

Fermé 3 semaines en août, samedi et dimanche

■ **Entrées :** Ravioles de foie gras crème foisonnée truffée • Homard bleu servi tiède, rehaussé au poivre de Sichuan

■ **Plats :** Parmentier de queue de bœuf aux truffes • Ris de veau croustillant brocoletto en deux façons, févettes et pois gourmands

■ **Desserts :** Palet noisette et chocolat au lait, glace au caramel brun et sel de Guérande • Cube chocolat manjari, mûres et framboises

✿✿
Cuisine moderne • Élégant

KEI

Menu 58 € (déjeuner), 105/199 €

PLAN : C2
5 r. du Coq-Héron
TEL. 01 42 33 14 74
www.restaurant-kei.fr
Ⓜ **Louvre Rivoli**

**Fermé vacances de printemps,
3 semaines en août, vacances de
Noël, jeudi midi, dimanche et lundi**

A/C

La gastronomie, Kei Kobayashi est tombé dedans quand il était petit ! Il passe son enfance à Nagano, dans une famille très sensible au sujet : son père est cuisinier dans un restaurant traditionnel kaiseki. Mais sa véritable vocation naît.. en regardant la télévision, grâce à un documentaire sur la cuisine française. Sa cuisine est bien digne d'un passionné : il y a quelque chose de natif dans ses réalisations. L'influence nippone affleure par petites touches délicates – avec une purée d'agrumes, des fleurs, des lamelles de pomme verte... –, tout en préservant les saveurs de produits de qualité. Certaines associations hautes en couleur surprennent, d'autres ravissent par leur harmonie et leur limpidité ; les jeux autour des textures et des ingrédients font mouche. Cerise sur le gâteau : le chef fait évoluer régulièrement ses menus (sans choix) au fil de son inspiration... Inventif et raffiné.

■ **Entrées :** Jardin de légumes croquants, saumon fumé d'Écosse, émulsion de citron et crumble d'olives • Langoustines fumées au foin, sauce homardine

■ **Plats :** Bar de ligne en écaille croustillante, réduction de vin rouge épicée et anguille fumée • Pigeon laqué, condiment miso

■ **Desserts :** Vacherin aux agrumes et au basilic • Smoothie aux agrumes

❀❀

Cuisine moderne • Luxe

LE MEURICE ALAIN DUCASSE

Ce restaurant est le lieu de rencontre entre un célèbre palace (né au début du 19ᵉ s. face au jardin des Tuileries) et un chef que l'on ne présente plus, Alain Ducasse. L'endroit, tout bonnement somptueux, mériterait à lui seul un roman : plafond blanc paré de dorures, lustres en cristal, mosaïques... Dans ce décor digne du château de Versailles, les serveurs vont et viennent, véritable éloge de l'esquive, en un ballet parfaitement synchronisé : une vision qui suscite l'admiration des fortunes étrangères venues chercher ici l'âme parisienne!

La griffe Ducasse est aujourd'hui mise en œuvre par Jocelyn Herland, ancien de The Dorchester à Londres, qui ne se montre nullement intimidé par l'aura des lieux : ses assiettes, bien conçues, mettent en valeur de bons produits et rendent un hommage sincère à la tradition française. Un lieu mythique, tout simplement.

■ **Entrées :** Langoustines croustillantes, fenouil et citron • Petit pâté chaud de pintade, foie gras et chou

■ **Plats :** Bar de ligne à l'écaille, artichaut et riquette • Homard breton, pomme de mer

■ **Desserts :** Chocolat de notre manufacture, grué de cacao et coriandre • Baba au rhum de votre choix

Formule 85 € – Menu 110 € (déjeuner), 130/380 € – Carte 250/345 €

PLAN : A1
Hôtel Le Meurice
228 r. de Rivoli
TEL. 01 44 58 10 55
www.alainducasse-meurice.com/fr
Ⓜ Tuileries

Fermé 17 février-5 mars,
28 juillet-27 août, samedi et
dimanche

Menu 85 € (déjeuner en semaine), 190/250 €

PLAN : A1
Hôtel Mandarin Oriental
251 r. St-Honoré
TEL. 01 70 98 71 25
www.mandarinoriental.fr/paris
Ⓜ Concorde

Fermé dimanche et lundi

♿ A/C 🍴

🏵️🏵️

Cuisine créative • Design

SUR MESURE PAR THIERRY MARX

On a tout dit, ou presque, de Thierry Marx : grand voyageur, alchimiste malicieux, maître d'œuvre plusieurs fois reconnu, hier au Château Cordeillan-Bages à Pauillac (Gironde), aujourd'hui à la tête des cuisines du Mandarin Oriental, palace parisien haute couture qui lui a imaginé un restaurant sur mesure. Ou plutôt à sa démesure ? Passé le sas d'entrée, vous voilà transporté dans un univers inédit, d'un blanc immaculé et presque monacal, qui n'est pas sans évoquer le décor avant-gardiste d'un film de Stanley Kubrick.

»Ma cuisine tient en deux mots : structure et déstructure», confie Thierry Marx ; c'est bien ce que l'on ressent en découvrant ses menus uniques, successions de plats aux saveurs étonnantes. En orfèvre minutieux, il travaille la matière, joue avec intelligence sur les transparences, les saveurs et les textures, assuré à chaque instant du soutien précieux de David Biraud, l'excellent sommelier de la maison. Sans aucun doute, on a bien affaire ici à une cuisine de créateur, pleine de caractère et de finesse.. Une véritable expérience.

- **Entrées :** Risotto de soja • Semi-pris de coquillages
- **Plats :** Bœuf wasabi • Veau en trois façons
- **Desserts :** Saint-honoré • Sweet bento

❀❀

Cuisine moderne • Élégant

LA TABLE DE L'ESPADON

La bonne cuisine est la base du véritable bonheur. Ces mots d'Auguste Escoffier en disent long sur la place réservée ici à la gastronomie. De fait, le premier chef des cuisines du Ritz et complice de César Ritz – le fondateur du palace en 1898 – y a érigé la cuisine en symbole de l'art de vivre à la française. Après quatre ans de travaux, le Ritz renaît dans toute sa splendeur, et avec lui, la table de l'Espadon.

Aujourd'hui, Nicolas Sale a remplacé Auguste Escoffier, mais l'émotion des goûts est demeurée intacte. La salle est éblouissante : dorures, velours, superbes compositions florales, ciel en trompe l'œil, etc. Mais ne vous laissez pas distraire, l'assiette étincèle tout autant : ravioles de tourteaux, assorties d'un bouillon tiède au gingembre citronnelle ; pomme de ris de veau ; rhubarbe… Goût, personnalité, intensité : la cuisine de Nicolas Sale fait souffler un vent de modernité sur le Ritz. Quant au service, il est encore et toujours irréprochable. Superbe !

- ■ **Entrées :** La langoustine • Le tourteau et l'avocat
- ■ **Plats :** Le homard bleu • Le ris de veau
- ■ **Desserts :** Le miel • La vanille

Menu 195/340 € – Carte 200/420 €

PLAN : B1
Hôtel Ritz
15 pl. Vendôme
TEL. 01 43 16 33 74
www.ritzparis.com
Ⓜ **Opéra**

Fermé le midi

❀

Cuisine moderne • Élégant

LE BAUDELAIRE

Formule 54 € – Menu 58 €
(déjeuner), 105/210 € ☙ –
Carte 93/122 €

PLAN : A1
Hôtel Le Burgundy
6-8 r. Duphot
TEL. 01 71 19 49 11
www.leburgundy.com
Ⓜ Madeleine

Fermé le midi en août, samedi midi
et dimanche

Ici, nulle raison d'être envahi par le spleen baudelairien :
on se sent si bien dans ce restaurant raffiné, niché au
cœur d'un jeune palace arty et feutré célébrant le nouveau chic parisien... La salle s'ordonne autour de la cour
intérieure de l'établissement, un beau jardin d'hiver où il
fait bon lire *Les Fleurs du mal* devant un thé. Reflets du
dehors sur les tables en laque noire, confort douillet des
fauteuils, grandes verrières, murs immaculés : un havre
de paix... dédié à la gastronomie.

En 2016, on s'est offert ici le concours d'un chef d'expérience : Guillaume Goupil, qui fut (entre autres) le
second de Stéphanie Le Quellec au Prince de Galles. Il
compose une cuisine au goût du jour bien maîtrisée :
poulpe de roche et pommes de terre fondantes au lard,
figues de Solliès, crème glacée au miel et crumble de
safran...

■ **Entrées :** Escargots en «casse-croûte» glacés au jus,
gnocchettis de pomme de terre à l'ail doux • Tourteau breton
cuit au court-bouillon, cœur d'artichaut et noisettes torréfiées

■ **Plats :** Ris de veau croustillant parfumé à la bruyère de
Sologne, girolles aux abricots • Médaillons de homard breton
rôtis, haricots verts et jus de carcasse au curry rouge

■ **Desserts :** Chocolat Macaé, meringue cacao • Fruit de la
passion, tuile croustillante au lin, chocolat guanaja et noix de
coco

Cuisine créative • Design

LA DAME DE PIC

Un bel atout dans la cartographie des bonnes tables parisiennes : Anne-Sophie Pic a créé à deux pas du Louvre, cette table... capitale. À 550 km de Valence, où son nom a tant marqué l'histoire de la cuisine (ses père et grand-père y conquirent eux aussi trois étoiles Michelin), mais au cœur de sa griffe originale.

Un travail en finesse, en précision, doublé d'une inspiration pleine de vivacité : telle est la signature de cette grande dame de la gastronomie. On retrouve son sens de l'harmonie des saveurs, de la fraîcheur et de l'exactitude, avec toujours ces cuissons et assaisonnements au cordeau.

Menu 59 € (déjeuner en semaine), 105/135 €

PLAN : C2
20 r. du Louvre
TEL. 01 42 60 40 40
www.anne-sophie-pic.com
Ⓜ Louvre Rivoli

Fermé 11-19 août

♿ 🅰🅚 🍽

■ **Entrées :** Berlingots au coulant de brillat-savarin fumé, champignons des bois à la fève tonka • Huître spéciale, fine gelée et pickles de concombre

■ **Plats :** Saint-pierre rôti meunière aux baies de la passion, tomates anciennes et sauge • Pigeonneau fumé et mariné au poivre, rhubarbe rouge et céleri rôti

■ **Desserts :** Chocolat aux arômes de citron et glace moelleuse • Sablé et crémeux à la pistache d'Iran, sorbet de mangue infusé à la cardamome verte

Formule 95 € – Menu 120/145 €

PLAN : B1
Hôtel Ritz
15 pl. Vendôme
TEL. 01 43 16 33 74
www.ritzparis.com
Ⓜ **Opéra**

Fermé samedi, dimanche et le soir

Cuisine moderne • Romantique

LES JARDINS DE L'ESPADON

Après quatre ans de travaux, le Ritz renaît de ses cendres. Véritable nouveauté, les Jardins de l'Espadon proposent une expérience gastronomique d'exception au déjeuner. Traversez la galerie fleurie, toute en dorures, et installez-vous sous la véranda rétractable, bordée de verdure, pour déguster une version «simplifiée», si l'on ose dire, de la cuisine fine et savoureuse de Nicolas Sale. L'ancien chef de la Table du Kilimandjaro (deux étoiles à Courchevel) se montre ici aussi le digne successeur d'Auguste Escoffier, premier chef des cuisines du Ritz! Voyez plutôt : cannelloni de langoustines, chou pointu, sauce au Meursault ; poitrine de pigeon rôti, lumaconi farci, ricotta acidulée ; mangue au jus de passion, perles du Japon et sorbet coco... La carte est courte et inventive, le service est irréprochable : on passe un bien agréable moment.

■ **Entrées :** Cannelloni de langoustine, chou pointu et sauce au vin de Meursault • Huître tiède en marinière de curry, carotte, pomme verte et concombre

■ **Plats :** Merlan de ligne et crème de charlotte grenobloise • Poitrine de pigeon rôti, lumaconis farcis à la blette et ricotta acidulée

■ **Desserts :** Chocolat de Madagascar, textures de meringue et sauce chocolat frappé • Fenouil, sablé feuillantine et sorbet citron

✧

Cuisine japonaise • Élégant

JIN

Un écrin pour la gastronomie japonaise en plein cœur de Paris, près de la rue St-Honoré! Jin, c'est d'abord – et surtout – le savoir-faire d'un homme, Takuya Watanabe, chef originaire de Niseko, ayant d'abord travaillé avec succès au Japon... avant de succomber aux charmes de la capitale française, comme nombre de ses talentueux compatriotes. Comment ne pas être saisi par l'étonnante dextérité avec laquelle il prépare, sous les yeux des clients, sushis et sashimis ? En provenance de Bretagne, d'Oléron ou d'Espagne, le poisson est soigneusement maturé pour être servi au meilleur moment. Des ingrédients de premier ordre pour une cuisine de haut vol : telle est la promesse du repas. De l'entrée – tel ce velouté de potiron aux algues et aux ormeaux – au final – un délicieux bouillon de coquillages et un dé d'omelette aérien et légèrement sucré, à la manière japonaise –, l'interprétation est tout simplement superbe... Jin, c'est aussi un décor très agréable, zen et intime, relayé par un accueil aimable et souriant. Sous le Soleil-Levant exactement!

■ Cuisine du marché

Menu 95 € (déjeuner), 145/195 €

PLAN : B1
6 r. de la Sourdière
TEL. 01 42 61 60 71
Ⓜ **Tuileries**

Fermé 2 semaines en août, vacances de Noël, dimanche et lundi

A/C ⟷

Cuisine créative • Élégant

RESTAURANT DU PALAIS ROYAL

Menu 55 € (déjeuner)/148 € –
Carte 100/160 €

PLAN : C1
110 galerie de Valois
TEL. 01 40 20 00 27
www.restaurantdupalaisroyal.com
Ⓜ Palais Royal

Fermé 18 février-5 mars, dimanche et lundi

C'est dans le cadre idyllique des jardins du Palais Royal, à deux pas du ministère de la Culture, qu'on trouve cet élégant restaurant qui ne cache pas ses ambitions gastronomiques. Aux fourneaux officie le jeune chef grec Philip Chronopoulos, qui fut notamment chef exécutif de l'Atelier de Joël Robuchon-Étoile. Avec de superbes produits, il signe ici une cuisine créative, percutante, se fendant de recettes d'une vivifiante maturité – en témoignent ces langoustines justes saisies, girolles et amandes fraîches. On se délecte de ces douceurs dans un cadre contemporain au luxe discret, qui est un régal pour les yeux. L'été, la terrasse sous les arcades offre à vos agapes un décor à la hauteur de l'assiette. Avis aux amateurs : les petits clafoutis maison aux fruits de saison, offerts avant le café, sont un délice... Royal, c'est le mot.

■ **Entrées :** Poulpe au piment fumé, pommes grenaille caramélisées • Riz croustillant aux artichauts poivrade et trévise marinée

■ **Plats :** Cabillaud confit à l'huile d'argan, citron rôti et pousses d'épinard • Ris de veau croustillant, artichauts poivrade et raisins blonds

■ **Desserts :** Baba au rhum, chantilly et glace au gingembre • Citron meringué, crémeux à la noix de coco

❄

Cuisine créative • Élégant

YAM'TCHA

Ils sont parfois magiques, les linéaments du grand art, où l'incandescence n'est que.. simplicité. Adeline Grattard a reçu un don rare, celui du sens – voire de l'omniscience – du produit. Dans sa nouvelle adresse de la rue Saint-Honoré (à cinquante mètres à peine de la précédente), cette jeune chef choisit deux ou trois ingrédients, et ils occupent tout l'espace. Ni démonstration technique ni esbroufe, rien que de subtiles associations, rarement vues, et qui paraissent pourtant très naturelles. Formée auprès de Pascal Barbot (L'Astrance) et installée quelques années à Hong Kong, elle marie des produits d'une extrême qualité, principalement de France et d'Asie : le homard s'unit au tofu et au maïs, le bar s'associe aux huîtres.. Le tout se déguste avec une sélection rare de thés asiatiques, autre source d'accords très convaincants (*yam'tcha*, en chinois, c'est «boire le thé»). Ni carte ni menu : de plat en plat, on se laisse surprendre par le marché et l'inspiration du jour. Limpide.

Menu 70 € (déjeuner en semaine)/150 €

PLAN : C2
121 r. St-Honoré
TEL. 01 40 26 08 07
www.yamtcha.com
Ⓜ **Louvre Rivoli**

Fermé août, vacances de Noël, dimanche, lundi et mardi

■ **Entrées :** Homard rôti, jus de crustacés et pâtisson • Foie gras cuit vapeur, tomate en rougail et rôtie
■ **Plats :** Bar de ligne cuit vapeur, tétragone et sauce aux agrumes • Pintade cuite suspendue, champignons et lomo, sauce Shaoxing
■ **Desserts :** Variation de pêche et de fleur d'oranger, soupe d'oseille et sorbet orgeat • Noisette et physalis, sorbet au lait de coco et soupe de sésame noir

Viandes • Bistro

CAFÉ DES ABATTOIRS

Michel Rostang, dont le fief dans le 17ᵉ arrondissement est célèbre, joue une nouvelle carte avec ce bistrot à viande, clin d'œil à celui que son aïeul tenait jadis à Pont-de-Beauvoisin, dans l'Isère. Le pari est réussi haut la main : de beaux morceaux de choix, tendres et bien maturés – cochon cul noir, veau du Limousin, agneau de l'Aveyron, bœuf Black Angus –, sont passés au four à bois et légèrement caramélisés. On les accompagne de sauces maison à partager (raifort, moutarde, estragon ou encore barbecue) pour un moment convivial et ô combien goûteux. Le reste du repas est également réjouissant : des délicieux hors-d'œuvre jusqu'aux bons desserts, sans oublier la belle sélection de vins. Le succès est au rendez-vous : réservation indispensable !

Formule 22 € – Menu 32/45 €

PLAN : B1
10 r. Gomboust
TEL. 01 76 21 77 60
www.cafedesabattoirs.com
Ⓜ **Pyramides**

A/C

Cuisine coréenne •
Épuré

MEE

Un bistrot coréen à deux pas des Tuileries. Son objectif : proposer une cuisine de qualité à prix serrés, tout simplement ! Les entrées se présentent sous forme de bouchées (ravioles, beignets), et l'on trouve aussi des soupes et de bons plats réalisés avec des produits de premier choix : basse-côte de bœuf, échine de porc, seiche... Tout est à la fois goûteux et relevé, à la façon coréenne, et les desserts se révèlent également savoureux, comme en témoigne ce punch gingembre-cannelle avec morceaux de poire.

Menu 15 € – Carte environ 27 €

PLAN : B2
5 r. d'Argenteuil
TEL. 01 42 86 11 85
Ⓜ **Palais Royal**

Cuisine japonaise •
Épuré

ZEN

Zen semble incarner les deux faces du Japon tel qu'on se l'imagine ici : respectueux du passé mais à la fois tourné vers l'avenir. Cette cantine nippone joue en effet sur les deux registres, conjuguant une cuisine authentique avec un cadre rafraîchissant et ludique, qui séduit par sa fluidité épurée, ses lignes courbes, sa bichromie en blanc et vert acidulé. La carte, étoffée, reste fidèle aux classiques sushis, grillades et autres tempuras, les grandes spécialités de la maison étant les gyozas (raviolis grillés) et le chirashi (poisson cru sur un bol de riz vinaigré). Un mot pour les prix, raisonnables, qui font de cette table l'endroit idéal pour un déjeuner sur le pouce ou un dîner plus zen.

Menu 20 € (déjeuner en semaine), 35/55 € –
Carte 19/58 €

PLAN : B2
8 r. de L'Échelle
TEL. 01 42 61 93 99
www.restaurantzenparis.fr
Ⓜ Palais Royal

Fermé 3 semaines en août, 31 décembre-
5 janvier

Cuisine traditionnelle •
Bistro

L'ABSINTHE

Non, vous n'avez pas été happé par les vapeurs de la «fée verte»... Dans ce néobistrot, vous êtes bien au 19ᵉ s.! Carrelage et plancher anciens, comptoir en zinc, murs en brique, horloge monumentale et vieilles portes vitrées récupérées dans une gare : entre grande époque des chemins de fer et souvenir d'une certaine bohème, ce décor fleure bon le temps passé. Et sur la place du Marché-St-Honoré, la grande terrasse semble avoir échappé au sacre de l'automobile, ce qui est bien agréable.. Quant à l'assiette, elle offre de fort jolies réminiscences bistrotières, à travers des plats de saison, frais et légers (pâté en croûte et foie gras, ravioles de Romans à la crème de langoustines, etc.). Une adresse de la constellation Michel Rostang.

Formule 25 € – Menu 45 € – Carte 48/66 €

PLAN : B1
24 pl. Marché-St-Honoré
TEL. 01 49 26 90 04
www.restaurantabsinthe.com
Ⓜ Pyramides

Fermé samedi midi et dimanche

⅃O
Cuisine moderne •
Convivial

AG LES HALLES

Le chef d'origine libanaise, né au Libéria en 1975, a vécu en Afrique, avant de partir aux quatre coins d'Europe durant plusieurs années. Il en a rapporté des souvenirs, des saveurs, et une furieuse envie de les partager. Installez-vous sous la vaste verrière pour déguster ses plats soignés et goûteux, réalisés à base de beaux produits frais - à l'instar de cette chair de tourteau, avocat, courgette et pomelos; du lieu noir, riz vénéré aux palourdes et pickles, ou du quasi de veau aux pêches, chou kale et céleri. Sans oublier évidemment le dessert signature, le No Cheese cake au yuzu et sirop au basilic! La carte, très courte, se réinvente au gré du marché, et des saisons. La petite terrasse sur rue, en entrant, se révèle fort agréable aux beaux jours. Sympathique, convivial et chaleureux.

Formule 24 € – Menu 30 € (déjeuner), 42/60 € – Carte 34/50 €

PLAN : D2
14 r. Mondétour
TEL. 01 42 61 37 17
www.ag-restaurant.fr
Ⓜ Les Halles
Fermé dimanche

⅃O
Cuisine traditionnelle •
Convivial

L'ARDOISE

Nul doute : voilà un bel hommage contemporain rendu à cette ardoise qui symbolise tant les gargotes parisiennes et leurs recettes incontournables! On ne s'étonnera donc pas que l'adresse joue résolument la carte du bistrot gourmand. Filet de bœuf sauce bordelaise et pommes anna ; galettes croustillantes d'escargot, poitrine fumée et champignons ; tarte au citron vert meringuée ; mousse au chocolat... Tout est généreux, frais et savoureux! Le soir, le maître des lieux a la bonne idée d'ouvrir dès 18h30, ce qui ne manquera pas de séduire ceux qui crient famine avant l'heure. Touristes de passage ou habitués sont donc nombreux à se presser dans la petite salle ; il est préférable d'avoir réservé...

Formule 34 € – Menu 38 €

PLAN : A1
28 r. du Mont-Thabor
TEL. 01 42 96 28 18
www.lardoise-paris.com
Ⓜ Concorde

Fermé dimanche midi

¶⃝

Cuisine israélienne •
Tendance

BALAGAN

Balagan signifie «joyeux bazar» en hébreu, et ce nom préfigure l'ambiance de jubilation gourmande qui règne ici. L'adresse, hyper-branchée, est placée sous la direction d'Assaf Granit, propriétaire du restaurant Machneyuda, à Jérusalem. Il a mis en place une brigade solide et joviale, qui participe activement à l'ambiance des lieux… Dans l'assiette, un florilège de saveurs méditerranéennes savamment agencées : de l'Irak au Maroc, d'Israël au Yémen, on se régale de cette cuisine généreuse et parfumée, ludique sans être foutraque, avec une belle maîtrise des épices, piments et herbes en tout genre. Intéressante carte des vins, issue des vignobles de nombreux pays.

Formule 24 € – Menu 29 € (déjeuner en semaine) – Carte 42/56 €

PLAN : B1
9 r. d'Alger
TEL. 01 40 20 72 14
www.balagan-paris.com
Ⓜ **Tuileries**

Fermé dimanche midi

  ♿ A/C

¶⃝

Cuisine moderne •
Cosy

BALTARD
AU LOUVRE Ⓝ

Installée dans l'ancien pavillon Baltard, à deux pas de la Bourse de commerce et avec une vue imprenable sur l'église St-Eustache, voici la dernière adresse de l'équipe de Zébulon et de Pirouette (dans le 1er également). Dans un intérieur contemporain chic, le chef façonne une cuisine française d'une grande finesse, à la technique impeccable et aux saveurs affirmées. Citons deux exemples au hasard : émulsion d'artichaut, légumes tièdes aux herbes fraîches ; maigre confit aux algues et bonite fumée… Jeux de textures, beaux produits, élégance de l'ensemble : une partition de qualité, dans un esprit brasserie haut-de-gamme qui ne manque pas d'aficionados.

Formule 22 € – Menu 30 € (déjeuner)/45 €

PLAN : C2
9 r. Coquillère
TEL. 09 83 32 01 29
Ⓜ **Les Halles**

Fermé dimanche soir

  ⟨ 🏠 ♿ ⛶

🍴⃝ Cuisine grecque •
Convivial

BISTROT MAVROMMATIS

Ce restaurant est placé sous un heureux patronage : l'église ressuscite l'auguste profil d'un temple grec, tandis qu'il exalte les reliefs de la cuisine hellénique! Il faut traverser l'épicerie du rez-de-chaussée – laquelle met en appétit – pour rejoindre le 1ᵉʳ étage. On découvre alors une petite taverne grecque, fraîche et plaisante, ornée de nombreuses photos évoquant le pays des Dieux, ses vignes et ses oliviers, sa mer si bleue, ses ports si blancs.. Les routes du Péloponnèse et des Cyclades se croisent dans l'assiette : moussaka, tzatziki (yaourt au concombre), dolmadès (feuilles de vigne farcies), keftédès (boulettes) d'agneau à la menthe, mahalepi.. Tout cela avec simplicité et à bon compte.

Formule 25 € – Menu 30 €

PLAN : A1
18 r. Duphot (1ᵉʳ étage)
TEL. 01 42 97 53 04
www.mavrommatis.com
Ⓜ Madeleine

Fermé 3 semaines en août, samedi, dimanche, fériés et le soir

 AC

🍴⃝ Cuisine moderne •
Élégant

CAMÉLIA

Faire simple, se concentrer sur la saveur de très beaux produits, s'inspirer des classiques de la gastronomie française et les rehausser d'une touche d'Asie : telle était la volonté de Thierry Marx, chef du très raffiné Sur Mesure au sein de l'hôtel Mandarin Oriental, mais également directeur des cuisines de ce beau Camélia. Dans ce lieu tout en fluidité, apaisant, zen et très élégant, on se régalera par exemple d'une caille croustillante, lentilles beluga, sauce Périgueux, ou d'une canette laquée au gingembre, semoule végétale de carotte, jus quatre épices jusqu'au bavarois pistache, croustillant praliné, suprême et gelée d'orange. L'exécution est soignée, précise, millimétrée ; le service efficace. Une excellente cuisine de palace.

Menu 65 € (déjeuner en semaine)/98 € – Carte 80/115 €

PLAN : A1
Hôtel Mandarin Oriental
251 r. St-Honoré
TEL. 01 70 98 74 00
www.mandarinoriental.fr/paris
Ⓜ Concorde

🛋 ♿ AC

ᵢ○

Cuisine traditionnelle •
Épuré

LES CARTES POSTALES

Les cartes postales sont bien là : couvrant tout un mur, elles représentent des tableaux d'art moderne, mais c'est bien la seule coquetterie du décor, qui reste fort simple. On se focalisera donc sur le chef, Yoshimasa Watanabe, arrivé du Japon voici une trentaine d'années et formé auprès d'Alain Dutournier (Carré des Feuillants). Amateur de produits frais, il écrit un message savoureux, dans un parfait français relevé de quelques idéogrammes nippons : galette de crabe à la vinaigrette de pamplemousse, turbot mi-cuit mi-cru façon japonaise, croustillant de marron glacé... La formule déjeuner offre un bon rapport qualité-prix et, à la carte, on peut opter pour des demi-portions propices à redoubler de plaisir.

Formule 30 € – Menu 50 € – Carte 45/80 €

PLAN : B1
7 r. Gomboust
TEL. 01 42 61 02 93
Ⓜ **Pyramides**

Fermé 3 semaines en août, vacances de Noël, lundi soir, samedi midi et dimanche

ᵢ○

Cuisine traditionnelle •
Brasserie

CHAMPEAUX

Le restaurant Champeaux, fondé en 1800, était une institution. Situé place de la Bourse, non loin des Halles, il a été immortalisé par Émile Zola. Devenue brasserie contemporaine sous la canopée, il appartient désormais à la galaxie Ducasse. Installez-vous dans la grande salle, moderne et lumineuse, éclairée par des baies vitrées (le soir, la lumière se tamise et devient cuivrée). Levez les yeux : la carte murale reproduit les annonces de départ de train ! Cette ardoise atypique décline une cuisine dans l'air du temps, mêlant plats de tradition et pure (et goûteuse) brasserie, comme le pâté en croûte, les œufs mimosa, la blanquette de veau, la côte de cochon et sauce charcutière, ou l'indispensable quenelle de brochet à la sauce Nantua...

Formule 28 € – Menu 34 € (déjeuner) – Carte 32/70 €

PLAN : D2
La Canopée (Forum des Halles-Porte Rambuteau)
TEL. 01 53 45 84 50
www.restaurant.champeaux.com
Ⓜ **Les Halles**

🍴○
Grillades •
Tendance

CLOVER GRILL Ⓝ

On doit à Jean-François Piège la création de ce grill haut-de-gamme, installé dans une ruelle discrète près de la rue de Rivoli. D'appétissantes viandes maturées – noire de la Baltique, bœuf de Bavière, blonde d'Aquitaine, Black Angus – trônent en vitrine comme autant de pierres précieuses, à dévorer d'abord du regard... avant de les engloutir pour de bon ! C'est bien simple : de l'entrée au dessert, tout est cuit à la braise ou à la broche, ce qui donne à ce moment une saveur particulière. Côté décor, c'est le bistrot contemporain dans toute sa splendeur, des mosaïques au sol aux tables en marbre, des authentiques billots de boucher à la cuisine ouverte... Comme prévu, le succès est au rendez-vous, et l'on fait souvent salle comble.

Menu 69 € – Carte 50/130 €

PLAN : C2
6 r. Bailleul
TEL. 01 40 41 59 59
www.jeanfrancoispiege.com
Ⓜ Louvre-Rivoli

Fermé en août

♿ A|C

🍴○
Cuisine italienne •
Épuré

CRUDUS

Une recette toute simple, mais aboutie : ce petit restaurant italien cuisine essentiellement des produits issus de l'agriculture biologique. À la carte ou sur l'ardoise du jour, rien que des plats aux saveurs pétillantes et bien relevées, qui donnent envie de deviser sur les bienfaits de la nature : poêlée de calamars et de courgette, risotto au safran et légumes à la truffe, gnocchis à la sauge, linguine aux palourdes, tagliatelles au ragoût de bœuf, tiramisu.. Le décor aussi joue la carte des fondamentaux : murs immaculés, vieux parquet, chaises de bistrot, tables en plexiglas (made in Italy), petit buffet rétro – et, sur un panneau, une imposante masse noire qui représenterait une truffe. Une adresse assez discrète, presque pour initiés.

Formule 29 € – Menu 39 € (déjeuner) – Carte 44/62 €

PLAN : B1
21 r. St-Roch
TEL. 01 42 60 90 29
Ⓜ Pyramides

Fermé août, samedi midi, dimanche et fériés

🍴
Cuisine méditerranéenne •
Chic

LE DALÍ

La «deuxième» table du Meurice, au centre névralgique de l'établissement, semble autant un restaurant qu'un lieu de rendez-vous très prisé. Les «beautiful people» aiment à se montrer dans ces lieux chargés d'histoire, tout en pilastres et fenêtres miroirs. C'est chic, cosy, luxueux et raffiné. Au plafond, une fresque originale, signée Ara Starck, rend hommage au génie de Salvador Dalí. La carte revisite la cuisine de palace, non sans une touche ludique, aux doux accents méditerranéens : caponata de légumes, bar mariné citron et piment; riz noir, calamari et coquillages; daurade à la plancha, courgette violon et fleur farcie... Même le brunch du dimanche est réputé!

Formule 68 € 🍷 – Menu 84 € 🍷 – Carte 60/130 €

PLAN : A1
Hôtel Le Meurice
228 r. de Rivoli
TEL. 01 44 58 10 44
www.dorchestercollection.com/fr/paris/le-meurice/
Ⓜ **Tuileries**

[A/C]

🍴
Cuisine japonaise •
Épuré

ENYAA

Déroutant et enthousiasmant, ce restaurant japonais du quartier du Palais-Royal! Le cadre est épuré au possible – voûtes et piliers en pierre blanche, sol en béton ciré, tables carrées en bois clair – et la cuisine, authentiquement nipponne, met en avant les meilleurs produits français : par exemple, lors de notre passage, ces belles anguilles en provenance de la Loire. Visible depuis la salle, le chef utilise volontiers le Binchō-tan (un charbon de bois blanc) pour ses cuissons, et révèle des préparations savoureuses, très sobres, tendant même parfois jusqu'à l'épure. La carte des vins ne manque pas d'allure non plus, avec exclusivement des champagnes et sakés de très bonne facture... un parti-pris assumé qui ravira les amateurs.

Menu 29 € (déjeuner), 58/88 € – Carte 33/70 €

PLAN : C1
37 r. de Montpensier
TEL. 01 40 26 78 25
www.enyaa-paris.com
Ⓜ **Pyramides**

Fermé 2 semaines en août, lundi

℔○

Cuisine moderne •
Élégant

LE FIRST

Une douce lumière baigne le jardin des Tuileries.. Après une visite au musée de l'Orangerie, il est légitime de vouloir cultiver encore ce sentiment de quiétude. Au sein de l'hôtel Westin, le First vous accueille dans un décor élégant, intimiste et chaleureux griffé Jacques Garcia. Aux beaux jours, la terrasse, très prisée, investit la cour de l'hôtel et c'est dans ce cadre verdoyant que l'on s'installe pour dîner au calme. La carte de David Real mise sur les bons produits, sans ostentation, pour une cuisine française revisitée dans l'esprit du moment, à l'instar de cette langoustine marinée au citron vert, gaspacho de tomates anciennes au vieux xérès. Enfin, le dimanche, le brunch du Westin Paris-Vendôme impose sa formule : brunch, buffet, bien-être!

Menu 54 € ℔ – Carte 58/71 €

PLAN : A1
Hôtel The Westin Paris
234 r. de Rivoli
TEL. 01 44 77 10 40
www.lefirstrestaurant.com/fr/
Ⓜ Tuileries

℔ Ⓐ/Ⓒ

℔○

Cuisine indienne •
Exotique

GWADAR

Gwadar-Paris ? Pour rejoindre cette ville portuaire du sud-ouest du Pakistan, deux options s'offrent à vous : plusieurs heures d'avion... ou bien un voyage express via de belles saveurs épicées, très évocatrices du pays. Un parfait ticket donc que ce charmant restaurant à la fois cosy et douillet... Du velours, des banquettes, des tons chauds et le doux parfum de bons petits plats indo-pakistanais : butter chicken (poulet grillé et sauce tomatée), poulet tikka masala (dans une sauce aux épices), kulfi (glace à la pistache), etc., le tout accompagné d'un nan, ce petit «pain» incontournable. Bon à savoir : vous pouvez demander à ce que votre plat soit plus ou moins épicé, selon votre goût... Enfin, l'accueil se montre charmant. Ladies and gentlemen, embarquez dès maintenant sur Gwadar Airlines !

Menu 16 € (déjeuner), 21/26 € – Carte 25/40 €

PLAN : B1
39 r. St-Roch
TEL. 01 42 96 28 24
www.restaurantgwadar.com
Ⓜ Pyramides

Fermé dimanche

Ⓐ/Ⓒ

Cuisine coréenne •
Simple

JANTCHI

Jantchi signifie «fête» en coréen. Dans un quartier réputé pour ses nombreux restaurants asiatiques, cette table coréenne tenue par une famille originaire du pays du matin calme bénéficie de la meilleure des publicités : une file d'attente sur le petit trottoir de la rue Thérèse, qui tient au fait qu'on ne prend pas de réservation... On s'installe pour déguster les grands classiques de la cuisine coréenne : kounmandou (raviolis frits au porc et légumes), hemulpajeun (crêpes aux fruits de mer et ciboulettes), un choix de bibimbap (riz dans une marmite très chaude accompagné de légumes et garnitures diverses), barbecue coréen, soupes en marmite soit au kimchi-porc-tofu, soit piquante au bœuf et légumes... Simple, convivial, authentique. Une fête, vous dit-on !

Formule 13 € – Carte 26/35 €

PLAN : B-C1
6 r. Thérèse
TEL. 01 40 15 91 07 (sans réservation)
www.jantchi.com
Ⓜ Pyramides

Fermé dimanche

🄰🄲

🍴

Cuisine japonaise • Design

KINUGAWA VENDÔME

Cette table japonaise bien connue – elle fut fondée en 1984 – s'est métamorphosée sous l'égide de ses propriétaires. Le fameux tandem d'architectes parisiens Gilles & Boissier ; en a repensé le décor, en mêlant caractère contemporain et esthétique nippone : c'est une incontestable réussite, tout en sobres tonalités et lignes épurées... Voilà qui sied bien à la cuisine, qui porte une authentique et élégante signature japonaise. Le chef, Toyofumi Ozuru, est issu d'une longue lignée de restaurateurs nippons. Sashimis, bœuf teriyaki et autres recettes kaiseki – avec un bar à sushis à l'étage – mêlent fraîcheur et saveurs ; les jeux sur les textures, la subtilité des marinades et des fritures (comme celles des tempuras de crevettes) : tout évoque joliment la cuisine japonaise contemporaine.

Formule 37 € – Menu 65 € 🍷/89 € –
Carte 41/80 €

PLAN : B1
9 r. du Mont-Thabor
TEL. 01 42 60 65 07
www.kinugawa.fr
Ⓜ Tuileries

Fermé 2 semaines en août

🄰🄲

⁋○

Cuisine japonaise •
Vintage

KUNITORAYA

Un mariage Tokyo-Paname très réussi! Vieux zinc, boiseries, grands miroirs, murs en faïence façon métro et carrelage à l'ancienne : ça c'est Paris, le parfait Paris des brasseries et des soupers 1900. Le chef japonais, séduit par ce décor «so french», nous y régale d'une cuisine nippone copieuse et soignée, essentiellement à base d'udon, pâtes maison fabriquées avec une farine de blé directement importée du Japon! Elles se dégustent chaudes, servies dans un bouillon au parfum de poisson séché et de viande, accompagnées de crevettes en tempura et de grandes feuilles de maki (algue verte séchée) ; froides, on les apprécie notamment avec de l'igname, du soja ou des radis..

Formule 23 € – Menu 32 € (déjeuner en semaine), 52 € – Carte environ 40 €

PLAN : C1
5 r. Villedo
TEL. 01 47 03 07 74
www.kunitoraya.com
Ⓜ Pyramides

Fermé 2 semaines en août, vacances de Noël, dimanche soir et lundi

 AC ◇

⁋○

Cuisine traditionnelle •
Convivial

LESCURE

Planqué derrière l'ambassade des États-Unis, le Lescure fait partie de ces lieux qui se bonifient avec le temps, comme le vin. Depuis sa création en 1919, les patrons, corréziens d'origine, se relaient de père en fils et ont su fidéliser une clientèle d'amis qui se transmettent l'adresse en toute confiance. Il faut dire que l'atmosphère ancienne et «campagnarde» joue beaucoup : tables rustiques – pas plus d'une trentaine de couverts – surplombées par des salaisons et des tresses d'oignon et d'ail. Dans l'assiette, on retrouve les essentiels de la cuisine limousine, copieux et alléchants, ainsi que les traditionnels bœuf bourguignon et poule au pot farcie. Au dessert, craquez pour le fondant aux trois chocolats.

Menu 26 € ♟ (semaine) – Carte 26/41 €

PLAN : A1
7 r. Mondovi
TEL. 01 42 60 18 91
www.lescure1919.fr
Ⓜ Concorde

Fermé août, 23 décembre-3 janvier, samedi et dimanche

🎋 AC

Cuisine italienne •
Cosy

LOULOU

Le nouveau restaurant italien du musée des arts décoratifs de Paris enchante les jardins du Louvre. On s'installe dans les salons cosy, sur de moelleuses banquettes surplombées d'opulents miroirs, ou sur la superbe terrasse, située au cœur des jardins. A l'étage, une élégante salle dominant le Louvre permet de prendre de la hauteur face aux enchantements du monde, et de ses nombreux sortilèges. Ici, ils apparaissent dès l'entrée, sous la forme de meules de fromages et charcuteries diverses, véritable provocation pour les papilles. La promesse annoncée est tenue : que ce soient le vitello tonnato, le poulpe tiède aux agrumes, l'osso bucco à la milanaise, ou la tarte choco-caramel, tout est frais, savoureux, et réalisé dans la grande tradition italienne. C'est furieusement chic, et le service, stylé et professionnel, ajoute à cette exquise expérience.

Carte 40/65 €

PLAN : B2
107 r. Rivoli (musée des Arts Décoratifs)
TEL. 01 42 60 41 96
Ⓜ Palais Royal

Cuisine moderne •
Élégant

LE LULLI

On connaît bien ce quartier pour l'incroyable richesse de son patrimoine, auréolé de ces multiples monuments qui ont marqué l'histoire de France… mais il ne faudrait pas en oublier les hôtels et restaurants ! Le Lulli, niché au rez-de-chaussée du Grand Hôtel du Palais-Royal, en est un bel exemple. Décoration végétale, peintures contemporaines et autres sculptures y composent un intérieur très agréable, qui incite à profiter de l'instant. En cuisine, le Chef, Jean-Baptiste Orieux, compose une cuisine actuelle et raffinée, réalisée à partir de produits locaux et de saison. Quant au service, aimable et professionnel, il rend notre passage encore plus doux : on se promet, au moment de régler l'addition, de revenir bien vite.

Formule 29 € – Menu 38 € – Carte 44/74 €

PLAN : C2
Grand Hôtel du Palais Royal
4 r. de Valois
TEL. 01 42 96 72 20
www.grandhoteldupalaisroyal.com
Ⓜ Palais Royal

Fermé 31 juillet-27 août, le soir, samedi, dimanche et fériés

A/C

🍴

*Cuisine moderne •
Classique*

MACÉO

En reprenant ce restaurant fondé en 1880, Mark Williamson s'est offert un lieu chargé d'histoire. Tant par son décor Second Empire que par les personnalités qui l'ont fréquenté : Colette, Eisenhower, etc. Rebaptisée Macéo, en hommage au jazzman Maceo Parker, l'adresse reste courue et le nouveau chef, d'origine Thaïlandaise, y réalise une belle cuisine, attentive aux produits comme aux saisons... On se régale d'une canette rôtie et ses mini légumes aux saveurs ibériques, ou des ravioles de bœuf confit, accompagnées de leur bouillon épicé à la citronnelle. À noter, un menu 100 % végétarien, et une incomparable cave – la passion du patron, également propriétaire du Willi's Wine Bar voisin – où s'illustrent quelque 250 vins du monde entier.

Menu 35 € (déjeuner)/45 € – Carte 50/58 €

PLAN : C1
15 r. Petits-Champs
TEL. 01 42 97 53 85
www.maceorestaurant.com
Ⓜ **Bourse**

Fermé samedi midi et dimanche

🍴

*Cuisine moderne •
Cosy*

MUMI

Le restaurant a été baptisé en hommage au «Museum Mile», cette portion de la Cinquième avenue, à New York, où se concentrent certains des plus fameux musées de la ville. Derrière Mumi, donc, il y a Thibault Passinge, ancien sommelier de Porte 12 (Paris 10ᵉ) qui a réuni autour de lui une équipe de choc : le chef grec Angelo Vagiotis, bien dans son époque, qui travaille tout en finesse et en précision avec une maîtrise certaine des jeux de saveurs – amertume et acidité, notamment – et, pour les nectars, Mathieu Arenas (ex-Garance, Paris toujours). Le menu sans choix révèle de belles surprises, et le rapport qualité-prix est plutôt amical : on passe un bon moment.

Formule 29 € – Menu 35/60 €

PLAN : C2
14 r. Sauval
TEL. 01 40 26 27 54
www.restaurantmumi.com
Ⓜ **Chatelet**

Fermé dimanche et lundi

A/C

Cuisine japonaise •
Épuré

NODAÏWA

Je suis la spécialité de ce restaurant. Levée en filets, passée au gril puis cuite à la vapeur, je suis ensuite plongée dans un bain de sauce soja, saké et sucre (auquel s'ajoute le secret du chef..), avant d'être de nouveau grillée et nappée de sauce. On me déguste sur du riz, dans un bol ou une boîte laquée. Les clients me choisissent au poids (à partir de 180 g) et peuvent parfaire mon assaisonnement avec du soja ou du sancho (épice japonaise). On me propose aussi en gelée ou au gingembre. La salle, tout en longueur et minimaliste, me ressemble. Qui suis-je ? L'anguille! C'est elle, la championne de cette table nippone, filiale d'une maison bien implantée à Tokyo. La grande majorité de la clientèle est japonaise, ce qui dit tout de la qualité.

Menu 22/88 €

PLAN : B2
272 r. St-Honoré
TEL. 01 42 86 03 42
www.nodaiwa.com
Ⓜ Palais Royal

Fermé 1ᵉʳ-20 août, 30 décembre-10 janvier et dimanche

A/C

Cuisine moderne •
Cosy

ODETTE

À deux pas des Halles, au sein du luxueux hôtel Albar, la famille Rostang montre avec cette «auberge urbaine» qu'elle n'a pas perdu la main. Odette nous régale à grands coups de belles pièces à partager, bar en croûte feuilleté – succès garanti –, côte de veau, pintade rôtie, et d'assiettes efficaces, le tout sous la responsabilité d'un chef au style bien marqué. L'utilisation judicieuse d'épices, d'herbes et de poivres variés apporte une certaine variété à l'ensemble ; tout cela est à découvrir dans un intérieur à la manière d'un bar d'hôtel, avec chaises design, murs en bois et plafonds blancs. Un mot enfin sur l'addition, plutôt légère étant donnée le lieu, et qui ne gâchera pas votre plaisir, au contraire!

Formule 22 € – Carte 31/61 €

PLAN : D2
Hôtel Maison Albar Paris Céline
25 r. du Pont-Neuf
TEL. 01 44 88 92 78
www.restaurant-odette.com
Ⓜ Châtelet

A/C

Cuisine moderne •
Convivial

PIROUETTE

Il était un petit homme, Pirouette... À l'image de la célèbre comptine, voici une table enjouée et un tantinet espiègle! Créée en 2012 à deux pas de la nouvelle «canopée» des Halles, elle croque la tradition avec gourmandise et liberté. Tout juste arrivé, et voilà que François-Xavier Ferrol (passé par chez Eric Frechon) s'empare des classiques sans faux-semblants ni cabrioles – ainsi cette déclinaison de betteraves cuites et pickles, burrata aérée et bouillon de canard, ou les gnocchis cacahuète croustillants et fondants, chorizo et cèpes... Côté décor règne un sympathique esprit contemporain, avec une devanture traitée à la manière d'une verrière d'atelier, un mur couvert de bouteilles de vin, et du parquet au sol... En bref, une adresse où tradition et invention ne tournent pas en rond.

Formule 20 € – Menu 45/65 €

PLAN : D2
5 r. Mondétour
TEL. 01 40 26 47 81
www.restaurantpirouette.com
Ⓜ Châtelet-Les Halles

Fermé 3 semaines en août et dimanche

Cuisine traditionnelle •
Vintage

LA RÉGALADE ST-HONORÉ

Bruno Doucet (à la tête d'un petit empire bistrotier, toujours de belle tenue) régale toujours les épicuriens du quartier des Halles! Salle en longueur, banquettes, poutres, escalier en bois, lumière tamisée : le décor, cosy et confortable, est celui d'un bistrot chic. La carte, assez courte, et des suggestions à l'ardoise, privilégient le terroir et le marché dans un souci d'authenticité. On se régale donc de la terrine du patron en guise d'amuse-bouche, de girolles poêlées au jus de viande et œuf poché, d'un pigeonneau rôti à la broche, lard croustillant, foie gras poêlé et légumes de saison... ou tout simplement d'une belle pièce de bœuf, sans oublier l'emblématique riz au lait. Le «ventre de Paris» apprécie!

Menu 39 €

PLAN : C2
106 r. St-Honoré
TEL. 01 42 21 92 40
Ⓜ Louvre Rivoli

🍴⭕
Cuisine moderne •
Chic

LE ROCH

Cette table est à l'image de l'hôtel qui l'accueille : ici, le luxe se pique de simplicité, pour le meilleur ! On se sent à son aise dans ce cadre chic et chaleureux, élégant sans être guindé, que ce soit sous les luminaires de la salle à manger ou sur la terrasse à deux niveaux, dont l'un installé sur une verrière directement au-dessus du restaurant. Côté cuisine, bonne nouvelle, le plaisir est également de mise : les assiettes sont franches et goûteuses, avec une légère dominante méridionale, le tout mitonné par un jeune chef qui a du répondant. Notons enfin que l'accueil est au diapason de l'endroit, en plus d'être efficace et prévenant, et que les prix nous feraient presque oublier que l'on se trouve dans un hôtel cinq étoiles…

Formule 31 € – Menu 36 € (déjeuner) – Carte 48/79 €

PLAN : B1
Hôtel Le Roch
28 r. St-Roch
TEL. 01 73 04 59 09
www.leroch-hotel.com
Ⓜ Tuileries

Fermé 3 semaines en août

🍴 ♿ AC

🍴⭕
Cuisine japonaise •
Épuré

SANUKIYA

Savez-vous ce que sont les *udon* ? Pour le découvrir, rendez-vous chez Sanukiya : ces nouilles japonaises à base de farine de blé sont la spécialité de cette petite table nippone, où l'on se régale au coude-à-coude ! Perché sur l'un des tabourets, face au comptoir, on s'initie aux subtilités de ce plat typiquement nippon : toutes les préparations obéissent à un rituel précis, l'une s'arrosant d'une sauce chaude, l'autre se trempant dans une sauce froide, etc. De quoi devenir incollable sur le sujet… Toutes les nouilles sont confectionnées sur place, avec de la farine importée du Japon, et s'accompagnent au choix de galettes de légumes et crevettes, d'algues, de beignets nature, etc. Simple, bon et authentique.

Carte 13/26 €

PLAN : B2
9 r. d'Argenteuil
TEL. 01 42 60 52 61
Ⓜ Pyramides

Fermé 3 semaines en août et 31 décembre-5 janvier

🍴

🍴⃝

Cuisine portugaise •
Exotique

SAUDADE

Cette Saudade-là n'a rien de mélancolique! C'est un puissant remède au «mal du pays» sur fond de fado et à grandes gorgées de vieux portos. Depuis trois générations – Fernando Moura a repris le flambeau en 1979 –, cette ambassade portugaise confirme sa réputation d'authenticité et de typicité. En toute modestie : discrète façade et salles sobrement décorées d'azulejos. Gardienne des traditions, Maria De Fatima n'a pas son pareil pour préparer viande de porc aux palourdes, «caldo verde» (soupe au chou) et «arroz doce» (riz au lait à la cannelle). Sans oublier le plat national, la morue, proposée sous toutes ses formes : grillée, poêlée, gratinée, panée, en beignets... Bon à savoir pour les mélomanes : dîner-spectacle le premier mardi du mois.

Menu 24 € 🍷 (déjeuner en semaine) – Carte 31/54 €

PLAN : D2
34 r. des Bourdonnais
TEL. 01 42 36 03 65
www.restaurantsaudade.com
Ⓜ **Pont Neuf**

Fermé août et dimanche

🍴⃝

Cuisine moderne •
Convivial

SEQUANA

Eugénie est Sénégalaise, et conserve de son enfance le souvenir de plats familiaux, qu'elle aime revisiter comme on retrouve de vieilles photos oubliées au fond d'un coffre. Philippe, diplômé de l'École Centrale de Paris, est un mordu de cuisine. C'est peu dire que ces deux-là se sont trouvés! Ils proposent une cuisine de l'instant, attentive aux saisons, obéissant à la seule loi du marché, et de sa maîtresse : la fraîcheur! Leur carte courte est le fruit d'une ébullition permanente, où l'imagination ne prime jamais sur le goût. Ainsi l'ormeau et l'artichaut, la sole et la fleur d'oranger, la pomme tatin et le thé bleu se révèlent savoureux et poétiques. Le tout en bordure de Seine (ou Sequana, dans la mythologie celte).

Formule 24 € – Menu 32 € (déjeuner en semaine), 50/70 €

PLAN : C3
72 quai des Orfèvres
TEL. 01 43 29 78 81
www.sequana.paris
Ⓜ **Pont Neuf**

Fermé samedi midi, dimanche et lundi

Cuisine chinoise •
Cosy

TAOKAN - ST-HONORÉ

Tao, c'est la voie, le chemin ; Kan, signifie «prendre soin» : TaoKan, le lieu où l'on honore les saveurs de la gastronomie chinoise... en y apportant toutefois une vision contemporaine. Dans la lignée de son frère germanopratin, TaoKan a traversé la Seine pour venir s'installer dans le quartier Saint-Honoré. Ce serait peu dire qu'il s'y sent bien, et les convives mieux encore. On s'installe dans une salle chic et épurée, sous deux belles arches en pierre, pour déguster des spécialités cantonaises modernisées, et matinées de quelques touches taïwanaises - ainsi ces Dim Sum, raviolis pékinois grillés, pavé de cabillaud vapeur, julienne de gingembre et sauce au thé blanc (Bai cha xie yu) ; magret de canard au lait de coco et curry rouge... On se régale.

Menu 28 € (déjeuner), 38/70 € – Carte 35/67 €

PLAN : B1
1 r. Mont-Thabor
TEL. 01 42 61 97 88
www.taokan.fr
Ⓜ Tuileries

Fermé dimanche midi

Cuisine moderne •
Convivial

ZÉBULON

À deux pas du Palais-Royal et de la Comédie-Française, ce Zébulon est la deuxième adresse des associés à l'origine de Pirouette, dans le 1er arrondissement également. Le chef Takashi Aoki, ancien de Michel Bras et Bernard Pacaud, fait preuve d'une incontestable rigueur dans l'exécution des plats, avec cette capacité à aller au plus simple pour conserver l'identité du produit. Il fait mouche avec de jolies recettes bien troussées, attentives aux saisons, inspirées de classiques et servies dans une belle salle aux allures de loft contemporain. Une jolie découverte.

Formule 22 € – Menu 28 € (déjeuner), 45/65 € – Carte 46/68 €

PLAN : C2
10 r. de Richelieu
TEL. 01 42 36 49 44
www.zebulon-palaisroyal.com
Ⓜ Palais Royal

Fermé 4-28 août et dimanche

2ᵉ

BOURSE • SENTIER

———

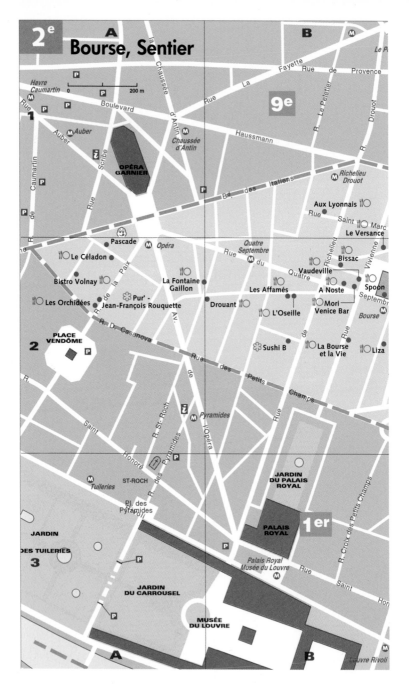

2e

Bourse, Sentier

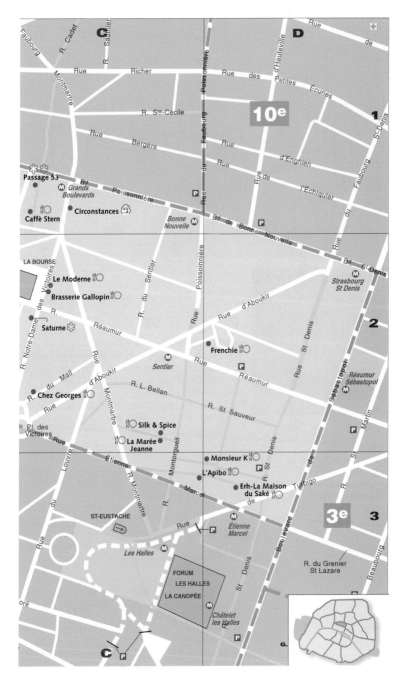

C

R. Cadet

R. Sauln...

D

Rue de

Faubourg

Rue   Richer

Rue   des   Petites   Écuries

Montmartre

R. Ste-Cécile

10e

St-Denis

Faubourg

1

Rue

Bergère

Rue   d'Enghien

Rue de

l'Échiquier

Passage 53

Bd   Poissonnière

Grands
Boulevards

Circonstances

Caffè Stern

Bonne
Nouvelle

Bd de Bonne Nouvelle

Rue du

Faubourg

LA BOURSE

Le Moderne

des Victoires

Brasserie Gallopin

R. du Sentier

Rue Poissonnière

Bd St-Denis

Strasbourg
St Denis

R. Notre-Dame

R.

Réaumur

Saturne

Rue d'Aboukir

St Denis

2

Frenchie

Rue   Réaumur

Réaumur
Sébastopol

Rue du Mail

Rue d'Aboukir

Sentier

R. L. Bellan

Rue St

Chez Georges

Rue Montmartre

R. St Sauveur

Sébastopol

Martin

Pl. des
Victoires

Rue Louvre

Silk & Spice

La Marée
Jeanne

Montorgueil

Monsieur K

St Denis

de

L'Apibo

R. St

Étienne

R. Montmartre

Marcel

Erh-La Maison
du Saké

Turbigo

Rue

St Martin

3e   3

ST-EUSTACHE

Rue

Étienne
Marcel

Boulevard

Les Halles

St Denis

R. du Grenier
St Lazare

Beaubourg

Rue

oré

FORUM

LES HALLES

LA CANOPÉE

Châtelet
les Halles

C   P

G.

Menu 60 € (déjeuner), 120/160 €

PLAN : C1
53 passage des Panoramas
TEL. 01 42 33 04 35
www.passage53.com
Ⓜ **Grands Boulevards**

Fermé 2 semaines en août,
dimanche et lundi

AC 🐝

❀❀
Cuisine créative · Intime

PASSAGE 53

Alors qu'au 19ᵉ s. les coquettes ne juraient que par eux, les passages couverts sont tombés dans une douce désuétude : celui des Panoramas (1800) porte un peu de l'histoire de ce Paris en noir et blanc. Sauf au n° 53. Iconoclaste, ce restaurant offre – tout l'annonce – l'occasion d'une expérience rare. Tel un passage dérobé vers une avant-garde discrète mais pointue, la salle est minuscule, étroite et immaculée (murs chaulés, banquettes et fauteuils crème aux reflets irisés). On s'y installe sans cérémonial, mais avec cérémonie : à la première bouchée, le «menu du marché» (annoncé de vive voix en début de repas) ouvre sur des contrées insoupçonnées. Une gageure soutenue par Shinichi Sato, jeune chef d'origine japonaise, formé notamment auprès de Pascal Barbot (L'Astrance). Il délivre une cuisine d'instinct, où l'épure le dispute à la finesse. Produits de choix, cuissons millimétrées, présentations soignées, associations de saveurs harmonieuses et saisissantes : le passage, assurément, emmène loin.

■ **Entrées :** Langoustines, crème et gelée de kombu, lamelles de radis • Caviar de Sologne, tuile croustillante, gnocchis, émulsion de mascarpone et noisette

■ **Plats :** Turbot et déclinaison de cèpes • Veau de lait, crème de parmesan et pomme de terre confite

■ **Desserts :** Dessert autour du citron • Mirabelles, gelée de riesling et crème glacée miel-verveine

Cuisine créative · Élégant

PUR' - JEAN-FRANÇOIS ROUQUETTE

Deux restaurants contemporains au Park Hyatt : les Orchidées à l'heure du déjeuner et Pur', plus feutré, pour un bien agréable dîner. Ce dernier est évidemment à l'image de l'hôtel de la rue de la Paix, où luxe signifie raffinement, modernité et discrétion. Confiée à l'imagination d'Ed Tuttle, la décoration crée une atmosphère à la fois confortable et confidentielle, avec seulement 38 couverts. Tout est pensé pour concilier majesté et intimité : les harmonies de couleurs, l'éclairage... et l'espace lui-même – vaste rotonde surmontée d'une coupole et cerclée d'une colonnade. Jean-François Rouquette (Taillevent, le Crillon, la Cantine des Gourmets, les Muses) trouve ici un lieu à sa mesure pour exprimer la grande maîtrise de son talent. Sa cuisine, créative et inspirée, accorde avec finesse d'excellents produits, sans fausse note. Un «pur» plaisir !

Menu 145/275 € ⬥ – Carte 95/245 €

PLAN : A2
Hôtel Park Hyatt Paris-Vendôme
5 r. de la Paix
TEL. 01 58 71 10 60
www.paris-restaurant-pur.fr
Ⓞ Opéra

Fermé août et le midi

■ **Entrées :** Ormeaux dorés au beurre d'algues, artichaut poivrade, vadouvan et tobiko • Fricassée de girolles, crumble de noisettes et oxalis, mûres au vinaigre

■ **Plats :** Ris de veau croustillant, sauce blanquette aux baies de genièvre • Cabillaud rôti, céleri, salicorne et infusion au gingembre et au Noilly

■ **Desserts :** Déclinaison aux trois chocolats dans l'esprit d'une feuille de cacaoyer • Profiterole de fraises des bois, sorbet au fromage blanc et sirop léger au sureau

Cuisine créative • Branché

SATURNE

Menu 45 € (déjeuner)/85 €

PLAN : C2
17 r. N.-D.-des-Victoires
TEL. 01 42 60 31 90
www.saturne-paris.fr
Ⓜ **Bourse**

Fermé vacances de Noël, samedi et dimanche

Saturne : dieu de l'agriculture et anagramme de « natures ».. Une bien jolie enseigne, qui dit tout : le chef, Sven Chartier, formé auprès d'Alain Passard à l'Arpège (7ᵉ arrondissement), et son associé, Ewen Le Moigne, sommelier de son état, partagent l'amour du bon produit. Vins naturels, petits producteurs, respect des saisons : Saturne compile tout cela, et bien plus encore ! Huître et maquereau au jus de maïs acidulé ; merlan de ligne, moules, fenouil et eau de tomate ; agneau à l'artichaut, citronnelle, compote d'oignons et mozzarella fumée… Les assiettes sont pleines de saveurs, les accords mets-vins harmonieux.. Quant à l'atmosphère, résolument moderne, elle affirme fièrement ses influences scandinaves (mobilier en bois blond, béton ciré). Oui, on peut faire branché et savoureux !

■ Cuisine du marché

❀

Cuisine japonaise • Épuré

SUSHI B

Aux abords du très agréable square Louvois, ce restaurant de poche (8 places seulement) mérite que l'on s'y attarde. Son cadre, tout d'abord, est zen et dépouillé – fauteuils en tissus, comptoir élégant, verreries fines, serviettes en coton blanc, baguettes d'une belle finesse... Le marbre est omniprésent jusque dans les toilettes – japonaises, évidemment !

Mais on vient surtout ici pour constater par soi-même le grand talent du chef : en excellent artisan, il ne travaille que des produits de qualité et de première fraîcheur, avec une précision chirurgicale. Il faut voir, par exemple, la qualité d'exécution de ses sushis et makis, dont les saveurs cavalent en bouche, sans jamais d'excès de soja ou de wasabi : le sens de la mesure personnifié. Les autres plats sont équilibrés, les textures complémentaires. Une adresse fort agréable.

■ Cuisine du marché

Menu 58 € (déjeuner en semaine), 95/160 €

PLAN : B2
5 r. Rameau
TEL. 01 40 26 52 87
www.sushi-b-fr.com
Ⓜ **Bourse**

Fermé 2 semaines en août et mardi

55

*Cuisine traditionnelle ·
Convivial*

CIRCONSTANCES

Tout près du métro Grands Boulevards, ce bistrot a été créé par deux associés expérimentés – passés notamment chez Guy Savoy – et qui tenaient auparavant le restaurant Hier et Aujourd'hui, dans le 17e arrondissement. Leur credo ? La cuisine du marché, qu'ils réalisent avec soin, en utilisant de bons produits – dont une partie en provenance d'Île-de-France. Ravioles de crevettes «menthe coriandre», émulsion lait de coco ; brandade de morue à l'huile d'olive; mousse au chocolat noir... Des préparations fines et goûteuses qui témoignent d'un vrai savoir-faire, encore rehaussées par les bons vins à choisir dans une carte taillée sur mesure. Enfin, un mot sur le service, professionnel et décontracté.

Formule 30 € – Menu 36/45 €

PLAN : C1
174 r. Montmartre
TEL. 01 42 36 17 05
www.circonstances.fr
Ⓜ Grands Boulevards

**Fermé 3 semaines en août, lundi soir,
mardi soir, samedi et dimanche**

Cuisine moderne · Bistro

PASCADE

Alexandre Bourdas, chef fameux installé à Honfleur, est l'auteur de ce concept original : à mi-chemin entre Vendôme et Opéra, une «cantine-auberge» revendiquée (déco industrielle façon bistrot chic et contemporain), où il rend hommage à sa région d'origine, l'Aveyron, à travers l'une de ses spécialités emblématiques, la pascade. Cette délicieuse crêpe soufflée, à l'origine préparée pour Pâques, est ici déclinée tout au long du menu en salé et sucré, garnie de bons produits, version gastronomique. Ainsi de celle-ci : queue de lotte marinée au citron vert, tombée d'épinard et émulsion de lait coco ; ou encore de celle-là, en dessert : mousse et glace au café corsé. Les saveurs sont bien équilibrées, marquées, et la crêpe se dévore d'autant mieux que son format prête à se laisser aller à la gourmandise!

Menu 33 € – Carte 38/51 €

PLAN : A2
14 r. Daunou
TEL. 01 42 60 11 00
www.alexandre-bourdas.com
Ⓜ Opéra

Fermé dimanche et lundi

 ♿ A/C

🍴

*Cuisine moderne ·
Simple*

LES AFFAMÉS

A deux pas de la place de la Bourse, une petite devanture noire et vitrée dissimule ce modeste restaurant de poche, d'une trentaine de couverts, ouvert aux affamés comme aux flâneurs. L'endroit se veut «cantine gastronomique». L'intérieur simple et classique (murs en noir ou blanc, pierres apparentes, en partie) suggère que l'on se concentre sur l'assiette, riche en saveurs. On débute sur la fraîcheur d'un ceviche de cabillaud, agrémenté de petits cubes de betterave, pour poursuivre sur le thon rouge grillé, crumble panko, très visuel et épuré, sans pouvoir résister au baba au rhum, et sa crème montée... le tout, servi à l'assiette par le patron. Décontracté et savoureux.

Formule 22 € – Menu 25 € (déjeuner)/35 € – Carte 38/75 €

PLAN : B2
7 r. St-Augustin
TEL. 01 42 60 22 80
Ⓜ **Bourse**

Fermé samedi midi, lundi soir et dimanche

🍴

*Cuisine moderne ·
Épuré*

A NOSTE

Julien Duboué – notamment vu à l'Afaria, dans le 15ᵉ arrondissement, mais aussi dans l'émission Top Chef – vous invite A Noste («chez nous», en patois gascon). Il rend hommage à son Sud-Ouest natal avec ce restaurant «2 en 1», où tout le monde trouvera son compte. Au rez-de-chaussée, on trouve un bar à tapas revisités à la landaise (planche de charcuterie, burger de cochon braisé, barbecue de poulet landais..), idéal pour se retrouver entre amis dans une ambiance conviviale et un intérieur façon table d'hôtes ; à l'étage, la Table vous accueille dans une atmosphère plus cosy et donne l'occasion au chef de laisser aller ses élans créatifs... avec aussi quelques viandes cuites à la broche. Selon l'humeur, on opte pour le rez-de-chaussée ou l'étage ; à tous les coups, on se régale.

Formule 29 € – Menu 38 € (déjeuner en semaine), 49/60 €

PLAN : B2
6 bis r. du Quatre-Septembre (1ᵉʳ étage)
TEL. 01 47 03 91 91
www.a-noste.com
Ⓜ **Bourse**

Fermé 29 juillet-23 août et 24 décembre-4 janvier, dimanche et fériés

¶○

*Cuisine moderne •
Bistro*

L'APIBO

Le chef Anthony Boucher se sent à son aise dans ce petit bistrot sympathique, pas-de-porte du quartier Montorgueil, qui joue la carte de la simplicité : murs chaulés, tomettes, poutres au plafond, petites tables en bois et tableaux colorés... Mais l'essentiel est ailleurs : dans l'assiette, qui révèle le savoir-faire et la finesse du cuisinier. Poitrine de cochon ; joue de veau confite ; pêche pochée à la verveine et mousse mascarpone : voilà une belle cuisine de produits, originale et délicate, qui donne envie de revenir le plus vite possible. Qui plus est, l'accueil est charmant et les prix mesurés. À l'assaut de L'Apibo !

Formule 20 € – Menu 28 € (déjeuner), 39/55 €

PLAN : C3
31 r. Tiquetonne
TEL. 01 55 34 94 50
www.restaurant-lapibo.fr
Ⓜ Etienne Marcel

Fermé dimanche midi de juin à août et lundi midi, samedi midi et dimanche soir

¶○

*Cuisine lyonnaise •
Bistro*

AUX LYONNAIS

Ouvert en 1890, ce bistrot délicieusement rétro a vraiment belle allure avec ses miroirs, moulures, faïences, tableaux et vieux zinc. Bien calé sur les banquettes, on se sent tout de suite à son aise. La découverte de Lyon est assurée avec de savoureuses recettes locales faisant appel aux meilleurs produits régionaux : planche de charcuteries, œuf cocotte aux écrevisses, quenelles de brochet, tarte et île flottante aux pralines roses, etc. Même choix côté cave, où le Rhône et la Bourgogne s'imposent. De l'ambiance et un bon rapport qualité-prix pour le menu déjeuner (attention aux vins, toutefois, un peu chers) : un vrai «bouchon lyonnais parisien», membre du groupe Alain Ducasse.

Formule 28 € – Menu 35 € – Carte 42/60 €

PLAN : B1
32 r. St-Marc
TEL. 01 42 96 65 04
www.auxlyonnais.com
Ⓜ Richelieu Drouot

Fermé août, samedi midi, dimanche et lundi

*Cuisine traditionnelle ·
Bistro*

BISSAC

Au pied d'un bel immeuble du quartier de la Bourse, cet ancien bar à vins a été métamorphosé en bistrot de luxe par la volonté de Damien Boudier, ancien chef du restaurant Loiseau Rive Droite, à Paris. Ce passionné réalise une belle cuisine de tradition, déclinée à travers un menu d'un excellent rapport qualité-prix. Têtes de cèpes farcies, jeunes pousses de salade et jambon de Bayonne ; filet de rascasse, «échaudés» à l'encre de seiche et chanterelles ; coing poché au sirop épicé, crème vanillée et sablé au beurre... Des plats réjouissants que l'on déguste dans un élégant intérieur de bistrot, avec son comptoir de service, ses murs en pierre de taille et ses tables de bois brut et d'acier. Un cachet indéniable pour une adresse hautement recommandable !

Formule 18 € – Menu 30 € – Carte 45/65 €

PLAN : B2
10 r. de la Bourse
TEL. 01 49 27 01 90
www.bissac.fr
Ⓜ Bourse

Fermé 3 semaines en août, samedi midi et dimanche

*Cuisine moderne ·
Bistro*

BISTRO VOLNAY

Miroirs, luminaires, comptoir en bois, murs de bouteilles et banquettes moelleuses.. Cet élégant bistrot posté entre Madeleine et Opéra revisite avec bonheur le charme des restaurants des années 1930. Un état d'esprit qui perdure depuis l'arrivée du nouveau propriétaire, ancien sommelier chez Alain Senderens et au Prince de Galles, qui a su conserver la personnalité des lieux tout en apportant du nouveau. En cuisine, le chef compose des recettes dans l'air du temps, goûteuses et bien réalisées, à l'instar du tartare de veau et langoustines, en hommage à M. Senderens. On accompagne son repas d'une belle sélection de vins au verre, avec près de 400 références... et notre plaisir est complet.

Formule 35 € – Menu 40 € (déjeuner)/65 € – Carte 42/63 €

PLAN : A2
8 r. Volney
TEL. 01 42 61 06 65
www.bistro-volnay.fr
Ⓜ Opéra

Fermé 2 semaines en août, 24 décembre-2 janvier, samedi et dimanche

🍴○
Cuisine traditionnelle ·
Bistro

LA BOURSE ET LA VIE

Ce bistrot tenu par un chef américain connaît toujours un franc succès. Sa recette ? Des plats biens français, sagement revisités par le maître des lieux, des portions généreuses, des produits de qualité et des saveurs ô combien plaisantes... En guise d'amuse-bouche, on savoure une généreuse gougère au comté, joufflue et très appétissante. On peut ensuite opter pour des poireaux vinaigrette, un maquereau au vin blanc, une barbue et son jus à la moelle, ou encore un pot-au-feu de veau, sauce ravigote, tête croustillante, herbes et citron vert... Le tout se déguste dans une longue salle étroite, décorée dans un style de bistrot volontairement patiné, avec grands miroirs et banquettes en velours.

Carte 35/53 €

PLAN : B2
12 r. Vivienne
TEL. 01 42 60 08 83
www.labourselavie.com
Ⓜ **Bourse**

Fermé 3 semaines en août, samedi et dimanche

🍴○
Cuisine traditionnelle ·
Brasserie

BRASSERIE GALLOPIN

En 1876, Monsieur Gallopin ouvre ici sa première affaire et invente la fameuse chope en métal argenté (20 cl) qui porte son nom. Depuis, les «gallopins» défilent au comptoir. Après Arletty et Raimu, les Parisiens et les touristes s'y pressent, profitant ainsi du décor : vénérable zinc, boiseries victoriennes en acajou de Cuba, cuivres rutilants, miroirs et surtout superbe verrière 1900 (dans la salle Belle Époque), à voir absolument ! Historique, la carte l'est aussi, déclinant les grands classiques de la brasserie avec un maximum de goût : foie gras de canard au naturel, vinaigrette de haricots verts et champignons de Paris, sole meunière, tartare de bœuf, baba au rhum, ou encore paris-brest. Service et ambiance décontractés, pour apprécier chaque gorgée de bière... Et la suite !

Formule 22 € – Menu 29 € – Carte 35/71 €

PLAN : C2
40 r. N.-D.-des-Victoires
TEL. 01 42 36 45 38
www.gallopin.com
Ⓜ **Bourse**

♿ AC 🖥

LE PETIT EPEAUTRE
DU MONT VENTOUX
LE CAVIAR DES CÉRÉALES

Cette céréale rustique cultivée
dans la plus pure tradition
ancestrale est récoltée et
décortiquée soigneusement
pour conserver intact son arôme
exceptionnel.

Très digeste, mi-croquant,
mi-fondant, le grain de petit
épeautre possède un goût subtil
qui se déguste dans toutes sortes
de préparations.

METRO, PARTENAIRE DES
RESTAURATEURS INDÉPENDANTS.

Retrouvez-nous sur :

f ▶ g+ P ○ METRO.FR

METRO

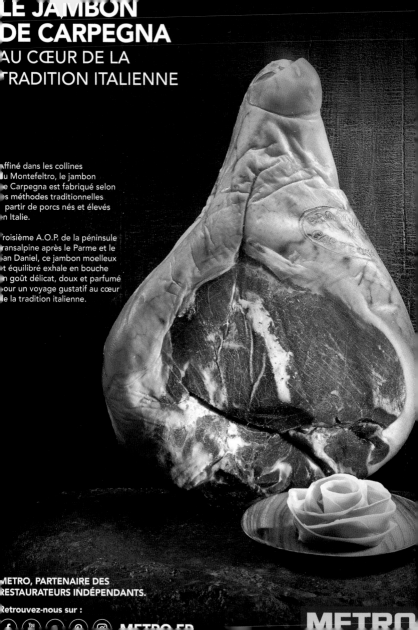

LE JAMBON DE CARPEGNA

AU CŒUR DE LA TRADITION ITALIENNE

Affiné dans les collines
du Montefeltro, le jambon
de Carpegna est fabriqué selon
les méthodes traditionnelles
à partir de porcs nés et élevés
en Italie.

Troisième A.O.P. de la péninsule
transalpine après le Parme et le
San Daniel, ce jambon moelleux
et équilibré exhale en bouche
un goût délicat, doux et parfumé
pour un voyage gustatif au cœur
de la tradition italienne.

METRO, PARTENAIRE DES
RESTAURATEURS INDÉPENDANTS.

Retrouvez-nous sur :

METRO.FR

METRO

🍴

Cuisine italienne •
Élégant

CAFFÈ STERN

Difficile de trouver endroit plus typique du Paris d'autrefois que le passage des Panoramas, l'une des rares galeries du centre de Paris à avoir été épargnées par les travaux du baron Haussmann au 19e s. L'ancien atelier de gravure Stern y a été reconverti en trattoria chic, sans rien perdre de son cachet de l'époque : parquet et miroirs, boiseries sculptées, murs ornés de cuir de Cordoue, etc. À la carte, on trouve une cuisine bien troussée, basée sur de beaux produits majoritairement importés d'Italie (et des viandes de chez Hugo Desnoyer). Entre classiques revisités avec brio et créations originales, les assiettes ne manquent pas de caractère : taglionis à l'aneth, foie «alla veneziana» et polenta croustillante, ou encore pizza à la vapeur... à accompagner d'un barbaresco ou d'un barolo !

Formule 32 € – Menu 75/115 € – Carte 65/85 €

PLAN : C1
47 passage des Panoramas
TEL. 01 75 43 63 10
www.caffestern.fr
Ⓜ **Grands Boulevards**

Fermé 11 août-3 septembre, 23 décembre-7 janvier, dimanche et lundi

🍴

Cuisine moderne •
Élégant

LE CÉLADON

Tout en nuances et en raffinement : le restaurant du confidentiel hôtel Westminster, à mi-chemin entre la place Vendôme et l'Opéra Garnier, n'a rien d'un endroit tape-à-l'œil ou branché. Bien au contraire. Son sens du luxe se révèle sans ostentation, dominé par la couleur délicate et emblématique de la maison : le fameux vert céladon. Dans cet univers feutré et cossu, mêlant style Régence, tableaux anciens et pointes d'Orient (vases en porcelaine chinoise), on s'offre un voyage dans la grande tradition culinaire française, remise au goût du jour par le chef ; on passe un bon moment, d'autant que les assiettes s'accompagnent d'une belle sélection de nectars savoureux...

Formule 45 € – Menu 55 € – Carte 85/110 €

PLAN : A2
Hôtel Westminster
15 r. Daunou
TEL. 01 42 61 77 42
www.leceladon.com
Ⓜ **Opéra**

Fermé août, samedi, dimanche et fériés

🍴○
Cuisine traditionnelle ·
Vintage

CHEZ GEORGES

Une institution du Sentier, fondée en 1964 et reprise en 2010 par deux jeunes associés (œuvrant déjà au Bistrot de Paris et Chez René). Zinc, banquettes, stucs et miroirs : cet authentique bistrot parisien a conservé son beau décor et toute son atmosphère, très bon enfant. L'assiette est à l'unisson, généreuse, gourmande et... immuable : terrine de foies de volaille, harengs pommes à l'huile, entrecôte grillée, profiteroles au chocolat, etc. Des produits de grande qualité – mention spéciale pour les viandes, dont le succulent pavé de bœuf –, des cuissons maîtrisées et des vins français bien choisis : on comprend que l'adresse (malgré des tarifs un peu élevés) compte de nombreux fidèles! Accueil et service chaleureux.

Carte 34/76 €

PLAN : C2
1 r. du Mail
TEL. 01 42 60 07 11
Ⓜ Bourse

Fermé août, vacances de Noël, samedi et dimanche

A/C 🐝

🍴○
Cuisine traditionnelle ·
Élégant

DROUANT

Un hôtel particulier mythique : on y décerne le prix Goncourt depuis 1914! Dans cette brasserie chic, les idées comme les saveurs se mêlent dans une atmosphère festive... Sous la houlette d'Antoine Westermann, le Drouant connaît une nouvelle jeunesse : le décor, épuré, feutré et lumineux, donne la priorité aux volumes harmonieux, jouant sur le contraste d'un mobilier sombre et de murs clairs ornés de photos. L'escalier de Ruhlmann mène à l'agréable mezzanine ; l'espace bar est tout paré d'or et les salons privatifs dégagent un beau cachet classique. Dans ce bien bel écrin, on déguste une cuisine associant tradition et touches fusion (la carte se décline notamment par thèmes et par produits). Mention spéciale au choix de vins, joliment étoffé.

Menu 45 € (déjeuner en semaine) – Carte 70/100 €

PLAN : B2
16 pl. Gaillon
TEL. 01 42 65 15 16
www.drouant.com
Ⓜ Quatre Septembre

🍴

Cuisine moderne ·
Élégant

ERH-LA MAISON DU SAKÉ

E, R et H comme Eau, Riz, Hommes : intitulé mystérieux pour cette table atypique, qui compagnonne avec une boutique de sakés et un bar à whisky. Le chef japonais (ancien de chez Pierre Gagnaire, entre autres) y réalise une jolie partition fusion, et décoche quelques impressionnantes flèches gourmandes : on gardera le souvenir d'un pavé de thon blanc et trilogie de purée, ou de ce surprenant foie gras fumé au bois de sakura et bouillon de veau... Il maîtrise son sujet tout au long des sept plats qui composent le menu unique : tout cela laisse deviner un caractère certain. Possibilité d'opter pour les accords mets et sakés, avec plus de 60 références disponibles.

Formule 48 € – Menu 85 €

PLAN : D3
11 r. Tiquetonne
TEL. 01 45 08 49 37
www.restaurant-erh.com
Ⓜ **Étienne Marcel**

Fermé dimanche et le midi sauf vendredi et samedi

A/C

🍴

Poissons et fruits de mer ·
Élégant

LA FONTAINE GAILLON

Depuis que Gérard Depardieu a repris les rênes de cette maison, tout le monde en parle... Mais ce n'est pas là le plus fort attrait de ce bel hôtel particulier, bâti en 1672 par Jules Hardouin-Mansart. La cuisine fait la part belle aux produits de la mer – en arrivage direct de petits ports de pêche – mais aussi aux classiques de la gastronomie française. La cave réserve de belles surprises et met à l'honneur les vignobles du célèbre acteur. Et le décorum n'est pas qu'un simple figurant : salon Empire parsemé de gravures érotiques, collection d'œuvres d'art au rez-de-chaussée, petits salons chics et intimes à l'étage, sans oublier la très agréable terrasse lovée autour de la fontaine...

Menu 55 € (déjeuner) – Carte 67/86 €

PLAN : A-B2
pl. Gaillon
TEL. 01 47 42 63 22
www.restaurant-la-fontaine-gaillon.com
Ⓜ **Quatre Septembre**

Fermé samedi midi, dimanche

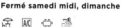

Cuisine moderne · Convivial

FRENCHIE

Drôlement *Frenchy*, le jeune chef Grégory Marchand, lui qui a fait ses classes dans plusieurs grandes tables anglo-saxonnes (Gramercy Tavern à New York, Fifteen – par Jamie Oliver – à Londres, Mandarin Oriental à Hong Kong..). Il a aujourd'hui pris ses quartiers dans ce restaurant de poche, au cœur du Sentier : la petite salle (briques, poutres, pierres apparentes, vue sur les fourneaux) ne désemplit pas ! La «faute» à sa cuisine, qui partage tout du goût international contemporain, avec des associations de saveurs originales, centrées sur le produit. À la carte, régulièrement renouvelée : truite fumée minute ; purée de rutabaga, choux de Bruxelles et ail confit ; gnocchis maison ; agneau, piquillos et pois chiches...

Menu 45 € (déjeuner)/74 €

PLAN : D2
5 r. du Nil
TEL. 01 40 39 96 19
www.frenchie-restaurant.com
Ⓜ Sentier

Fermé 6-21 août, 25 décembre-3 janvier, lundi midi, mardi midi, mercredi midi, samedi et dimanche

A/C

Cuisine libanaise · Oriental

LIZA

La table de Liza Asseily ressemble au Liban d'aujourd'hui : moderne et métissé. Les matériaux précieux et ornementaux (panneaux de nacre, bois blanc sculpté, métal martelé, cuivre) agrémentent le mobilier épuré et contemporain. Mais l'atmosphère des lieux doit aussi beaucoup à une bande-son originale mariant oud et jazz oriental. En cuisine, la tradition est judicieusement réinterprétée et permet de découvrir des recettes moins connues : agneau aux cinq épices douces, kebbé méchouiyé (bœuf, sauce betterave et menthe), potiron confit... Le midi, sympathiques plateaux thématiques (végétarien, méditerranéen, etc.). Le soir, les menus dégustation sont servis à la libanaise, c'est à dire avec une générosité proverbiale : un régal.

Formule 21 € – Menu 38 € (dîner)/48 € – Carte 35/65 €

PLAN : B2
14 r. de la Banque
TEL. 01 55 35 00 66
www.restaurant-liza.com
Ⓜ Bourse

Fermé dimanche soir

A/C

Poissons et fruits de mer •
Convivial

LA MARÉE JEANNE

Cette belle devanture bleue et ses quelques tables en terrasse dissimulent un restaurant où les gourmets se sentiront comme poissons dans l'eau. Le bras droit de Jean Nouvel a conçu la cuisine-comptoir en carrelage bleu avec banc d'écailler, murs faussement décrépis, mobilier en bois clair et coloré. Bienvenue à la Marée Jeanne! Avec un tel nom, on hésite : fumet marin ou fumée de Jamaïque ? Réponse dans l'assiette où poissons et coquillages nagent dans le bonheur, où le saumon gravlax s'acoquine avec quelques olives, et où le fenouil taille le bout de gras avec l'omble chevalier, qui ne prend pas le respect de l'étiquette à la légère. Au sous-sol, enfin, les groupes sont les bienvenus dans la salle voûtée.

Formule 18 € – Carte 34/58 €

PLAN : C2
3 r. Mandar
TEL. 01 42 61 58 34
www.lamareejeanne.com
Ⓜ Sentier

Fermé dimanche

Cuisine moderne •
Convivial

LE MODERNE

Business as usual.. À deux pas du palais Brongniart aujourd'hui déserté par les boursicoteurs, ce Café Moderne permet de se replonger dans l'ambiance toujours très affairée du quartier : le midi, l'endroit est bondé! Le soir venu, la clientèle troque son costume pour un autre, davantage propice aux duos et aux compagnies d'amis.. À toute heure en effet, la cuisine proposée fait mouche : les produits de saison bénéficient de toutes les attentions et sont les rois d'assiettes sans chichis, cuisinées dans le souci du bon. Le tout se déguste dans un décor pour le moins... moderne, soigné et chaleureux. À la bourse des petits plaisirs, cette adresse a vraiment la cote!

Formule 29 € – Menu 32/45 € – Carte 45/61 €

PLAN : C2
40 r. N.-D.-des-Victoires
TEL. 01 53 40 84 10
www.le-moderne.fr
Ⓜ Bourse

Fermé 3 semaines en août, samedi et dimanche

¶○
Cuisine thaïlandaise •
Convivial

MONSIEUR K

Voilà un jeune chef-patron, aimable, disponible et véritable passionné de l'Asie, surtout de la Thaïlande : il y a réalisé au moins 16 voyages (demandez-lui, vous verrez!), soit environ deux par an. Là-bas, il hume, il mâche, il goûte à toutes les cuisines du nord au sud, pour reproduire à l'identique les meilleurs plats. Le garçon est un perfectionniste, mais pour la bonne cause : ses plats sont savoureux, son pad thaï parfaitement équilibré en saveurs. La déco tendance, confortable, ne distrait pas nos papilles. Et pour ceux qui n'auraient pas trouvé des places, sachez qu'il possède également deux cantines thaïes sous l'enseigne Kapunka. Goûteux et authentique.

Formule 21 € – Menu 27 € (déjeuner), 30/39 € – Carte 30/55 €

PLAN : D3
10 r. Marie-Stuart
TEL. 01 42 36 01 09
www.kapunkaparis.com
Ⓜ Sentier

Fermé 1 semaine en août et dimanche

¶○
Cuisine italienne •
Élégant

MORI VENICE BAR

Venise et les Maures : l'enseigne évoque ces liens commerciaux séculaires qui ont fait la fortune et l'esprit de la ville, si imprégnée d'Orient.. Ici, point de ciselures de marbre, mais une atmosphère feutrée signée Philippe Starck, traduisant le raffinement et le secret : murs habillés d'acajou, sol chocolat, lustres de Murano, masques de carnaval, jolie véranda et comptoir pour prendre un verre en savourant des antipasti ou une superbe glace maison. Si la gastronomie vénitienne est méconnue, le chef, passionné, a entrepris de la défendre. Sa démonstration, exemplaire, s'appuie sur d'excellents produits de Vénétie et de nombreuses spécialités (*cicchetti* – amuse-bouches –, foie de veau *alla veneziana*, poissons de l'Adriatique, etc.).

Menu 44 € (déjeuner), 60/90 € ♟ – Carte 75/110 €

PLAN : B2
2 r. du Quatre-Septembre
TEL. 01 44 55 51 55
www.mori-venicebar.com
Ⓜ Bourse

Fermé samedi midi et dimanche

‖○
Cuisine moderne •
Épuré

L'OSEILLE

Pierre Lecoutre fait parler son expérience (l'Atlantide, à Nantes, le Dôme du Marais et le Café des Musées, à Paris) dans cet établissement à quelques pas de la Bourse. Pour l'allure, c'est le bistrot chic dans toute sa splendeur, avec comptoir, cave vitrée, chaises en bois et banquettes de rigueur. Dans l'assiette, les saisons défilent sous la forme d'une carte courte, avec petites entrées à partager, et de généreux plats et desserts : compotée d'aubergine aux épices douces, épaule d'agneau rôtie à la sauge et cocos de Paimpol, ou encore, jolie conclusion, crémeux au chocolat noir et sauce chicorée. Gourmandise et simplicité sont les maîtres-mots de cette belle adresse.

Formule 23 € – Menu 29 € (déjeuner)/36 € – Carte 27/43 €

PLAN : B2
3 r. St-Augustin
TEL. 01 45 08 13 76
www.loseille-bourse.com
Ⓜ Bourse

Fermé samedi et dimanche

♿

‖○
Cuisine moderne •
Élégant

LES ORCHIDÉES

Sur la célèbre rue de la Paix, à deux pas de la place Vendôme, au cœur du quartier de la mode et de la joaillerie, ce grand hôtel propose une table aux accents modernes, à base de produits sélectionnés avec une rigueur impeccable. Prenez place sous la belle verrière, ou en terrasse aux beaux jours, pour déguster, en toute quiétude, les jeunes poireaux vinaigrette, noisettes, chèvre frais, fines herbes ou cette poitrine de veau confite, chutney de pamplemousse, jeunes navets. Aux fourneaux, Jean-François Rouquette, qui œuvre aussi chez Pur', près de la Madeleine, et considère que «l'ennemi du goût, c'est l'ennui»… Aux Orchidées, difficile de s'ennuyer.

Formule 55 € – Carte 67/120 €

PLAN : A2
Hôtel Park Hyatt Paris-Vendôme
5 r. de la Paix
TEL. 01 58 71 10 60
www.parisvendome.park.hyatt.com
Ⓜ Opéra

Fermé le soir

⛺ ♿ Ⓜ

Cuisine thaïlandaise •
Exotique

SILK & SPICE

Le raffinement en guise d'exotisme, étonnant ? Pas chez Silk & Spice, où l'atmosphère épurée, feutrée et intime remplace judicieusement le folklore en matière de dépaysement, au cœur du quartier Montorgueil. Le décor ? Dominantes sombres rehaussées de feuille d'or, bel éclairage tamisé, murmure d'une fontaine, orchidées blanches... Dans l'assiette, fine et soignée, un savant mélange de douceurs et d'épices transporte au royaume de Siam : filet de bar sauce au tamarin et légumes sautés, gambas et crevettes dans une réduction à la citronnelle, bœuf mijoté au curry vert, ou encore flan coco et sorbet aux litchis. Service discret et délicat... à l'image du lieu.

Formule 19 € – Menu 32/48 € – Carte 28/50 €

PLAN : C2
6 r. Mandar
TEL. 01 44 88 21 91
www.silkandspice.fr
Ⓜ **Sentier**

Fermé samedi midi et dimanche

Cuisine du monde •
Design

SPOON

L'ancien Terroir Parisien a laissé la place à Spoon, géré par le groupe d'Alain Ducasse. Le concept culinaire est simple : proposer une cuisine du monde, avec des recettes ethniques revisitées. Chine, Mexique, Thaïlande, Inde, Maghreb, ou encore Brésil, Japon ou Tahiti : la lecture de la carte est un véritable tour du monde. Quant à la déco, « urbaine et contemporaine » selon la volonté de l'équipe en place, elle met en valeur des instruments de musique anciens savamment éclairés, avec en fond sonore la musique du compositeur français Armand Amar... Prix plutôt raisonnables.

Menu 32 € (déjeuner en semaine) –
Carte 33/49 €

PLAN : B2
25 pl. de la Bourse
TEL. 01 83 92 20 30
www.spoon.restaurant.com
Ⓜ **Bourse**

Fermé samedi midi et dimanche

Cuisine traditionnelle •
Brasserie

VAUDEVILLE

À midi, c'est la «cantine» des hommes d'affaires et des journalistes (l'Agence France Presse se trouve à deux pas). Le soir, place à la foule animée débarquant des théâtres voisins. Le cadre Art déco brille alors de tous ses feux, les décibels montent et les serveurs, toujours souriants, slaloment de table en table. Pas de doute, le Vaudeville connaît son rôle sur le bout des doigts : la vraie brasserie parisienne! À l'affiche, tous les classiques du genre agrémentés de spécialités maison, tels les fruits de mer, l'escalope de foie gras de canard poêlée, l'andouillette, la tranche de morue fraîche à la plancha, ou encore les œufs à la neige. Le tout en formules ou en menus, dont un servi à l'heure du souper – clientèle oblige. Le petit plus aux beaux jours : la terrasse face au palais Brongniart.

Formule 25 € – Menu 32 € – Carte 35/50 €

PLAN : B2
29 r. Vivienne
TEL. 01 40 20 04 62
www.vaudevilleparis.com
Ⓜ Bourse

⌂

Cuisine moderne •
Élégant

LE VERSANCE

Un cadre où poutres, vitraux, mobilier design et tables tirées à quatre épingles font des étincelles. Dans cet écrin gris-blanc épuré, la sobriété le dispute à l'élégance, et le lieu dégage une vraie sérénité. Un coup de maître pour Samuel Cavagnis, dont c'est le premier restaurant. En cuisine, ce jeune globe-trotter formé à bonne école reste fidèle aux saveurs hexagonales. Un retour aux racines françaises illustré par des plats joliment contés et teintés d'exotisme : ceviche de thon et son mi-cuit, bouillon de poule, verveine citron et combawa ; filet de turbot sauvage cuit vapeur, chutney de mangue safranée, ou encore ce joli dessert examinant la pomme sous toutes ses coutures...

Formule 36 € ⚑ – Menu 43 € (déjeuner) – Carte 75/90 €

PLAN : B2
16 r. Feydeau
TEL. 01 45 08 00 08
www.leversance.fr
Ⓜ Bourse

Fermé 1er -22 août, 22 décembre-3 janvier, samedi midi, dimanche et lundi

⌂ A/C

2ᵉ • BOURSE • SENTIER

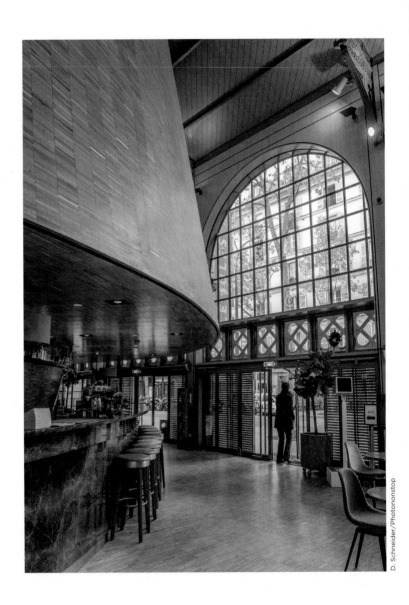

3ᵉ

LE HAUT MARAIS • TEMPLE

___

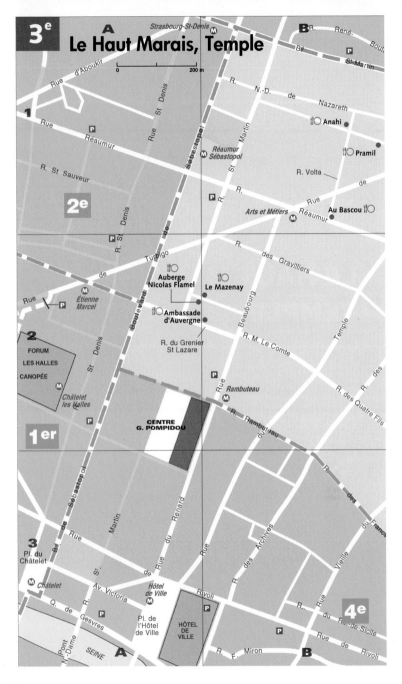

Le Haut Marais, Temple

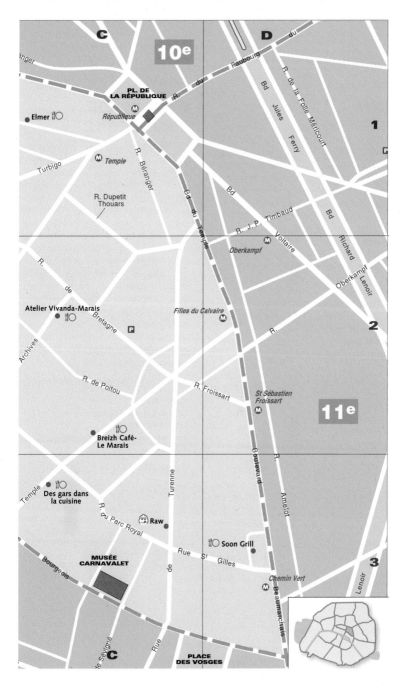

C   10e   D

du   Faubourg

R. de la Folie Méricourt

Bd   Jules   Ferry

1

PL. DE
LA RÉPUBLIQUE

Elmer ⑩

République

Ⓜ République

Ⓜ Temple

Turbigo

R. Béranger

R. Dupetit
Thouars

Bd du Temple

Bd

R. J. P. Timbaud

Voltaire

Oberkampf

Bd   Richard   Lenoir

Obe rkampf

R.
de
Bretagne

Atelier Vivanda-Marais
● ⑩

Filles du Calvaire
Ⓜ

R.

2

Archives

R. de Poitou

R. Froissart

St Sébastien
Froissart
Ⓜ

11e

Breizh Café-
Le Marais
● ⑩

Temple

Des gars dans
la cuisine
● ⑩

Turenne

R. du Parc Royal

Ⓡ Raw

Boulevard

R.

Amelot

⑩ Soon Grill

MUSÉE
CARNAVALET

Bourgeois

de

Rue   St   Gilles

Chemin Vert
Ⓜ

Beaumarchais

Lenoir

3

Rue   de   Sévigné

Rue

PLACE
DES VOSGES

C

Cuisine moderne ·
Cosy

RAW

Qui l'eût cru ? Si l'on ose le jeu de mot, c'est que le concept de William Pradeleix (chef de Will, Paris 12) joue le cru (*raw*, en anglais) contre le cuit, pour une cuisine saine et pleine de vivacité, métissée de produits exotiques. L'idée : conserver les bienfaits et l'apport en vitamines des aliments non transformés. Installez-vous confortablement dans des banquettes ou fauteuils en tweed, et que le spectacle commence : poulpe brûlé (pas tout à fait cru) et vierge de pêche ; salade de haricots verts ; coques, beurre d'agrumes et rhubarbe en pickles... Avec taillage au moment pour éviter que le goût ne s'altère après la découpe ! Promesse tenue, pour une cuisine goûteuse, sans excès et bien maîtrisée, qui évite de tomber dans le piège de la cuisine fusion des années 2000.

Carte 30/40 €

PLAN : C3
57 r. de Turenne
TEL. 01 77 18 37 50
Ⓜ Chemin Vert

Fermé mardi midi, dimanche et lundi

Cuisine du terroir ·
Convivial

AMBASSADE D'AUVERGNE

Où mange-t-on l'un des meilleurs aligots de Paris ? À l'Ambassade d'Auvergne, bien sûr, où la cérémonie du filage en salle mérite toute votre attention. Les autres spécialités régionales ne sont pas oubliées : cochonnailles, lentilles vertes du Puy, potée de porc fermier aux choux braisés... Que des bons produits pour des recettes pleines d'authenticité et de générosité. La maison ne se repose cependant pas sur sa réputation : toujours à la recherche de nouveaux produits, comme l'ail noir, ou ce bœuf de Salers maturé 40 jours, elle modernise au fil du temps son programme culinaire. Et en «ambassade» digne de ce nom, elle ne lésine pas non plus sur la sélection de fromages (l'Aveyron est également bien représenté sur le plateau).

Formule 23 € – Menu 33 € – Carte 35/62 €

PLAN : B2
22 r. du Grenier-St-Lazare
TEL. 01 42 72 31 22
www.ambassade-auvergne.com
Ⓜ Rambuteau

⍦○

Cuisine argentine •
Tendance

ANAHI Ⓝ

Depuis son ouverture, c'est LA table à ne pas manquer dans le haut Marais... et pour cause. On y goûte des viandes exceptionnelles : races de choix élevées au grain ou à l'herbe, cuites à la braise et assaisonnées d'une excellente marinade aux herbes... On n'oubliera pas de sitôt cette hampe persillée, fondante, savoureuse, bref : magnifique! Si les entrées et desserts ne sont pas inoubliables, là aussi qualité est au rendez-vous. Quant au cadre, il ajoute encore au plaisir : le lieu était une boucherie dans les années 1920, comme le rappelle l'élégante verrière Art déco du plafond, et les faïences d'époque. Service professionnel et convivial.

Carte 50/110 €

PLAN : B1
49 r. Volta
TEL. 01 83 81 38 00
www.anahi-paris.com
Ⓜ Temple

Fermé 21 juillet-21 août et le midi

⍦○

Viandes •
Bistro

ATELIER VIVANDA - MARAIS

Vivanda, troisième! Cette adresse propose une carte similaire aux deux autres, à savoir un hommage à la viande, dans un cadre associant boucherie et bistrot (sol en mosaïque, carreaux blancs façon métro parisien, vieux miroirs piqués, tables reproduisant les établis de bouchers...). Dans l'assiette, ça persille, ça caquette (délicieuse terrine de cuisse de canard), ça mugit (entrecôte de Black Angus américain), et les commensaux se pourlèchent les babines. Les garnitures jouent la fibre classique (gratin dauphinois, pommes dauphines) pour mieux mettre en valeur la symphonie carnivore des mandibules sollicitées. Réservation conseillée : les 20 places sont disputées...

Menu 39 € – Carte 32/47 €

PLAN : C2
82 r. des Archives
TEL. 01 42 71 48 07
www.ateliervivanda.com
Ⓜ Arts et Métiers

Fermé lundi et mardi

A/C

🍴

Cuisine basque ·
Simple

AU BASCOU

Cette institution basque reste fidèle à ses débuts : Bertrand Guéneron, qui œuvre aujourd'hui à la tête de la maison, aurait bien tort de toucher aux classiques qui ont fait sa réputation et son succès. Ainsi, on retrouve avec plaisir les recettes de toujours, à peine revisitées. Mais si de nombreux produits proviennent du «pays» (piperades, pimientos del piquillo, chipirons sautés au piment d'Espelette, fricassée d'escargots au jambon, soupe de châtaigne...), on ne s'interdit pas des assiettes plus actuelles, ni du gibier en saison (comme ce beau lièvre à la royale). Quand d'authentiques plats aux accents euskariens rencontrent les autres terroirs français, dans un décor de bistrot convivial... On se pourlèche les babines.

Formule 18 € – Menu 25 € (déjeuner), 30/60 € – Carte 36/46 €

PLAN : B1
38 r. Réaumur
TEL. 01 42 72 69 25
www.au-bascou.fr
Ⓜ Arts et Métiers

Fermé août, 1 semaine à Noël, samedi et dimanche

A/C

🍴

Cuisine classique ·
Chic

AUBERGE NICOLAS FLAMEL Ⓝ

Une bonne cuisine classique tout en maîtrise, avec accords de saveurs bien pensés, cuissons au poil et assaisonnements de qualité : voici le programme de cette adresse du 16ᵉ arrondissement, le premier restaurant du chef Alan Geaam. Pressé de terrine de foie gras au torchon, pavé de maigre en croûte au persil, sphère en chocolat... Autant de classicisme détonne, dans un quartier où la recherche de la nouveauté est la règle : raison de plus pour franchir le pas! Le tout dans un cadre d'exception, puisqu'il s'agit de la plus ancienne auberge recensée à Paris, datant de... 1407, et classée monument historique.

Formule 20 € – Menu 25 € (déjeuner en semaine), 42/60 € – Carte 45/70 €

PLAN : B1
51 r. Montmorency
TEL. 01 42 71 77 78
www.auberge-nicolas-flamel.fr
Ⓜ Rambuteau

🍴◯

Cuisine bretonne •
Simple

BREIZH CAFÉ - LE MARAIS

Tout commence en 1996, quand Bertrand Larcher crée à Tokyo la première crêperie bretonne du Japon. Il suffisait d'y penser : la galette de sarrasin sera un vrai sésame. L'entrepreneur fait venir de sa région natale des crêpiers expérimentés, et sélectionne les meilleurs produits (des farines bio et du beurre salé, notamment) : très vite l'affaire tourne rond à travers tout l'archipel nippon... au point qu'elle finit par faire des petits jusqu'en France, à Cancale et à Paris ! Et cette fois, ce sont des crêpiers japonais qui œuvrent au *billig*, défendant le slogan maison : « La crêpe autrement. » Un exemple ? La « basquaise » : asperges, tomate, chorizo, basilic, fromage fondu et trait d'huile d'olive. Des garnitures qui ne tombent pas à plat ! Et l'on peut faire des emplettes à l'épicerie attenante...

Carte 25/38 €

PLAN : C2
109 r. Vieille-du-Temple
TEL. 01 42 72 13 77
www.breizhcafe.com
Ⓜ St-Sébastien Froissart

Fermé lundi

🍴◯

Cuisine moderne •
Tendance

DES GARS DANS LA CUISINE

À deux pas du Marais gay, les gars sont aux commandes et c'est tant mieux. Une amitié de plus de vingt ans unit Gil Rosinha, le chef, et son acolyte côté salle, Jean-Jacques Delaval. Aussi enjoué que professionnel, le duo a su hisser sa table au rang des incontournables de l'arrondissement (il convient de réserver...). La qualité de la cuisine de Gil n'est pas étrangère au succès – des recettes bien fraîches, originales et parfumées, qui croquent notre époque avec gourmandise –, mais c'est la totalité du concept qui séduit. Jean-Jacques fait régner la sympathie sur la salle, au décor plutôt branché, voire glamour quand, le soir arrivant, on tamise la lumière. Habitués du quartier, stars d'un jour ou de toujours, et touristes se mêlent en toute simplicité. La belle illustration d'un restaurant fédérateur et plein de vie !

Menu 17 € (déjeuner en semaine)/23 € – Carte 46/66 €

PLAN : C3
72 r. Vieille-du-Temple
TEL. 01 42 74 88 26
www.desgarsdanslacuisine.com
Ⓜ Chemin Vert

🍴○

Cuisine moderne ·
Branché

ELMER

Tout près de République, on aime la déco chic et sobre de cette table «nouvelle génération» dessinée par Aude Gros-Rosanvallon. C'est tout aussi réjouissant dans l'assiette, grâce à Simon Horwitz, jeune chef au riche parcours (Oustau de Baumanière, Pierre Gagnaire, voyages en Asie et en Amérique latine) qui sélectionne soigneusement ses producteurs et décline une cuisine inventive et décomplexée. Rôtissoire et braises sont de rigueur pour la cuisson des viandes : en témoignent cette savoureuse poitrine de cochon du Ventoux (pour deux) ou cette réjouissante canette de Challans... Saveurs bien maîtrisées, cuissons impeccables : le chef sait ce qu'il fait et cela se ressent dans l'assiette. Elmer, c'est super!

Formule 24 € – Menu 28 € (déjeuner) – Carte 49/65 €

PLAN : C1
30 r. Notre-Dame-de-Nazareth
TEL. 01 43 56 22 95
web elmer-restaurant.fr
Ⓜ **Temple**

Fermé 3 semaines en août, 1 semaine vacances de Noël, samedi midi, dimanche et lundi

🍴○

Cuisine classique ·
Brasserie

LE MAZENAY

C'est dans une petite rue, à l'abri des palais indiscrets, que prospère ce restaurant à la décoration classique (banquette en cuir crème, cuisine ouverte avec comptoir sur lequel on peut manger), et pour cause : ici, l'accent est mis sur la belle cuisson, le bon jus et le beau produit. Pas de tintamarre inutile, quand on se régale du homard breton en soupe glacée, d'un pigeon rôti entier, condiment citron main de Buddha, ou du mille-feuille à la vanille Bourbon. Mais le chef, au parcours éclectique (passé par des étoilés et des hôtels de luxe en Asie), n'a qu'une hâte : que commence la saison du gibier! Grouse d'Écosse rôtie, lièvre à la royale, il aime les saveurs prononcées de la viande qui a couru, tout l'automne, dans les sous-bois giboyeux. Une adresse très sérieuse, où l'on mange toujours bien.

Formule 19 € – Menu 39/55 €

PLAN : B2
46 r. de Montmorency
TEL. 06 42 83 79 52
www.lemazenay.com
Ⓜ **Rambuteau**

Fermé 3 semaines en août, samedi midi, dimanche et lundi

Cuisine moderne •
Bistro

PRAMIL

Des pierres apparentes, un sol en béton ciré, beaucoup de sobriété : ce décor plaisant a l'élégance de se faire oublier... car on vient avant tout ici pour la cuisine d'Alain Pramil. Pour l'anecdote, ce chef autodidacte nourrit une véritable passion pour l'art culinaire, mais il a d'abord été... professeur de physique ! Depuis, il a troqué ses tubes à essai pour des casseroles rutilantes et concocte de bons plats du marché teintés d'influences contemporaines. On ne résiste pas à sa salade de ficoïde glaciale (un légume oublié !), à son onglet de veau poêlé, à son cochon de lait sauce miso ou à ses tartes aux fruits de saison. Quant à la sélection de vins, elle se révèle intéressante. De la générosité, des prix doux et un accueil chaleureux : dans le mille, Pramil !

Formule 24 € – Menu 33 € – Carte 38/48 €

PLAN : B1
9 r. Vertbois
TEL. 01 42 72 03 60
www.pramil.fr
Ⓜ Temple

Fermé 1er -4 mai, 13-27 août, 24-28 décembre, dimanche midi et lundi

A/C

Cuisine coréenne •
Convivial

SOON GRILL

Ouvert en 2015, ce restaurant célèbre la gastronomie coréenne de bien belle manière. Les incontournables sont au rendez-vous – bibimbap servi dans un bol de pierre brûlant, raviolis grillés, bœuf mariné sauce soja – mais on trouve aussi d'autres spécialités relativement méconnues dans nos contrées : les «Moulnaengmion», une soupe de nouilles de sarrasin froides, les «Bibimnaengmion», des nouilles de sarrasin épicées, le «dwenjang tsigué», un pot au feu typique, à la pâte de soja fermentée... sans oublier le «barbecue», où le client fait griller lui-même à table des viandes de belle qualité. Une cuisine fine et parfumée, relativement peu grasse, qui sait sortir des sentiers battus et surprend à bon escient.

Formule 16 € – Menu 21 € (déjeuner en semaine), 49/69 € – Carte 40/65 €

PLAN : D3
78 r. des Tournelles
TEL. 01 42 77 13 56
www.soon-grill.com
Ⓜ Chemin Vert

  🦽 A/C

4ᵉ

ÎLE DE LA CITÉ •
ÎLE ST-LOUIS •
LE MARAIS •
BEAUBOURG

———

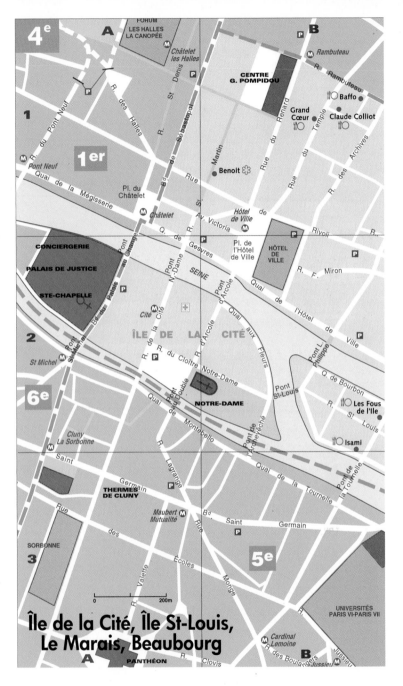

Île de la Cité, Île St-Louis,
Le Marais, Beaubourg

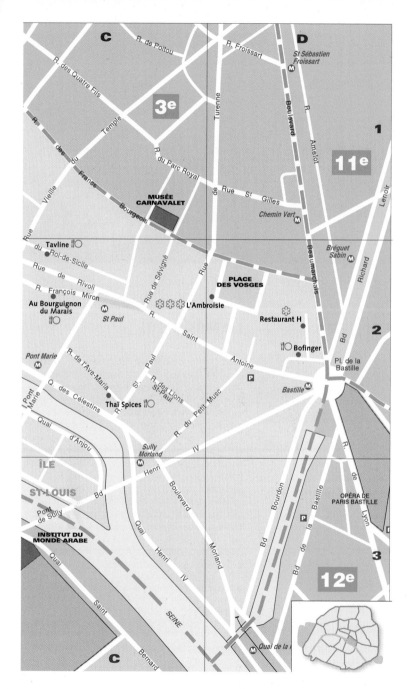

C

R. de Poitou

R. Froissart

D

St Sébastien
Froissart

R. des Quatre Fils

3e

Turenne

Boulevard

R. Amelot

1

11e

Temple

R. du Parc Royal

Rue St. Gilles

Lenoir

R. des Francs

du

Rue de Bourgeois

Vieille

MUSÉE
CARNAVALET

Chemin Vert

Beaumarchais

Bréguet
Sabin

Richard

Rue du

Tavline

Roi-de-Sicile

Rue de Rivoli

R. François Miron

Au Bourguignon
du Marais

St Paul

Rue de Sévigné

R.

R.

PLACE
DES VOSGES

✿ ✿ ✿ L'Ambroisie

Saint

Restaurant H

Bofinger

Bd

2

Pl. de la
Bastille

Pont Marie

R. de l'Ave-Maria

Paul

St-

R. des Lions
St-Paul

Antoine

R. du Petit Musc

Bastille

Pont
Marie

Q. des Célestins

Thaï Spices

Quai d'Anjou

Sully
Morland

IV

Henri

ÎLE

ST-LOUIS

Bd

Boulevard

Bourdon

Bd de la Bastille

OPÉRA DE
PARIS BASTILLE

R. de Lyon

3

Pont
de Sully

INSTITUT DU
MONDE ARABE

Quai

Quai Henri

Morland

Bd

12e

Saint

SEINE

Quai de la R.

C

Bernard

Carte 210/340 €

PLAN : D2
9 pl. des Vosges
TEL. 01 42 78 51 45
www.ambroisie-paris.com
Ⓜ St-Paul

Fermé 18 février-5 mars, 29 avril-
6 mai, 5-26 août, dimanche et lundi

[A/C] [≈]

✿✿✿
Cuisine classique · Luxe

L'AMBROISIE

Ambroisie : (n. f.) «nourriture des dieux de l'Olympe, source d'immortalité» et, par extension, «nourriture exquise». Tout est dit! Que peut-on donc ajouter pour décrire la divine cuisine de Bernard Pacaud, qui culmine avec une plénitude qui n'a d'égale que sa légendaire modestie ? Un hymne à la tradition revisitée avec grâce, des produits soigneusement choisis, des cuissons d'une précision horlogère, des alliances de goûts sans faille, etc. Autant de petits détails qui font toute la différence ; l'essentiel se résumant à ceci : un classicisme maîtrisé, point.

Le cadre luxueux du restaurant – une demeure du 17ᵉ s. sous les arcades paisibles de l'une des plus belles places de Paris – est à l'unisson : miroirs anciens, immense tapisserie, sol en marbre blanc et noir, orchidées. Un vrai petit palais italien. Et la place des Vosges de devenir quasi florentine! Conclusion : pour un repas aussi raffiné qu'élégant, un régal des sens à tous points de vue.

■ **Entrées :** Feuillantine de langoustines aux graines de sésame, sauce au curry • Ravigote d'écrevisses à l'émulsion de coriandre

■ **Plats :** Escalopines de bar à l'émincé d'artichaut, nage réduite au caviar • Carré d'agneau de Lozère en croûte de poivre

■ **Desserts :** Tarte fine sablée au cacao amer, glace à la vanille Bourbon • Dacquoise au praliné, giboulée de fruits de saison

Cuisine classique • Bistro

BENOIT

Pour retrouver l'atmosphère d'un vrai bistrot parisien, poussez donc la porte du 20, rue St-Martin. C'est ici, en plein cœur de Paris, que l'enseigne vit le jour dès 1912, du temps des Halles populaires. À l'origine bouchon lyonnais, le bistrot est resté dans la famille Petit pendant trois générations, lesquelles ont façonné et entretenu son charme si désuet. Belle Époque, plus exactement : boiseries, cuivres, miroirs, banquettes en velours, tables serrées les unes contre les autres... Chaque élément, jusqu'aux assiettes siglées d'un «B», participe au cachet de la maison. Rien à voir avec les ersatz de bistrots à la mode! Et si l'affaire a été cédée au groupe Ducasse (2005), elle a préservé son âme.

Traditionnelles à souhait, les recettes allient produits du terroir, justesse des cuissons et générosité. Les habitués le savent bien : «Chez toi, Benoît, on boit, festoie en rois.» Surtout si l'on pense aux plats canailles que tout le monde connaît, mais que l'on ne mange quasiment jamais... sauf ici.

■ **Entrées :** Langue de bœuf Lucullus, cœur de romaine à la crème moutardée • Soupe crémeuse d'écrevisses à la ciboulette

■ **Plats :** Filet de sole Nantua, épinards crémés • Tête de veau en ravigote

■ **Desserts :** Savarin à l'armagnac, chantilly • Profiteroles «Benoit», sauce chocolat chaud

Menu 39 € (déjeuner) – Carte 70/115 €

PLAN : B1
20 r. St-Martin
TEL. 01 42 72 25 76
www.benoit-paris.com
Châtelet-Les Halles

Menu 36 € (déjeuner en semaine),
60/80 €

PLAN : D2
13 r. Jean-Beausire
TEL. 01 43 48 80 96
www.restauranth.com
Ⓜ **Bastille**

Fermé 3 semaines en août,
1 semaine vacances de Noël,
dimanche et lundi

♿

Cuisine créative • Cosy

RESTAURANT H

À la recherche de belles surprises gastronomiques dans les environs de la Bastille ? On a ce qu'il vous faut : «H», comme Hubert Duchenne, jeune chef passé chez Akrame Benallal, et Jean-François Piège, au Thoumieux. Tout commence par une devanture élégante et engageante, qu'on traverse pour entrer dans cette demeure assez discrète.

Là, c'est le minimalisme même : vingt couverts à peine, pour cette salle à manger du genre intime, au cadre aussi chic que cosy. Puis, très vite, quelle jolie découverte dans l'assiette! On se régale d'un menu unique sans choix et bien ficelé, dans lequel les recettes, bien maîtrisées, vont toujours à l'essentiel. Vous réclamez des preuves ? Cette alliance de moules, crème de persil et salicorne devrait faire l'affaire, tout comme ce maigre, amarante et sarrasin... C'est inventif et très maîtrisé : on se régale, d'autant que les produits utilisés sont d'excellente qualité.

■ Cuisine du marché.

⭐◯
Cuisine bourguignonne •
Bistro

AU BOURGUIGNON DU MARAIS

L'enseigne dit tout... ou presque. Dans ce petit restaurant sans chichi, la Bourgogne s'invite dans l'assiette et dans le verre! On s'installe dans une salle sobre et conviviale pour savourer des petits plats tout en générosité. Œufs pochés en meurette, jambon persillé, andouillette au bourgogne aligoté, escargots à l'ail, incontournable bœuf bourguignon, ou encore baba au rhum et paris-brest : on comprend rapidement que la soirée sera placée sous le thème du beau terroir... L'alléchante carte est complétée par quelques suggestions faites de vive voix ; quant à la cave des vins, elle ravit les amateurs de beaux flacons 100 % bourguignons. Et dès que le temps le permet, on file en terrasse!

Formule 20 € – Menu 25 € (déjeuner) – Carte 40/64 €

PLAN : C2
52 r. François-Miron
TEL. 01 48 87 15 40
Ⓜ St-Paul

🌿 AC

⭐◯
Cuisine italienne •
Trattoria

BAFFO

Originaire de la Maremme (la région la plus méridionale de la Toscane) et passionné de cuisine, Fabien Zannier a décidé de changer de vie pour rendre hommage aux saveurs de son enfance. Il a créé au cœur du Marais cette table italienne grande comme un mouchoir de poche. Il a plus d'un tour dans son sac : ne jurant que par le produit frais, sélectionné avec soin auprès de petits producteurs – idéalement en bio – en Italie ou en France (ainsi le veau aveyronnais et le bœuf d'Aubrac), il signe de belles spécialités, fortes en goût et accompagnées de crus toscans... Une occasion idéale pour, comme on dit en italien, «un pranzo con i baffi», un repas à s'en lécher les moustaches!

Menu 60 € – Carte 53/108 €

PLAN : B1
12 r. Pecquay
TEL. 07 61 88 73 04
www.baffo.fr
Ⓜ Rambuteau

Fermé 6-30 août, 24 décembre-11 janvier, mardi midi, mercredi midi, dimanche et lundi

AC

Cuisine traditionnelle • Brasserie

BOFINGER

Succès presque immédiat lorsque Frédéric Bofinger ouvre cette brasserie en 1864 : les Parisiens y font la découverte de la bière «à la pompe», ou bière pression. Royer, Panzani, Spindler et d'autres parmi les plus grands artisans d'art ont par la suite modelé ce «lieu de mémoire» gourmand de la capitale. À l'étage, plusieurs salles offrent un cadre remarquable, dont une aux boiseries peintes par Hansi représentant pêle-mêle kougelhopf, bretzel, cigognes, coccinelles et Alsaciennes en costume. L'endroit fascine toujours autant avec sa magnifique coupole en verre à motifs floraux, ses vitraux, marqueteries, vases animaliers, tableaux... Le livre d'or ? Un vrai bottin mondain du 20e s. Au menu : fruits de mer, grillades... et choucroutes bien sûr !

Carte 41/77 €

PLAN : D2
5 r. de la Bastille
TEL. 01 42 72 87 82
www.bofingerparis.com
Ⓜ Bastille

Cuisine moderne • Contemporain

CLAUDE COLLIOT

Chez Claude Colliot, point d'énoncés pompeux, mais une cuisine de saison, qui traite les produits avec tous les égards. Les légumes, en provenance directe du potager du chef dans le Loiret, sont excellents, les cuissons maîtrisées, les jus bien aromatiques, et le menu «Carte blanche» – en quatre ou sept plats – offre une jolie palette du savoir-faire de notre homme... En trois mots : léger, sain et savoureux! Côté vins, Chantal Colliot est aux commandes : sa courte carte met en avant les jeunes producteurs adeptes de la biodynamie, cette culture misant sur la synergie des sols et des plantations. Ce restaurant, très chaleureux, compte de nombreux fidèles... Pensez à réserver.

Menu 55 € (dîner) – Carte 29/47 € déjeuner

PLAN : B1
40 r. des Blancs-Manteaux
TEL. 01 42 71 55 45
www.claudecolliot.com
Ⓜ Rambuteau

Fermé 2 semaines en août, dimanche et lundi

Cuisine traditionnelle •
Bistro

LES FOUS DE L'ÎLE

Ce restaurant du cœur de l'Île-St-Louis est entièrement dédié à la basse-cour. Finie l'ancienne épicerie, le cadre offre désormais un joli décor de bistrot avec tableaux, affiches et une riche collection de coqs et de poules. Une bonne centaine de bibelots de toutes formes et de toutes couleurs sont perchés sur les grandes étagères qui bordent la longue salle à manger. Dans une ambiance très conviviale, sur de petites tables noires, on mange une sympathique cuisine de bistrot en cohérence avec le cadre : terrine, steak tartare, entrecôte, poule au pot, clafoutis et mousse au chocolat. Enfin, les amateurs apprécieront la proposition de brunch le dimanche.

Formule 21 € – Menu 26 € (déjeuner en semaine), 30 € – Carte 37/45 €

PLAN : B2
33 r. des Deux-Ponts
TEL. 01 43 25 76 67
www.lesfousdelile.com
Ⓜ **Pont Marie**

Ａ/Ｃ

Cuisine moderne •
Cosy

GRANDCŒUR

Les poutres et la pierre, les grands miroirs et le mobilier éclectique, sans oublier l'incontournable terrasse : cette maison installée dans une jolie cour pavée impose son style d'entrée ! Le concepteur de la carte n'est autre que Mauro Colagreco (chef-patron argentin du restaurant Mirazur, doublement étoilé à Menton et également associé ici), qui agrémente la tradition française de quelques touches méditerranéennes : terrine de canard aux figues ; langue de veau et sucrine, salade de calamars carottes et oignons en pickles ; soupe de poisson de roche ; épaule d'agneau aux échalotes, noix, dattes et sauce au sésame noir... C'est frais et goûteux : un vrai moment de plaisir.

Formule 23 € – Menu 30 € (déjeuner en semaine) – Carte 44/80 €

PLAN : B1
41 r. du Temple
TEL. 01 58 28 18 90
www.grandcoeur.paris
Ⓜ **Rambuteau**

Fermé dimanche soir et lundi

🍴
*Cuisine japonaise ·
Épuré*

ISAMI

On sert ici probablement l'un des meilleurs poissons crus de Paris. Voilà qui explique la renommée de l'établissement auprès des Japonais, qui savent où se rendre pour manger «comme chez eux»... Quant à la clientèle parisienne et internationale, elle ne s'y est pas trompée non plus! Derrière son bar, Katsuo Nakamura réalise en effet des merveilles de sushis et de chirashis, démontrant une maîtrise fascinante des couteaux, au service de produits ultrafrais. Pas de folklore suranné dans le décor de la petite salle, juste quelques calligraphies et le mot «Isami» (signifiant ardeur, exaltation), gravé sur un panneau de bois, placé en évidence. Il est impératif de réserver pour pouvoir obtenir une table dans ce restaurant certes confidentiel, mais qui occupe une place à part parmi les adresses nippones de la capitale.

Carte 45/95 €

PLAN : B2
4 quai d'Orléans
TEL. 01 40 46 06 97
Ⓜ Pont Marie

Fermé août, vacances de Noël, dimanche et lundi

A/C

🍴
Cuisine israélienne · Vintage

TAVLINE Ⓝ

Un petit bout de Tel-Aviv entre Saint-Paul et Hôtel de Ville, un zeste de Maroc, un soupçon de Liban. Telle est la recette de Tavline, où les épices proviennent du «Shuk Ha'Carmel», le plus grand marché de Tel-Aviv. Toutes sont expliquées sur la carte, ou par les serveuses, pédagogues et sympathiques. Goûtez au mémorable memoulaïm (oignons farcis d'agneau), recette héritée de la mère du chef, qui elle-même la tenait d'une amie palestinienne... Joli symbole pour une gastronomie du partage, très tendance : cuisine du soleil et des épices, cantine vintage, service jeune et proche du client. Épicé, fin et digeste. Dans un quartier grignoté par les fast-food, il s'agit du premier vrai restaurant israélien!

Carte 28/36 €

PLAN : C2
25 r. du Roi-de-Sicile
TEL. 09 86 55 65 65
www.tavline.fr
Ⓜ St-Paul

Fermé août, dimanche et lundi

Cuisine thaïlandaise •
Cosy

THAÏ SPICES

Entre le quai des Célestins et le village St-Paul, une façade vitrée encadrée de lierre, un petit intérieur classique (plafond à la française) avec quelques touches asiatiques... mais surtout un chef, Willy Lieu, qui fut le cuisinier personnel de Jacques Chirac, à l'Élysée puis quai Voltaire. Le nom de son restaurant résume bien l'affaire : ici, la cuisine thaïe est à l'honneur, en version authentique (pas de plats «fusion» à la carte), les grands classiques sont au rendez-vous – pad thaï, tom yam –, généreux et pleins de saveurs, relevés comme il se doit. En résumé, on se régale, d'autant que les tarifs sont plutôt modérés et que le service, à l'occidentale cette fois, se montre à la hauteur.

Formule 12 € – Menu 14/19 € – Carte 35/40 €

PLAN : C2
5-7 r. de l'Ave-Maria
TEL. 01 42 78 65 49
Ⓜ Sully Morland

Fermé août, samedi midi et dimanche

[A/C]

Alija/iStock

5e

QUARTIER LATIN • JARDIN DES PLANTES • MOUFFETARD

———

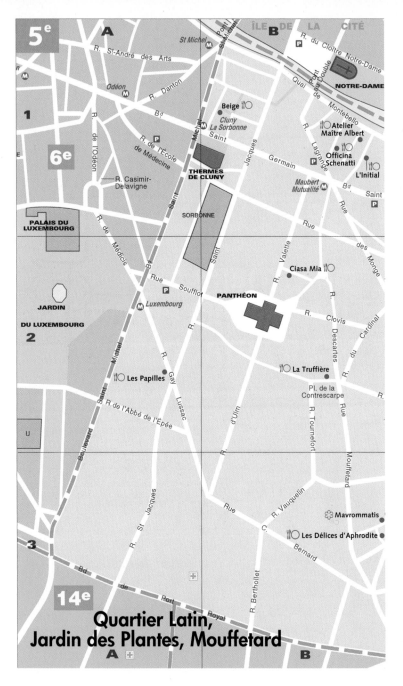

Quartier Latin, Jardin des Plantes, Mouffetard

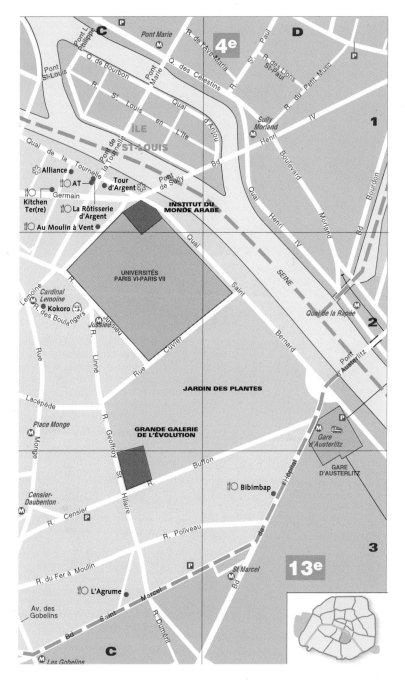

Menu 46 € (déjeuner), 90/110 € –
Carte 75/105 €

PLAN : C1
5 r. de Poissy
TEL. 01 75 51 57 54
www.restaurant-alliance.fr
Ⓜ **Maubert Mutualité**

**Fermé 6-24 août, 1ᵉʳ -7 janvier,
samedi et dimanche**

Cuisine moderne • Contemporain

ALLIANCE

Apparu entre les quais de la rive gauche et le boulevard St-Germain, ce restaurant célèbre l'Alliance de Shawn et Toshi, deux anciens de l'Agapé (respectivement maître d'hôtel et cuisinier), désormais complices dans cette nouvelle aventure. Il ne faut pas compter sur Toshitaka Omiya, le chef, pour donner dans l'esbroufe ou l'artificiel : sa cuisine s'appuie sur de beaux produits de saison et va à l'essentiel, tant visuellement que gustativement. Pomme de terre Allians ; tourteau, bergamote et thé Earl Grey ; ou encore foie gras, légumes en pot-au-feu et bouillon de canard, qui s'affirme déjà comme la spécialité de la maison... De vrais éclairs de simplicité, des mélanges subtils et bien exécutés : c'est du (très) sérieux. Un mot enfin sur la salle épurée, aux subtiles touches nipponnes : on s'y sent bien, d'autant qu'elle offre une jolie vue sur les fourneaux.

■ **Entrées :** Pommes de terre «Allians», échalote et champignons • Huîtres de la baie de Quiberon, oignon et citron.

■ **Plats :** Rouget des côtes vendéennes, chou rouge et betterave fumée • Filet de bœuf Simmental, salsifis et anguille fumée

■ **Desserts :** Parfait aux noisettes et citron • Cheesecake mangue - passion et poivre timut

Cuisine grecque • Élégant

MAVROMMATIS

Si, pour vous, manger grec se réduit au régime «souvlaki-tzatziki-moussaka», rendez-vous chez Andreas et Evagoras Mavrommatis pour un irrésistible cours de rattrapage. Ils se sont adjoint les services d'un chef italien, Roberto Rispoli, pour célébrer de plus belle les terroirs grecs et méditerranéens, avec une touche de France... Objectif atteint! Pour débuter en beauté, un verre d'ouzo s'impose, à siroter sur la terrasse bordée d'oliviers et de vignes... Puis vient la cuisine, qui ne mise pas sur le folklore – à l'image du décor, très sobre – mais sur la tradition et une qualité de produits irréprochable. Poulpes marinés, céleri, aubergine fumée, vinaigrette kumquat ; soupe de topinambour à la Mastiha ; dégustation de cochon de lait de Bigorre et ibérique, pomme kolokassi et céleri-rave... Des plats raffinés pour une belle expérience au carrefour des saveurs!

■ **Entrées :** Découverte des mézédés • Carpaccio de daurade, coques marinées aux épices, condiment boutargue
■ **Plats :** Encornets farcis, crevettes obsiblues grillées, fenouil au curcuma • Poulpe grillé, artichaut, céleri et poivrons grillés marinés
■ **Desserts :** Tarte vanille et châtaigne • Galaktoboureko

Formule 34 € – Menu 42 € (dîner en semaine)/79 € – Carte 55/79 €

PLAN : B3
42 r. Daubenton
TEL. 01 43 31 17 17
www.mavrommatis.com
Ⓜ Censier Daubenton

Fermé août, mardi midi, mercredi midi, dimanche et lundi

Menu 105 € (déjeuner), 350/360 €
– Carte 185/330 €

PLAN : C1
15 quai de la Tournelle
TEL. 01 43 54 23 31
www.tourdargent.com
Ⓜ Maubert Mutualité

**Fermé 3 semaines en août,
dimanche et lundi**

ॐ

Cuisine moderne · Luxe

TOUR D'ARGENT

Révolution de velours pour cette institution, dont la saga débute en 1582! C'est alors une élégante auberge, qui devient un restaurant en 1780. La légende débute au début du 20ᵉ s. lorsque André Terrail l'achète, avec cette idée de génie : élever l'immeuble d'un étage pour y installer la salle à manger, et jouir ainsi d'un panorama unique sur la Seine et Notre-Dame. Le cadre cossu a conservé son lustre d'antan, mais Philippe Labbé y a introduit un vent de modernité : la salle dévoile une sensation d'espace, et de luminosité.

L'âme de la Tour d'Argent demeure donc, mais elle évolue avec son temps : véritable palimpseste, la carte, réactualisée, conserve la mémoire de plusieurs décennies de haute gastronomie française. Ainsi le canard, servi dans son ensemble, mis en avant en cinq plats. Que les puristes se rassurent, le service, parfaitement réglé, assure toujours le spectacle. Et quel panorama – le chevet de Notre-Dame serti dans Paris! Quant à l'extraordinaire cave du sommelier David Ridgway, elle renfermerait... près de 400 000 bouteilles pour 15 000 références.

■ **Entrées :** Quenelle de brochet André Terrail, hommage au grand-père • Foie gras de canard fermier

■ **Plats :** Caneton de Challans Mazarine • Bar de ligne étuvé au citron de Menton

■ **Desserts :** Crêpes «mademoiselle» • Or noir, combinaison surprise autour du chocolat

Cuisine moderne • Convivial

KOKORO

Kokoro ? C'est «cœur», en japonais. Cette adresse a en effet un pied au pays du Soleil-Levant, puisqu'elle a été ouverte en août 2013 par un jeune couple franco-japonais, à deux pas du métro Cardinal-Lemoine. Lui, c'est Frédéric Charrier, jeune chef originaire de Vendée qui se charge des préparations salées ; elle, c'est Sakura Mori, native du Japon, qui concocte les desserts. Le duo travaille d'arrache-pied et le résultat est formidable : leur cuisine, réglée sur les saisons, se révèle à la fois intelligente, légère et subtile, tout en réservant de belles surprises. Crevettes légèrement pimentées, melon, lait fermenté et livèche ; gnocchis cuits au foin, sauce aux algues, chips de vitelotte ; cheesecake au chèvre frais, rhubarbe et mélisse... D'un bout à l'autre, un vrai bonheur !

Formule 20 € – Menu 25 € (déjeuner)/34 €
– Carte 31/50 €

PLAN : C2
36 r. des Boulangers
TEL. 01 44 07 13 29
www.restaurantkokoro.blogspot.fr
Ⓜ **Cardinal Lemoine**

Fermé lundi midi, samedi et dimanche

A/C

‖〇

Cuisine moderne • Convivial

L'AGRUME

Grand comme un mouchoir de poche – il ne peut accueillir qu'une vingtaine de gourmands à la fois, dont quatre au comptoir avec pleine vue sur les fourneaux – et d'une sobriété reposante, il se niche dans une rue résidentielle, à deux pas des Gobelins. Franck Marchesi-Grandi, passé par de grandes maisons avant de fonder la sienne, y exécute une cuisine simple et précise, à base d'excellents produits frais. Le poisson vient de Bretagne, où le patron a officié quelque temps, et pour les primeurs, ce dernier connaît les meilleures adresses... La carte est assez courte ; le menu est renouvelé chaque jour. Au déjeuner, l'addition est sans acidité aucune et, le soir venu, place à la dégustation autour de cinq plats.

Formule 23 € – Menu 26 € (déjeuner)/48 €
– Carte 45/65 €

PLAN : C3
15 r. des Fossés-St-Marcel
TEL. 01 43 31 86 48
www.restaurantlagrume.fr
Ⓜ **St-Marcel**

Fermé août, 22 décembre-6 janvier, dimanche et lundi

A/C

Cuisine créative · Design

AT

Dans une rue proche des quais de Seine, à deux pas du célèbre restaurant La Tour d'Argent, cette façade sans enseigne cultive la discrétion. L'intérieur est à l'avenant ; décor minimaliste, contemporain et élégant, et surtout sans esbroufe! Le chef, Atsushi Tanaka, formé notamment chez Pierre Gagnaire, aime la fraîcheur et la précision ; armé d'une imagination et d'une créativité sans failles, il compose des assiettes séduisantes et sait nous tenir en haleine tout au long du repas. Au sous-sol, une cave voûtée abrite un bar à vin et délivre des repas commandés. Enfin, pas d'inquiétude s'il vous prend l'envie – ô combien légitime! – d'y retourner : le menu unique change très régulièrement.

Menu 55 € (déjeuner)/105 €

PLAN : C1
4 r. Cardinal-Lemoine
TEL. 01 56 81 94 08
www.atushitanaka.com
Ⓜ Cardinal Lemoine

Fermé lundi midi et dimanche

Cuisine traditionnelle · Convivial

ATELIER MAÎTRE ALBERT

Quand le chef Guy Savoy et l'architecte Jean-Michel Wilmotte s'unissent pour relancer une maison ancienne face à Notre-Dame, cela donne ce restaurant-rôtisserie chic et design. Il se déploie en trois espaces distincts : un salon aux allures de bar new-yorkais ; une salle à manger nantie d'une grande cheminée médiévale, à laquelle répondent une rôtissoire et des cuisines ouvertes ; et un coin vinothèque, plus intime. Au menu, saladier du moment servi avec des foies de volaille, selle d'agneau à la broche accompagnée d'un tian de courgettes et de tomates... Produits, précision des cuissons, mise en scène des assiettes, professionnalisme du service : tout y est.

Formule 28 € – Menu 35/70 € – Carte 40/60 €

PLAN : B1
1 r. Maître-Albert
TEL. 01 56 81 30 01
www.ateliermaitrealbert.com
Ⓜ Maubert Mutualité

Fermé 2 semaines en août, vacances de Noël, samedi midi et dimanche midi

🍴

Cuisine traditionnelle •
Bistro

AU MOULIN À VENT

Ce bistrot très «atmosphère, atmosphère» cache une jolie petite salle coquille d'œuf qui n'a pas changé depuis sa création, en 1946. Vous êtes au Moulin à Vent, autant prisé des Parisiens que des touristes en quête d'un lieu «frenchy» et authentique. Une longue rangée de tables simplement dressées : à gauche, un groupe d'habitués savoure un bœuf ficelle, un foie de veau ou un magret de canard ; à droite, un couple d'Américains découvre les délicieux escargots de Bourgogne et cuisses de grenouille «à la provençale». Goûtez, vous aussi, à ces plats intemporels sans chichi et ne faites pas l'impasse sur les viandes de race salers, spécialité de la maison, et les gibiers en saison.

Formule 25 € – Menu 29 € (déjeuner en semaine) – Carte 44/67 €

PLAN : C1
20 r. des Fossés-St-Bernard
TEL. 01 43 54 99 37
www.au-moulinavent.com
Ⓜ **Jussieu**

Fermé août, lundi midi, samedi midi et dimanche

🍴

Cuisine japonaise •
Simple

BEIGE

Ce charmant restaurant japonais, situé au cœur du Quartier Latin, est un izakaya, spécialisé dans la cuisine en petites portions. Le concept, très présent au Japon, incarne à merveille la délicatesse attachée à l'esprit nippon, son goût de la miniature et des petites touches, la recherche permanente de l'accord parfait... Beige en offre une belle démonstration : à sa tête œuvre un couple de Japonais passionnés, originaires de Nagoya. Les préparations, subtiles et savoureuses, s'accompagnent d'élégants sakés. Finesse d'exécution, subtilité des saveurs, et service attentionné. Pas de réservations, mais beaucoup de plaisir.

Formule 19 € – Carte 17/29 €

PLAN : B1
31 r. de la Parcheminerie
TEL. 01 46 33 75 10
Ⓜ **St-Michel**

Fermé 3 semaines en août, vacances de Noël, dimanche et lundi

🍴○
Cuisine coréenne • Convivial

BIBIMBAP

Êtes-vous plutôt ssambap ou bap ? Pour en décider, faites un tour chez Bibimbap! Le ssambap est un incontournable de la gastronomie coréenne : un grand bol de riz panaché de légumes – cuisinés avec art – et éventuellement de viande. Quant au bap, il est préparé au barbecue traditionnel : tout juste cuits, bœuf, porc, poulet ou encore fruits de mer sont roulés dans une feuille de salade bien fraîche.. Vive, soignée, diététique (pour les initiés : fondée sur l'énergie), cette cuisine est un vrai plaisir! La carte des boissons permet aussi de continuer la découverte : soju (alcool de céréales), liqueur de riz, vins de framboise ou de prune, thés et bières de Corée, etc. Et l'on se régale en oubliant la modestie du décor (murs en pierre, cave voûtée)..

Carte 29/38 €

PLAN : D3
32 bd de l'Hôpital
TEL. 01 43 31 27 42
www.bibimbap.fr
Ⓜ **Gare d'Austerlitz**

🍴○
Cuisine italienne •
Auberge

CIASA MIA

Dans cette petite rue tranquille près du Panthéon, cette jolie table est une vraie découverte. C'est Francesca, la souriante et pétillante jeune patronne, qui vous reçoit, déjà enthousiaste à l'idée de vous faire découvrir la cuisine de son compagnon, Samuel Mocci. Tous deux originaires du Nord de l'Italie, ils aiment à mettre en valeur un patrimoine gustatif qui s'avère aussi savoureux que surprenant. Tout ici est fait maison, du pain jusqu'aux desserts! En automne, par exemple, Samuel livre sa version très personnelle des produits de saison. Imaginez un consommé de poulet au foin accompagné de gnocchettis de potiron, un carpaccio de cerf, un «5 minutes» de Saint-Jacques à la fumée de vigne.. le tout accompagné de vins italiens, allemands, français. Une vraie maison des délices!

Menu 35 € (déjeuner), 65/82 € – Carte 80/90 €

PLAN : B2
19 r. Laplace
TEL. 01 43 29 19 77
www.ciasamia.com
Ⓜ **Maubert Mutualité**

Fermé 2 semaines en août, une semaine à Noël, samedi midi et dimanche

Cuisine grecque •
Taverne

LES DÉLICES D'APHRODITE

Celle que l'on prend pour l'annexe du restaurant des frères Mavrommatis est en fait leur première adresse, créée en 1981. Plus décontractée que la table gastronomique de la rue Daubenton, cette conviviale taverne régale de spécialités grecques pleines de fraîcheur et de parfums ensoleillés. Feuilleté au fromage de brebis, feuilles de vigne farcies au riz et pignons de pin, caviar d'aubergine servi avec une salade d'aubergines fumées, poêlée de poulpe à l'huile d'olive ou mahalepi (crème de lait à la fleur d'oranger) sont servis avec la générosité et l'amabilité typiques du pays. Le cadre bleu et blanc digne des paysages des Cyclades, le lierre qui dégringole du plafond, un vibrant rébétiko en fond sonore... Vous voilà en Grèce !

Formule 25 € – Carte 35/55 €

PLAN : B3
4 r. Candolle
TEL. 01 43 31 40 39
www.mavrommatis.fr
Ⓜ **Censer Daubenton**

Cuisine moderne •
Traditionnel

L'INITIAL

Des Corses, remplacés par des Japonais ? L'intrigue s'est nouée dans une rue discrète du 5e arrondissement : un ancien restaurant corse a laissé place à l'Initial, et sa petite équipe exclusivement japonaise, qui n'a pas eu à jouer des baguettes pour se faire remarquer. Le chef – japonais, donc – au palmarès étincelant (Robuchon Tokyo, Relais Bernard Loiseau) signe une cuisine française d'une remarquable précision, autour d'un menu sans choix rythmé par les saisons. Chair de tourteau, concombre, céleri, poivron ; foie gras, passion, pamplemousse ; cheesecake citron... ici, pas de carte, mais deux menus au rapport qualité-prix imbattable pour ce quartier, y compris le soir. Service aux petits soins.

Formule 36 € – Menu 48 €

PLAN : B1
9 r. de Bièvre
TEL. 01 42 01 84 22
www.restaurant-linitial.fr
Ⓜ **Maubert Mutualité**

Fermé 3 semaines en août, 1 semaine à Noël,
mardi midi, dimanche et lundi

🍴○
*Cuisine moderne •
Contemporain*

KITCHEN TER(RE)

William Ledeuil continue sur le thème des pâtes et des bouillons, et on ne va pas s'en plaindre. Kitchen Ter, donc, comme le troisième du nom, mais aussi comme la terre nourricière : bon sang, mais c'est bien sûr! La carte est courte, sent bon l'Italie mais aussi certaines contrées asiatiques comme la Thaïlande et le Japon. Une sorte de kaléidoscope de l'épure et du goût, si l'on veut, où brillent des pâtes de haut-vol (réalisées par l'artisan Roland Feuillas à base d'épeautre, blé dur, engrain ou barbu du Roussillon), mais aussi un bouillon thaï, anguille, pomme de terre, ou encore un cappuccino, pommes au tamarin et glace au caramel... Absolument moderne, absolument gourmand.

Formule 26 € – Menu 30 € – Carte environ 47 €

PLAN : C1
26 bd St-Germain
TEL. 01 42 39 47 48
www.zekitchengalerie.fr
Ⓜ **Maubert Mutualité**

Fermé dimanche et lundi

🍴○
Cuisine italienne • Contemporain

OFFICINA SCHENATTI

Ivan Schenatti, originaire de Lombardie (et ayant un parcours dans de bons établissements de la péninsule et en France), a choisi cette rue proche de la Seine pour y installer son «officina» – son atelier –, tout à la gloire de la gastronomie à l'italienne. Dans la salle, murs en pierres apparentes, banquettes de velours aux formes langoureuses et mobilier design créent un cadre chaleureux et cosy, parfait pour déguster une savoureuse cuisine où se mêle le meilleur des régions de la Botte : fleurs de courgette farcies au crabe frais en tempura, raviolis maison à la ricotta et à la girolle hachée... entre autres spécialités incontournables, réalisées avec un soin certain, voire un vrai tour de main de *mamma*! Le tout accompagné de bons vins transalpins...

Formule 19 € – Menu 35/69 € – Carte 45/68 €

PLAN : B1
15 r. Frédéric-Sauton
TEL. 01 46 34 08 91
www.officinaschenatti.com
Ⓜ **Maubert Mutualité**

Fermé 3 semaines en août, 24-28 décembre, lundi midi et dimanche

🍴⃝
Cuisine traditionnelle •
Bistro

LES PAPILLES

Sur place ou à emporter ? Non, vous n'êtes pas dans un fast-food anonyme – loin de là ! – mais aux Papilles, le restaurant-cave-épicerie fine de Bertrand Bluy, situé à proximité du jardin du Luxembourg. Mode d'emploi... De grands casiers à vins, où l'on se sert soi-même contre un droit de bouchon, des étagères garnies d'appétissantes conserves de terrines, foie gras, confitures et autres produits soigneusement sélectionnés, et, au centre, des tables en bois pour savourer une cuisine bistrotière plutôt contemporaine. Quelques exemples de plats à choisir sur la carte à midi ou le soir au menu : gaspacho froid de concombre à la menthe, magret de canard au madère pommes de terre grenaille, et pour finir crème brûlée au café.

Formule 28 € – Menu 35 € – Carte 45/55 € déjeuner

PLAN : A2
30 r. Gay-Lussac
TEL. 01 43 25 20 79
www.lespapillesparis.com
Ⓜ **Luxembourg**

Fermé 20 juillet-20 août, vacances de Noël, dimanche et lundi

🍴⃝
Cuisine traditionnelle • Bistro

LA RÔTISSERIE D'ARGENT

Le nom vous rappelle quelque chose ? Bien vu : cette maison ouverte par les propriétaires de la Tour d'Argent – à deux pas – en est en quelque sorte le prolongement. D'un bouchon lyonnais, on a fait un bistrot parisien du dernier chic, avec ses tables au coude-à-coude, ses chaises en bois et banquettes, sans oublier sa rôtissoire, qui donne directement sur la salle à manger et annonce le programme : viandes à la broche (poulet de Challans, pigeon, canette, canton), indémodables de nos contrées (foie gras de canard au porto, terrine de campagne, poireau vinaigrette), sans oublier les emblématiques quenelles de brochet André Terrail, un classique de la «maison-mère» voisine... Cuissons justes, portions généreuses, ambiance détendue : on n'en demande pas plus.

Carte 35/70 €

PLAN : C1
19 quai de la Tournelle
TEL. 01 43 54 17 47
www.tourdargent.com/la-rotisserie-dargent
Ⓜ **Maubert Mutualité**

¶○
Cuisine moderne ·
Intime

LA TRUFFIÈRE

Au cœur du vieux Paris – à deux pas de la truculente rue Mouffetard –, cette maison du 17e s., toute de pierres, de poutres et de voûtes, cultive des plaisirs intemporels. Les préparations, visuellement soignées, regorgent de saveurs et assument une créativité de tous les instants : le chef aime surprendre et cela se sent. On propose toute l'année un menu truffe, dans lequel la célèbre «perle noire» est mise en valeur de façon originale : les amateurs seront ravis. Enfin, disciples de Bacchus, sachez également que la carte des vins est tout simplement remarquable, avec pas moins de.. 4600 références, françaises et mondiales. Cette adresse a assurément du nez.

Menu 40 € (semaine), 65/120 € – Carte 106/152 €

PLAN : B2
4 r. Blainville
TEL. 01 46 33 29 82
www.latruffiere.com
Ⓜ Place Monge

Fermé mardi midi en juillet-août, dimanche et lundi

 🔳 ⬜ 🎎

apeyron/iStock

6ᵉ

ST-GERMAIN-DES-PRÉS • ODÉON • JARDIN DU LUXEMBOURG

——

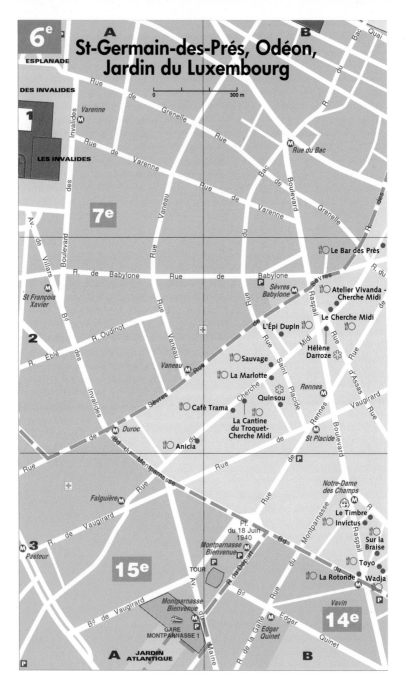

St-Germain-des-Prés, Odéon, Jardin du Luxembourg

6e A B

ESPLANADE
DES INVALIDES

LES INVALIDES

7e

15e

14e

0   300 m

Rue de Grenelle

Rue de Varenne

Varenne

Rue de Babylone

R. de Babylone

Rue de Babylone

Sèvres Babylone

St François Xavier

R. Oudinot

Vaneau

Rue de Sèvres

Café Trama

Duroc

Anicia

Falguière

Pasteur

R. de Vaugirard

Bd du Montparnasse

Pl. du 18 Juin 1940

Montparnasse Bienvenüe

TOUR

Montparnasse Bienvenüe

GARE MONTPARNASSE 1

Bd de Vaugirard

JARDIN ATLANTIQUE

Av. du Maine

R. du Départ

Rue de la Gaîté

Edgar Quinet

Av. du Maine

Le Bar des Près

Atelier Vivanda – Cherche Midi

Le Cherche Midi

L'Épi Dupin

Hélène Darroze

Sauvage

La Marlotte

Quinsou

La Cantine du Troquet-Cherche Midi

St Placide

Rennes

Boulevard Raspail

Rue d'Assas

Vaugirard

Notre-Dame des Champs

Le Timbre

Invictus

Sur la Braise

Toyo

La Rotonde

Wadja

Vavin

Rue du Bac

Boulevard Raspail

Rue de Grenelle

110

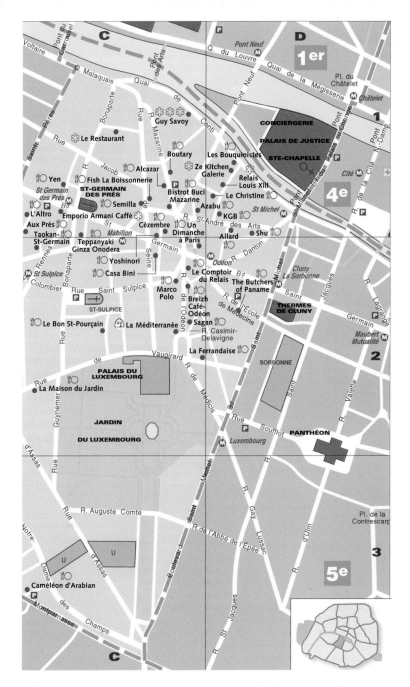

Menu 395 € – Carte 210/335 €

PLAN : C1
11 quai de Conti
TEL. 01 43 80 40 61
www.guysavoy.com
Ⓜ St-Michel

**Fermé août, vacances de Noël,
samedi midi, dimanche et lundi**

❀ ❀ ❀
Cuisine créative • Luxe

GUY SAVOY

Dans le cadre exceptionnel de l'Hôtel de la Monnaie, Guy Savoy écrit un nouveau chapitre de cette histoire entamée quelques décennies plus tôt : lorsque, petit garçon, il passait la tête au-dessus des casseroles familiales dans la cuisine de la Buvette de l'Esplanade, à Bourgoin-Jallieu... Aurait-il deviné, ce bambin, le destin qui l'attendait ? Ici, il a vu les choses en grand : six salles parées de toiles contemporaines et de sculptures de premier ordre – dont un grand nombre sont prêtées par François Pinault –, avec des fenêtres à huisseries anciennes donnant sur la Seine... Tout cela est la preuve ostensible de la réussite, bien sûr, mais ne détourne pas le grand chef de son travail : cette gastronomie vécue comme une fête, ces créations authentiques dans leur expression, ces saveurs parfois brutes qui ne sont, au fond, que le prolongement naturel de sa main.

■ **Entrées :** Soupe d'artichaut à la truffe noire, brioche feuilletée aux champignons et aux truffes • Aile de raie refroidie au caviar, petit ragoût breton

■ **Plats :** Paleron et basse côte de bœuf Wagyu en « bœuf-aubergines » • Homard rôti, carottes au poivre-pamplemousse et jus coraillé

■ **Desserts :** Abricot et jasmin, sablé au muesli • Écrin de chocolat noir

Cuisine italienne • Contemporain

EMPORIO ARMANI CAFFÈ

Emplacement original pour ce restaurant, situé au 1er étage de la boutique Armani de St-Germain-des-Prés (non loin de l'église). La salle est épurée et élégante, dans le style du créateur bien sûr : camaïeu de beiges, banquettes, murs laqués, lumière tamisée.. N'aurait-on affaire là qu'à un autre type de vitrine ? Au contraire, ce «caffè» compte parmi les bonnes tables italiennes de la capitale ! Le chef Massimo Tringali, ancien second du Casadelmar, à Porto-Vecchio, accommode des produits de grande qualité dans l'esprit de la cuisine transalpine contemporaine. C'est frais, goûteux et bien maîtrisé : de la belle ouvrage.

■ **Entrées :** Bagna verde di carciofini violetti, verdurine, cuore di bottarga sarda • Tartare de bar de ligne

■ **Plats :** Mezzo maniche alla crema di zucca mantovana, fonduta di parmigiano e menta • Costolette d'agnello al forno carbone, purè di patate di montagna

■ **Desserts :** Gelato all'amaretto con crumble alla vaniglia • Baba allo strega

Formule 40 € – Menu 50/90 € – Carte 79/110 €

PLAN : C1
149 bd St-Germain
TEL. 01 45 48 62 15
www.mori.paris
◎ **St-Germain des Prés**

Fermé 6-20 août

♿ AC

Cuisine moderne • Contemporain

HÉLÈNE DARROZE

Menu 58 € (déjeuner), 98/185 €

PLAN : B2
4 r. d'Assas
TEL. 01 42 22 00 11
www.helenedarroze.com
Ⓜ **Sèvres Babylone**

Fermé dimanche et lundi

Passé la façade noire de l'enseigne, on oublie tout dans la maison d'Hélène Darroze. On découvre d'abord le Salon d'Hélène au rez-de-chaussée, où l'on peut déguster un assortiment de tapas dans une ambiance décontractée ; pour l'expérience gastronomique, direction la Salle à Manger à l'étage... Un univers tamisé et cosy, dans des tonalités aubergine et orange, propice à la découverte de menus dégustation – 4, 5 ou 7 produits –, avec la possibilité de choisir «l'accord mets et vins». Hélène Darroze, héritière d'une famille de cuisiniers du Sud-Ouest, n'a pas son pareil pour trouver dans ces terroirs (Aquitaine, Landes, Pays basque...) de quoi nourrir ses intentions culinaires, et c'est ensuite l'acquis qui fait la différence : son expérience, son insatiable curiosité, et ce mélange de talent et d'intuition qui la caractérise.

▪ **Entrées :** Huître, caviar et haricots maïs du Béarn • Foie gras des Landes, poire, pain d'épice

▪ **Plats :** Homard tandoori, carotte, agrumes et coriandre • Truffe noire, topinambour, jambon bellota, jaune d'œuf et parmesan reggiano

▪ **Desserts :** Baba au bas-armagnac, framboises, poivres de Tasmanie et de Sarawak • Truffe blanche d'Alba, mascarpone et amande

Cuisine créative • Tendance

QUINSOU

En face de la fameuse école Ferrandi chante un pinson (quinsou en occitan), dont les suaves vocalises gastronomiques risquent fort d'influencer les grandes toques de demain! Le chef, ancien du regretté Sergent Recruteur, s'appelle Antonin Bonnet. Dans un cadre chaleureux, à forte tendance scandinave (bois brut, carreaux de ciment, ampoules nues), il cuisine en liberté, fait chanter le végétal et montre des trésors de créativité. Dans l'assiette gazouille le produit, d'excellente qualité. Œuf mollet, chou, vinaigrette au pralin ; pigeon, céleri-rave fumé au foin, radicchio et anchoïade... Une délicieuse table, animée par un chef passionné.

■ Cuisine du marché

Menu 35 € (déjeuner), 48/65 €

PLAN : B2
33 r. de l'Abbé-Grégoire
TEL. 01 42 22 66 09
Ⓜ **St-Placide**

Fermé août, 2 semaines à Noël,
dimanche et lundi

  🦽   🍇

Menu 65 € (déjeuner), 95/145 €
– Carte environ 130 €

PLAN : D1
8 r. des Grands-Augustins
TEL. 01 43 26 75 96
www.relaislouis13.com
Ⓜ Odéon

**Fermé 1 semaine en mai, août,
1 semaine en janvier, dimanche et
lundi**

❀
Cuisine classique • Élégant

RELAIS LOUIS XIII

Une table chargée d'histoire, bâtie sur les caves de l'ancien couvent des Grands-Augustins : c'est ici que, le 14 mai 1610, une heure après l'assassinat de son père Henri IV, Louis XIII apprit qu'il devrait désormais régner sur la France.. La salle à manger semble se souvenir de ces grandes heures du passé : colombages, pierres apparentes, boiseries, vitraux et tentures, tout distille un charme d'autrefois, avec çà et là quelques éléments contemporains (cave vitrée, sculptures modernes).

Une atmosphère particulièrement propice à la découverte de la cuisine du chef, Manuel Martinez, tenante d'un noble classicisme culinaire. Après un joli parcours chez Ledoyen, au Crillon, à la Tour d'Argent, ce Meilleur Ouvrier de France a décidé de s'installer en ce Relais pour y perpétuer la tradition. Quoi de plus logique ? L'histoire continue donc et les habitués sont nombreux, plébiscitant notamment la formule déjeuner, d'un excellent rapport qualité-prix !

■ **Entrées :** Quenelle de bar, mousseline de champignons et glaçage au champagne • Ravioli de homard et foie gras, crème de cèpe

■ **Plats :** Canard challandais rôti aux épices et tourte au foie gras • Lièvre de Beauce farci à la royale, mousseline de céleri

■ **Desserts :** Millefeuille à la vanille de Tahiti • Tartelette à la mangue et avocat, gelée au gin et sorbet citron-basilic

Cuisine moderne • Élégant

LE RESTAURANT

Le Restaurant de l'Hôtel n'a rien d'une table gastronomique conventionnelle. Il doit son atmosphère baroque, anachronique et éclectique au designer Jacques Garcia, adepte du style Empire revisité. Le décor rivalise de drapés, banquettes et fauteuils bas, alcôves, moulures dorées et tons fauves, tel un tableau d'Ingres dans sa période orientaliste. Un peu trop chargé pour certains, dépaysant pour d'autres, en tout cas original ! Le tout agrémenté d'une ravissante cour intérieure où la terrasse et la fontaine font oublier que l'on se trouve au cœur de Paris. Pour satisfaire les exigences de sa clientèle de « happy few » – people et stars –, il fallait tout le savoir-faire d'un jeune chef au beau parcours. Autrefois second, désormais seul aux commandes, il compose des assiettes parfumées, bien dans l'air du temps, basées sur d'excellents produits ; son épouse Johanna, chef-pâtissière, se charge avec brio de la conclusion des repas.

■ **Entrées :** Tourteau de Loctudy, mousse avocat et yuzu • Tomates anciennes à huile d'olive

■ **Plats :** Ris de veau « crousti-moelleux » et petits pois à la française • Saint-pierre de petit bateau, réduction de vermouth et safran

■ **Desserts :** Meringue italienne, biscuit craquant, crémeux et zeste de citron • Chocolat jivara et caramel à la cacahouète

Formule 45 € – Menu 55 € (déjeuner), 110/190 € – Carte 40/47 €

PLAN : C1
Hôtel L'Hôtel
13 r. des Beaux-Arts
TEL. 01 44 41 99 01
www.l-hotel.com
Ⓜ **St-Germain des Prés**

Fermé août, 24 décembre-
7 janvier, mardi midi, mercredi
midi, dimanche et lundi

A/C

Formule 41 € – Menu 48 €
(déjeuner), 85/98 €

PLAN : D1
4 r. des Grands-Augustins
TEL. 01 44 32 00 32
www.zekitchengalerie.fr
Ⓜ St-Michel

Fermé 3 semaines en août,
1 semaine en janvier, samedi et
dimanche

Cuisine créative · Contemporain

ZE KITCHEN GALERIE

Sous son nom hybride, Ze Kitchen Galerie joue sur les frontières entre art et cuisine, avec pour ambition d'unir ces deux expressions dans le décor et l'assiette. Dans des volumes épurés – sans être froids – cohabitent mobilier et vaisselle design, matériaux bruts, tableaux colorés, autour d'une cuisine vitrée pour suivre en direct le spectacle de la brigade. Aux fourneaux, William Ledeuil donne libre cours à sa passion pour les saveurs de l'Asie du Sud-Est (Thaïlande, Vietnam, Japon) où il puise son inspiration. Galanga, ka-chaï, curcuma, wasabi, gingembre… Autant d'herbes, de racines, d'épices et de condiments du bout du monde qui relèvent avec brio les recettes classiques françaises. Sa carte – à base de poissons, bouillons, pâtes, plats à la plancha – décline ainsi une palette d'assiettes inventives, modernes et ciselées, pour un voyage entre saveurs et couleurs.

■ **Entrées :** Thon rouge, vinaigrette sésame, grenade et griotte • Fleur de courgette, bouillon thaï de crevettes, condiment roquette

■ **Plats :** Agneau de pré salé, condiment miso-harissa • Pêche du jour, jus d'algues, citron, condiment persil.

■ **Desserts :** Glace chocolat blanc, wasabi, fraise et pistache • Figues rôties, glace shiso, condiment amande et saké

Poissons et fruits de mer •
Méditerranéen

LA MÉDITERRANÉE

Sur une élégante placette en face du théâtre de l'Europe, ce restaurant assume avec panache son héritage marin : joliment habillée d'un dessin de Cocteau, la façade bleu nuit évoque subtilement les profondeurs mystérieuses de «mare nostrum». Les trois salles à manger composent un décor agréable, très parisien avec ses fresques, et ensoleillé par une plaisante véranda. Sans surprise, la carte fait la part belle aux produits de la mer, préparés avec talent. Soupe de poissons de roche, bouillabaisse, coquillages et crustacés cuisinés à la minute sont de première fraîcheur, exhibant sans complexe leur accent du Sud, autour de marinades d'huile d'olive, d'herbes parfumées et de saveurs safranées. Il ne manque que la Grande Bleue et le clapotis des vagues !

Formule 29 € – Menu 36 € – Carte 57/71 €

PLAN : C2
2 pl. Odéon
TEL. 01 43 26 02 30
www.la-mediterranee.com
Ⓜ **Odéon**

Fermé 24-31 décembre

Cuisine moderne •
Bistro

LE TIMBRE

Ce charmant bistrot, grand comme un... timbre-poste, est le repaire de Charles Danet, jeune chef au parcours varié (Australie, Belgique, notamment). On est immédiatement séduit par le charme des lieux – tables en bois, banquettes et ambiance à la bonne franquette –, et par la cuisine du chef, aussi originale que goûteuse. Quelques exemples valent mieux qu'un long discours : maquereau juste saisi, coques et butternut ; Saint-Jacques rôties, espuma amande et algues ; pigeon cuit à basse température, terrine de betterave et fruits rouges... Quant à Agnès, sa compagne, elle assure le service avec gentillesse et attention, prodiguant même de précieux conseils en matière de vin.

Formule 24 € – Menu 28 € (déjeuner), 36/54 €

PLAN : B3
3 r. Ste-Beuve
TEL. 01 45 49 10 40
www.restaurantletimbre.com
Ⓜ **Notre-Dame des Champs**

Fermé août, 1ᵉʳ-6 janvier, mardi midi,
dimanche et lundi

🍴○

Cuisine moderne • Brasserie

ALCAZAR

On doit la décoration de cet Alcazar à l'imagination de l'architecte et décoratrice Lola Gonzalez. Ici, le végétal domine, et donne à l'ensemble des allures de grand jardin d'hiver ; on est témoin de la rencontre élégante des artisanats les plus raffinés – marbre, laiton, terrazzo, paille et bois... Et dans les cuisines, visibles depuis la salle grâce à une paroi de verre, que se passe-t-il ? L'équipe en place compose toujours une alléchante carte de brasserie contemporaine, avec tout ce qu'il faut pour ravir nos estomacs exigeants : saumon fumé, taboulé de chou-fleur, aneth et fromage blanc ; beau poulet rôti fermier et frites maison ; épaule d'agneau confite... et même un *fish and chips* en clin d'œil à la Grande-Bretagne. Brunch le dimanche.

Formule 29 € – Menu 34 € (déjeuner) – Carte 55/65 €

PLAN : C1
62 r. Mazarine
TEL. 01 53 10 19 99
www.alcazar.fr
Ⓜ Odéon

 ♿ A/C ⌗

🍴○
Cuisine traditionnelle • Bistro

ALLARD

Allard, qui occupe le haut de l'affiche des tables bistrotières depuis 1931, a vu passer de nombreuses personnalités et fidélise de génération en génération les adeptes d'une cuisine franche et sincère. Si l'adresse fait désormais partie du groupe Ducasse, la formule persiste et l'on trouve toujours dans l'assiette des plats généreux et ancrés dans la tradition des recettes de nos grands-mères. Entre les escargots de Bourgogne, la cocotte de cervelas, le canard de Challans aux olives, la blanquette de veau, le paris-brest et le savarin au rhum, c'est tout un pan de notre patrimoine culinaire qui se rappelle à nos papilles. Et le cadre 1900, témoin de l'atmosphère d'antan, joue sur le même registre (zinc, banquettes en cuir, carrelage et gravures).

Menu 34 € (déjeuner) – Carte 60/94 €

PLAN : D1
41 r. St-André-des-Arts
TEL. 01 43 26 48 23
www.restaurant-allard.fr
Ⓜ St-Michel

A/C

Exprimez votre créativité **en toute liberté.**
Votre four combi-vapeur vous libère du nettoyage.

Gaggenau, la différence.

Notre four combi-vapeur vous offre la possibilité de cuire sous vide tel un grand chef en réglant la température au degré près. Son système de nettoyage automatique est une autre innovation exclusive aussi précieuse que le tiroir de mise sous vide.

Visitez sur rendez-vous notre showroom Gaggenau :
7 rue de Tilsitt, 75017 Paris, Tél. 01 58 05 20 20.
Ou visitez nos sites www.gaggenau.com et www.mygaggenau.fr

⦙○
Cuisine italienne •
Contemporain

L'ALTRO

L'Altro est l'une des tables d'un groupe au franc succès (Pizza Chic, Grazie, Les Cailloux, Professore...). Toujours italienne, séduisante et décontractée. La carte – en version originale, comme le service sans chichi – parle d'elle-même : délicieux antipasti (assortiment de charcuteries, mozzarella et légumes grillés), penne à la crème de citron, calamars grillés servis avec salade de trévise et fenouil, et mousse au chocolat à l'italienne. À noter aussi un menu du jour et une dizaine de vins au verre. Quant au décor, associant banquettes noires, carrelage en céramique blanche aux murs et cuisines vitrées, il fait le trait d'union entre le bistrot de quartier et le loft new-yorkais. Le style germanopratin en prime.

Formule 17 € – Menu 22 € (déjeuner en semaine) – Carte 35/60 €

PLAN : C1
16 r. du Dragon
TEL. 01 45 48 49 49
www.laltro.fr
Ⓜ St-Germain des Prés

Fermé 1 semaine en août

ⒶⒸ

⦙○
Cuisine créative •
Contemporain

ANICIA

Anicia ? Il s'agit tout simplement du nom que portait le Puy-en-Velay à l'époque romaine... Vous l'avez deviné : ici, la rue du Cherche-Midi – qui ne manque pas de bonnes adresses – prend des allures d'Auvergne! Natif de Haute-Loire, François Gagnaire sélectionne soigneusement les petits producteurs de là-bas, et s'offre une excellente matière première pour sa cuisine : lentille verte du Puy, limousine des Monts-du-Velay, fin gras du Mézenc, fromage de vache aux artisous, bière Vellavia... Ses assiettes, gourmandes et superbement présentées, témoignent d'une sincérité à toute épreuve : on se régale.

Formule 24 € – Menu 29 € (déjeuner en semaine), 49/95 € – Carte 56/69 €

PLAN : A2
97 r. du Cherche-Midi
TEL. 01 43 35 41 50
www.anicia-bistrot.com
Ⓜ St-Placide

Fermé 2 semaines en août, 24-30 décembre, dimanche et lundi

ⒶⒸ

🍴

Viandes •
Bistro

ATELIER VIVANDA - CHERCHE MIDI

Si vous avez déjà fréquenté l'un des bistrots à viande d'Akrame Benallal, vous ne serez pas surpris. Dans la rue du Cherche-Midi, le concept est identique : une petite salle de bistrot dans toute sa simplicité, avec ses petites tables en billot, et ses couteaux à viande artisanaux pour annoncer la couleur... et dans l'assiette, de superbes pièces de boucher. Hampe et persillé de Black Angus, suprême de volaille, quasi de veau ou côte de porc ibérique sont travaillés avec amour, cuits au cordeau, et accompagnés d'un gratin dauphinois ou encore de délicieuses pommes dauphine. On peut aussi relever le tout avec l'huile d'olive au poivre baptisée «Caractère», made in... Benallal.

Menu 39 € – Carte 32/47 €

PLAN : B2
20 r. du Cherche-Midi
TEL. 01 45 44 50 44
www.ateliervivanda.com
Ⓜ Sèvres Babylone

Fermé dimanche et lundi

🍴

Cuisine moderne •
Bistro

AUX PRÉS

Le Quinzième, le Chardenoux, Aux Prés, Bar des Prés.. c'est un fait : Cyril Lignac a toujours un projet d'avance. Comme lui, ce bistrot germanopratin ne manque pas de personnalité : des miroirs fumés sont venus remplacer les portraits des anciens présidents de la République, et le décor assume le vintage chic – banquettes, comptoir, papier peint floral.. Mais le vrai motif de réjouissance est l'assiette : Cyril Lignac nous gratifie d'une cuisine bistronomique voyageuse et volontiers créative, qui fait la part belle au(x) terroir(s) français et se nourrit des saveurs glanées au fil de ses voyages. Le brunch du dimanche rencontre un succès mérité. Décidément, le bonheur est « Aux Prés ».

Menu 38 € (déjeuner en semaine)/49 €

PLAN : C1
27 r. du Dragon
TEL. 01 45 48 29 68
www.restaurantauxpres.com
Ⓜ St-Germain des Prés

A/C

🍽️O

Cuisine japonaise •
Épuré

AZABU

À Tokyo, Azabu est un quartier reconnu pour sa gastronomie. À Paris, près du carrefour de l'Odéon, c'est le nom d'un restaurant japonais sobre et discret, comme le veut l'habitude pour ce genre d'adresses. Le cadre adopte le même minimalisme, et l'on y déguste son repas en toute tranquillité. Au menu, des classiques de la culture culinaire nippone cuits au teppanyaki – tofu sauté et sa sauce au poulet, bar grillé et coulis de petits pois au dashi –, mais aussi quelques poissons crus et le king crab à la plancha. Le chef, tout en restant fidèle à la tradition, s'ouvre aussi aux influences occidentales. Vous pourrez l'admirer en pleine action en vous attablant au comptoir.

Menu 19 € (déjeuner en semaine), 45/68 € – Carte 41/71 €

PLAN : C1
3 r. André-Mazet
TEL. 01 46 33 72 05
www.azabu.fr
Ⓜ **Odéon**

Fermé 2 semaines en août, dimanche midi et lundi

A/C

🍽️O

Cuisine japonaise •
Design

LE BAR DES PRÉS

Comptoir en marbre et chêne, sol en granito, banquettes en cuir noir et tables en marbre et laiton : juste à côté de son grand frère Aux Prés, ce Bar ne manque pas d'allure. Cyril Lignac y a installé un chef japonais aux solides références (ex-Kinugawa, dans le 1ᵉʳ arrondissement), qui déroule avec talent une carte de sushis et sashimis de grande fraîcheur, avec aussi quelques plats bien dans l'air du temps – tartare de dorade, framboises, petits pois mentholés ; galette craquante, tourteau au curry Madras, avocat et citron vert – et de savoureux desserts. Côté boissons, on profite des cocktails détonants d'un mixologiste : décidément, une adresse d'une modernité sans faille...

Menu 40 € – Carte 42/65 €

PLAN : C1
25 r. du Dragon
TEL. 01 43 25 87 67
www.lebardespres.com
Ⓜ **St-Germain des Prés**

♿ A/C

🍴○
Cuisine traditionnelle ·
Contemporain

BISTROT BUCI MAZARINE

Dans ce quartier touristique, un restaurant signé Alain Dutournier. Façade en acier et verre façon atelier (qui donne sur le trottoir avec tables en bordure, en été), cuisine ouverte, et des assiettes aux doux accents du Sud-Ouest : pâté en croûte de petit gibier au foie gras, authentique cassoulet «signature», fine tourtière landaise, glace et pruneau à l'armagnac.. Les amoureux du Sud-Ouest apprécieront les clins d'œil à leur région fétiche – Dutournier est né dans les Landes –, et les autres, le côté canaille de ces belles préparations... Dernier atout : des prix plutôt raisonnables. On ne fait qu'une bouchée d'une telle formule !

Menu 20 € (déjeuner)/29 € – Carte 34/40 €

PLAN : C1
82 r. Mazarine
TEL. 01 43 54 02 11
Ⓜ **Odéon**

Fermé août, dimanche et lundi

🍴○
Cuisine moderne · Bistro

LE BON SAINT-POURÇAIN

Planqué derrière l'église St-Sulpice, en plein cœur de St-Germain-des-Prés, cet ancien restaurant bougnat montre du soin et de la passion. Tables carrées rapprochées, chaises en bois des années 1970, banquettes en moleskine : on est tout de suite séduit par cet intérieur plein de style ! Quant à la cuisine, elle lorgne – comme bien souvent à Paris ces temps-ci ! – vers la tradition bistrotière revisitée. Bonite mi-cuite, asperges vertes, pistou et anchois ; saint-pierre poêlé, fondue de poireaux, coques, émulsion marinière... C'est tout simplement délicieux, sans doute grâce à l'utilisation exclusive de bons produits du marché. Attention, le restaurant fait souvent salle comble : pensez à réserver à l'avance !

Carte 47/67 €

PLAN : C2
10 bis r. Servandoni
TEL. 01 42 01 78 24
Ⓜ **Mabillon**

Fermé 3 semaines en août, 1 semaine à Noël, dimanche et lundi

🍴○
Cuisine moderne ·
Contemporain

LES BOUQUINISTES

Face à la Seine, à deux pas des célèbres échoppes de bouquinistes, ce restaurant figure au nombre des adresses siglées Guy Savoy. Le décor joue la carte d'une modernité chic et épurée, façon loft new-yorkais, face au spectacle des quais et des collectionneurs en quête du «bouquin» de leurs rêves... Côté cuisine, place à la simplicité, et parfois à l'inventivité. En parlant – pourquoi pas ? – littérature, on apprécie par exemple une rémoulade d'endives, œuf parfait et mimolette, un cochon de lait confit aux lentilles mijotées, ou encore une île flottante à la noisette... Tout un roman !

Formule 29 € – Menu 36 € (déjeuner), 44/78 € – Carte 50/66 €

PLAN : D1
53 quai des Grands-Augustins
TEL. 01 43 25 45 94
www.lesbouquinistes.com
Ⓜ St-Michel

Fermé 2 semaines en août et vacances de Noël

 ♿ A/C 🍽

🍴○
Cuisine moderne ·
Chic

BOUTARY

Au milieu de la rue Mazarine, la belle façade rouge vif de cette maison ancienne attire le regard. Poussez donc la porte de ce sympathique restaurant, repris par une famille qui élève depuis plusieurs générations son caviar en Bulgarie du sud, vers Khardjali. On y apprécie, dans un esprit chic et raffiné, le travail d'un chef nippo-coréen au beau parcours. Armé de magnifiques produits, il propose des recettes fines et gourmandes, pleines de couleurs et d'idées : pomme de terre au caviar, beurre d'algue, fumée au bois de hêtre, crème aigrelette... Sans oublier la dégustation du caviar à la royale, sur le dos de la main ! Le goût a élu domicile ici : on passe un très bon moment.

Formule 29 € – Menu 35 € (déjeuner)/79 € – Carte 60/74 €

PLAN : C1
25 r. Mazarine
TEL. 01 43 43 69 10
www.boutary-restaurant.com
Ⓜ Odéon

Fermé août, samedi midi, dimanche et lundi

 ♿ A/C 🔲

†⃝

Cuisine bretonne ·
Contemporain

BREIZH CAFÉ - ODÉON Ⓝ

L'emplacement, déjà, est rêvé : un im-meuble en pierre de taille à même le carre-four de l'Odéon, en face de l'Avant-Comp-toir d'Yves Camdeborde… Voici la cadette des crêperies de Bertrand Larcher, ce Bre-ton passé par le Japon avant de venir s'ins-taller en France. La grande terrasse, sur le trottoir, dévoile une salle organisée autour des plaques à crêpes, où œuvrent des cui-siniers en marinière. Dans l'assiette, galettes et crêpes sont à la fête, à grand renfort de farine bio, produits artisanaux, huîtres de Cancale et autres langoustines… sans ou-blier de bons cidres et sakés pour accompa-gner le tout. En un rien de temps, l'adresse s'est installée dans le paysage gastrono-mique du quartier : on comprend aisément pourquoi.

Formule 20 € �a – Carte 26/52 €

PLAN : C2
1 r. de l'Odéon
TEL. 01 42 49 34 73
www.breizhcafe.com
Ⓜ **Odéon**

🛖 ♿

†⃝

Viandes ·
Contemporain

THE BUTCHERS OF PANAME Ⓝ

Ce restaurant a été ouvert par deux traders en viande, basés à Rungis : vous l'avez devi-né, les plaisirs carnés sont au programme ! Viandes de bœuf maturées et de grande qualité (pastrami maison, faux-filet d'Angus d'Écosse) forment l'essentiel de la carte, avec aussi une poignée de gourmands des-serts comme ce cheesecake au caramel et beurre salé, un grand classique. Pour le dé-cor, c'est le bistrot contemporain à la mode : comptoir en inox, tables hautes, chaises style Eames, aperçu sur les cuisines à tra-vers une vitre, et frigo à viandes à l'entrée.

Formule 20 € – Menu 25 € (déjeuner en semaine) – Carte 47/67 €

PLAN : D2
9 r. de l'École-de-Médecine
TEL. 01 42 39 99 49
Ⓜ **Odéon**

Fermé 2 semaines en août et dimanche

♿ A/C

¶○

Cuisine traditionnelle •
Vintage

CAFÉ TRAMA

Vous allez aimer ce bistrot branché, avec son décor délicieusement vintage (banquettes en moleskine, mobilier chiné, appliques, beau bar en marbre blanc) et ses éternelles ardoises aux murs affichant les plats de la carte. À la carte, justement, le marché fait bonne figure (ceviche de mulet, encornets snackés et risotto à l'encre), escorté par les grands classiques du genre – croque-monsieur, tartare de bœuf, etc. Un alléchant programme! Le tout est composé de produits de première fraîcheur, travaillés avec beaucoup de simplicité et un indéniable soin, et accompagné de bons petits vins de producteurs, avec en conclusion le savoureux café d'un torréfacteur de Vérone… Est-ce que vous hésitez encore ?

Carte 34/52 €

PLAN : B2
83 r. du Cherche-Midi
TEL. 01 45 43 33 71
Ⓜ **St-Placide**

Fermé 3 semaines en août, 24 décembre-3 janvier, 1 semaine en février, dimanche et lundi

¶○

Cuisine italienne •
Traditionnel

CAMÉLÉON D'ARABIAN

À deux pas du boulevard Montparnasse, la fameuse adresse de Jean-Paul Arabian vit à l'heure italienne, et ce n'est pas pour nous déplaire. Au menu, des spécialités de la Botte qui respectent les saisons et vouent un culte au marché : linguine aux girolles, vitello tonnato ; saltimbocca de veau alla romana ; pannacotta con caramelo… la carte est finement exécutée. Autre bonne nouvelle pour les habitués, la grande spécialité de la maison est toujours proposée : on veut bien sûr parler du chateaubriand de foie de veau doré au beurre, déglacé au vinaigre de vin et simplement accompagné d'un gratin de macaronis au parmesan… Le maître des lieux, toujours aussi affable et volubile, se révèle intarissable à son sujet!

Formule 33 € – Menu 38 € (déjeuner) – Carte 52/78 €

PLAN : C3
6 r. Chevreuse
TEL. 01 43 27 43 27
Ⓜ **Vavin**

Fermé 3 semaines en août, samedi midi et dimanche

○||

*Cuisine traditionnelle ·
Bistro*

LA CANTINE DU TROQUET - CHERCHE MIDI Ⓝ

Après Pernety, Dupleix et Daguerre, le Cherche-Midi est le quatrième quartier de la rive gauche parisienne à accueillir une Cantine du Troquet. Le concept, développé par Christian Etchebest, ne montre aucun signe d'essoufflement, et pour cause : la bonne tradition française a toujours autant la cote dans la capitale. L'osmose est complète entre la déco (murs en brique et pierre apparente, banquettes en moleskine rouge, tables au coude-à-coude) et l'assiette, renouvelée régulièrement, qui soulage nos fringales de fort belle manière : couteaux à la plancha, onglet de bœuf sauce vin rouge, baba et crème chantilly... C'est généreux et goûteux : maintenant, à table !

Carte 29/50 €

PLAN : B2
79 r. du Cherche-Midi
TEL. 01 43 27 70 06
www.lacantinedutroquet.com
Ⓜ St Placide

Fermé 2 semaines en août, samedi et dimanche

○||

*Cuisine italienne ·
Méditerranéen*

CASA BINI

Une trattoria chaleureuse dans une rue calme de St-Germain-des-Prés... Bini, c'est le nom de jeune fille de la mère du patron, qui selon lui sonne bien mieux que le sien ! Cette « casa » est bien une histoire de racines : la salle arbore les couleurs chaleureuses de la Toscane, avec de belles photos rétro de Florence : c'est de là qu'est originaire la famille. Et l'on peut dire que la cuisine a l'accent gourmand de cette si belle région, à travers des recettes bien ficelées, pleines de couleurs et de saveurs, et en particulier un large choix de carpaccios et de pâtes – excellentes – dont les sauces changent souvent. Chaque jour, on réimprime en effet le menu qui se renouvelle selon l'inspiration du moment et la saison, avec un bon choix de vins italiens en accompagnement. Et c'est ainsi que le quartier des éditeurs prend des airs de *dolce vita*...

Formule 25 € – Menu 29 € – Carte 40/60 €

PLAN : C2
36 r. Grégoire-de-Tours
TEL. 01 46 34 05 60
www.casabini.fr
Ⓜ Odéon

¶O
Cuisine moderne •
Contemporain

CÉZEMBRE Ⓝ

Cézembre, c'est une île côtière inhabitée de la baie de Saint-Malo... et le nom choisi par le chef, breton d'origine, pour son restaurant installé à deux pas du boulevard Saint-Germain. La déco est moderne, tendance monochrome, avec poutres, briques et pierres, pan de mur maquillé en horizon marin et ampoules nues descendant du plafond ; la cuisine se décline sous forme de menu unique (option poisson ou viande), en version légèrement plus élaborée le soir. Soin, générosité, voilà ce qui caractérise ces plats : langoustines bretonnes, risotto, poivrons rouges, chorizo, pesto et émulsion de homard au curry ; filet de merlu, légumes de saison, émulsion au lard fumé...

Formule 25 € – Menu 29 € (déjeuner en semaine)/52 €

PLAN : C1
17 r. Grégoire-de-Tours
TEL. 01 42 38 25 08
web cezembrerestaurant.com
Ⓜ Odéon

Fermé 2 semaines en août, 2 semaines en avril, vacances de Noël, lundi et mardi

A/C

¶O
Cuisine italienne •
Bistro

LE CHERCHE MIDI

On cherchait le Midi, on a trouvé l'Italie dans ce bistrot aussi sympathique qu'authentique. Banquettes en moleskine, comptoir en marbre, lampes boules, murs couleur beurre frais... et l'essentiel dans les assiettes : des antipasti tout simplement divins, de superbes charcuteries – dont le jambon de Parme, affiné au moins 24 mois –, des rendez-vous incontournables – soupe de poissons le vendredi soir, escalope milanaise et spaghettis le samedi... La maison possède même son propre atelier de confection de pâtes fraîches (à l'étage), et la mozzarella – bien crémeuse – arrive par avion deux ou trois fois par semaine ! On ne compte plus les épicuriens énamourés de ce bel endroit ; il y a même, parmi eux, quelques grands chefs...

Carte 39/58 €

PLAN : B2
22 r. du Cherche-Midi
TEL. 01 45 48 27 44
www.lecherchemidi.fr
Ⓜ Sèvres Babylone

Fermé 24 décembre-1er janvier

¶⃝ Cuisine moderne • Contemporain

LE CHRISTINE

On peut en témoigner : les hôteliers du quartier plébiscitent cette adresse et la recommandent à leur clientèle sans l'ombre d'une hésitation. Voilà qui est plutôt bon signe ! C'est dans une ruelle plutôt calme que l'on découvre la façade du restaurant, avenante et colorée ; à l'intérieur, on trouve deux salles à manger coquettes séparées par une petite cuisine centrale, visible des clients. Tons doux, mobilier scandinave : l'endroit ne manque pas de charme. Quant à la cuisine, en plein dans l'air du temps, elle se démarque par l'attention portée à chaque plat et par une fraîcheur de tous les instants.

Formule 22 € – Menu 28 € (déjeuner), 37/49 €

PLAN : D1
1 r. Christine
TEL. 01 40 51 71 64
www.restaurantlechristine.com
Ⓜ St-Michel

Fermé samedi midi et dimanche midi

A/C

¶⃝ Cuisine traditionnelle • Bistro

LE COMPTOIR DU RELAIS

Bienvenue chez Yves Camdeborde ! Ce chef qui, gamin, dans son Béarn natal, rêvait de rugby, était loin d'imaginer ce parcours gastronomique et parisien... Sa passion pour la cuisine s'affirme auprès de Christian Constant, avec lequel il travaille au Ritz, puis au Crillon. En 1992, il se lance seul dans l'aventure en créant la Régalade (14ᵉ arrondissement), devenant alors le chef de file de la tendance «bistronomique». Aujourd'hui, on le retrouve à la tête de cet authentique bistrot Art déco, aux tables serrées et aux grands miroirs faisant office d'ardoises... La table alterne deux concepts complémentaires : une cuisine façon brasserie le midi et des préparations plus élaborées le soir, autour d'un menu unique.

Menu 60 € (dîner en semaine) – Carte 29/65 €

PLAN : C2
Hôtel Relais St-Germain
5 carr. de l'Odéon
TEL. 01 44 27 07 50
www.hotelrsg.com
Ⓜ Odéon

🌂 A/C

Cuisine moderne ·
Convivial

L'ÉPI DUPIN

Intéressant rapport qualité-prix pour ce petit restaurant situé à deux pas du Bon Marché : le décor est d'un charme pas si courant à Paris, avec ses murs en pierre et sa massive charpente en bois aux poutres apparentes. Le chef, François Pasteau, a mis en place une démarche écologique et locavore : achat de fruits et légumes en Île-de-France, traitement des déchets organiques, eau filtrée sur place, etc. Sa cuisine, fraîche et savoureuse, revisite la tradition de nos campagnes : tarte d'escargots de Bourgogne, poireaux crémeux et émulsion raifort ; échine de porc basque et chou de Pontoise minute, sont quelques-unes des créations de la maison, à déguster au coude-à-coude dans une ambiance conviviale.

Formule 30 € – Menu 42 €

PLAN : B2
11 r. Dupin
TEL. 01 42 22 64 56
www.epidupin.com
Ⓜ Sèvres Babylone

Fermé 1er -24 août, lundi, samedi et dimanche

Cuisine traditionnelle ·
Bistro

LA FERRANDAISE

Ne soyez pas surpris si, en poussant la porte de ce joli restaurant près du Luxembourg, il vous semble humer l'air pur de la chaîne des Puys. Gilles Lamiot, le patron, est passionné par cette région, son terroir et la race ferrandaise ! Régulièrement, il rend visite aux meilleurs éleveurs pour ramener des veaux de lait que le chef transforme en terrines, en blanquettes.. Bien sûr, il imagine des plats tels que la hure de veau et cochon sauce gribiche, la pièce de veau de lait «Ferrandaise», mousseline de céleri, poireaux et carottes nouvelles, ou encore la rhubarbe au sirop de cuisson, grenade, coriandre et sablé spéculos... Un conseil avant le dessert : gardez un peu de place pour les fromages fermiers du Puy-de-Dôme !

Formule 16 € – Menu 37/55 €

PLAN : C2
8 r. de Vaugirard
TEL. 01 43 26 36 36
www.laferrandaise.com
Ⓜ Odéon

Fermé le soir en août, lundi midi, samedi midi et dimanche

🍴○

Cuisine moderne •
Bistro

FISH LA BOISSONNERIE

Rue de Seine, tout le monde connaît les méandres fantastiques de sa façade en mosaïque Art nouveau. C'est qu'il y a belle lurette que cette ancienne poissonnerie (avec un p!) s'est transformée en restaurant et bar à vins pour mieux vous prendre dans ses filets. Vieux zinc, allusions marines et bons petits crus… Ici, la cuisine de l'océan prend de la bouteille (300 références de vins, notamment bourgognes, champagnes, côtes-du-rhône) et les belles viandes sont aussi à l'honneur. Les habitués sont toujours plus nombreux à tomber sous le charme de ces (re-)créations bistrotières… comme on les comprend!

Formule 17 € – Menu 29 € (déjeuner) – Carte 37/57 €

PLAN : C1
69 r. de Seine
TEL. 01 43 54 34 69
www.laboissonnerie.com
Ⓜ Odéon

Fermé en août et 23 décembre-2 janvier

🍴○

Cuisine traditionnelle •
Bistro

INVICTUS

Je suis le maître de mon destin / Je suis le capitaine de mon âme : voilà la magnifique conclusion d'*Invictus,* poème cher à Nelson Mandela, qui a donné son nom au film que Clint Eastwood a consacré au grand homme. Ces mots n'ont pu qu'inspirer Christophe Chabanel, ancien chef de la Dînée (dans le 15ᵉ arrondissement), grand connaisseur de l'Afrique du Sud, pour y avoir habité six années. Il a installé son bistrot dans une petite rue voisine du jardin du Luxembourg, derrière une belle façade de bois et de verre. À la carte, hareng et pommes de terre, petits oignons et pommes vertes ; bouillon de canette et foie gras ; millefeuille tiède à la vanille - une cuisine sobre et parfumée, qui évolue tous les mois et respecte le rythme des saisons. Un régal!

Carte 45/65 €

PLAN : B3
5 r. Ste-Beuve
TEL. 01 45 48 07 22
Ⓜ Notre-Dame des Champs

Fermé samedi midi et dimanche midi

A/C

*Cuisine moderne •
Contemporain*

KGB

KGB, pour Kitchen Galerie Bis, table épigone de la célèbre Ze Kitchen Galerie lancée par l'infatigable William Ledeuil. L'esprit est le même qu'à la maison mère, et l'on s'en réjouit : mobilier minimaliste, touches de couleurs et murs couverts de tableaux contemporains, façon galerie d'art… On découvre les recettes fusion qui ont fait le succès du chef, mêlant tradition hexagonale et assaisonnements asiatiques : gingembre, miso ou coriandre se marient au maquereau, à la joue de veau et aux champignons, pour de délicats mariages de saveurs. Les menus, à midi et le soir, permettent d'accompagner le tout de «zors-d'œuvres», ou la déclinaison maison de hors-d'œuvre façon tapas.

Formule 29 € – Menu 36 € (déjeuner), 55/66 € – Carte 51/72 €

PLAN : D1
25 r. des Grands-Augustins
TEL. 01 46 33 00 85
www.zekitchengalerie.fr
Ⓜ **St-Michel**
Fermé 1er -20 août, dimanche et lundi

AC

*Cuisine traditionnelle •
Bistro*

LA MAISON DU JARDIN

Servir une cuisine simple réalisée avec des produits frais, voilà le credo de Philippe Marquis, le chef-patron de ce bistrot situé à deux pas du jardin du Luxembourg. Midi et soir, il présente un sympathique menu-carte inspiré du marché, qu'il complète au déjeuner par une ardoise du jour. Petit avant-goût savoureux : terrine tout cochon, pastilla d'agneau au thym-citron, pain perdu caramélisé, sorbet framboise… La carte des vins est plutôt courte, à prix sages. Quant au décor, il marie tons chauds, petits miroirs et photos noir et blanc de monuments parisiens. De quoi ravir la clientèle étrangère, mais aussi les habitants du quartier et les sénateurs gourmands…

Formule 22 € – Menu 35 €

PLAN : C2
27 r. Vaugirard
TEL. 01 45 48 22 31
www.restaurant-lamaisondujardin.fr
Ⓜ **Rennes**
Fermé 3 semaines en août, samedi midi et dimanche

AC

*Cuisine italienne ·
Brasserie*

MARCO POLO

Sénateurs venus en voisins, éditeurs du quartier et amateurs de cuisine transalpine : les habitués sont nombreux et apprécient l'atmosphère à la fois feutrée et conviviale qui règne au Marco Polo... D'ailleurs, ça ne date pas d'hier, puisque Renato Bartolone – frère de Claude – a ouvert ce restaurant en 1977. Le chef qu'il a embauché, originaire de la région des Pouilles, concocte une cuisine sans esbroufe, mais franche, solide et soignée. Les antipasti mettent évidemment en appétit, et les pâtes sont travaillées dans les règles de l'art – à l'image de ces spaghettis à l'ail, huile d'olive, piment et poutargue. Il y en a vraiment pour tous les goûts, sans même parler du risotto du jour... Un conseil : pour suivre Marco Polo dans son voyage, réservez votre traversée!

Formule 21 € – Menu 36 € – Carte 40/65 €

PLAN : C2
8 r. de Condé
TEL. 01 43 26 79 63
www.restaurant-marcopolo.com
Ⓜ **Odéon**

*Cuisine traditionnelle ·
Rustique*

LA MARLOTTE

Ici, plus que pour le cadre, on vient pour l'ambiance! C'est que cette «auberge d'aujourd'hui», comme aime à l'appeler Gilles Ajuelos, est un véritable concentré de restaurant parisien : au cœur de la rive gauche, non loin du Bon Marché, l'adresse fait le bonheur des éditeurs, galeristes et hommes politiques du quartier. Les propositions sont simples et ultraclassiques : harengs pommes à l'huile, terrine de foies de volaille, pieds et paquets, île flottante, crème caramel... Vous l'aurez compris, le chef respecte la tradition. Ce qui fait la différence ? De beaux produits de saison et une générosité indéniable.

Formule 25 € – Menu 29 € (déjeuner en semaine)/34 € – Carte 34/60 €

PLAN : B2
55 r. du Cherche-Midi
TEL. 01 45 48 86 79
www.lamarlotte.com
Ⓜ **St-Placide**

Fermé 1 semaine en août

Cuisine traditionnelle • Brasserie

LA ROTONDE

À deux pas des nombreux théâtres de la rue de la Gaîté, cette Rotonde incarne depuis plus d'un siècle l'essence même de la brasserie parisienne. Le décor est typique – très marqué par les années 1930 – avec ses cuivres, ses banquettes de velours rouge et ses reproductions de Modigliani. Quant à la carte, elle combine opportunément les classiques du genre et les plats de facture plus traditionnelle, toujours réalisés avec de bons produits : le tartare de bœuf, par exemple, mais aussi la sole meunière ou les plateaux de fruits de mer... L'équipe en salle est aimable et souriante – c'est toujours appréciable! – et comme dans toutes les authentiques brasseries de Paris ou d'ailleurs, on vous accueille jusque tard dans la nuit (1h). Un repaire de choix pour les théâtrophiles affamés.

Formule 25 € ▼ – Menu 46 € – Carte 29/83 €

PLAN : B3
105 bd Montparnasse
TEL. 01 43 26 68 84
www.rotondemontparnasse.com
Ⓥ **Vavin**

Cuisine japonaise • Épuré

SAGAN Ⓝ

Près de la place de l'Odéon, un restaurant de poche (quinze couverts, dont neuf au comptoir) que l'on doit au propriétaire de Lengué, dans le 5e arrondissement, adresse bien connue des amateurs de saveurs nipponnes. Pierres apparentes, éclairage tamisé : dans un décor feutré, intimiste et sans fioriture, on déguste une cuisine japonaise inventive et souvent surprenante. Allons-y pour les exemples : ratatouille à la japonaise, tataki de thon, sashimi de cheval, mais aussi pigeonneau au poivre japonais, cuit au sumibiyaki (un grill au charbon de bois)... C'est tout simplement bon, et s'accompagne d'une carte des vins bien composée.

Carte 30/60 €

PLAN : C2
8 r. Casimir-Delavigne
TEL. 06 69 37 82 19
Ⓜ **Odéon**

Fermé 3 semaines en août, 2 semaines à Noël, dimanche, lundi et le midi

🍽○
*Cuisine moderne ·
Bar à vin*

SAUVAGE Ⓝ

Caviste, restaurant ? Les deux, mon capitaine! Le patron, fils d'agriculteurs passé par les beaux-arts, est un véritable mordu de vin et de beaux produits du terroir. Il a fusionné ses passions en ouvrant cette maison hybride et brute de décoffrage. Déco vintage comme il se doit (sol en terrazzo, mobilier en bois brut), frigos vitrés contenant de superbes charcuteries et fromages : le décor est posé, et fait saliver d'avance. Vient ensuite la cuisine, nature à souhait, lorgnant souvent sur le végétal, avec d'excellents produits comme arme de délectation massive. Seiche, asperge verte, ail des ours ; agneau, radis, piment ; pomme, rhubarbe, oseille... Le tout se dévore avec bonheur dans une ambiance de franche camaraderie, ça s'arrose de petits vins bios, le tout à prix raisonnables.

Carte 41/60 €

PLAN : B2
60 r. du Cherche-Midi
TEL. 01 42 22 17 30
Ⓜ St-Placide

Fermé 1 semaine en février, 3 semaines en août, 1 semaine en décembre, dimanche et lundi

🍽○
*Cuisine moderne ·
Branché*

SEMILLA

Une bonne «graine» (*semilla* en espagnol) que ce bistrot né à l'initiative des patrons du fameux bistrot Fish La Boissonnerie, situé juste en face. Cette adresse a donc de qui tenir et elle est elle-même emmenée par une équipe passionnée, jeune et ultramotivée : il suffit de regarder la petite brigade en train de s'activer derrière les fourneaux pour en mesurer le professionnalisme – mais aussi la décontraction contagieuse... Les fournisseurs sont triés sur le volet, les assiettes ficelées avec soin et inspiration – avec aussi de très bons fromages, ce qui n'est plus si courant. Et juste à côté, découvrez Freddy's, petites portions et vins bien choisis, géré par la même équipe.

Formule 24 € – Carte 51/77 €

PLAN : C1
54 r. de Seine
TEL. 01 43 54 34 50
www.semillaparis.com
Ⓜ Odéon

Fermé 2 semaines en août et 23 décembre-2 janvier

A/C

🍴◯

Cuisine japonaise •
Épuré

SHU

Une cave du 17e s. dans le quartier St-Michel, à laquelle on accède par une minuscule porte et un escalier périlleux qui imposent de courber l'échine... Ainsi pourrait débuter une messe secrète... Et en effet, on rendrait bien des dévotions à la cuisine d'Ukai Osamu, grand maître de Shu! Ce jeune chef, formé auprès de quelques grandes tables nippones de la capitale, se montre intraitable sur la qualité des produits. Il excelle notamment dans les kushiage – de petites brochettes frites de légume, viande, tofu et autres, bien croustillantes, légères et parfumées –, mais vous concocte aussi des recettes japonaises variant au gré des saisons, ainsi la soupe de riz au thé vert, ochakuzé, assaisonnée à la prune salée. Jolie sélection de saké au verre.

Menu 42/68 €

PLAN : D1
8 r. Suger
TEL. 01 46 34 25 88
www.restaurant-shu.com
Ⓜ **St-Michel**

Fermé vacances de printemps, 3 semaines en août, dimanche et le midi

🍴◯

Viandes •
Contemporain

SUR LA BRAISE

Carnivore, tu es ici chez toi. Bienvenue dans une maison où l'on célèbre les viandes de bœuf d'exception! Les «stars» du monde bovin – Normande, Salers, Aubrac, blonde de Galice, Black Angus, Hereford, Wagyu – sont maturées pendant 15 ou 30 jours et proposées au client par portions de 200, 300 ou 500g, et grillées dans un four à braise. Quel que soit l'accompagnement que tu auras choisi (frites ou purée maison, wok de légumes), tu verras que la simplicité est de mise : tout le plaisir est dans la qualité des produits et dans la précision des cuissons. Tu apprécieras aussi sûrement le décor, moderne et chaleureux, avec son comptoir, sa cave à vins vitrée et son ambiance sympathique. Je n'ai plus qu'à te souhaiter un bon appétit!

Formule 39 € – Menu 49/69 € – Carte 50/100 €

PLAN : B3
19 r. Bréa
TEL. 01 43 27 08 80
www.surlabraise.com
Ⓜ **Vavin**

Fermé 1er-24 août et dimanche

  ♿ A/C

🍽○
Cuisine chinoise •
Branché

TAOKAN - ST-GERMAIN

Au cœur de St-Germain-des-Prés, ce joli restaurant s'est fixé un défi de taille : offrir une vision nouvelle de la gastronomie chinoise (et particulièrement cantonaise, avec quelques détours par Taïwan) en réinventant les codes du genre. La carte offre un large panorama de préparations originales et raffinées : poisson, canard façon Taokan, bœuf spicy ou loc lac, et surtout les incontournables dim-sum maison... L'ensemble se déguste dans un décor actuel avec son parquet clair, son mobilier en ébène, ses plaques en laque rouge aux murs, tandis que la cuisine vitrée, à demi ouverte sur la salle, communique à la clientèle une belle énergie créatrice. Dépaysant !

Menu 24 € (déjeuner)/70 € – Carte 43/66 €

PLAN : C2
8 r. du Sabot
TEL. 01 42 84 18 36
www.taokan.fr
Ⓜ St-Germain des Prés

Fermé 4-18 août et dimanche midi

♿ A/C

🍽○
Cuisine japonaise •
Intime

TEPPANYAKI GINZA ONODERA

Bien loin de Ginza – l'un des quartiers les plus huppés de Tokyo –, on sonne à la porte de cette discrète maison parisienne, dont la façade ne laisse rien deviner de ce qui se trame à l'intérieur... On est accueilli dans une salle intimiste et feutrée et l'on s'installe face au teppanyaki – une plaque chauffante utilisée dans la cuisine japonaise. Bar cuit à la vapeur et sauce au safran, bœuf Simmental et riz à l'œuf, oignons et légumes au vinaigre... Le menu unique fait la part belle à de bons produits ; les assiettes révèlent de jolies surprises, tant au niveau des textures que des saveurs.

Menu 55 € (déjeuner en semaine), 85/150 €

PLAN : C1-2
6 r. des Ciseaux
TEL. 01 42 02 72 12
Ⓜ Mabillon

Fermé dimanche

A/C

Cuisine créative •
Épuré

TOYO

Dans une autre vie, Toyomitsu Nakayama était le chef personnel du couturier Kenzo ; aujourd'hui, il excelle dans l'art d'assembler les saveurs et les textures, entre France et Japon. Dans son restaurant zen et très épuré, pas de carte, mais deux menus le midi et le soir, qui changent selon l'inspiration du moment. Pour n'en citer que quelques-uns : thon rouge en salade, curry façon Toyo... et, côté sucré, espuma de banane, glace au caramel et poudre baobab. Une partition fraîche, fine et parfumée, qui s'accompagne tout naturellement de petits vins bien choisis, pour la plupart bio ou naturels. Un mariage franco-nippon des plus heureux !

Menu 39 € (déjeuner), 49/99 €

PLAN : B3
17 r. Jules-Chaplain
TEL. 01 43 54 28 03
www.restaurant-toyo.com
Ⓜ **Vavin**

Fermé 3 semaines en août, lundi midi et dimanche

AⓒC ⟨⟩

Cuisine moderne •
Contemporain

UN DIMANCHE À PARIS

Drôle d'adresse que ce «concept store», à la fois restaurant, salon de thé, boutique et école de cuisine. La décoration, très contemporaine, s'enroule autour des vestiges de la tour Philippe-Auguste, datant de... 1210! Époque cruelle où l'Europe n'avait pas encore eu vent de l'existence du cacao. Heureusement ces temps sont révolus : les recettes actuelles sont ici habilement rehaussées de quelques touches cacaotées ; on pense par exemple à ce jus accompagnant un quasi de veau, ou à ces gambas panées au grué de cacao. Les rappels sont discrets, les harmonies subtiles et les produits de qualité.

Formule 25 € – Menu 29 € (déjeuner en semaine), 37/62 € – Carte 40/64 €

PLAN : C2
4 cours du Commerce-St-André
TEL. 01 56 81 18 18
www.un-dimanche-a-paris.com
Ⓜ **Odéon**

Fermé 1ᵉʳ-22 août, mardi midi, dimanche soir et lundi

♿ AⒸC ⟨⟩

‖○

Cuisine traditionnelle •
Bistro

WADJA

Fondé en 1942 par les Wadja, un couple d'origine polonaise, ce bistro porte non seulement toujours le nom des anciens propriétaires, mais il n'a rien perdu de son âme d'antan... Sol en mosaïque, zinc, miroirs, vieilles affiches, tout ici respire l'authenticité. Y compris l'assiette du chef Mathieu Longchamps : au gré du marché, on se régale d'une salade de carpaccio de poulpe et soubressade, d'un sashimi de thon brûlé à la flamme, avocat, tomates et sauce vierge, ou encore d'une tarte feuilletée au citron de Sicile, meringuée... Des délices qui s'accompagnent de vins de petits propriétaires, dont certains en biodynamie. Une adresse pour les amoureux de la tradition bistrotière et de l'ambiance surannée du Montparnasse d'autrefois.

Formule 22 € – Menu 23/42 € – Carte 44/54 €

PLAN : B3
10 r. de la Grande-Chaumière
TEL. 01 46 33 02 02
www.wadjarestaurant.fr
Ⓜ Vavin

Fermé 3 semaines en août, 1 semaine à Noël, samedi, dimanche et fériés

‖○

Cuisine japonaise •
Épuré

YEN

Ce restaurant typiquement japonais est d'une extrême discrétion : sa façade en bois respire une sobriété tout orientale et s'ouvre par une modeste porte latérale. Elle cache deux salles d'inspiration zen (murs blancs, sobre mobilier en bois clair), mais le rez-de-chaussée, ouvert sur la rue, est assez animé : préférez l'étage pour plus d'espace et d'intimité (belles poutres apparentes). Au menu, un large panel de spécialités japonaises, travaillées avec soin : sushi de maquereau mariné au vinaigre, tempura de fleur de courgette (ultralégère!), mais aussi les soba, des nouilles de sarrasin préparées directement sous vos yeux... L'endroit attire une importante clientèle nippone qui apprécie l'authenticité des mets et la rigueur du service.

Formule 48 € – Menu 90 € (dîner) – Carte 40/90 €

PLAN : C1
22 r. St-Benoît
TEL. 01 45 44 11 18
www.yen-paris.fr
Ⓜ St-Germain-des-Prés

Fermé 2 semaines en août et dimanche

Cuisine moderne •
Intime

YOSHINORI

Le petit dernier du chef Yoshinori Morié
(ex-Petit Verdot, Encore, L'Auberge du 15),
loin de balbutier, étincelle! Sis entre les murs
d'un ancien restaurant italien entièrement
transformé (pierres apparentes, poutres
blanchies, boiseries japonisantes, éclairage
design, lin blanc et porcelaine) nous régale
d'une cuisine raffinée, végétale, esthétique,
déclinée sous forme d'un menu de saison.
Ainsi le tartare de veau de lait de Corrèze,
chou-fleur, coques d'Utah Beach ; le cabillaud, brandade et émulsion d'huile d'olive
fumée ; mousse de coco, sorbet ananas,
sirop de tagète Lucida... autant d'hymnes,
non dissimulés, à l'élégance et à la gourmandise. Agréable formule du midi. Un
coup de cœur.

Formule 35 € – Menu 50 € (déjeuner)/70 €

PLAN : C1
18 r. Grégoire-de-Tours
TEL. 09 84 19 76 05
Ⓜ Odéon

**Fermé 1 semaine en février, 3 semaines en
août, 1 semaine début janvier, dimanche et
lundi**

7e

TOUR EIFFEL •
ÉCOLE MILITAIRE •
INVALIDES

——

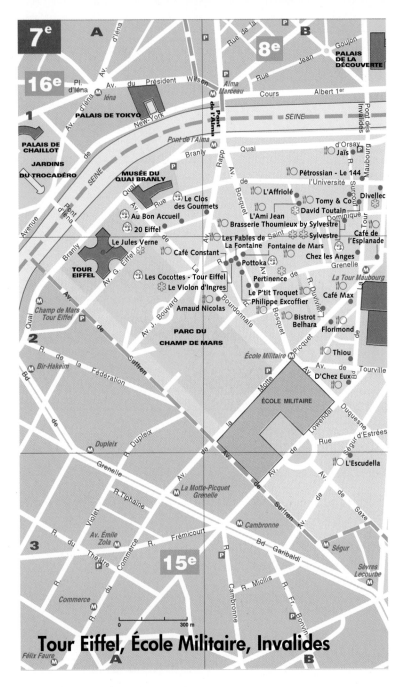

Tour Eiffel, École Militaire, Invalides

16e

1

Pl. d'Iéna
Av. du Président Wilson
Alma Marceau
Cours Albert 1er

PALAIS DE CHAILLOT
JARDINS DU TROCADÉRO

PALAIS DE TOKYO
New-York
Pont de l'Alma

PALAIS DE LA DÉCOUVERTE

SEINE

MUSÉE DU QUAI BRANLY

d'Orsay
Jaïs
Pétrossian - Le 144
l'Université
L'Affriolé
Tomy & Co
Divellec
Le Clos des Gourmets
David Toutain
Au Bon Accueil
L'Ami Jean
Dominique
20 Eiffel
Brasserie Thoumieux by Sylvestre
Le Jules Verne
Les Fables de La Fontaine
Sylvestre
Café de l'Esplanade
Fontaine de Mars
Café Constant
Grenelle
Chez les Anges
TOUR EIFFEL
Pottoka
La Tour Maubourg
Les Cocottes - Tour Eiffel
Pertinence
Le Violon d'Ingres
Café Max
Le P'tit Troquet
Philippe Excoffier
Arnaud Nicolas
Bourdonnais
Bistrot Belhara
Florimond

Champ de Mars
Tour Eiffel

2

PARC DU CHAMP DE MARS

École Militaire
Thiou
D'Chez Eux
Tourville

Bir-Hakeim
Fédération

ÉCOLE MILITAIRE

Dupleix
Grenelle
Rue
d'Estrées
L'Escudella

3

La Motte-Picquet Grenelle

Av. Émile Zola
Frémicourt
Cambronne
Ségur

15e
Garibaldi
Sèvres Lecourbe

Commerce
R. Miollis

Félix Faure
A B

0   300 m

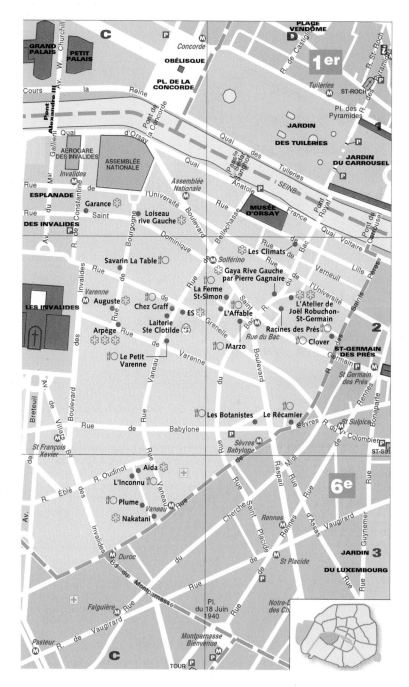

Menu 175 € (déjeuner), 320/380 €
– Carte 225/305 €

PLAN : C2
84 r. de Varenne
TEL. 01 47 05 09 06
www.alain-passard.com
Ⓜ Varenne

Fermé samedi et dimanche

A/C ⟨⟩

✿ ✿ ✿
Cuisine créative · Élégant

ARPÈGE

Plusieurs décennies déjà qu'Alain Passard a pris ses quartiers près du musée Rodin. Artiste «impressionniste», expert en cuissons et auteur d'une cuisine épurée, aboutie, d'une apparente simplicité, il s'attache depuis de nombreuses années à explorer les possibilités culinaires du légume, apportant toute sa noblesse à ce produit d'ordinaire servi en accompagnement. Très attentif aux saisons, il possède même trois potagers dans l'Ouest de la France. Illustration, si besoin est, du goût pour l'authenticité de cet homme passionné et exigeant...

Son discret restaurant – presque insoupçonnable dans la rue de Varenne – lui ressemble : sérénité et modernité du décor ponctué de bacchanales en cristal Lalique, motifs de vagues sur les vitres, et un unique portrait, celui de Louise, sa grand-mère cuisinière. À la fin du repas, les curieux feront une halte à l'Arrière-Cuisine, pour admirer à loisir les créations graphiques du chef, comme ces collages de fruits et légumes, inspirés... et inspirants !

■ **Entrées :** Fines ravioles potagères multicolores, consommé aux légumes • Aiguillettes de homard au vin jaune

■ **Plats :** Corps-à-corps de volaille haute couture • Jardinière de légumes arlequin et merguez végétale à l'harissa

■ **Desserts :** Tarte aux pommes bouquet de roses • Millefeuille «caprice d'enfant»

Cuisine créative • Design

L'ATELIER DE JOËL ROBUCHON - ST-GERMAIN

Plongés dans une semi-pénombre étudiée, deux bars se répondent autour de la cuisine centrale où les plats sont élaborés sous le regard des hôtes, assis au comptoir sur de hauts tabourets (on peut aussi préférer la petite salle voisine, plus traditionnelle mais tout aussi confidentielle). Une idée de «cantine chic», version occidentale du teppanyaki et des bars à sushis nippons, avec au menu une cuisine «personnalisable» (sous forme de petites portions et d'assiettes) ciselée avec une précision d'orfèvre et des ingrédients de choix. Près de 80 plats différents sont proposés à midi et le soir, dont les incontournables de la maison : ravioles de king crab, tartine de pied de cochon, côtelettes d'agneau de lait et purée de pomme de terre JR... Un must du genre.

■ **Entrées :** Caviar sur un œuf de poule mollet et friand au saumon fumé • Foie gras de canard chaud, cœur de pomme verte roulé dans un jus acidulé à l'hibiscus

■ **Plats :** Merlan frit Colbert avec un beurre aux herbes • Agneau de lait en côtelettes à la fleur de thym

■ **Desserts :** Soufflé passion, fraicheur d'ananas et sorbet piña colada • Ganache onctueuse au chocolat araguani, glace au grué de cacao et biscuit Oréo

Menu 189 € – Carte 80/170 €

PLAN : D2
5 r. de Montalembert
TEL. 01 42 22 56 56
www.joel-robuchon.net
Ⓜ **Rue du Bac**

Accueil de 11h30 à 15h30 et de 18h30 à minuit. Réservations uniquement pour certains services : se renseigner.

Menu 175/250 € – Carte 155/200 €

PLAN : B1
79 r. St-Dominique (1ᵉʳ étage)
TEL. 01 47 05 79 00
www.thoumieux.fr
Ⓜ **La Tour Maubourg**

**Fermé août, dimanche, lundi et
le midi**

🅰🅲 ⬚ 🎱

❀❀
Cuisine moderne • Élégant

SYLVESTRE

Nombreux sont ceux, à Paris, qui ont noté dans leurs calepins la date d'arrivée de Sylvestre Wahid dans le 7ᵉ arrondissement... et l'on comprend aisément pourquoi. Installez-vous dans la salle à manger feutrée et cosy, boudoir intimiste à la lumière tamisée : la seule mélodie que vous percevrez sera celle de vos papilles. Sylvestre Wahid est un véritable artiste, comme en témoigne cette eau de concombre et cannelloni végétal, une stupéfiante variation de vert comme un clin d'œil aux plantes qui aèrent la salle. Poursuivez la promenade avec les cèpes en trois préparations, et l'impression d'une balade en forêt sous le soleil d'automne. L'agneau de lait, parfaitement rosé, apportera ensuite densité et texture à l'architecture du repas. Enfin s'achève la symphonie gourmande par des figues rôties au jus de sycomore, comme un adieu à l'été évanoui...

■ **Entrées :** Fenouil bulbe aux algues cuit à la braise, anchois et ricotta • Fleurs de courgette et céréales torréfiées, caviar osciètre

■ **Plats :** Pigeon des Costières au raisin muscat, blettes et chia • Agneau de lait, aubergine et graines de cumin

■ **Desserts :** Citron de Menton, coque de meringue à la laitue de mer • Pomme granny smith, crémeux gingembre et yuzu

Cuisine japonaise • Élégant

AIDA

La façade blanche de ce petit restaurant niché dans une ruelle se fond si bien dans le paysage qu'on risque de passer devant sans la remarquer. Grave erreur! Derrière se cache un secret jalousement gardé, celui d'une délicieuse table nippone. L'intérieur se révèle élégant et sans superflu, à l'image des établissements que l'on trouve au Japon. Au choix, attablez-vous au comptoir (seulement neuf places) pour être aux premières loges face aux grandes plaques de cuisson (teppanyaki), ou dans le petit salon privé sobrement aménagé avec son tatami. Au gré d'un menu dégustation unique, vous découvrirez une cuisine fine et pointue, tissant de beaux liens entre le Japon et la France ; les assaisonnements, les cuissons et les découpes ne font que souligner l'ingrédient principal, servi dans sa plus simple expression. Sashimis, homard de Bretagne, chateaubriand ou ris de veau, cuits au teppanyaki, s'accompagnent de bons vins de Bourgogne, sélectionnés avec passion par le chef. Service très attentif et prévenant.

Menu 160/280 €

PLAN : C3
1 r. Pierre-Leroux
TEL. 01 43 06 14 18
www.aida-paris.net
Ⓜ Vaneau

**Fermé 1 semaine en mars,
3 semaines en août, lundi et le midi**

- **Entrées :** Sashimi
- **Plats :** Teppanyaki
- **Desserts :** Wagashi

Menu 38 € (déjeuner), 88/154 € ⟨verre⟩
– Carte 100/120 €

PLAN : C2
54 r. de Bourgogne
TEL. 01 45 51 61 09
www.restaurantauguste.fr
Ⓜ Varenne

Fermé 1ᵉʳ-15 août, samedi et
dimanche

[A/C]

Cuisine moderne • Élégant

AUGUSTE

Ambiance zen du côté des ministères! La petite maison de Gaël Orieux – à peine une trentaine de couverts – offre un calme inattendu dans son élégant cadre contemporain, aux lignes faussement simplistes. L'ambiance se révèle feutrée et élégante, avec banquette sombre, miroirs, murs blancs sculptés et jolis fauteuils confortables...

Un espace chic et «classe» où l'on déguste une cuisine d'une sage modernité : huîtres creuses perles noires, gelée d'eau de mer, mousse de raifort, poire comice ; bar de ligne à la compotée de tomates, écume d'orange fleurée à la cannelle... La carte, courte mais très souvent renouvelée, séduit par sa variété et la qualité des produits. Gaël Orieux s'approvisionne au marché et a fait notamment le choix de ne servir que des poissons dont l'espèce n'est pas menacée (mulet noir, maigre, tacaud). Quant au choix de vins, il invite à d'agréables découvertes à prix étudiés.

■ **Entrées :** Huîtres creuses en gelée d'eau de mer, mousse raifort et poire comice • Langoustines bretonne à la verveine

■ **Plats :** Ris de veau croustillant, cacahouètes caramélisées, girolles, abricots secs et vin jaune • Turbot, jus paille et bouillon de coques au lait de coco

■ **Desserts :** Millefeuille parfumé à la fève tonka • Soufflé pistache, glace au fromage blanc

Cuisine moderne • Vintage

LES CLIMATS

Le restaurant est installé dans le cadre atypique de l'ancienne Maison des Dames des Postes, Télégraphes et Téléphones, qui hébergea à partir de 1905 les opératrices des PTT. L'intérieur, d'un style Art nouveau assumé, est somptueux. Mosaïque ancienne au sol, plafond dont les arches sont égayées de motifs fleuris, luminaires originaux en laiton, vitraux, gros fauteuils rouges, etc. Côté assiette, Julien Boscus, jeune chef ayant fait ses classes chez Yannick Alléno et Pierre Gagnaire, compose des assiettes qui n'ont rien de... téléphoné. Sa signature ? Une alliance raffinée de recettes d'inspiration française et d'une créativité distillée avec tact. Et n'oublions pas les deux grandes caves vitrées, offrant l'une des plus riches sélections de vins de Bourgogne à Paris.

■ **Entrées :** Homard bleu en deux services, purée d'abricot au vin de Viré-Clessé, girolles et thé vert • Langoustines en déclinaison

■ **Plats :** Ris de veau doré au sautoir crousti-fondant, boulgour au jus de veau relevé d'Angostura • Jeune grouse d'Écosse

■ **Desserts :** Pavlova aux fruits rouges • Mont-blanc, crème de marron au whisky

Menu 45 € (déjeuner)/130 € – Carte 110/130 €

PLAN : D2
41 r. de Lille
TEL. 01 58 62 10 08
www.lesclimats.fr
Ⓜ **Rue du Bac**

Fermé 3 semaines en août,
1er -15 janvier, dimanche et lundi

Menu 55 € (déjeuner), 80/140 €

PLAN : B1
29 r. Surcouf
TEL. 01 45 50 11 10
www.davidtoutain.com
Ⓜ Invalides

Fermé 6-19 août, samedi et dimanche

Cuisine moderne • Design

DAVID TOUTAIN

Le voici chez lui, David Toutain, qui s'était fait connaître dans de bien belles tables (Arpège, Agapé Substance...). Il s'est récemment établi dans cette rue discrète du quartier des ministères, que l'on n'est pas habitué à voir comme un tel carrefour de tendances. De fait, derrière ce nom de David Toutain, c'est toute une mouvance culinaire qui s'agite : le jeune chef est la coqueluche des «foodistas» parisiens, il convient de réserver très à l'avance pour obtenir une place...

La table réserve en effet une expérience délicieuse, exemplaire du goût contemporain! L'espace, d'abord : une forme de loft, tout en matériaux bruts (bois, béton), aux lignes scandinaves. L'assiette également n'est pas sans évoquer cette Europe du Nord aujourd'hui si en vue. Goût du végétal, associations inédites, légèreté et graphisme épuré : la parenté est palpable, et pourtant, la finesse, la créativité, la palette d'expressions du chef révèlent une vraie singularité et même une forme de sagesse. S'inscrire pleinement dans une génération tout en étant soi-même : un bel équilibre!

■ Cuisine du marché

Poissons et fruits de mer • Chic

DIVELLEC

Le célèbre restaurant de Jacques Le Divellec (de 1983 à 2015) change légèrement de nom, prétexte à une nouvelle naissance. La maison est désormais tenue par Mathieu Pacaud, fils de Bernard, mais totalement émancipé de la tutelle paternelle après les ouvertures des restaurants Hexagone et Histoires, à Paris. La thématique culinaire est toujours orientée vers le grand large, carte et menus, composés au gré de la marée, sacralisent de très beaux produits iodés ; on conclut par le soufflé du moment, dernière respiration d'un moment privilégié, fait de saveurs et d'embruns. Bien installé sur le pont, on profite de la jolie vue sur l'esplanade des Invalides. On a même récupéré une ancienne librairie pour agrandir le lieu et créer une salle d'inspiration jardin d'hiver. Le vent du large souffle à nouveau sur cette maison : le signe d'une renaissance réussie.

■ **Entrées :** Calque de bar, bonbons de pomme verte et baies roses • Pastilla de thon rouge, sauce vierge aux tomates anciennes

■ **Plats :** Navarin de homard, minestrone de basilic, vuletta croustillante • Sole glacée au vin jaune, girolles et amandes fraîches

■ **Desserts :** Soufflé au chocolat • Fraises des bois, meringue, aloe vera et coulis de fruits rouges

Menu 49 € (déjeuner en semaine), 90/210 € – Carte 85/160 €

PLAN : B1
18 r. Fabert
TEL. 01 45 51 91 96
www.divellec-paris.fr
Ⓜ Invalides

Menu 42 € (déjeuner)/105 €

PLAN : C2
91 r. de Grenelle
TEL. 01 45 51 25 74
www.es-restaurant.fr
Ⓜ Solférino

**Fermé 3 semaines en août,
mardi midi, dimanche et lundi**

AC

⌘

Cuisine moderne • Épuré

ES

L'adresse de Takayuki Honjo, jeune chef japonais adepte, comme nombre de ses compatriotes, de cuisine et de culture françaises. Ancien de plusieurs grandes maisons (Astrance à Paris, Quintessence à Tokyo, Mugaritz au Pays basque), il a pensé son restaurant dans les moindres détails : une salle blanche et très épurée, presque monacale, où le mobilier moderne ne cherche pas à attirer l'attention ; contre la baie vitrée, un léger voilage permet d'isoler la salle de la rue. Dans ce contexte, le repas peut s'apparenter à une forme de cérémonie...

Dès les premières bouchées, le talent du chef saute aux papilles ! Foie gras et oursins, ou pigeon et cacao : les associations fonctionnent sans fausse note, les saveurs se mêlent intimement, et l'harmonie des compositions est toujours subtile, avec un sens de l'économie qui rappelle les racines nippones du jeune homme – bien que les fondamentaux de la cuisine française soient parfaitement maîtrisés. Enfin, la carte des vins rend un vibrant hommage à la Bourgogne. Encore un bel apport du Japon à la France !

■ Cuisine du marché

Cuisine créative • Design

GARANCE

Qu'elle est jolie et sympathique, cette Garance née de l'association de deux anciens de l'Arpège, Guillaume Muller (en salle) et Guillaume Iskandar (aux cuisines). À deux pas de l'esplanade des Invalides, leur bistrot contemporain semble faire souffler un vent de fraîcheur sur tout l'arrondissement. Un vent porteur de délicieux parfums! Le chef signe en effet une belle cuisine, aux accents assez personnels et mettant toujours en avant le produit – les légumes, par exemple, sont issus de leur potager dans le Limousin. De là des recettes sans fioritures, qui varient au gré des saisons et dévoilent à la fois une vraie modernité et un authentique savoir-faire de cuisinier. Le plaisir est au rendez-vous, le soir, où la carte est plus ambitieuse, comme le midi, où le menu proposé offre un excellent rapport qualité-prix. Côté décor, le choix est donné entre le rez-de-chaussée, où un petit comptoir ouvrant sur les cuisines permet d'assister en direct à la réalisation des plats, et l'étage qui évoque un petit appartement haussmannien revu à la sauce contemporaine.

■ Cuisine du marché

Menu 39 € (déjeuner), 68/90 €
– Carte 75/90 €

PLAN : C1
34 r. St-Dominique
TEL. 01 45 55 27 56
www.garance-saintdominique.fr
Ⓜ Invalides

Fermé samedi et dimanche

Poissons et fruits de mer • Cosy

GAYA RIVE GAUCHE PAR PIERRE GAGNAIRE

Sa seconde adresse à Paris, Pierre Gagnaire – qui possède plusieurs antennes dans le monde (Londres, Tokyo, Hong Kong) – l'a souhaitée «élégante, joyeuse et décalée». Un restaurant quotidien plus accessible, donc, où la cuisine se veut à la fois «bonne et un peu drôle». Pari gagné avec son Gaya, niché au cœur de Saint-Germain, quartier rive gauche s'il en est. Sous l'impulsion de la décoratrice Violaine Jeantet, les deux salles ont été réaménagées dans un style cosy, raffiné et intime, grâce notamment à des boiseries murales en sapelli. Ambiance détendue et astucieuse cuisine très iodée sont toujours au rendez-vous, à l'image de ce lieu jaune de ligne croustillant, algues sauvages du Croisic et rattes de l'île de Ré...

Formule 48 € – Menu 65 € (déjeuner) – Carte 75/110 €

PLAN : D2
44 r. du Bac
TEL. 01 45 44 73 73
www.pierre-gagnaire.com
Ⓜ **Rue du Bac**

Fermé 3 semaines en août, vacances de Noël, dimanche et lundi

■ **Entrées :** Carpaccio de daurade royale et râpée de poivrade • Velouté de fruits et légumes au Campari, burrata rose

■ **Plats :** Fricassée de homard bleu à la verveine, côtes de blette, fregola et abricot • Lieu jaune croustillant aux algues sauvages du Croisic

■ **Desserts :** Paley-Guimet, • compote de rhubarbe, groseille et grenade • Entremet chocolat Caraïbes, pistaches de Sicile et caramel salé

Cuisine moderne · Design

LE JULES VERNE

Sans vous sentir obligé de gravir les 704 marches qui conduisent au 2ᵉ étage de la tour Eiffel, rendez-vous au pilier sud et laissez faire l'ascenseur privé qui mène directement au Jules Verne, à 125 m au-dessus du sol. Ce lieu emblématique dirigé par Alain Ducasse offre un cadre unique : le midi comme le soir, la vue sur Paris à travers les poutrelles métalliques de la tour est tout simplement spectaculaire! Pensez à réserver très à l'avance (uniquement par Internet) votre table près des baies vitrées. Le décor contemporain signé Patrick Jouin (parois en nid-d'abeilles, fauteuils en cuir et fibre de carbone) est à la hauteur, de même que la cuisine classique revisitée façon Ducasse, réalisée ici par le chef Éric Azoug. Les pâtisseries sont quant à elles signées Christophe Devoille, pâtissier-chocolatier et glacier de formation. Enfin, la carte des vins, remarquable, compte plus de 400 références de l'Hexagone, dont quelques crus d'exception. Une adresse au sommet du patrimoine français!

Menu 105 € (déjeuner en semaine), 190/230 €

PLAN : A2
2ᵉᵐᵉétage Tour Eiffel (Ascenseur privé pilier sud)
TEL. 01 45 55 61 44
www.lejulesverne-paris.com
Ⓜ **Bir-Hakeim**

■ **Entrées :** Foie gras de canard confit, melon et poivre · Dorade marinée, olives et tomate

■ **Plats :** Homard au four, petit épeautre aux courgettes · Blanc de bar au plat, jeunes poireaux et caviar

■ **Desserts :** Écrou croustillant au chocolat de notre manufacture à Paris · Figues cuites et crues, sorbet fromage blanc

Menu 42 € (déjeuner), 70/90 € –
Carte 80/100 €

PLAN : C1
5 r. Bourgogne
TEL. 01 45 51 79 42
www.bernard-loiseau.com
Ⓜ **Assemblée Nationale**

**Fermé 2 semaines en août,
dimanche et lundi**

🍀
Cuisine traditionnelle • Élégant

LOISEAU RIVE GAUCHE

Si la table se trouve rue de Bourgogne, qu'on ne s'y
trompe pas : on célèbre ici tous les terroirs, qu'ils soient
auvergnat, savoyards, ou autres! Cette institution bourgeoise du groupe Bernard Loiseau offre un décor cossu, avec boiseries, chaises Louis XV et... une étonnante
table design (la nº 20). À la carte du chef auvergnat
Maxime Laurenson, une cuisine délicate, très identitaire,
déclinée autour d'un menu idéalement nommé «Climats
de saison», ou d'un menu dégustation «Nature instan-
tanée». Finesse et justesse d'exécution, notes florales et
d'herbes sauvages : à deux pas du Palais Bourbon, les
personnalités politiques adorent s'y retrouver. Il n'y a pas
que les légumes qui sont à la fête...

■ **Entrées :** Huître perle blanche, jus de kiwi et laitue de mer
• Cèpes des Ardennes, réglisse et noisettes

■ **Plats :** Cabillaud de nos côtes, jus à l'oursin violet et jeunes
carottes • Pigeon du Finistère, betterave, cassis et géranium

■ **Desserts :** Fraîcheur au jasmin, mûres • Chocolat fumé au
foin d'Auvergne, whisky tourbé

Cuisine moderne • Intime

NAKATANI

Après dix années passées auprès d'Hélène Darroze, Shinsuke Nakatani a décidé de faire le grand saut. Le voici aujourd'hui à la tête de cette table feutrée et reposante, habillée de douces couleurs et de matières naturelles. En cuisine, ce Japonais pétri de talent peut enfin, en toute liberté, montrer ce dont il est capable! Avec un sens aigu de l'assaisonnement, des cuissons et de l'esthétique des plats, il compose une belle cuisine française au gré des saisons ; les saveurs et les textures s'entremêlent avec harmonie et l'ensemble dégage une belle cohérence. On se régale d'un menu unique (3 ou 5 plats le midi, 5 ou 7 le soir), servi par un personnel discret et efficace. Étant donné le nombre de places (18 couverts), il faudra penser à réserver à l'avance.

■ **Entrées :** Consommé de légumes • Mousse d'oignons des Cévennes, poutargue, chou-rave, physalis, salicorne et huile d'olive.

■ **Plats :** Boeuf Wagyu • Saint-pierre, chou-blanc, chou-kale et cacahuète

■ **Desserts :** Sorbet ananas et banane, écume de thym citron, fruits de la passion • Cheesecake et crème de yaourt à la noix de coco

7ᵉ - TOUR EIFFEL • ÉCOLE MILITAIRE • INVALIDES

Menu 40 € (déjeuner), 68/135 € – Menu unique

PLAN : C3
27 r. Pierre-Leroux
TEL. 01 47 34 94 14
www.restaurant-nakatani.com
Ⓜ Vaneau

Fermé 3 semaines en août, dimanche et lundi

A/C

159

🌸
Cuisine moderne • Design

PERTINENCE

Formule 29 € – Menu 38 € (déjeuner en semaine)/85 € – Carte 65/120 €

PLAN : B2
29 r. de l'Exposition
TEL. 01 45 55 20 96
www.restaurantpertinence.com
Ⓜ **École Militaire**

Fermé août, dimanche et lundi

C'est au restaurant Antoine, en 2011, que Ryunosuke Naito et Kwen Liew se sont rencontrés : lui, le Japonais formé dans quelques-unes des maisons les plus prestigieuses de la place parisienne (Taillevent, Meurice), elle la Malaisienne spécialisée dans la pâtisserie française. C'est tout près du Champ-de-Mars qu'ils ont ouvert cette maison tout en épure – lattes de bois clair et chaises Knoll –, tout en pudeur, intimiste et chaleureuse, bref : à leur image. Aux fourneaux, Ryu compose une cuisine du marché aux saveurs intenses, offrant au passage un délicieux lifting à la tradition française. Son talent ne fait aucun doute, et quelque chose nous dit qu'il n'a pas fini de nous surprendre.

■ **Entrées :** Coquillages à l'étuvée parfumés au gingembre, amandes de mer, coques et couteaux • Tourte de ris de veau à la moelle, jus au xérès

■ **Plats :** Bar rôti, mousseline de pomme de terre et sauce au vin jaune • Pigeon rôti, radis noir, olives farcies à la ricotta et jus au café

■ **Desserts :** Tarte à la mangue et fruits de la passion • Velouté de poire, aloe vera et sorbet pomme verte

Cuisine traditionnelle · Élégant

LE VIOLON D'INGRES

Une enseigne au sens double pour Christian Constant : elle évoque à la fois sa passion pour la cuisine, héritée de sa grand-mère, et sa fascination pour le peintre éponyme, originaire comme lui de Montauban. Le nom de son premier restaurant était donc tout trouvé, quand il a décidé de voler de ses propres ailes après une brillante carrière dans les palaces et les grandes maisons (Ledoyen, Ritz, Crillon). Ici, fini les grosses brigades et les ambiances très huppées : Christian Constant s'exprime avec simplicité, faisant confiance à une équipe réduite, dans ce qui ressemble à une néobrasserie de luxe. La salle se pare de teintes taupe, brun et beige, avec de grands miroirs muraux pour en agrandir l'espace. On y déguste de belles recettes traditionnelles – où le Sud-Ouest tient une bonne place –, d'une parfaite maîtrise technique, mais joliment modernisées et toujours concoctées à base de produits de grande qualité. Un détail : pensez à réserver, c'est souvent complet.

Formule 45 € – Menu 49 € (déjeuner en semaine)/120 € – Carte 76/90 €

PLAN : B2
135 r. St-Dominique
TEL. 01 45 55 15 05
www.maisonconstant.com
Ⓜ **École Militaire**

■ **Entrées :** Fine gelée d'araignée de mer, crémeux de tourteau à l'infusion d'herbes • Œufs de poule mollets roulés à la mie de pain, toasts au beurre truffé

■ **Plats :** Ris de veau braisé au vin jaune, poêlée de girolles • Véritable cassoulet de ma région Montalbanaise

■ **Desserts :** Traditionnel millefeuille, crème légère à la vanille • Soufflé Grand Marnier

😊

Cuisine moderne •
Bistro

AU BON ACCUEIL

Ce bistrot gastronomique a plus d'un tour dans son sac pour conquérir le cœur du public. À commencer par son emplacement, à deux pas de la tour Eiffel. Sous les auspices de la grande dame, on se réfugie avec bonheur dans la salle au décor soigné, à l'élégance discrète. Question cuisine, le marché et les produits de qualité dictent au quotidien les intitulés du menu. Les plats au goût du jour, enrichis de gibier en saison, expriment des saveurs nettes et simples, rehaussées par des crus du Rhône ou de Bourgogne : poulpe grillé, pommes de terre écrasées, sauce aïoli ; selle d'agneau rôtie et épaule confite, couscous et oignons ; terrine au chocolat noir et fraises...

Formule 28 € – Menu 36/55 € – Carte 63/84 €

PLAN : A1
14 r. Monttessuy
TEL. 01 47 05 46 11
www.aubonaccueilparis.com
Ⓜ **Alma Marceau**

Fermé 3 semaines en août, samedi et
dimanche

A/C

😊

Cuisine classique •
Élégant

CHEZ LES ANGES

Manger au paradis, cela vous tente ? La salle profite pleinement de la lumière du jour grâce à ses larges baies vitrées, et l'on peut s'attabler autour d'un grand comptoir central... Côté déco, esprit contemporain oblige, des vitrines habillent les murs et abritent de bien jolis nectars honorant toutes les régions viticoles françaises. On déguste des plats traditionnels, justes et sincères, qui varient en fonction du marché : citons par exemple ces langoustines, cheveux d'ange et rémoulade de céleri rave, ou encore cette sole de St-Gilles-Croix-de-Vie meunière et cette volaille de Bresse... Et en accompagnement, une belle carte de vins et whiskys.

Menu 36/55 € – Carte 61/83 €

PLAN : B2
54 bd de la Tour-Maubourg
TEL. 01 47 05 89 86
www.chezlesanges.com
Ⓜ **La Tour Maubourg**

Fermé 3 semaines en août, samedi et
dimanche

A/C

*Cuisine moderne •
Tendance*

LE CLOS
DES GOURMETS

L'adresse n'a pas volé son nom! Côté clos, une belle salle habillée de boiseries peintes en blanc, relevée de panneaux gris ou bruns, avec des tables bien dressées et une véranda. Simplicité, élégance, chaleur : de tels clos, on en cultiverait beaucoup! Côté gourmets, le style du chef, Arnaud Pitrois, se reconnaît sans hésitation. Tirant profit des leçons de ses maîtres (Guy Savoy, Christian Constant, Éric Frechon, etc.), il élabore une cuisine personnelle, inventive et pleine de parfums : persillé de lapin en gelée parfumée à l'estragon, poulette du Gers rôtie et ses pommes grenaille, tête de cochon croustillante à la vinaigrette d'herbes, fenouil confit aux épices douces et son sorbet citron. Et le chapitre n'est pas clos...

Menu 30 € (déjeuner), 35/42 € – Carte 43/69 €

PLAN : B1
16 av. Rapp
TEL. 01 45 51 75 61
www.closdesgourmets.com
Ⓜ Alma Marceau
Fermé 1er -25 août, dimanche et lundi

*Cuisine traditionnelle •
Tendance*

LES COCOTTES -
TOUR EIFFEL

Le concept imaginé par Christian Constant, dans le sillage des autres adresses de son fief gourmand (entendez par là la rue St-Dominique) ? Des cocottes! Version Staub, en fonte gris anthracite, servies dans un décor à part : ni resto ni bistrot, le lieu s'organise autour d'un comptoir tout en longueur, très stylé avec ses tabourets haut perchés et son design épuré. À la carte de ce concept de «snacking» convivial, de bons petits plats mijotés : velouté de légumes d'autrefois, terrine de campagne, pommes de terre caramélisées farcies au pied de porc, pigeon fermier rôti à l'ail... Côté vins, une grande ardoise située au-dessus du bar annonce les réjouissances. L'adresse n'a pas de téléphone : on s'invite sans réserver, à la bonne franquette.

Formule 23 € – Menu 28 € (déjeuner en semaine) – Carte 34/59 €

PLAN : B2
135 r. St-Dominique
TEL. 01 45 50 10 28
www.maisonconstant.com
Ⓜ École Militaire

Cuisine traditionnelle ·
Vintage

LA LAITERIE SAINTE-CLOTILDE

Une photo ancienne trône sur le comptoir et nous parle d'un temps où ces lieux faisaient office de laiterie de quartier, au début du siècle passé.. Un véritable pedigree pour cette adresse qui entend creuser un sillon original au milieu des ministères, celui de la nostalgie, sans prétention et de manière informelle – façon bobo! On y cultive donc le goût d'hier à travers une collection de chaises en formica (dépareillées, bien sûr) et une jolie cuisine ménagère et bistrotière : soupe de tomate à l'origan sauvage, compotée d'avocat ; quasi de veau et fenouil braisé à l'orange... En prime, un choix bien pensé d'une vingtaine de bouteilles (de vin) et une addition qui ne vous prend pas pour une vache à lait.

Formule 24 € – Menu 28 € (déjeuner) – Carte 35/41 €

PLAN : C2
64 r. de Bellechasse
TEL. 01 45 51 74 61
Ⓜ **Solférino**

Fermé 30 juillet-24 août, vacances de Noël, samedi midi et dimanche

Cuisine basque · Convivial

POTTOKA

Pottoka ? Il s'agit tout simplement de l'emblème historique de l'Aviron bayonnais - le club de rugby, comme son nom ne l'indique pas –, une sympathique mascotte à mi-chemin entre Footix et Petit Poney. Pourquoi ce nom ? Le chef, Sébastien Gravé, est originaire du Pays basque et ne jure que par ses bons produits... Depuis l'été 2011, il préside aux destinées de ce bistrot bien dans son époque. Jambon de Bayonne, chorizo, piment d'Espelette, merlu et bonite de la criée de St-Jean-de-Luz, le tout sous forme de tapas à partager : essai transformé sur toute la ligne pour une cuisine généreuse, colorée et bien tournée, qui fait galoper jusqu'à la frontière espagnole bien plus vite qu'un TGV.

Formule 23 € – Menu 28 € (déjeuner en semaine), 37/65 €

PLAN : B2
4 r. de l'Exposition
TEL. 01 45 51 88 38
www.pottoka.fr
Ⓜ **École Militaire**

Fermé 3 semaines en août

Cuisine traditionnelle • Classique

20 EIFFEL

Le cadre a beau être sobre (teintes de gris, banquettes), l'emplacement est imprenable. À deux pas de la Tour Eiffel, mais à l'écart des autoroutes touristiques, ce restaurant propose une cuisine au goût du jour enlevée, exécutée à quatre mains. On se régale par exemple de la tomate façon bavarois, anchois et olives, ou d'un beau filet de lieu jaune sauvage et potimarron, dont on appréciera la justesse de la cuisson. En dessert, la meringue surprise aux fraises, sorbet et mousse légère à la violette devrait aussi vous séduire. Une nouvelle adresse bienvenue au cœur du 7ᵉ arrondissement, quartier résidentiel s'il en est! À noter que le menu, élaboré à partir de produits du marché, change tous les mois.

Formule 24 € – Menu 32 € – Carte 47/55 €

PLAN : A1
20 r. de Monttessuy
TEL. 01 47 05 14 20
www.restaurant20eiffel.fr
Ⓜ Alma Marceau

Fermé 2 semaines en août et dimanche

Cuisine moderne • Bistro

L'AFFABLE

Dans une rue résidentielle non loin du boulevard Saint-Germain, cet Affable vous accueille, évidemment, avec grande amabilité! L'ambiance est conviviale dans ce bistrot plutôt élégant, qui joue une jolie carte rétro (comptoir en zinc, carrelage ancien, banquettes rouges) et régale avec savoir-faire. Les spécialités de la maison : œuf parfait, entrecôte d'Argentine et pommes pont-neuf, ou encore mont-blanc maison... Les produits sont de qualité et de saison, les saveurs bien marquées dans les assiettes. Dans ces conditions, comment s'étonner que les riverains soient si nombreux à y avoir pris des habitudes ? Pensez à réserver, c'est très souvent complet.

Formule 29 € – Carte 55/80 €

PLAN : D2
10 r. de St-Simon
TEL. 01 42 22 01 60
www.laffable.fr
Ⓜ Rue du Bac

Fermé 3 semaines en août,
25 décembre-1ᵉʳ janvier, samedi et dimanche

¶○

Cuisine moderne •
Tendance

L'AFFRIOLÉ

Mobilier moderne et esprit contemporain (carrelage multicolore, chaises en plexiglas) : le bistrot de Thierry Verola est charmant ; quant à sa cuisine, elle réserve de vraies bonnes surprises... À l'écoute du marché et de ses envies, le chef propose une ardoise quotidienne dont les généreuses assiettes flirtent avec la modernité : thon au fenouil cuit à la plancha, pâté Pantin en hiver et ceviche de dorade aux beaux jours... Formule déjeuner pour les hommes (et les femmes) pressés. On vient ici pour un repas à la fois décontracté et soigné, où les attentions ne manquent pas (radis en amuse-bouche, pots de crème en mignardises). Le tout à prix doux. Affriolant, non ?

Menu 25 € (déjeuner)/39 € – Carte environ 47 €

PLAN : B1
17 r. Malar
TEL. 01 44 18 31 33
www.laffriole.fr
Ⓜ **Invalides**

Fermé 3 semaines en août, dimanche et lundi

A/C

¶○

Cuisine moderne •
Bistro

L'AMI JEAN Ⓝ

À la tête de ce bistrot pur jus depuis 2002, Stéphane Jégo remporte tous les suffrages des gastronomes. Passionné du beau produit de saison, il réalise une cuisine du marché, «régaladesque» dans l'âme, aussi généreuse que goûteuse. Avec des plats qui alternent entre les registres marin – le chef est breton – et basco-béarnais (il a été le second de Camdeborde à La Régalade). Gibier en saison, poissons, porc ou agneau, adepte des champignons, Jégo fait feu de toutes saveurs. Sans oublier le riz au lait de Maman Philomène! Vu le succès, c'est toujours bondé, animé et sympathique. Un grand moment.

Menu 35 € (déjeuner), 55/80 € – Carte 66/81 €

PLAN : B1
27 r. Malar
TEL. 01 47 05 86 89
www.lamijean.fr
Ⓜ **La Tour Maubourg**

Fermé août, 23 décembre-2 janvier, dimanche et lundi

𝗬O
Cuisine moderne •
Convivial

ARNAUD NICOLAS Ⓝ

Un charcutier sachant cuisiner ne court pas les rues, et surtout pas celles de ce secteur résidentiel du 7ème arrondissement (à deux pas de la Tour Eiffel, tout de même)! Présent au Boudoir, sa première affaire, le chef patron au beau parcours (Ducasse, Lenôtre) n'est pas un perdreau de l'année. Arnaud Nicolas s'approprie pâté en croûte et terrine, pour imaginer une haute couture charcutière. A déguster dans un cadre sobre et élégant, qui n'est pas sans rappeler l'atmosphère d'un bistrot new-yorkais. A l'entrée du restaurant, un coin boutique permet de prolonger l'expérience culinaire.

Formule 32 € – Menu 35 € (déjeuner en semaine), 62/80 € ♟ – Carte 47/68 €

PLAN : B2
46 av. de la Bourdonnais
TEL. 01 45 55 59 59
www.arnaudnicolas.paris
Ⓜ **École Militaire**

Fermé dimanche

🛖 ♿ Ⓐ𝖢

𝗬O
Cuisine traditionnelle •
Bistro

BISTROT BELHARA

Belhara ? Ce haut fond proche de St-Jean-de-Luz est bien connu des surfeurs car il donne naissance à des vagues superbes. C'est par ce clin d'œil que le chef de ce bistrot rend hommage à ses origines basques... mais on ne saurait leur résumer son parcours – impressionnant (Guérard, Loiseau, Ducasse, etc.) – et son savoir-faire : converti à la mode bistrot, Thierry Dufroux fait des merveilles en revisitant les classiques du genre! Ainsi ce velouté de brocoli, supions à l'encre de seiche, piquillos et coriandre, ou encore ce savoureux gigot d'agneau des Pyrénées. Le tout à apprécier dans un joli décor rétro : vieux comptoir, moulures, banquettes rouges, etc. Entre Invalides et École militaire, cette nouvelle adresse tient le haut de la vague!

Formule 24 € – Menu 34 € (déjeuner), 38/52 € – Carte 40/65 €

PLAN : B2
23 r. Duvivier
TEL. 01 45 51 41 77
www.bistrotbelhara.com
Ⓜ **École Militaire**

Fermé 3 semaines en août, 1 semaine en février, dimanche et lundi

Cuisine traditionnelle •
Bistro

LES BOTANISTES

Les Botanistes ? Cela fait tout simplement référence à la profession de Pierre-Jean-Baptiste Chomel (1671-1740), membre de l'Académie des sciences qui a donné son nom à la rue. Pourtant, on va le voir, la cuisine de cette petite adresse ne se résume pas à de la verdure, loin s'en faut ! Foie gras de canard mi-cuit au torchon ; chipirons au piment d'Espelette et leur risotto d'épeautre au chorizo ; paleron de bœuf carottes, cumin et orange... Ouf ! À l'ardoise, on retrouve la fine fleur de la cuisine bistrotière, dans un décor qui ne fait pas plante verte : carrelage en damier, buffet en bois clair, banquettes douillettes, appliques florales d'esprit Art déco, herbiers et natures mortes distillant leur charme champêtre, si joliment suranné.

Carte 35/60 €

PLAN : D2
11 bis r. Chomel
TEL. 01 45 49 04 54
www.lesbotanistes.com
Ⓜ Sèvres-Babylone

Fermé août, dimanche et fériés

Cuisine moderne •
Brasserie

BRASSERIE THOUMIEUX BY SYLVESTRE

Fondée en 1923, cette brasserie mythique, marquée du sceau de la Belle Époque, continue de tracer son sillon avec ce décor flamboyant (grands miroirs, moulures, lampes boules et longues banquettes rouges) et le ballet des people et aficionados attirés par la renommée de la table. Les lieux ont renoué avec toute la théâtralité de ces brasseries autrefois capitales, où s'encanaillaient bourgeois, hommes du monde et actrices. Quant à la carte, signée Sylvestre Wahid, elle fait de jolies œillades à l'esprit des lieux. De midi à minuit, on propose cœur de thon rouge cuit-cru et condiments d'une niçoise, big burger XXL, ris de veau doré au sautoir et jus de veau à la graine de moutarde...

Formule 22 € – Menu 29 € (déjeuner en semaine) – Carte 50/80 €

PLAN : B1
Hôtel Thoumieux
79 r. St-Dominique
TEL. 01 47 05 79 00
www.thoumieux.fr
Ⓜ La Tour Maubourg

ĦO
*Cuisine traditionnelle •
Bistro*

CAFÉ CONSTANT

Lentement mais sûrement, l'ancien chef du Crillon, Christian Constant, a fait de la rue St-Dominique un vrai QG gourmand. À deux pas de son restaurant gastronomique, le Violon d'Ingres, cette annexe (dirigée par une jeune équipe) occupe un petit bistrot d'angle sans prétention. Et sans réservation! Ici, la simplicité règne en maître. Le décor, brut de décoffrage, ne verse pas dans l'épate. La cuisine témoigne d'un sens aigu du produit, conservant un peu de l'esprit des grandes maisons (les manières et les prix en moins). Sur l'ardoise, on trouve de goûteux plats de bistrot, pensés selon le marché : œufs mimosa, tartare de saumon, huîtres et bar au gingembre, parmentier de cuisse de canard croisé au vin rouge, pommes gaufrettes... Constamment épatant, le Constant!

Formule 18 € – Menu 26 € (déjeuner en semaine)/36 € – Carte 38/54 €

PLAN : B2
139 r. St-Dominique
TEL. 01 47 53 73 34 (sans réservation)
www.maisonconstant.com
Ⓜ École Militaire

ĦO
*Cuisine moderne •
Design*

CAFÉ DE L'ESPLANADE

Les frères Costes peuvent se vanter de transformer tout ce qu'ils touchent en or. À savoir en endroits branchés, comme cette Esplanade, alchimie réussie d'un lieu, d'une ambiance et d'une cuisine résolument tendance. Démonstration en quatre points. La superbe vue sur les Invalides, notamment en terrasse. La griffe «Jacques Garcia», qui a signé un décor en phase avec le monument voisin. La carte, qui oscille entre plats de brasserie chic et recettes du monde, avec une certaine influence asiatique : petits nems, club sandwich, tom yam chili sea bass, belle tranche de foie de veau et sa réduction de vinaigre de cidre, millefeuille framboise du dimanche... Enfin, le personnel looké, avec voiturier, au service d'une clientèle people et politique. Verdict : y courir pour voir et être vu, après avoir réservé.

Carte 44/104 €

PLAN : B2
52 r. Fabert
TEL. 01 47 05 38 80
Ⓜ La Tour Maubourg

🍴

*Cuisine traditionnelle •
Bistro*

CAFÉ MAX

Tout près des Invalides, ce discret restaurant semble presque enveloppé d'une aura de mystère. Les habitués – dont de nombreux hommes politiques – s'installent à toute heure de la journée dans cet intérieur de bistrot chic, presque rococo ; des tableaux classiques et des photos anciennes tapissent les murs, d'un noir de jais, et, assis sur les banquettes en velours rouge, on devise doucement sous un éclairage tamisé... La carte joue fièrement la tradition : œuf mayonnaise, oreilles de cochon sur salade de lentilles, rognon de veau grillé entier et sa sauce moutarde, parmentier de bœuf aux parfums de truffes, boudin... avec, pour finir, si vous conservez de l'appétit, les fameuses crêpes Suzette. De quoi mettre d'accord tous les politiques, de quelque bord qu'ils soient !

Carte 31/64 €

PLAN : B2
7 av. de la Motte-Picquet
TEL. 01 47 05 57 66
Ⓜ **École Militaire**

Fermé 3 semaines en août, vacances de Noël, samedi et dimanche

🍴

*Cuisine traditionnelle •
Bistro*

CHEZ GRAFF

Tables en bois massif, grand miroir et vieilles photos : un bistrot dans l'esprit des années 1960, relooké façon 2013 ! L'équipe de la Laiterie Sainte Clotilde (dans la même rue) a ouvert cette nouvelle adresse, qui doit son nom au grand-père de Thomas, l'un des trois associés. Dans la lignée de la maison mère, ils proposent ici une bonne cuisine française – ceviche de bar, bavette d'aloyau au miso, paris-brest glacé sont les incontournables de cette maison – et des assiettes de charcuterie et fromage. La carte, volontairement courte, assure une belle rotation des produits, et l'ambiance est certifiée conviviale à toute heure !

Formule 24 € – Menu 28 € (déjeuner en semaine) – Carte 35/45 €

PLAN : C2
62 r. de Bellechasse
TEL. 01 45 51 33 42
Ⓜ **Solférino**

Fermé dimanche et lundi

🍴○
Cuisine moderne •
Convivial

CLOVER

Vingt couverts (grand maximum!) en enfilade dans une mini-salle sobre et épurée, au fond de laquelle trois cuisiniers s'agitent aux fourneaux : bienvenue dans la nouvelle adresse de poche de Jean-François Piège, en plein cœur de St-Germain-des-Prés. Autour de soi, une clientèle branchée – c'est un euphémisme –, installée au coude-à-coude, disserte joyeusement ; sur une étagère, quelques légumes en cagettes et quelques bouteilles de vin attendent leur tour. Au fil d'un menu rondement mené, on se régale d'une cuisine fine et colorée, forte en saveurs et parfois aventureuse : «Chef Piège» a trouvé ici un écrin idéal (proximité, convivialité) pour exprimer de façon simple ses intuitions culinaires. Depuis son ouverture, l'adresse est littéralement prise d'assaut : pensez à réserver.

Menu 35 € (déjeuner en semaine), 45/73 €

PLAN : D2
5 r. Perronet
TEL. 01 75 50 00 05
www.clover-paris.com
Ⓜ St-Germain-des-Près

Fermé 8-22 août, dimanche et lundi

🍴○
Cuisine du Sud-Ouest •
Rustique

D'CHEZ EUX

D'Chez Eux, c'est une petite adresse avec un accent bien de là-bas. Dans la charmante salle aux airs d'auberge de carte postale, où ne manquent ni les meubles rustiques ni les nappes à carreaux rouge et blanc, on retrouve les terres du Sud-Ouest dans leur débordant appétit. D'Chez Eux, tout fleure bon la tradition : produits régionaux, assiettes généreuses, cave imposante – axée en partie sur les bordeaux et les bourgognes – et serveurs en tablier de bougnat. Laissez-vous tenter par le chariot de hors-d'œuvre, le panier de charcuteries, l'œuf mayonnaise et sa macédoine de légumes, le poulet rôti «coucou de Rennes» aux girolles ou encore le confit de canard, tous irrésistibles...

Formule 29 € – Menu 34 € (déjeuner en semaine) – Carte 42/93 €

PLAN : B2
2 av. Lowendal
TEL. 01 47 05 52 55
www.chezeux.com
Ⓜ École Militaire

🍴⃝

Cuisine moderne • Convivial

L'ESCUDELLA

L'Escudella, c'est l'assiette, en occitan. Paul-Arthur Berlan, le jeune et sympathique chef, est originaire de Carcassonne. Vous connaissez peut-être son visage : il a été demi-finaliste de l'émission Top Chef en 2011… Et, plus important, il est passé par les cuisines de certains grands noms (Michel Sarran, Yannick Alléno). La carte est courte, accompagnée d'un menu du jour bon marché, et se base sur d'excellents produits. L'objectif affiché du jeune chef est de faire la liaison entre le terroir francilien et les saveurs languedociennes de son enfance : il peut aussi bien rendre hommage à un plat de sa grand-mère, que se lancer dans des créations contemporaines réjouissantes – l'œuf mollet croustillant, fricassée de cèpes en persillade, en est un bon exemple.

Menu 46 € – Carte 40/56 €

PLAN : B3
41 av. de Ségur
TEL. 09 82 28 70 70
www.escudella.fr
Ⓜ **Ségur**

Fermé 2 semaines en août, 24 décembre-4 janvier, samedi et dimanche

A/C

🍴⃝

Cuisine moderne • Bistro

LES FABLES DE LA FONTAINE

Rien ne sert de courir, il faut partir à point. À l'encontre de la morale du *Lièvre et la Tortue*, courez découvrir ces Fables gourmandes ! La salle à manger, lumineuse et épurée, a des airs de bistrot contemporain, où les murs en pierre apparente côtoient des fenêtres de style industriel… Le tout ne manque pas d'élégance ! Idem du côté de la cuisine, qui se révèle aussi gourmande que moderne, avec un net penchant pour les produits de la mer bien travaillés.

Formule 28 € – Menu 75 € – Carte 50/75 €

PLAN : B2
131 r. St-Dominique
TEL. 01 44 18 37 55
www.lesfablesdelafontaine.net
Ⓜ **École Militaire**

🛋 A/C

Cuisine moderne •
Cosy

LA FERME ST-SIMON

On s'étonnerait presque de ne pas sentir la fumée des cigares, et de ne pas voir de chapeaux melons sur les fauteuils en cuir, tant cette vénérable institution (créée en 1933) a accompli avec grâce sa mue. La salle feutrée, les banquettes capitonnées : tout ici a le parfum suave du passé, et l'on y baigne dans une irrésistible atmosphère de club de gentlemen. Rien d'étonnant à ce qu'elle séduise la clientèle des ambassades voisines et de l'Assemblée nationale! Dans ce cadre en tout point original, on se régale d'une cuisine de saisons qui allie fraîcheur et créativité. Un exemple ? En voici deux : ce pâté en croûte de volaille et foie gras, ou encore ce ris de veau braisé au vin jaune... Une réussite.

Menu 39 € – Carte 60/95 €

PLAN : D2
6 r. St-Simon
TEL. 01 45 48 35 74
www.fermestsimon.com
Ⓜ Rue du Bac

Fermé 3 semaines en août, samedi midi et dimanche

Cuisine traditionnelle •
Bistro

FLORIMOND

Florimond – du nom du jardinier de Monet à Giverny – a l'esprit bistrotier et convivial... Pour faire honneur à ce prénom chantant, le chef, Pascal Guillaumin, signe une goûteuse cuisine du terroir avec des produits tout droit venus de Corrèze, sa région d'origine. Ce digne fils et petit-fils de charcutier fait d'ailleurs lui-même ses saucisses, boudins et autres conserves. Et si sa carte fait la part belle à la viande, les amateurs de poisson ne sont pas oubliés pour autant. Le tout agrémenté des légumes ou encore de céréales cuisinées au wok. Rien que de belles impressions...

Formule 20 € – Menu 38 € (semaine)/54 €

PLAN : B2
19 av. de La Motte-Picquet
TEL. 01 45 55 40 38
www.leflorimond.com
Ⓜ École Militaire

Fermé samedi et dimanche

AC

Cuisine traditionnelle • Bistro

FONTAINE DE MARS

Quand Barack Obama choisit d'y dîner en 2009, le buzz fut énorme... Ce parfait bistrot des années 1930 (restauré à l'identique) est une véritable institution du 7ᵉ arrondissement. Dans les deux salles joliment rétro, où dominent les incontournables et délicieuses nappes à carreaux rouge et blanc, ou sur la terrasse qui fait face à la fontaine de Mars (d'où l'enseigne), il règne une atmosphère décontractée qui doit beaucoup à la gentillesse de la patronne. On s'y régale donc, à la bonne franquette, de plats traditionnels au parfait esprit bistrotier : foie gras, sole meunière, boudin, andouillette, filet de bœuf sauce béarnaise, magret de canard, terrine et cassoulet maison... Pas besoin d'être le président des États-Unis pour pouvoir en profiter !

Carte 38/93 €

PLAN : B2
129 r. St-Dominique
TEL. 01 47 05 46 44
www.fontainedemars.com
Ⓜ **École Militaire**

Cuisine moderne • Épuré

L'INCONNU

Cette adresse, tenue par un couple japonais, anime une petite rue résidentielle du 7ᵉ arrondissement. Le chef, longtemps second au Passage 53, compose une cuisine d'inspiration italienne aux touches hexagonales, avec des clins d'œil au Japon, sa terre natale (il a fait ses classes au Japon dans un restaurant italien, avant un passage par Venise). Il ne travaille que le meilleur (légumes de chez Joël Thiebault, viande de Hugo Desnoyer, etc.) et en tire une cuisine inédite et créative : ainsi le carpaccio de maquereau, gelée de concombre et granny-smith ; le cabillaud poêlé, consommé de crevettes, courgette ; ou les tagliatelles, ragoût d'agneau et artichaut... Une chose est sûre : L'Inconnu ne le restera pas longtemps.

Menu 30 € (déjeuner), 60/80 €

PLAN : C3
4 r. Pierre-Leroux
TEL. 01 53 69 06 03
www.restaurant-linconnu.fr
Ⓜ **Vanneau**

Fermé en août, dimanche soir et lundi

¶○
Cuisine moderne •
Bistro

JAÏS

Non loin des quais de cet arrondissement résidentiel, en lieu et place du Petit Thiou, on trouve cet établissement tenu par deux frères d'origine marocaine, Jaïs (en cuisine) et Yanice (en salle). On s'installe dans un cadre agréable de bistrot parisien, avec comptoir et luminaires Art déco, pour déguster une partition maîtrisée et savoureuse, qui confie aux saisons les sources de ces humeurs et de son inspiration. Ainsi ce poulpe rôti, carpaccio de tomate noire de Crimée, sauce vierge ; ou le ris d'agneau à la poudre de fenouil, petits pois à la française, jusqu'à l'omelette norvégienne. Certains signes ne trompent pas : on sent ici que l'esprit bistronomie n'est pas un vain mot, que la convivialité est réelle, décomplexée, jamais surjouée. Une chaleur humaine que viennent soutenir quelques sympathiques vins natures.

Formule 27 € – Menu 32 € (déjeuner) – Carte 45/62 €

PLAN : B1
3 r. Surcouf
TEL. 01 45 51 98 16
Ⓜ **La Tour Maubourg**

Fermé août, samedi midi et dimanche

♿ 🍽

¶○
Cuisine italienne •
Pizzeria

MARZO

Vous avez des envies de cuisine napolitaine, et la distance vous décourage ? Marzo est l'adresse qu'il vous faut. Pendant tout le repas, c'est le meilleur de l'Italie du Sud qui va défiler sous vos papilles en pâmoison. Vous êtes entre de bonnes mains : le chef est originaire de Naples ! Petites entrées de saison pour se mettre en jambes – bresaola, salade d'épinards et parmesan –, irrésistibles *pizze* – margherita, sorrentina, vesuvio, et tant d'autres – dont la pâte à la farine bio a levé pendant quatre jours. Produits de première fraîcheur à tous les étages, ambiance populaire et chaleureuse : l'adresse est atypique et vaut vraiment son pesant de mozzarella. Inutile de préciser, vu son succès, qu'une petite réservation à l'avance s'impose...

Carte 29/55 €

PLAN : D2
5 r. Paul-Louis-Courier
TEL. 01 43 35 08 05
www.marzo-paris.com
Ⓜ **Rue du Bac**

A/C

🍴○
Cuisine moderne ·
Bistro

LE PETIT VARENNE

A l'angle de deux rues, ce bistrot tendance, un brin vintage, à la devanture engageante, incite à la curiosité gourmande. Tables carrés de bistro en terrazzo, peintures bleu canard, comptoir, on se sent bien ici, en territoire bobo chic. Dans l'assiette, on s'amuse autant, au gré d'une carte courte et attrayante, bien en phase avec la mouvance moderne actuelle : tartare de veau, maquereau, gigot d'agneau, gâteau breton et carte de snacking l'après-midi. Le chef Rémy N'Guyen, ex-Prince de Galles et Burgundy, connaît son affaire. On se restaure sous des affiches de galerie d'art (dont la Galerie Maeght, située à côté), histoire de se cultiver en cultivant ses papilles.

Formule 28 € – Menu 32 € (déjeuner) – Carte 37/59 €

PLAN : C2
57 r. de Bellechasse
TEL. 01 42 73 60 72
Ⓜ Varenne

Fermé 1ᵉʳ -21 août, vacances de Noël, dimanche et lundi

🪑

🍴○
Poissons et fruits de mer ·
Chic

PETROSSIAN - LE 144

Petrossian… Le nom occupe une place à part dans la mythologie des amateurs de caviar – mais aussi de saumon – depuis des décennies : plus exactement depuis les années 1920, quand deux frères d'origine arménienne, Melkoum et Mouchegh Petrossian, se lancent dans l'importation en France de ces mets de prestige, avec le succès que l'on sait… Presque un siècle plus tard, les œufs d'esturgeon sont toujours à l'honneur au restaurant situé au premier étage de la boutique, à deux pas de l'esplanade des Invalides. Aujourd'hui comme hier, on s'y régale des spécialités de la maison : caviar, saumon fumé, coupes du tsar, tartare de bœuf en Napoléon, œuf Petrossian.. Tous les caviars vendus en boutique peuvent être dégustés.

Menu 39 € (déjeuner), 95/170 € – Carte 55/95 €

PLAN : B1
144 r. de l'Université
TEL. 01 44 11 32 32
www.petrossian.fr
Ⓜ Invalides

Fermé août et dimanche

⫴◯

Cuisine moderne •
Cosy

PHILIPPE EXCOFFIER

Philippe Excoffier, chef d'origine savoyarde, a passé onze ans au service de l'ambassadeur des États-Unis à Paris ; il est amusant de constater qu'il a posé sa toque dans un arrondissement où les ambassades sont partout... Le lieu est à son image : devanture discrète dans une rue calme, mais salle à manger chaleureuse – en dépit de la proximité des tables –, qui permet d'espionner le chef aux fourneaux. Ce dernier concocte une cuisine gourmande et canaille, à l'instar de ce ris de veau aux champignons des bois ou de cette cassolette de homard et tatin d'artichauts. En dessert, le choix de soufflés devrait convaincre même les plus réticents aux taux de glycémie élevés. Bon rapport qualité-prix – un élément non-négligeable dans ce quartier où les prix s'envolent volontiers!

Formule 27 € – Menu 41/65 € – Carte 66/82 €

PLAN : B2
18 r. de l'Exposition
TEL. 01 45 51 78 08
www.philippe-excoffier.fr
Ⓜ École Militaire

Fermé 3 semaines en août, lundi midi et dimanche

⫴◯

Cuisine moderne •
Convivial

PLUME

Bistrot de poche mais grand talent! Après une solide formation à l'institut Paul Bocuse et divers stages dans de grandes maisons auprès de chefs de renom (dont Yannick Alléno), le jeune chef vient d'ouvrir son bistrot de poche chic, non loin du Bon Marché. On s'amuse de voir Youssef Gastli, né à Tunis, s'implanter dans cette petite rue très appréciée des chefs nippons (Aida, Nakatani et L'Inconnu) ; mais la cuisine n'est-elle pas le premier vecteur de la diversité ? On s'installe dans une petite salle à l'élégance contemporaine, où les tables, au coude-à-coude, deviennent de vrais relais de convivialité. Depuis sa petite cuisine ouverte sur la salle, le chef réalise une cuisine bien troussée, dans l'air du temps, très bistronomie. Un régal.

Menu 27 € (déjeuner en semaine), 45/65 € – Carte 48/70 €

PLAN : C3
24 r. Pierre-Leroux
TEL. 01 43 06 79 85
www.restaurantplume.com
Ⓜ Vanneau

Fermé en août, dimanche et lundi

🍽○

Cuisine traditionnelle ·
Bistro

LE P'TIT TROQUET

En voilà un qui porte bien son nom! Dans une ruelle à deux pas du Champ-de-Mars, ce bistrot de poche entretient une atmosphère d'un autre temps : vieux carrelage, p'tit comptoir en zinc où trône un antique percolateur, vieilles affiches et luminaires que l'on date, à vue de nez, du début du 20ᵉ s. ; sans oublier les chaises et les banquettes délicieusement rétro, et les tables au coude-à-coude... Mais que serait un intérieur d'époque sans une carte à l'avenant ? Sur ce sujet, aucune inquiétude : tatin d'endives aux pommes et au chèvre frais, terrine de lapin et pistaches, bœuf bourguignon servi en cassolette, crème brûlée à la vanille : la tradition est dans l'assiette et l'on se régale.

Formule 18 € – Menu 25 € (déjeuner)/35 € – Carte 43/58 €

PLAN : B2
28 r. de l'Exposition
TEL. 01 47 05 80 39
www.leptittroquet.fr
Ⓜ École Militaire

Fermé 2 semaines en janvier, 3 semaines en août, lundi midi, samedi midi et dimanche

A/C 🔲

🍽○

Cuisine moderne ·
Branché

RACINES DES PRÉS

Cette adresse du cœur de Saint-Germain-des-Prés ne désemplit pas, et pour cause, tout y est à sa place : cuisine-comptoir devant quelques clients attablés, ambiance vintage décontractée, plats de bistrot bien tournés, modernes et frais. En deux mots, c'est bon et soigné : œuf parfait aux champignons de paris et noisettes ; poulette de la cour d'Armoise, condiment ail et persil ; tarte soufflée au chocolat pur Madagascar. Le tout accompagné de vins choisis, issus de petites cuvées de vignerons, comme on les aime. Le chef Alexandre Navarro s'est surpassé, et le propriétaire David Lahner, qui possède la Crèmerie, le Bon Saint-Pourçain et Racines 2 n'est pas un perdreau de l'année! Un coup de maître - et de cœur.

Formule 29 € – Menu 33 € (déjeuner en semaine) – Carte 42/65 €

PLAN : D2
1 r. de Gribeauval
TEL. 01 45 48 14 16
www.racinesdespres.com
Ⓜ Rue du Bac

Fermé 12-26 août, 24 décembre-1ᵉʳ janvier, samedi midi et dimanche

¶○
Cuisine traditionnelle •
Convivial

LE RÉCAMIER

Une bonne partie du tout-Paris politique et médiatique, version rive gauche, ne jure que par les soufflés de ce sympathique restaurant, installé dans une discrète rue piétonne à deux pas du Bon Marché et de l'hôtel Lutétia. Installez-vous dans la salle au ton chocolat ou sur la belle terrasse d'été pour déguster une cuisine traditionnelle, goûteuse et maîtrisée. Ce jour-là, au menu : soufflé au fromage, filet de bœuf sauce au poivre, soufflé au Grand Marnier. On apprécie l'espace entre les tables (de plus en plus rare), qui autorise l'intimité. Sucré ou salé, ici le soufflé est roi, et la gourmandise sa compagne!

Carte 35/50 €

PLAN : D2
4 r. Récamier
TEL. 01 45 48 86 58
Ⓜ **Sèvres Babylone**

¶○
Cuisine moderne •
Tendance

SAVARIN LA TABLE Ⓝ

Né à Béziers et d'origine algérienne, Mehdi Kebboul a la passion de la cuisine chevillée au corps. Après avoir baroudé aux quatre coins du monde (Thaïlande, Australie, Haute-Savoie), il a saisi l'opportunité de s'installer à son compte à Paris, près des Invalides. La déco est élégante et quelque peu bourgeoise, et les marottes du chef sont bien identifiées : les produits de saison, bien sûr, travaillés avec finesse et précision, mais aussi l'utilisation judicieuse de fruits dans les plats salés, et le travail du gibier... Le talent fait le reste et on passe un excellent moment en sa compagnie, d'autant que les tarifs sont très corrects pour le quartier et la qualité du repas.

Formule 28 € – Menu 35/50 €

PLAN : C2
34 r. de Bourgogne
TEL. 09 86 59 19 67
www.savarin-latable.fr
Ⓜ **Varenne**

Fermé samedi midi et dimanche

🍴○
Cuisine thaïlandaise ·
Élégant

THIOU

Impossible de résumer le parcours d'Api-radee Thirakomen («Thiou» est son sur-nom), née à Bangkok et amoureuse de la France depuis son adolescence, qui a ou-vert son premier restaurant à Paris en 1983. Après avoir emmené avec elle le personnel thaï de sa précédente adresse, au quai d'Or-say, elle rayonne aujourd'hui près des Inva-lides. Le décor est moderne et feutré, et la cuisine fidèle à elle-même, thaïe jusqu'au bout des ongles, goûteuse et préparée avec de bons produits frais. On retrouve avec émotion ces ravioles de crevettes à la crème de coco au parfum de Pandan et jus de ci-tron vert, mais aussi l'incontournable phad thaï et le mystérieux «tigre qui pleure», plat éminemment carnivore qui est devenu l'une de ses marques de fabrique. Un vrai bon-heur.

Formule 29 € – Carte 52/91 €

PLAN : B2
94 bd de la Tour-Maubourg
TEL. 01 76 21 78 84
www.restaurant-thiou.fr
Ⓜ **La Tour Maubourg**

Fermé 3 semaines en août et samedi midi

🌡️ A/C

🍴○
Cuisine moderne ·
Convivial

TOMY & CO

À deux pas de la rue Saint-Dominique (la plus gourmande des rues du 7ᵉ arrondisse-ment), cette adresse porte l'empreinte de Tomy Gousset, jeune chef au look rebelle, qui trace sa route sans complexes. Le gar-çon, passé par le Meurice, le Taillevent et Boulud à New York, révélation de l'année 2012 aux Gastronomades d'Angoulême, est seul maître à bord de son navire, mais toujours accompagné de son fidèle second, Jérôme Favan. Ici, il joue une partition gas-tro-bistrot ancrée dans son temps, et met toute son expérience au service du goût et du produit, avec une démarche locavore louable – il travaille les légumes de son po-tager, situé à Courances, dans l'Essonne. Son crédo ? «Simplicité et sophistication», ce qui se traduit dans notre jargon par : «On se régale».

Formule 27 € – Menu 47/68 €

PLAN : B1
22 r. Surcouf
TEL. 01 45 51 46 93
Ⓜ **Invalides**

Fermé en août, 23-30 décembre, 1 semaine en février, samedi et dimanche

A/C

8^e

CHAMPS-ÉLYSÉES •
CONCORDE •
MADELEINE

———

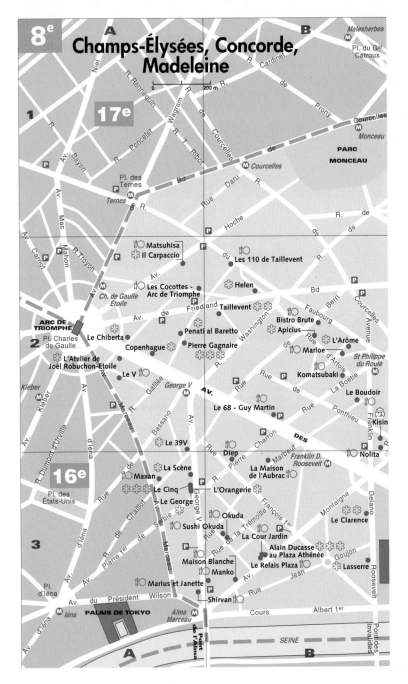

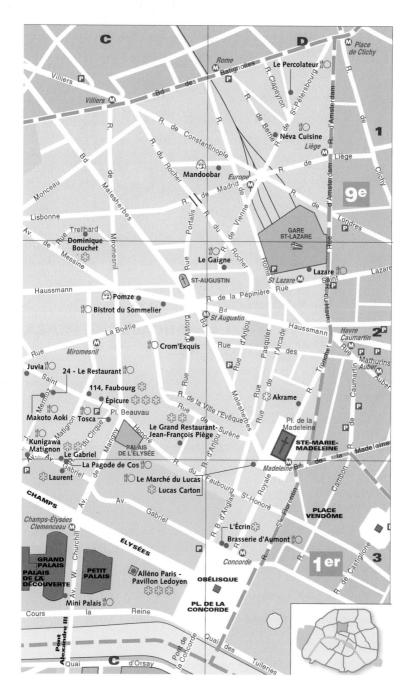

Menu 210 € ▼ (déjeuner)/390 € –
Carte 245/395 €

PLAN : B3
Hôtel Plaza Athénée
25 av. Montaigne
TEL. 01 53 67 65 00
www.alain-ducasse.com
Ⓜ Alma Marceau

**Fermé 20 juillet-27 août, 21-30
décembre, lundi midi, mardi midi,
mercredi midi, samedi et dimanche**

✿✿✿
Cuisine créative • Luxe

ALAIN DUCASSE AU PLAZA ATHÉNÉE

La magnificence de la salle subjugue! Alain Ducasse jouit ici d'un superbe écrin pour faire découvrir une cuisine qui ne l'est pas moins. Elle a évolué, car le grand chef a repensé cette table autour du concept de «naturalité», qui représente une forme d'aboutissement de ses recherches : atteindre la vérité même du produit. Choix audacieux et... tout naturel : la carte est fondée sur la trilogie poisson-légumes-céréales. Un terrain d'investigation qui permet des mariages de saveurs inédits – avec certaines recettes d'anthologie – et porte toute une philosophie : du producteur (tels les jardiniers du Potager du Roi, à Versailles) au cuisinier, le respect des ingrédients est total, et la virtuosité technique s'efface devant la recherche des saveurs. Une manière de délivrer la quintessence de la haute cuisine ; un graal de cuisinier, une quête infinie...

■ **Entrées :** Lentilles vertes du Puy et caviar, délicate gelée d'anguille fumée • Chanvre de Bretagne, aubergine pourpre, feuille et fruit du figuier

■ **Plats :** Homard du Cotentin, les œufs émulsionnés, courgette grillée et cassis • Rouget de l'île d'Yeu en écailles, civet iodé de coquillages

■ **Desserts :** Fontainebleau de lait de soja, cacahouètes des Hautes-Pyrénées • Chocolat de notre manufacture, orge toastée, sorbet cacao-single malt

Cuisine moderne • Luxe

ALLÉNO PARIS AU PAVILLON LEDOYEN

Cette prestigieuse institution parisienne, installée dans un élégant pavillon des jardins des Champs-Élysées, incarne l'image même du grand restaurant à la française : le luxe du décor, la culture des arts de la table, le service orchestré avec élégance, tout dessine un écrin unique à la gloire de la gastronomie. Yannick Alléno a réalisé un véritable tour de force en y imprimant d'emblée sa signature, offrant des repas aussi délicieux que marquants. La richesse de la carte, la magnificence des produits sélectionnés, le caractère des recettes qui s'imposent avec évidence comme autant de compositions parfaitement abouties : voilà bien l'œuvre d'un cuisinier au faîte de son art. Mention spéciale pour ses jus et ses sauces, magnifiés à travers de savantes extractions : ou comment l'avant-garde se met au service de la grande cuisine française. Brio et maestria!

Menu 145 € (déjeuner), 340/580 € – Carte 190/385 €

PLAN : C3
8 av. Dutuit (carré Champs-Élysées)
TEL. 01 53 05 10 00
www.yannick-alleno.com
Ⓜ **Champs-Elysées Clemenceau**

Fermé 2 semaines en août, samedi midi et dimanche

■ **Entrées :** Asperges vertes rôties à l'huile fumée, papaye au safran, olives de Kalamata et sauce au poivre • Tarte friande de langoustine, caviar osciètre

■ **Plats :** Pigeon de Pornic, consommé double au poivre noir fermenté et saucisson de béatilles • Rougets barbet cuits en coque de tourteau au jus de coquillages

■ **Desserts :** Meringue au charbon de bois et cardamome, glace fleur d'oranger • Ravioles croustillantes de courge butternut frangipanée

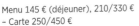

Cuisine moderne • Luxe

LE CINQ

Après de magnifiques années passées chez Ledoyen, Christian Le Squer a repris les rênes de cette maison de renom. Quel parcours sans faute pour ce fils d'agriculteurs bretons qui s'est forgé lui-même et est déjà passé par Le Divellec, Lucas Carton, Taillevent ou encore le Ritz !

De sa Bretagne natale, il a conservé avant tout le goût du large – signant de superbes hommages au poisson – mais aussi des plats terriens. Riche d'un savoir-faire d'exception, il démontre une connaissance peu commune des préparations et des produits, toujours sélectionnés parmi les meilleurs. Pour autant, cette science et cette virtuosité ont l'art de savoir se faire oublier... pour mieux laisser place au plaisir de la dégustation. Du grand art !

Quant à l'élégance du décor, inspiré du Grand Trianon et réinterprété par l'architecte Pierre-Yves Rochon, elle reste entière : harmonie de tons ivoire, dorés et gris, colonnes altières, moulures, tableaux, hautes gerbes de fleurs, etc. Sans oublier la douce lumière provenant du jardin intérieur...

Menu 145 € (déjeuner), 210/330 €
– Carte 250/450 €

PLAN : A3
Hôtel Four Seasons George V
31 av. George V
TEL. 01 49 52 71 54
www.restaurant-lecinq.com
Ⓜ George V

■ **Entrées :** Langoustines bretonnes raidies, mayonnaise tiède • Gratinée d'oignons à la parisienne

■ **Plats :** Bar de ligne au caviar et lait ribot • Noix de ris de veau gratinée, concentration de jus d'herbes fraîches

■ **Desserts :** Croquant de pamplemousse confit et cru • Givré laitier au goût de levure

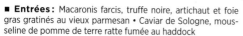

Cuisine moderne • Luxe

ÉPICURE AU BRISTOL

Depuis sa métamorphose, la célèbre table du Bristol continue d'offrir des moments d'exception. Face au jardin de l'hôtel particulier, on découvre une salle d'un classicisme brillant, signée Pierre-Yves Rochon : mobilier de style Louis XVI, pierre blonde, miroirs, etc., le tout scandé par de grandes portes-fenêtres ouvertes sur la verdure. Le palace a choisi le nom d'Épicure pour enseigne : un philosophe grec, chantre du plaisir dans la tempérance. Presque une devise pour Éric Frechon! La cuisine de ce Meilleur Ouvrier de France impressionne par la subtilité et l'harmonie de ses associations de saveurs, la finesse de ses sauces. Si le chef reste dans le droit fil de la plus belle tradition culinaire, en valorisant notamment de magnifiques produits du terroir, il détourne également les classiques avec talent et créativité. La liberté dans l'exigence, les délices dans la mesure!

Menu 145 € (déjeuner)/340 € – Carte 170/380 €

PLAN : C2
Hôtel Bristol
112 r. du Faubourg-St-Honoré
TEL. 01 53 43 43 40
www.lebristolparis.com
Ⓜ **Miromesnil**

■ **Entrées :** Macaronis farcis, truffe noire, artichaut et foie gras gratinés au vieux parmesan • Caviar de Sologne, mousseline de pomme de terre ratte fumée au haddock

■ **Plats :** Poularde de Bresse en vessie, suprêmes au vin jaune, écrevisses et girolles • Sole farcie aux girolles cuite au plat au vin jaune

■ **Desserts :** Citron de Menton givré au limoncello et citron confit, aux saveurs de poire • Chocolat nynagbo, cacao liquide et sorbet doré à l'or fin

Menu 90 € (déjeuner), 155/310 € –
Carte 320/400 €

PLAN : A2
6 r. Balzac
TEL. 01 58 36 12 50
www.pierregagnaire.com
Ⓜ **George V**

**Fermé 2 semaines en août,
1 semaine à Noël, samedi et
dimanche**

✿✿✿
Cuisine créative · Élégant

PIERRE GAGNAIRE

Chef «surbooké» jonglant d'une adresse à l'autre, entre Paris, Londres, Tokyo et Dubaï, Pierre Gagnaire trace sa voie en solitaire. Comme personne, il réalise une cuisine d'auteur exploratrice, entière, excessive. Car cet équilibriste de talent – également grand amateur de jazz et d'art contemporain – cherche sans cesse : selon lui, l'excellence se joue sur le détail. Pour autant, il sait quand s'arrêter. «J'essaie d'épurer, d'éviter les fausses bonnes idées», souligne-t-il à l'envi. Lui qui ne rédige jamais de recettes compose une carte de mets qui ressemble à un poème, mettant l'imagination en branle et les papilles en émoi avant même le début du repas. Préparez-vous à un festival de saveurs! Une avalanche de mets qui n'attend de vous que curiosité et ouverture d'esprit... Un mot, enfin, sur le cadre du restaurant : moderne et sobre, il joue la note du raffinement discret, ton sur ton avec le service délicat.

■ **Entrées :** Gambas de Palamos coraillées raidies au four, pistes, casserons et poulpitos à l'omiza • Homard et huiles d'olives d'origine

■ **Plats :** Saint-pierre pimenté saisi à la poêle, compote de concombre, tomate et txistorra • Côte de veau du Limousin parfumée aux herbes à curry et carvi

■ **Desserts :** Le grand dessert Pierre Gagnaire • Soufflé à la vanille de Tahiti, crème glacée

Cuisine moderne • Luxe

LE CLARENCE

Ce somptueux hôtel particulier de 1884 situé à proximité des Champs-Elysées accueille le talent singulier de Christophe Pelé (ancien chef de la Bigarrade, à Paris) dans un cadre qui rend hommage au luxe à la française (murs tendus de tissus, boiseries murales dans la bibliothèque...). Prenez l'apéritif dans le grand salon, au deuxième étage, dont le décor s'inspire du Château Haut-Brion.

Aux fourneaux, ça swingue avec un artiste de l'association terre et mer! Ainsi ce petit tartare de bœuf surpris en grande conversation avec une huître, ou la lotte accompagnée de pied de porc. Quant à la somptueuse carte des vins, elle donne le vertige... avant même de boire un verre! Demandez à visiter la superbe cave voûtée qui abrite les grands crus.

- **Entrées :** Bar de ligne • Seiche de casier
- **Plats :** Saint-pierre et ris de veau • Turbot de petite pêche
- **Desserts :** Desserts du Clarence • Soufflé au chocolat

Menu 90 € (déjeuner), 190/320 €

PLAN : B3
31 av. F.-D.-Roosevelt
TEL. 01 82 82 10 10
www.le-clarence.paris
Ⓜ Franklin D. Roosevelt

Fermé mardi midi, dimanche et lundi

❀ ❀

Cuisine moderne • Élégant

LE GABRIEL

À deux pas des Champs-Élysées, ce restaurant est installé dans le décor élégant et luxueux de la Réserve, un ancien hôtel particulier du 19ᵉ s. Parquet Versailles, cuir de Cordoue patiné à l'or... le décor impose son élégance racée, sans ostentation. En cuisine, on trouve Jérôme Banctel, chef au très beau parcours, habitué des grandes maisons parisiennes – dix ans passés au Lucas Carton, huit ans à l'Ambroisie –, qui éblouit avec une cuisine aussi solide techniquement que franche au niveau des saveurs. Il élabore ses assiettes avec de superbes produits, ne s'éloignant jamais de ses solides bases classiques, et sait porter le regard au-delà si cela se justifie – on trouvera, par exemple, par-ci, par-là, quelques touches asiatiques savamment dosées. Un coup de cœur particulier ? Avouons un faible pour ce homard, carbonara d'oignons et chorizo, un plat tout simplement succulent et parfaitement maîtrisé...

■ **Entrées :** Cœur d'artichaut de Macau en impression de sakura et de coriandre fraîche • Saumon de Norvège confit au miso, radis noir et avocat bio

■ **Plats :** Pigeon de Vendée, cacao et sarrasin croustillant • Homard, carottes aux sucs d'orange et baies roses

■ **Desserts :** Grains de café meringués, crème glacée au sirop de merisier • Soufflé passion, sésame noir et sorbet exotique

Menu 95 € (déjeuner en semaine), 180/250 € – Carte 160/240 €

PLAN : C2-3
Hôtel La Réserve
42 av. Gabriel
TEL. 01 58 36 60 50
www.lareserve-paris.com
Ⓜ **Champs Elysées Clemenceau**

Fermé samedi midi

★★ *Cuisine moderne • Élégant*

LE GRAND RESTAURANT - JEAN-FRANÇOIS PIÈGE

Voici le «laboratoire de grande cuisine» de Jean-François Piège : une salle minuscule – 25 couverts maximum – surplombée d'une verrière tout en angles et en reflets, une grande cuisine construite autour d'un piano ovale et entièrement dessinée par le chef *himself*... qui peut y exprimer librement toute l'étendue de son expérience et de son savoir-faire. Deux exemples : ce homard bleu de Bretagne et son mijoté de carapaces, ou cette relecture du gâteau de foie blond selon Lucien Tendret, d'une délicatesse et d'un raffinement à se damner... Loin des caméras de télévision, maître dans cet endroit qu'il a rêvé puis conçu, Jean-François Piège montre sa capacité à créer, d'un geste, l'émotion culinaire, sans jamais donner dans la démonstration. Voilà amplement de quoi traverser la Seine pour aller le trouver dans sa nouvelle maison.

Menu 85 € (déjeuner), 216/616 € ☗ – Carte 175/285 €

PLAN : C2
7 r. d'Aguesseau
TEL. 01 53 05 00 00
www.jeanfrancoispiege.com
Ⓢ **Madeleine**

Fermé 30 juillet-21 août, samedi et dimanche

♿ Ⓜ ♿

■ **Entrées :** Ma version du gâteau de foie blond façon Lucien Tendret, sauce aux queues d'écrevisses et truffe noire • Langoustines cuites au beurre noisette, fines feuilles des pinces soufflées

■ **Plats :** Mijoté de homard en feuilles de cassis sur les carapaces, concentré des baies et foie gras • Ris de veau de lait cuit sur des coques de noix, cèpes des pins

■ **Desserts :** Blanc à manger • Fraises des bois, glace à l'épicéa et crème crue

Menu 104 € (déjeuner)/198 € – Carte 160/250 €

PLAN : B2
15 r. Lamennais
TEL. 01 44 95 15 01
www.taillevent.com
Ⓜ Charles de Gaulle-Etoile

Fermé 28 juillet-27 août, samedi, dimanche et fériés

❀ ❀

Cuisine classique • Luxe

LE TAILLEVENT

Cette adresse qu'on ne présente plus porte fièrement les couleurs de la tradition. Par ses propriétaires, en premier lieu : la famille Vrinat qui, depuis trois générations, a fait la réputation de ce restaurant incontournable et est désormais associée à la famille Gardinier (Les Crayères à Reims). Par son nom : référence à l'auteur du «Viandier», le plus ancien manuscrit de recettes rédigé en français (vers 1379). Par son cadre, enfin : l'ancien hôtel particulier du duc de Morny (19e s.), classique, feutré et propice aux rendez-vous politiques et aux repas d'affaires, et parsemé d'œuvres d'art contemporain. Une façon d'entretenir des liens avec l'air du temps. Comme en cuisine, où le chef, Alain Solivérès, mêle l'ancien au moderne, les recettes empruntées à la haute gastronomie à des touches méditerranéennes et actuelles. Et, cerise sur le gâteau : les caves, pléthoriques en vins rares, qui comptent parmi les plus belles de la capitale.

■ **Entrées :** Boudin de homard bleu «tradition Taillevent • Épeautre du pays de Sault en risotto, cuisses de grenouilles

■ **Plats :** Bar de ligne cuit à l'étuvée, poireaux, champagne et caviar osciètre • Noix de ris de veau croustillante

■ **Desserts :** Crêpes Suzette flambées • Soufflé chaud au chocolat

⍟

Cuisine créative • Design

AKRAME

À deux pas de la Madeleine, Akrame Benallal a posé ses valises et ses couteaux dans un lieu bien protégé des regards, derrière une immense porte cochère. En bon amateur du travail de Pierre Soulages, Akrame a voulu son intérieur dominé par le noir et résolument contemporain – on y trouve plusieurs photographies, et, au plafond, une étonnante sculpture d'un homme qui tombe... Dans l'assiette, le chef assume son statut d'«aubergiste contemporain», et l'on retrouve ici une bonne partie de ce qui avait fait le succès de sa précédente adresse, rue Lauriston. Au fil d'un menu unique bien troussé, il fait preuve d'une grande inventivité pour donner le meilleur de produits d'excellente qualité ; les assiettes sont travaillées avec beaucoup de soin. Comme on l'imagine, le succès est au rendez-vous !

■ Cuisine du marché

Menu 65 € (déjeuner), 130/160 €

PLAN : D2
7 r. Tronchet
TEL. 01 40 67 11 16
www.akrame.com
Ⓜ **Madeleine**

Fermé 2 semaines en août,
1 semaine vacances de Noël,
samedi et dimanche

Menu 140 € (déjeuner), 180/220 €
– Carte 125/215 €

PLAN : B2
20 r. d'Artois
TEL. 01 43 80 19 66
www.restaurant-apicius.com
Ⓜ St-Philippe du Roule

Fermé août, samedi, dimanche et fériés

🍀
Cuisine classique • Élégant

APICIUS

Installé dans un somptueux hôtel particulier du 18ᵉ s. aux airs de petit palais, Apicius – baptisé ainsi en hommage à cet épicurien de l'Antiquité romaine qui aurait écrit le premier livre culinaire – est entré dans une ère de changements... pour le meilleur! Aux fourneaux depuis plus de quarante ans, Jean-Pierre Vigato laisse progressivement la place, sans bien sûr que son héritage soit passé par pertes et profits : les assiettes perpétuent la belle tradition bourgeoise – avec des inspirations canaille pour égayer la carte – et réalisent la synthèse entre le classicisme et l'invention. Le temps passe, Apicius demeure.

■ **Entrées :** Foie gras de canard poêlé et grillé en aigre-doux • Cuisses de grenouilles cuisinées à la poêle

■ **Plats :** Ris de veau rôti, feuilles et jeunes pousses • Pigeon rôti, sucs de betterave réduits

■ **Desserts :** Soufflé au chocolat guanaja, chantilly sans sucre • Glace à la pistache, framboises fondues

Cuisine moderne • Chic

L'ARÔME

Humer un arôme, un parfum, un bouquet : un beau programme proposé par Éric Martins, grand professionnel de l'accord mets et vins, qui sélectionne minutieusement chaque bouteille de sa cave. Il mène de main de maître cette table délicate qui séduit tout de suite par son décor élégant et chaleureux, à l'unisson de l'assiette. Grand amoureux des produits de saison, le jeune chef, Thomas Boullault – ancien du Royal Monceau et du George V –, élabore une cuisine raffinée, contemporaine et inventive. Les menus changent chaque jour au gré du marché... Vous tomberez sous le charme de la délicatesse et de l'équilibre des saveurs : chair de tourteau à l'avocat, riz japonais et gelée de tomates ; cabillaud au speck et au riesling façon baeckeofe ; pigeonneau rôti et ses légumes de saison, ou encore vacherin aux fruits exotiques.

Menu 59 € (déjeuner), 79/159 € – Carte 65/105 €

PLAN : B2
3 r. St-Philippe-du-Roule
TEL. 01 42 25 55 98
www.larome.fr
Ⓜ St-Philippe-du-Roule

Fermé 1 semaine en février,
3 semaines en août, samedi et
dimanche

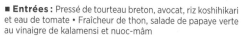

■ **Entrées :** Pressé de tourteau breton, avocat, riz koshihikari et eau de tomate • Fraîcheur de thon, salade de papaye verte au vinaigre de kalamensi et nuoc-mâm

■ **Plats :** Onglet de bœuf Black Angus rôti aux herbes, aubergine fumée et jus épicé • Filet de rouget cuit à l'unilatéral, spaghettinis d'asperge verte et julienne d'eryngii aux cacahouètes

■ **Desserts :** Pannacotta aux framboises et parfumée à la rose, aloe vera et sorbet litchi • Cappuccino de truffe et son biscuit chocolaté

Cuisine créative • Design

L'ATELIER DE JOËL ROBUCHON - ÉTOILE

Paris, Londres, Las Vegas, Tokyo, Taipei, Hong Kong, Singapour.. et encore une fois Paris. Avec deux pieds dans la capitale française, les célèbres Ateliers du grand chef font, au sens propre, le tour du monde. Beau symbole, cet opus est né à deux pas de l'Arc de Triomphe, au niveau - 1 du Publicis Drugstore des Champs-Élysées. Destin franco-international, donc, pour ce concept qui colle à l'époque et à la tendance, version planète mondialisée – dans ce qu'elle a de plus chic. Un décor tout en rouge et noir ; un grand comptoir autour duquel on prend place sur de hauts tabourets, face à la brigade à l'œuvre ; une ambiance feutrée et à la fois décontractée : l'enseigne incarne une approche contemporaine de la haute cuisine. Sans se départir de la plus grande exigence, la carte laisse au client le choix entre petites portions dégustation ou portions normales.

Menu 49 € (déjeuner), 99/199 € – Carte 100/210 €

PLAN : A2
133 av. des Champs-Élysées
(Publicis Drugstore niveau -1)
TEL. 01 47 23 75 75
www.joel-robuchon.com
Ⓜ Charles de Gaulle-Étoile

■ **Entrées :** Langoustine en ravioli truffé à l'étuvée de chou vert • Œuf de poule mollet, mousse de parmesan et cecina de bœuf de Kobe

■ **Plats :** Côtelettes d'agneau de lait à la fleur de thym • Merlan frit Colbert au beurre d'herbes

■ **Desserts :** Chocolat tendance, crémeux onctueux au chocolat araguani, sorbet cacao et biscuit Oréo • Soufflé chaud aux baies de cassis de Bourgogne et sorbet aux fruits noirs

Cuisine moderne · Élégant

114, FAUBOURG

Au sein du Bristol, une brasserie unique, assurément! La salle interpelle au premier coup d'œil : traversée d'imposantes colonnes dorées, elle arbore sur ses murs orangés de grands motifs de dahlias luminescents.. En son cœur s'ouvre un grand escalier, qui dessert le niveau inférieur où les tables côtoient les cuisines ouvertes. Chic, chatoyant, à la fois animé et confidentiel, ce lieu est une réussite.

Aux fourneaux, on revisite les grands classiques hexagonaux avec ce qu'il faut d'originalité : pâté en croûte, œufs king crab et mayonnaise au gingembre et citron ; tartare de bœuf aux huîtres de Marennes ; merlan frit à la sauce tartare ; ou encore millefeuille à la vanille Bourbon. Les assiettes sont soigneusement dressées et les saveurs s'y marient joliment. Une prestation dans les règles de l'art, aux tarifs certes élevés... mais ne sommes-nous pas dans un palace ?

Formule 56 € – Menu 114 € (déjeuner) – Carte 80/165 €

PLAN : C2
Hôtel Bristol
114 r. du Faubourg-St-Honoré
TEL. 01 53 43 44 44
www.lebristolparis.com
Ⓜ Miromesnil

Fermé en août, samedi midi et dimanche midi

♿ A/C

■ **Entrées :** Œuf king-crab, mayonnaise au gingembre et citron • Soupe d'artichaut, escalope de foie gras poêlée, émulsion à la truffe noire

■ **Plats :** Ris de veau braisé au bâton de cannelle • Merlan frit, sauce tartare, tétragone à l'huile d'olive et citron

■ **Desserts :** Soufflé au chocolat guanaja, crème glacée au cognac • Baba au vieux rhum brun, crème fouettée légèrement vanillée

Menu 49 € (déjeuner), 110/165 € ♟
– Carte 90/140 €

PLAN : A2
3 r. Arsène-Houssaye
TEL. 01 53 53 42 00
www.lechiberta.com
Ⓜ Charles de Gaulle-Etoile

Fermé 3 semaines en août,
samedi midi et dimanche

Cuisine créative · Épuré

LE CHIBERTA

Le Chiberta version Guy Savoy s'est choisi le noir comme couleur, le vin comme symbole et l'inventivité comme fil conducteur. En entrant, on est plongé dans un autre univers, tamisé, calme et feutré. Parfait pour les repas d'affaires comme pour les rencontres plus intimes. L'aménagement intérieur, conçu par l'architecte Jean-Michel Wilmotte, surprend par son minimalisme radical, tout en chic discret et design. La grande originalité du lieu reste indéniablement la «cave à vins verticale» : de grands crus habillant les murs à la manière d'une bibliothèque ou d'œuvres d'art. Entre deux alignements de bouteilles, des tableaux modernes et abstraits colorent ponctuellement l'espace. Confortablement installé à table, on apprécie toute l'étendue de la cuisine, supervisée par le «patron», qui revisite joliment la tradition. Bon à savoir : le menu du marché est revu chaque semaine, une carte d'huîtres est disponible au comptoir, et la cave, évidemment, est parfaitement composée.

■ **Entrées :** Salade de homard, vinaigrette de corail • Carpaccio de bœuf Black Angus au citron vert

■ **Plats :** Filet de bœuf charolais à la truffe, girolles et pommes noisette, jus truffé • Sole de Noirmoutier meunière, sabayon iodé

■ **Desserts :** Terrine d'orange et de pamplemousse au thé earl grey • Le citron jaune-noisette

Cuisine danoise • Contemporain

COPENHAGUE

Sur les Champs-Élysées, la Maison du Danemark joue parfaitement son rôle d'ambassade culinaire du Grand Nord, et ce depuis 1955. Au 1ᵉʳ étage, le Copenhague offre un cadre apaisant avec son décor contemporain épuré et ses larges baies vitrées dominant l'avenue. C'est sous l'œil bienveillant de la reine Margaret ou installé sur l'agréable terrasse (dans une cour au calme, sur l'arrière), que vous dégusterez la belle cuisine nordique d'Andréas Moller, valorisant de jolis produits, riche en légumes, herbes et fleurs, où s'épanouissent assaisonnements maîtrisés et notes acidulées. Chaque assiette bénéficie d'un travail précis et l'émotion est à la hauteur de la promesse. Une gastronomie tatouée aux influences scandinaves. « Velbekomme » (bon appétit) !

■ **Entrées :** Maquereau, concombre et raifort • Asperges, huîtres et caviar
■ **Plats :** Poulet, ramslog et moule • Cabillaud, œufs de la mer et peau de poulet
■ **Desserts :** Topinambour, poire et chocolat blanc • Pomme, thym et lait

Menu 55 € (déjeuner)/115 € – Carte 55/70 €

PLAN : A2
142 av. des Champs-Élysées
(Maison du Danemark - 1ᵉʳ étage)
TEL. 01 44 13 86 26
www.restaurant-copenhague-paris. fr
Ⓜ George V

Fermé en août, samedi, dimanche et fériés

🛖 ♿ A/C

Formule 52 € – Menu 60 € (déjeuner)
– Carte 77/116 €

PLAN : C1
11 r. Treilhard
TEL. 01 45 61 09 46
www.dominique-bouchet.com
Ⓜ Miromesnil

**Fermé 2 semaines en août, samedi
et dimanche**

🕸

Cuisine classique • Élégant

DOMINIQUE BOUCHET

Du palace au bistrot. Dominique Bouchet a choisi. Lui
qui dirigea les brigades du Crillon et de la Tour d'Argent
(participant même à l'aventure japonaise de celle-ci)
aspirait à plus de légèreté, et peut-être plus de liberté.
Plus rien à prouver en matière de haute gastronomie,
l'envie de laisser la place aux générations montantes
pour ouvrir enfin un restaurant à son nom, la volonté
aussi de ne plus courir après la perfection absolue ou les
récompenses..
Toutes ces raisons l'ont poussé à s'installer «chez lui» et
à revenir à l'essentiel : une belle cuisine classique mise
au goût du jour et incontestablement maîtrisée. C'est
l'avantage de la sagesse que de ne pas s'égarer ! À noter,
la belle sélection de vins au verre... et la très élégante
rénovation.

■ **Entrées :** Charlotte de king crab, pastèque, avocat et
mangue • Croustillant de tête de veau, sauce gribiche
■ **Plats :** Parmentier de homard, beurre blanc au caviar • Gigot d'agneau mijoté, sauce au vin rouge et aux fèves de cacao
■ **Desserts :** Soufflé au Grand Marnier • Omelette norvégienne revisitée

Cuisine moderne • Élégant

L'ÉCRIN

L'ambassade de la grande cuisine du célèbre hôtel de Crillon a laissé place à l'Ecrin, salle «cachée», intimiste et intemporelle, pensée dans les moindres détails de l'Art de la table, loin, bien loin de l'ancienne salle de bal, toute de miroirs et pampilles, qui fit, la gloire, en son temps, de Jean-François Piège. La cuisine de Christopher Hache est axée sur la lisibilité, la saisonnalité et la saveur. Le chef a réalisé un tour du monde de deux ans pour s'imprégner des différentes cultures culinaires. A l'arrivée, une cuisine moderne, ciselée, selon un menu imposé en 7 ou 12 plats. Un écrin savoureux, donc, qui cristallise toutes les représentations du luxe à la française – le service, à l'ancienne, n'étant pas en reste! L'art d'assumer un héritage, sans souci de révérence mais avec une technique éprouvée..

- **Entrées :** Tomate bavaroise • Langoustine en chaud-froid
- **Plats :** Tourtatouille moderne • Calamar black & white
- **Desserts :** Meringue pépite • Soufflé théâtral

Menu 195/260 €

PLAN : D3
Hôtel Crillon
10 pl. de la Concorde
TEL. 01 44 71 15 30
www.rosewoodhotels.com/fr/hotel-de-crillon
Ⓜ **Concorde**

Fermé mardi, mercredi et le midi

Cuisine italienne · Élégant

LE GEORGE

Formule 65 € – Menu 110 € – Carte 50/95 €

PLAN : A3
Hôtel Four Seasons George V
31 av. George-V
TEL. 01 49 52 72 09
www.legeorge.com
Ⓜ George V

Magistral lustre Baccarat, blancheur immaculée du décor et délicates compositions florales... Le décor chic et décontracté, signé Pierre-Yves Rochon, ne laisse aucun doute : on est bien au sein du prestigieux hôtel Four Seasons George V ! Aux fourneaux du George depuis septembre 2016, Simone Zanoni y imprime sa patte culinaire – dont l'empreinte a évidemment la forme de la botte transalpine.

La cuisine garde de jolis accents méditerranéens, mais c'est plus précisément l'Italie qui remporte la mise ; on est sous le charme de cette cuisine aérienne, qui mise toujours sur la légèreté et les petites portions, avec un respect particulier des saveurs et des méthodes de cuisson propres à la Méditerranée. À déguster à l'intérieur ou sous la haute véranda, pour profiter de la cour par tous les temps.

■ **Entrées :** Tarte Tatin d'oignon, glace au parmesan • Poulpe au feu de bois

■ **Plats :** Cabri de 36 heures • Risotto au safran et sot-l'y-laisse caramélisés

■ **Desserts :** Déclinaison de noisettes et de citron • Crème brûlée au fromage, sorbet mandarine

Poissons et fruits de mer • Élégant

HELEN

Créé en 2012, Helen est aujourd'hui une valeur sûre parmi les restaurants de poisson des beaux quartiers. Au menu : uniquement des pièces sauvages issues de la pêche quotidienne de petits bateaux, travaillées avec grand soin et simplicité. Dans l'assiette, en effet, pas de fioritures, une seule règle compte : mettre en valeur les saveurs naturelles – et iodées – du poisson (cru, grillé, à la plancha, à la vapeur, etc.). Les amateurs sont aux anges! De plus, la carte varie au gré des arrivages, proposant par exemple un carpaccio de daurade royale au citron caviar, des sardines à l'escabèche, un turbotin rôti à la sauge et pancetta, des rougets barbets meunière... Tout cela est servi avec précision et savoir-faire : certains poissons sont même découpés directement en salle.
Salle qui épouse également ce parti pris de sobriété, en faisant montre d'une épure toute contemporaine et d'une belle élégance... Helen, ou le raffinement dans la simplicité.

Menu 48 € (déjeuner)/138 € – Carte 76/162 €

PLAN : B2
3 r. Berryer
TEL. 01 40 76 01 40
www.helenrestaurant.com
Ⓜ George V

Fermé 3 semaines en août,
24 décembre-2 janvier,
samedi midi, dimanche et lundi

- **Entrées :** Carpaccio de daurade royale au citron caviar • Le poulpe à notre façon
- **Plats :** Bar de ligne aux olives taggiasche • Langoustines d'Écosse au soufflé d'aïoli
- **Desserts :** Saint-honoré • Millefeuille de saison

Formule 59 € – Menu 120/145 € –
Carte 95/135 €

PLAN : A2
Hôtel Le Royal Monceau
37 av. Hoche
TEL. 01 42 99 88 12
www.leroyalmonceau.com
Ⓜ Charles de Gaulle-Etoile

**Fermé 1ᵉʳ -21 août, dimanche et
lundi**

❀

Cuisine italienne • Élégant

IL CARPACCIO

Au cœur du Royal Monceau, palace exclusif s'il en est,
on accède à Il Carpaccio par un couloir nacré, orné de
milliers de coquillages. Une belle évocation des nym-
phées du baroque italien! Le ton est donné : vous voilà
transporté en Italie, version artiste et raffinée. Dans le
décor de la salle, le soleil de la Botte peut bien resplen-
dir : c'est un véritable jardin d'hiver, entièrement ceint de
verrières, aux couleurs printanières.

Un bel écrin, donc, pour une cuisine qui joue avec subtilité la carte de la gastronomie transalpine. Nulle sophistication inutile, point de fioritures : dans l'esprit du
pays, les assiettes cultivent avant tout le goût des bons
produits et des saveurs naturelles, autour d'ingrédients
phares sélectionnés avec soin. Même esprit du côté des
vins, principalement en provenance du Piémont et de la
Toscane. Enfin, les desserts sont signés Pierre Hermé,
qui revisite avec le talent qu'on lui connaît les classiques
de la péninsule. Au final, voilà une belle évocation de
l'Italie...

■ **Entrées :** Poulpe grillé et en carpaccio • Tartelette aux
artichauts

■ **Plats :** Noix de veau cuite en calzone au foin • Tortelli à
la carbonara

■ **Desserts :** Tiramisu • Dessert infiniment citron

Cuisine classique • Luxe

LASSERRE

Tout près des Champs-Élysées, cet hôtel particulier de style Directoire marque immanquablement les esprits. René Lasserre (disparu en 2006), monté à Paris pour apprendre le métier alors qu'il était adolescent, a élevé son restaurant au rang de symbole. Située à l'étage, la salle à manger arbore un luxueux décor : colonnes, jardinières d'orchidées et de plantes vertes, vaisselle et bibelots en argent, lustres en cristal, porcelaines de Chine..

Autre élément propre à la magie de l'endroit, un étonnant toit ouvrant, devenu célèbre, illumine les tables au gré des saisons. La partition culinaire est composée sous la houlette de Michel Roth, chef au parcours varié et prestigieux – l'Espadon au Ritz, le Bayview à Genève –, et dont le travail est parfaitement en phase avec ce prestigieux héritage.

■ **Entrées :** Macaroni, truffe noire et foie gras de canard • Tomates de couleur de Provence, focaccia et burrata

■ **Plats :** Canard de Challans, pêche de vigne farcie et rôtie, jus d'une sangria • Bar au fumet de coquillages et au basilic, fins poireaux et girolles poêlées

■ **Desserts :** Crêpes Suzette • Figues au miel, glace au lait de chèvre

Menu 60 € (déjeuner), 190/340 € ♀ – Carte 165/275 €

PLAN : B3
17 av. F.-D.-Roosevelt
TEL. 01 43 59 02 13
www.restaurant-lasserre.com
Ⓜ Franklin D. Roosevelt

Fermé août, mardi midi, mercredi midi, samedi midi, dimanche et lundi

Menu 95/159 € – Carte 155/245 €

PLAN : C3
41 av. Gabriel
TEL. 01 42 25 00 39
www.le-laurent.com
Ⓜ Champs Elysées Clemenceau

Fermé 23 décembre 3 janvier,
samedi midi, dimanche et fériés

❀

Cuisine classique · Élégant

LAURENT

Personne ne sait vraiment pourquoi le nom de Monsieur Laurent, qui devint propriétaire de ce restaurant en 1860, a perduré jusqu'à consacrer définitivement l'ancien Café du Cirque édifié par Hittorff. Cela fait partie du mythe de cette vieille maison, située au cœur des jardins du rond-point des Champs-Élysées. Ancien pavillon de chasse de Louis XIV ou guinguette sous la Révolution, Laurent conserve son cadre néoclassique et bourgeois, très en vogue à l'époque de sa création. Pilastres et colonnes, associés à de confortables banquettes, font l'élégance et le charme désuet des salles à manger et des salons particuliers. La cuisine d'Alain Pégouret s'inscrit à merveille dans cet écrin : classique, elle respecte et valorise les codes de la tradition bleu-blanc-rouge. On comprend que le Tout-Paris politique et des affaires apprécie cette institution. Encore plus aux beaux jours, quand on peut profiter de sa terrasse ouverte sur la verdure...

■ **Entrées :** Araignée de mer, ses sucs en gelée et crème de fenouil • Salade de homard
■ **Plats :** Turbot nacré à l'huile d'olive, bardes et légumes verts dans une fleurette iodée • Noix de ris de veau
■ **Desserts :** Glace vanille minute • Soufflé chaud de saison

 ✿

Cuisine moderne • Historique

LUCAS CARTON

D'entrée, le nom interpelle... Il évoque une longue histoire : Robert Lucas et sa «Taverne Anglaise» en 1732 ; Francis Carton en 1925 qui accole les deux patronymes et crée cette identité très sonore, «Lucas Carton», où il fera briller trois étoiles dans les années 1930 ; Alain Senderens, enfin, qui porte de nouveau l'adresse au firmament au milieu des années 1980, avant de choisir, en 2005, de lui donner son propre nom pour la repenser librement.

Une nouvelle page s'ouvre fin 2013 : l'enseigne Lucas Carton renaît! L'adresse endosse avec tact les nouveaux codes de la gastronomie contemporaine. Le jeune chef, Julien Dumas, sait rendre le meilleur de beaux produits – mention spéciale pour l'agneau de lait! – et ses assiettes, bien équilibrées, sont portées par un irrésistible souffle méditerranéen... L'histoire continue pour cette vénérable institution.

Menu 89 € (semaine), 142/175 € –
Carte 135/225 €

PLAN : D3
9 pl. de la Madeleine
TEL. 01 42 65 22 90
www.lucascarton.com
Ⓜ Madeleine

Fermé 3 semaines en août,
dimanche et lundi

🅰🅲 ⟷ 🎴

- **Entrées :** Chou-fleur croustillant • Encornets et caviar
- **Plats :** Sarrasin et merlan croustillant • Jeunes carottes et noix de ris de veau
- **Desserts :** Pomme verte et cardamome. • Île flottante à la pistache

❀

Cuisine moderne • Élégant

L'ORANGERIE

Ce nouvel espace de poche (18 couverts seulement), aménagé au sein de l'hôtel George V, accueille le travail d'un «ancien» de la maison : David Bizet, qui a accompagné l'évolution du Cinq pendant 17 ans auprès de Legendre, de Briffard et de Le Squer. Autant dire que l'homme est ici chez lui ! Il forme avec son directeur de salle et son chef-pâtissier, Maxime Frédéric, un trio de Normands hors-pair ; cette complicité suffirait déjà à faire de cette Orangerie un lieu attachant.

Mais, bien entendu, c'est surtout par son travail en cuisine que le chef Bizet retient l'attention. Il se fend ici d'une carte courte, de saison, inspirée de la tradition française ; de jolies notes parfumées viennent créer dans les plats quelques harmonies inattendues. Des préparations savoureuses, complétées à merveille par des desserts en tout point excellents, et par une carte des vins déclinée de celle, impressionnante, du Cinq : au final, une table remarquable.

Formule 75 € – Menu 95/125 € – Carte 100/145 €

PLAN : A3
Hôtel Four Seasons George V
31 av. George-V
TEL. 01 49 52 72 24
www.lorangerieparis.com
Ⓜ **George V**

🏠 AC 🐘

■ **Entrées :** Langoustines à la nage, tartare d'algues et crémeux de noisettes torréfiées • Œuf de poule fumé, caviar impérial et cresson

■ **Plats :** Pigeon en croûte de son, navet, olives noires et truffe • Turbot et coquillages, cocos de Paimpol

■ **Desserts :** Fleur de vacherin, framboises et menthe poivrée • Fines feuilles et soufflé, chocolat noir et cardamome

Cuisine italienne • Classique

PENATI AL BARETTO

Alberico Penati aura d'emblée imposé sa table italienne parmi les meilleures de la capitale! Il s'est installé début 2014 au sein de l'Hôtel de Vigny, à deux pas de l'Arc de Triomphe, dans cette rue Balzac déjà bien connue des gastronomes (Pierre Gagnaire y a sa table). Un heureux augure ? Le fait est que sa cuisine honore la plus belle tradition transalpine – et donc la gastronomie mondiale, qui lui doit tant! –, avec cette alliance de raffinement et de générosité qui est sa marque la plus frappante. On ne trouve rien de trop sophistiqué dans ses recettes, où règne même une forme de simplicité ; toutes rendent surtout hommage aux terroirs de la Botte, dont elles explorent le large éventail de spécialités. On sent la touche d'un homme qui sait travailler et porte avec aisance son héritage culinaire, toujours enraciné dans ces régions si riches de produits emblématiques. Les assiettes ne mentent pas : elles débordent de saveurs.. Quant au décor, il distille une ambiance feutrée et élégante, dans un beau camaïeu de bois et de tons beige et chocolat. *Eleganza e semplicità*, encore et toujours!

Formule 39 € – Menu 49 € (déjeuner) – Carte 75/120 €

PLAN : A2
9 r. Balzac
TEL. 01 42 99 80 00
www.penatialbaretto.eu
Ⓜ **George V**

Fermé samedi midi et dimanche

[A/C] 🕸

■ **Entrées :** Purée de potiron de Mantoue aux fruits de mer, sauce salmoriglio • Fanes de navets sautées, gambas et gorge de porc romain
■ **Plats :** Thon rouge de Méditerranée aux tomates sautées, sauce aux câpres • Risotto au persil et escargots de Cherasco
■ **Desserts :** Cassata sicilienne • Tiramisu

Cuisine moderne • Élégant

LA SCÈNE

Menu 125/185 € – Carte 125/165 €

PLAN : A3
Hôtel Prince de Galles
33 av. George V
TEL. 01 53 23 78 50
www.restaurant-la-scene.fr
Ⓜ George V

Fermé août, dimanche, lundi et le midi

Au cœur de l'élégant hôtel Prince de Galles, situé à deux pas de l'avenue des Champs-Élysées, cette Scène braque tous les projecteurs sur les cuisines, séparées de la salle par un simple comptoir de marbre blanc. Celles-ci sont le domaine de Stéphanie Le Quellec, habituée des feux de la rampe car victorieuse de l'émission télévisée Top Chef en 2011.

On ne saurait cependant réduire son parcours à ce succès : la jeune chef justifie d'une formation des plus académiques et d'un solide parcours à travers des maisons de renom, qui ont sans doute répondu à une soif naturelle pour l'exigence et la rigueur. De là, des réalisations très techniques, précises et délicates, mais qui savent aussi oser l'invention et refuser la banalité, sans jamais se perdre dans des accords hasardeux. Sur cette Scène où tout se joue en direct, les assiettes révèlent de vives saveurs et... crèvent l'écran !

■ **Entrées :** Caviar osciètre, pain mi-perdu et mi-soufflé, pomme Pompadour • Cuisses de grenouilles dorées, cardamome verte et sucs de déglaçage

■ **Plats :** Pigeon des Costières rôti, figues, noix et légèreté de pomme de terre ratte • Homard confit au beurre demi-sel, abricot et girolles

■ **Desserts :** Vanille en crème glacée, esprit d'une omelette norvégienne • Fines feuilles croustillantes de chocolat grand cru, crémeux moka et sorbet cacao

Cuisine moderne • Design

LE 39V

La température monte au 39.. de l'avenue George-V! Franchissez donc le porche de ce discret immeuble haussmannien : de là, un ascenseur vous mène directement au 6ᵉ étage. Dans les hauteurs, sur les toits de Paris, niche cette petite cité pour gastronomes... D'abord le bar, habillé de noir, où l'on peut siroter quelque cocktail avant de rejoindre sa table. Puis la grande salle, coiffée de verre et dont les larges baies ouvrent sur une délicieuse petite terrasse.

Les lieux sont raffinés ; l'assiette n'est pas en reste. Le chef, Frédéric Vardon, propose une belle relecture de la cuisine de tradition. Très attaché à la qualité des ingrédients, il met un point d'honneur à rendre visite à ses fournisseurs sur leur domaine de production. Un travail aux origines et une véritable clef de voûte pour des assiettes raffinées et démontrant de solides bases classiques. On s'enfièvre pour ce 39V plein de saveurs !

Formule 40 € – Menu 95/195 € ♟
– Carte 95/155 €

PLAN : A2
39 av. George V (6ᵉᵐᵉétage - entrée par le 17 r. Quentin-Bauchart)
TEL. 01 56 62 39 05
www.le39v.com
Ⓜ George V

Fermé août, samedi et dimanche

ⒶⒸ

■ **Entrées :** Œuf bio cuit mollet, royale et émulsion de champignons, mouillettes • Omble chevalier mariné, brocoletti et condiment végétal marin

■ **Plats :** Macaronis gratinés, ragoût de truffe melanosporum • Suprêmes de pigeon rôtis, les cuisses confites et figue en feuille de figuier

■ **Desserts :** Soufflé au chocolat, sauce au piment d'Espelette. • paris-brest praliné aux noisettes

Cuisine japonaise •
Simple

KISIN

Devinette : que fait un chef de Tokyo quand il arrive à Paris ? Il ouvre un restaurant, sitôt ses valises posées. Devinette (suite) : que font nos papilles quand elles croisent la route de cet établissement ? Elles frémissent d'aise. Car ici, on déguste produits japonais, et vrais udon, fabriqués devant le client, à base de farine importée du Japon. La petite salle très simple, épurée, décorée dans l'esprit des échoppes japonaises, permet de se consacrer au goût, rien qu'au goût. Ainsi l'agréable edamame (ces fèves immatures de soja) servi tiède, avec une fleur de sel ; le superbe udon porc braisé et son bouillon limpide, d'esprit dashi, jusqu'au mochi au sésame noir en dessert, particulièrement bien réalisé. Une cuisine naturelle, sans additif, dont la majorité des produits sont importés du pays du Soleil-Levant. Sain et goûteux.

Menu 30/45 € – Carte 28/36 €

PLAN : B2
9 r. de Ponthieu
TEL. 01 71 26 77 28
www.udon-kisin.fr
Ⓜ Franklin D. Roosevelt

Fermé 2 semaines août et dimanche

A/C

Cuisine coréenne •
Simple

MANDOOBAR

Les bonnes tables coréennes n'étant pas forcément légion à Paris, on est heureux de dénicher celle-ci dans une petite rue au-dessus de la gare Saint-Lazare. Dans une petite salle, le chef, Kim Kwang-Loc, aussi agile que précis, réalise directement sous vos yeux les *mandu* (des ravioles coréennes) et les tartares de thon et de bœuf qui constituent l'essentiel de la courte carte ; des préparations fines, goûteuses, qui regorgent de parfums et que les herbes et autres condiments asiatiques relèvent de la plus élégante manière. Tout cela pour une addition très mesuré... On se pince !

Carte 19/32 €

PLAN : D1
7 r. d'Edimbourg
TEL. 01 55 06 08 53
www.mandoobar.fr
Ⓜ Europe

Fermé août, 1 semaine à Noël, dimanche,
lundi et fériés

Cuisine moderne •
Épuré

POMZE

Adresse originale que cette Pomze, qui invite à un «voyage autour de la pomme»! La maison comporte trois espaces différents : une épicerie au rez-de-chaussée (vente de cidre, calvados, etc.), une saladerie au sous-sol et un restaurant au 1er étage. Derrière les fourneaux, c'est une équipe japonaise qui œuvre, proposant une cuisine créative, voyageuse et soignée... avec un excellent rapport qualité-prix, ce qui ne gâche rien! À noter que tout l'établissement – de la cuisine à la salle à manger – a bénéficié d'un sérieux lifting : on se sent décidément très à l'aise dans cet intérieur contemporain, lumineux et confortable.

Menu 36 € – Carte 48/62 €

PLAN : C2
109 bd Haussmann (1er étage)
TEL. 01 42 65 65 83
www.pomze.com
Ⓜ St-Augustin

Fermé 22 décembre-2 janvier, samedi sauf le soir de septembre à juin et dimanche

Cuisine créative •
Branché

BISTRO BRUTE

Sain, créatif, récréatif et responsable : voici la «bistrosophie» de ce restaurant qui n'a de brutal que le nom. Tout, ici, est marqué du sceau de l'éthique environnementale : électricité issue de l'énergie renouvelable, serviettes en papier, eau filtrée, déco réalisée avec un maximum d'éléments recyclés.. Même préoccupation du côté de l'assiette, qui favorise les circuits courts et colle au plus près des saisons. Heureusement, cela n'empêche ni la fantaisie, ni la créativité : on se laisse surprendre (et séduire) par les jeux de textures et de saveurs, par les idées surprenantes du chef, et par la fraîcheur de l'ensemble. Sain, on vous dit!

Formule 29 € – Menu 35 € (déjeuner), 48/65 €

PLAN : B2
36 r. de Berri
TEL. 01 42 25 02 76
www.bistrobrute.com
Ⓜ St-Philippe-du-Roule

Fermé samedi et dimanche

 ⅋○
Cuisine traditionnelle ·
Convivial

BISTROT DU SOMMELIER

Ou plutôt devrait-on dire : «Le Bistrot du Meilleur Sommelier du Monde, millésime 1992.» Car c'est Philippe Faure-Brac, honoré de ce titre lors de la septième édition du concours, qui tient ce restaurant depuis plus de 20 ans. Confortable salle et décor tout entier dédié à Bacchus, atmosphère conviviale, superbe cave aux mille et une références : s'initier aux accords mets-vins élaborés par le sommelier et son complice en cuisine, Guillaume Saluel, est un véritable plaisir! À noter, «les vendredis du vigneron», des repas-dégustations thématiques au cours desquels un propriétaire présente ses bouteilles et son domaine ; réservation indispensable, of course.

Formule 35 € – Menu 55 € (déjeuner), 70 €
🍷/120 € 🍷 – Carte 54/70 €

PLAN : C2
97 bd Haussmann
TEL. 01 42 65 24 85
www.bistrotdusommelier.eu
Ⓜ St-Augustin

Fermé 30 juillet-24 août, samedi et dimanche

🅰️Ⓒ 🍽️ 🎱

⅋○
Cuisine traditionnelle ·
Bistro

LE BOUDOIR

Meilleur Ouvrier de France en charcuterie à l'âge de 24 ans, Arnaud Nicolas exprime aujourd'hui dans ce Boudoir son amour du... boudin. Oui, la charcuterie cuisinée peut être un art : voyez son pâté en croûte de volaille et foie gras! Terrines et autres saucisses sont évidemment créées sur place, mais on ne saurait leur résumer le savoir-faire du jeune homme, qui a travaillé de longues années au Louis XV d'Alain Ducasse, à Monaco. De là son goût pour les beaux produits et les saveurs franches dans l'assiette – ce qu'illustre par exemple son baba au rhum... Bref, sa table est fort gourmande. Côté décor, on découvre un sympathique bistrot coloré autour d'un comptoir en zinc au rez-de-chaussée, et trois petites salles cosy à l'étage.

Formule 32 € – Menu 35 € (déjeuner)/62 €
– Carte 45/65 €

PLAN : B2
25 r. du Colisée
TEL. 01 43 59 25 29
www.boudoirparis.fr
Ⓜ Franklin D. Roosevelt

Fermé 2 semaine en août, samedi et dimanche

🅰️Ⓒ 🍽️

♨️○
Cuisine moderne • Brasserie

BRASSERIE
D'AUMONT

Sise à l'intérieur du prestigieux hôtel de Crillon, la Brasserie d'Aumont déploie son atmosphère art déco, dans deux salles en enfilade, complétées d'un comptoir pour la consommation de coquillages et crustacés. Mise en place simple, mais de qualité, et classiques de brasserie remis au goût du jour ; soufflé au petit pois ; œuf façon mimosa ; tête de veau sauce Orly ; pièces du boucher maturées ; langoustine rôtie à la mélisse et gnochettis à la provençale, sans oublier les indispensables babas, mille-feuilles ou autres vacherins. A déguster, aux beaux jours, sur l'agréable terrasse. Petite carte de vins, mais belle référence au verre. C'est chic, et bon. L'adresse bis par excellence.

Formule 44 € – Carte 65/120 €

PLAN : D3
Hôtel Crillon
10 pl. de la Concorde
TEL. 01 44 71 15 15
www.rosewoodhotels.com/fr/hotel-de-crillon
Ⓜ Concorde

♿ Ⓐ̶Ⓒ̶ 🍽️

♨️○
Cuisine traditionnelle •
Cosy

LES 110
DE TAILLEVENT

Sous l'égide de la prestigieuse maison Taillevent, cette brasserie chic joue la carte des associations mets et vins. Une vraie réussite... appuyée sur un choix exceptionnel de 110 vins au verre. Chaque plat est associé à quatre suggestions originales : autant de correspondances susceptibles de ravir les amateurs comme les néophytes. D'autant que la cuisine ne manque pas de panache : superbe pâté en croûte, tourteau en rémoulade avec aneth et fenouil, vol au vent à la financière, ris de veau et d'écrevisses, ou encore ces «délices de votre enfance» (mousse au chocolat, riz au lait, crème caramel et île flottante). Des recettes soignées, concoctées avec des produits de qualité : on a vraiment tiré le bon numéro...

Menu 44 € – Carte 52/92 €

PLAN : B2
195 r. du Faubourg-St-Honoré
TEL. 01 40 74 20 20
www.les-110-taillevent-paris.com
Ⓜ Charles de Gaulle-Etoile

Fermé 5-27 août

♿ Ⓐ̶Ⓒ̶ 🐾 🍽️

¶○

*Cuisine traditionnelle ·
Design*

LES COCOTTES - ARC DE TRIOMPHE

Après la Tour Eiffel, les Cocottes de Christian Constant ont traversé la Seine et trouvé un nid douillet au sein de l'hôtel Sofitel - Arc de Triomphe. Le chef décline ce concept de bons petits plats mijotés dans des cocottes en fonte : salade césar, ravioles de langoustine, pommes de terre caramélisées farcies au pied de porc... L'authenticité est la première préoccupation de cette cuisine, qui revisite la tradition bistrotière avec gourmandise et dans un esprit presque familial. Quant au cadre, il est synchro avec les fourneaux, avec ses longs comptoirs surplombés de jambons et piments suspendus. La carte est servie de midi à 23 heures non stop : voilà des Cocottes diablement inspirées !

Formule 29 € – Menu 34 € (déjeuner) – Carte 39/60 €

PLAN : A2
Hôtel Sofitel Arc de Triomphe
2 r. Bertie-Albrecht
TEL. 01 53 89 50 53
www.lescocottes-arcdetriomphe.com
Ⓜ Charles de Gaulle-Etoile

 ♿   A/C

¶○

*Cuisine méditerranéenne ·
Élégant*

LA COUR JARDIN

Ce restaurant d'été, installé dans la cour-jardin du Plaza Athénée, est un exceptionnel havre de paix et d'élégance... et semble avoir hérité du célèbre palace de l'avenue Montaigne son sens du luxe sans ostentation, de la distinction discrète. On est d'abord émerveillé de découvrir cette cour somptueusement fleurie et arborée, dont les murs se parent de lierre, vigne vierge et géraniums... Puis vient l'assiette : la cuisine, signée par Alain Ducasse, est à la fois estivale, légère et parfumée, riche en saveurs. Homard bleu rafraîchi, légumes grillés ; tomates anciennes, brousse du Rove ; rouget à l'unilatéral, caponatina et basilic... Un régal.

Carte 76/124 €

PLAN : B3
Hôtel Plaza Athénée
25 av. Montaigne
TEL. 01 53 67 66 65
www.dorchestercollection.com/paris/hotel-plaza-athenee
Ⓜ Alma Marceau

Ouvert de mi-mai à mi-septembre

 🏠   A/C   🧿

Cuisine moderne ·
Cosy

CROM'EXQUIS

A la tête de ce Crom'Exquis œuvre Pierre Meneau, fils de Marc – chef fameux de L'Espérance, trois étoiles près de Vézelay. La grande cuisine se transmet-elle par les gènes ? Il n'est pas question d'en juger ici, car l'adresse s'attache à valoriser les bons produits plutôt qu'à tutoyer la très haute gastronomie. Au menu : cette langoustine juste rôtie à l'huile d'olive et au vinaigre de Xérès, ou les fameux cromesquis façon Marc Meneau. En dessert, l'ananas «Marie-Antoinette» arrivera-t-il décapité ? Réponse à la table de cette jolie adresse, qui conjugue avec gourmandise références classiques et clins d'œil actuels. Quelques tables avec banquettes, face au bar, pour plus d'intimité...

Formule 39 € – Menu 39 € (déjeuner), 59/79 € – Carte 56/85 €

PLAN : C2
22 r. d'Astorg
TEL. 01 42 65 10 74
www.cromexquis.com
Ⓜ St-Augustin

Fermé en août, samedi et dimanche

♿ A/C

Cuisine chinoise ·
Exotique

DIEP

À deux pas des Champs-Élysées, ce restaurant fondé par la famille Diep en 1985 paraît.. un véritable morceau d'Asie! Sur la devanture comme dans la grande salle domine la couleur rouge, qui évoque instantanément la Chine, tandis que tout un mur arbore un bas-relief représentant le temple d'Angkor Vat. Des références variées exprimant le syncrétisme de la cuisine, laquelle fait honneur aux spécialités chinoises mais aussi thaïlandaises et, dans une moindre mesure, vietnamiennes : potage pékinois aux légumes, dim-sum, sole au caramel et échalotes, crevettes au gingembre, thon à l'ail et au poivre, canard laqué, filet de bœuf à l'impérial.. Avis aux amateurs : crustacés et poissons sont nombreux à la carte.

Carte 40/80 €

PLAN : B3
55 r. Pierre-Charon
TEL. 01 45 63 52 76
www.diep.fr
Ⓜ George V

A/C 🚶

219

ⵔⵔO

*Cuisine moderne •
Élégant*

LE GAIGNE

Mickaël Gaignon, formé auprès de Frédéric
Anton et de Pierre Gagnaire, avait quitté
le Bois de Boulogne et la rue Balzac pour
le Marais... avant de se réinventer dans sa
nouvelle adresse du 8ᵉ arrondissement,
derrière l'église Saint-Augustin, à deux pas
de la gare Saint-Lazare. Ce chasseur (qui
adore les légumes!) aime faire avouer aux
produits leurs saveurs les plus intimes. Cela
donne une belle cuisine actuelle, teintée de
classicisme, qui évolue au gré des saisons ;
pour preuve, la carte change tous les mois.
De bons produits de la terre et de la mer,
une exécution soignée : on est conquis!

Formule 34 € – Menu 45 € (semaine), 69/105 €
🍷 – Carte 67/85 €

PLAN : D2
2 r. de Vienne
TEL. 01 45 22 23 62
www.restaurantlegaigne.fr
Ⓜ St-Augustin

**Fermé août, 24 décembre-1ᵉʳ janvier, samedi
et dimanche**

A/C ⌖

ⵔⵔO

Cuisine moderne • Élégant

JUVIA

Dans une rue du 8ᵉ arrondissement très chic
et commerçante, cette adresse se découvre
d'abord par sa terrasse animée. Place ensuite aux deux plaisantes salles à manger,
parsemées de touches campagnardes chic :
sol en tomettes, tables en bois brut irrégu-
lier, luminaires en rotin, murs verts garnis
de miroirs, de cadres vides et de plantes...
Bref, en un mot : on s'y sent bien. Et l'on se
sent encore mieux lorsqu'on découvre cette
bonne cuisine dans l'air du temps, réalisée
par le chef Guillaume Delage – qui tenait
précédemment le Jadis, dans le 15ᵉ arrondissement. Ses assiettes, originales, sont
servies par de bons produits frais. Il y a du
soin et de la franchise là-dedans, si bien que
l'on passe un très bon moment.

Formule 29 € – Menu 38 € – Carte 43/71 €

PLAN : C2
105 r. du Faubourg-St-Honoré
TEL. 09 66 82 41 08
www.restaurant-juvia.com
Ⓜ St-Philippe-du-Roule

Fermé samedi midi, dimanche

🛖 ♿ A/C ⌖

🍴
Cuisine japonaise • Élégant

KINUGAWA MATIGNON

La seconde adresse du restaurant Kinugawa Vendôme n'a rien à envier à son aînée : on retrouve ici le même souci de précision, la cuisine d'inspiration japonaise – presque fusion – servie dans un cadre intimiste. Toute l'âme nippone s'exprime avec ce maguro no taruto : un émincé de thon servi avec une galette de blé croquant, un tarama à la truffe blanche, accompagné d'une sauce yuzukosho… peut-être le seul plat qu'on met plus de temps à prononcer qu'à déguster ! Côté dessert, la mousse au chocolat, rehaussée de yuzu achèvera de vous convaincre de la toute puissance gastronomique de l'empire du Soleil Levant. Les bobos, les dandys et les hommes d'affaires, forcément pressés, raffolent de cette adresse élégante. Les puristes, eux, s'installeront au bar à sushi. Aussi bon que tendance.

Formule 45 € – Menu 65/89 € – Carte 38/101 €

PLAN : C2
1 bis r. Jean-Mermoz
TEL. 01 42 25 04 23
www.kinugawa.fr
Ⓜ Franklin D. Roosevelt

Fermé 2 semaines en août, samedi et dimanche

🍴
Cuisine japonaise •
Épuré

KOMATSUBAKI

Ce petit restaurant à la devanture discrète (dont l'adresse a longtemps abrité Hyotan, fondé il y a une trentaine d'années), offre une plénitude zen, accentuée par un design épuré aux tons clairs, et la présence de bois d'Hinoki, cèdre japonais aux senteurs subtiles. On pratique ici les sushis réalisés minute, une cuisine à quatre mains où le poisson, les crustacés, les fruits de mer et les légumes ont la part belle. Selon la technique de l'Omakase, on s'en remet au chef. On déguste à l'étage, au comptoir/spectacle d'une dizaine de places, ou dans une pièce japonaise traditionnelle séparée du reste de la salle par des «fusuma », ces portes coulissantes en bois et papier. Spécialité du chef, un menu végétalien.

Formule 18 € – Menu 60/120 €

PLAN : B2
3 r. d'Artois
TEL. 01 42 25 26 78
web komatsubaki-paris.com
Ⓜ St-Philippe-du-Roule

Fermé samedi midi, dimanche midi et lundi

*Cuisine traditionnelle ·
Brasserie*

LAZARE

Éric Frechon, chef fameux du Bristol, a plus d'un tour dans son sac! Voici sa dernière trouvaille, qui a mis en émoi le Tout-Paris gourmand : une brasserie ferroviaire en plein cœur de la gare St-Lazare, fraîchement rénovée. Le succès ne s'est pas fait attendre : depuis l'ouverture, l'endroit accueille tous les jours (de 7h30 à 23h) une clientèle variée, allant du cadre en pause déjeuner au voyageur entre deux correspondances. Si la greffe a pris, c'est bien grâce à cette cuisine française et traditionnelle, qui respecte les canons du genre (œuf mimosa, maquereaux au vin blanc, filet de sole dieppoise, quenelles de brochet etc.) en s'autorisant quelques variantes salutaires, toujours avec goût. Quant au décor, il se montre convivial et chaleureux, et met à l'aise. Voilà un établissement sur les rails!

Carte 35/90 €

PLAN : D2
parvis de la gare St-Lazare, r. Intérieure
TEL. 01 44 90 80 80
www.lazare-paris.fr
Ⓜ St-Lazare

*Cuisine moderne ·
Design*

MAISON BLANCHE

Un cadre grandiose! Tel un cube posé sur le toit du théâtre des Champs-Élysées – un pont suspendu soutient cette étonnante Maison perchée –, la salle semble toiser la capitale à travers son immense baie vitrée... Quant à la terrasse, elle offre une vue tout simplement époustouflante sur la tour Eiffel. Si bien qu'on ne sait plus où poser le regard en entrant dans ce loft ultradesign! Lové dans l'une des banquettes-alcôves ou installé sur la mezzanine, on ne se lasse pas du spectacle... Côté carte : une cuisine contemporaine bien réalisée, imprégnée d'influences méditerranéennes, et de l'âme voyageuse du chef. Avec une belle sélection de vins venus du Languedoc et de la vallée du Rhône... juste là-bas, derrière les toits de Paris.

Formule 48 € – Menu 69/125 € –
Carte 78/132 €

PLAN : B3
15 av. Montaigne
TEL. 01 47 23 55 99
www.maison-blanche.fr
Ⓜ Alma Marceau

Fermé samedi midi et dimanche midi

¶O
Viandes •
Contemporain

LA MAISON DE L'AUBRAC

Depuis 1997, Christian Valette, éleveur de bovins à Laguiole, tient à deux pas des Champs-Élysées cette ambassade des produits de l'Aubrac. Il y sert la viande issue de son élevage aveyronnais, pour lequel il se fixe des règles très strictes : alimentation saine des bêtes, pas de traitements antibiotiques, etc. Il en résulte de superbes pièces de bœuf (dont certaines parties rares, comme la poire ou l'onglet) que l'on déguste sous toutes les formes possibles : carpaccio, tartares, burgers, ou selon des recettes de l'Aveyron, de Lozère ou du Cantal. L'aligot est également de la partie toute l'année, et l'on arrose son repas d'un bon vin du Languedoc ou du Roussillon. Un mot aussi sur l'ambiance éminemment conviviale... voire survoltée, par moments !

Carte 34/117 €

PLAN : B3
37 r. Marbeuf
TEL. 01 43 59 05 14
www.maison-aubrac.com
ⓂFranklin D. Roosevelt

♿ A/C 🕸

¶O
Cuisine moderne •
Bistro

MAKOTO AOKI

Ne vous fiez pas aux apparences ! L'enseigne de ce petit bistrot contemporain a beau être japonaise, sa cuisine n'en est pas moins typiquement française – et de bonne tenue. Avant d'ouvrir son propre restaurant (à quelques minutes des Champs-Élysées, s'il vous plaît), Makoto Aoki a travaillé pour de belles maisons parisiennes (Palais Royal, Senderens...). C'est avec une application et une exigence toutes nippones qu'il se consacre depuis aux usages et techniques de la gastronomie hexagonale ! Parmi les spécialités proposées sur la courte carte : brioche aux morilles et ventrêche du Pays basque, filet de bœuf de l'Aubrac et poêlée de légumes de saison, baba au rhum... La formule déjeuner présente un excellent rapport qualité-prix.

Formule 25 € – Menu 38/68 € – Carte 65/85 €

PLAN : C2
19 r. Jean-Mermoz
TEL. 01 43 59 29 24
ⓂMiromesnil

Fermé 3 semaines en août, 25 décembre-
8 janvier, samedi midi, lundi soir et dimanche

🍴○

Cuisine péruvienne • Élégant

MANKO

Scoop aux Champs-Elysées! Le chef star péruvien Gaston Acurio et le chanteur Garou ont eu un enfant : il s'appelle Manko, et il se porte bien, merci pour lui. Ce restaurant, bar lounge et cabaret du sous-sol du Théâtre des Champs-Elysées, propose des recettes péruviennes mâtinées de touches asiatiques et africaines. Dit comme ça, on s'interroge... à tort! Cette cuisine de partage se révèle diablement bien ficelée, avec un joli choix de ceviche, d'anticuchos (morceaux de cœur de bœuf marinés, piqués sur des brochettes), de grillades à la péruvienne, de caceroles (plats à base de riz). Même les desserts s'avèrent originaux. Un petit lexique culinaire s'adresse à ceux qui ne connaissent pas la cuisine péruvienne. Soirées cabaret les vendredi et samedi, parce qu'il n'y a pas que les gosiers qu'il s'agit de satisfaire...

Menu 65 € – Carte 40/80 €

PLAN : B3
15 av. Montaigne
TEL. 01 82 28 00 15
www.manko-paris.com
Ⓜ Alma Marceau

Fermé samedi midi et dimanche

Ⓐ/Ⓒ ⟿

🍴○

Cuisine traditionnelle •
Classique

LE MARCHÉ DU LUCAS

C'est le plan B du Lucas Carton, pour ceux qui aiment satisfaire leurs papilles sans torturer leur porte-monnaie. Situé à l'étage du restaurant Lucas Carton, dans un plaisant décor Art Nouveau (sompteux luminaires!), l'autre table du chef Julien Dumas joue la simplicité et la gourmandise, autour d'un menu du jour annoncé verbalement. Côte de porc fermier aux olives noires, boudin noir aux pommes, mais aussi pâté lorrain et sa salade, ou cocotte de bœuf mijoté 48 heures : une autoroute de gourmandise, jusqu'au final sucré – ce jour-là, un vacherin au citron. L'équation du Marché du Lucas ? Un jeune chef dans une maison historique.

Menu 45 €

PLAN : D3
Restaurant Lucas Carton
9 pl. de la Madeleine
TEL. 01 42 65 56 66
www.lucascarton.com
Ⓜ Madeleine

Fermé 3 semaines en août, dimanche et lundi

Ⓐ/Ⓒ

‖○

Poissons et fruits de mer •
Méditerranéen

MARIUS ET JANETTE

Une référence à l'Estaque et aux films de Robert Guédiguian ? Plutôt un petit coin de St-Tropez, à en juger par le décor de la salle à manger évoquant un yacht... et par la clientèle sélecte attablée au milieu des cannes à pêche, filets, espadons en plastique accrochés aux murs et autres hublots en cuivre. Dès les premiers rayons de soleil, changement de décor : lunettes tendance et bronzages dorés filent s'afficher en terrasse, installée sur l'avenue George-V. Côté cuisine naturellement, on a aussi le pied marin : poissons, coquillages et crustacés règnent sans partage sur la carte, qui évolue au gré des marées.

Menu 68 € – Carte 91/180 €

PLAN : A3
4 av. George-V
TEL. 01 47 23 41 88
www.mariusjanette.com
Ⓜ Alma Marceau

‖○

Cuisine moderne •
Bistro

MARLOE

Dans ce quartier huppé dessiné par les Champs-Élysées et l'avenue Roosevelt, à l'angle de deux jolies rues, Marloe est la nouvelle création de l'équipe de l'Arôme voisin. L'endroit a des allures de bistrot chic et cosy (tons rouge, blanc et noir, miroirs anciens, chaises et tables en formica) et fait déjà office de cantine – haut de gamme! – pour la clientèle du quartier. De fait, la cuisine séduit : queues de gambas en panko, cœur de saumon fumé impérial et beurre aux algues, bœuf Black Angus au jus de cassis, croque-monsieur du grand-père Leroy au jambon de Paris... C'est cuisiné nettement et sans esbroufe, à partir de produits d'excellente qualité, et la carte évolue avec les saisons. Séduisant!

Carte 38/73 €

PLAN : B2
12 r. du Cdt.-Rivière
TEL. 01 53 76 44 44
www.marloe.fr
Ⓜ St-Philippe-du-Roule

Fermé 1 semaine en février, 3 semaines en août, samedi et dimanche

🍴○
Cuisine japonaise • Design

MATSUHISA

Le nouveau restaurant japonais du Royal Monceau remplace la «Cuisine», mais c'est toujours de cuisine dont il est question, et pas n'importe laquelle. Le chef Nobu Matsuhisa, inventeur du style péruvo-japonais (si, si) a confié au maître sushi Hideki Endo le soin de sublimer les produits japonais – mais aussi français –, comme ces huîtres croustillantes au caviar, wasabi et sauce aïoli, ou cette salade de sashimi de thon et vinaigrette Matsuhisa. La brigade s'active devant un immense mur éclairé et décoré de bouteilles de saké. Un comptoir rouge permet d'accueillir ceux qui désirent assister aux premières loges à l'élaboration des plats. Un ensemble vivant, en phase avec la tendance nipponne du 21ᵉ s. Attention, le restaurant est fermé samedi et dimanche midi – «brunch» oblige.

Carte 60/350 €

PLAN : A2
Hôtel Le Royal Monceau
37 av. Hoche
TEL. 01 42 99 98 80
www.leroyalmonceau.com
Ⓜ Charles de Gaulle-Etoile

Fermé samedi midi et dimanche midi

🈴 ♿ Ⓐ🄲 ᠁ 🍴

🍴○
Cuisine moderne •
Élégant

MAXAN

C'est donc ici, à deux pas de l'avenue Georges-V, que l'on retrouve Maxan, la table de Laurent Zajac autrefois installée près de Miromesnil. On découvre un décor élégant et discret, tout en camaïeu de gris, et on renoue surtout non sans plaisir avec une cuisine du marché bien parfumée. Le chef a été l'élève de Gérard Vié et d'Alain Dutournier : de là son exigence, son goût pour l'invention mais aussi une certaine simplicité. Velouté de petits pois et haddock mariné aux herbes ; queue de lotte rôtie et son jus au cidre ; moelleux et vaporeux chocolat... Le rapport qualité-prix se révèle très bon, ce qui est toujours une bonne surprise! Pour l'anecdote, Maxan, c'est la contraction de Maxime et Andrea, les prénoms des enfants du chef.

Formule 35 € – Menu 40 € – Carte 48/82 €

PLAN : A3
3 r. Quentin-Bauchart
TEL. 01 40 70 04 78
www.rest-maxan.com
Ⓜ George V

Fermé 2 semaines en août, samedi midi et dimanche

Ⓐ🄲 🍴

Cuisine moderne •
Tendance

MINI PALAIS

Au Grand Palais se cache ce Mini Palais, dédié aux plaisirs du… palais! Le cadre est superbe, laissant apparaître la structure métallique du bâtiment, mais son plus grand atout est la terrasse sous les immenses colonnes de la façade, avec ses mosaïques et sa vue sur le Petit Palais. On y croirait la Belle Époque ressuscitée! Sous les rayons du soleil, l'endroit est plaisant, et l'après-midi il y fait bon goûter d'un thé et d'une petite pâtisserie… Même plaisir à l'heure du repas, avec une cuisine soignée, pensée sous la houlette d'Éric Fréchon (du Bristol) : œuf mollet frit, brioche en pain perdu au lard fumé, jus de volaille ; cabillaud en croûte de tamarin, bouillon thaï et cocos de Paimpol ; baba au rhum géant à partager… Et pour les petits creux, on sert aussi quelques en-cas (tartines, planches, etc.), de midi à minuit.

Formule 29 € – Carte 35/75 €

PLAN : C3
Au Grand Palais - 3 av. Winston-Churchill
TEL. 01 42 56 42 42
www.minipalais.com
Ⓜ Champs-Elysées Clemenceau

Cuisine moderne •
Élégant

NÉVA CUISINE

La Néva n'est plus seulement un fleuve russe passant à Saint-Pétersbourg : c'est aussi ce restaurant, installé non loin de la rue de Saint-Pétersbourg, et tenu par deux associés au beau parcours, qui se sont rencontrés à la Grande Cascade (Bois de Boulogne). Leur cuisine à quatre mains (Beatriz Gonzalez, d'origine mexicaine, en cuisine, et Yannick Tranchant en pâtisserie) fonctionne merveilleusement. Preuves de cette indéniable complicité, des assiettes au goût du jour et des spécialités maîtrisées, devenues signatures, comme le ris de veau crousti-fondant au big green egg, grillé au barbecue, ou la sphère déstructurée au chocolat. À déguster dans une élégante salle à manger d'esprit brasserie parisienne (haut plafond, moulures, colonne au centre, comptoir, parquet).

Formule 38 € – Menu 45 €

PLAN : D1
2 r. de Berne
TEL. 01 45 22 18 91
www.nevacuisineparis.com
Ⓜ Europe

Fermé 3 semaines en août, samedi et dimanche

A/C

Cuisine italienne • Design

NOLITA

Sa localisation peut étonner – au sein du MotorVillage, le show-room d'un grand groupe automobile italien – mais ce restaurant est une vraie réussite. Le décor, très urbain, a été conçu par Jean-Michel Wilmotte : noir et blanc, avec des lignes contemporaines et.. une vitrine mettant en scène un bolide transalpin, pour les amateurs de belle mécanique. Dans l'assiette aussi, les saveurs démarrent au quart de tour : le chef, passé par de belles maisons, puise dans l'authenticité des régions de la Botte et teinte ses créations de belles touches modernes. Linguine aux sardines, risotto au jambon italien et champignons, foie de veau à la vénitienne, sans oublier bien sûr un excellent tiramisu et une carte des vins qui compte environ 150 références.

Menu 39 € (déjeuner en semaine) – Carte 58/85 €

PLAN : B2
1 av. Matignon (Motor Village - 2ème étage)
TEL. 01 53 75 78 78
www.nolitaparis.fr
Ⓜ Franklin D. Roosevelt

Fermé 2 semaines en août, samedi midi et dimanche soir

Cuisine japonaise • Élégant

OKUDA

Vingt-trois couverts, un décor sobre et élégant, des hôtesses en kimono traditionnel et un silence d'or : c'est dans cet écrin que l'on déguste depuis 2013 les créations «kaiseki» (un menu dégustation sans choix, constitué de nombreux petits plats) du célèbre chef japonais Toru Okuda. Chaque assiette révèle des qualités indéniables : les meilleurs produits de saison, importés du Japon ou originaires de France, sont préparés avec un soin méticuleux, et s'associent dans le plus strict respect des traditions nippones. Une bonne adresse.

Menu 85 € (déjeuner)/198 €

PLAN : B3
7 r. de la Trémoille
TEL. 01 40 70 19 19
www.okuda.fr
Ⓜ Alma Marceau

Fermé 2 semaines en août, mardi midi et lundi

Cuisine classique •
Élégant

LA PAGODE DE COS

Le nom est un hommage à Cos d'Estournel, à Saint-Estèphe, l'un des premiers châteaux du bordelais à exporter sa production jusqu'aux Indes, et dont les chais étaient surmontés de... pagodes! Ainsi l'exotisme s'invite dans le cadre élégant, très 19ᵉ s., de la Réserve, et il faut dire que le résultat est plutôt réussi : entre le confort bourgeois et le voyage, entre le chic, l'élégance et la décontraction. Pour ce qui est de l'assiette la partition est soignée, dans une veine française revisitée : ravioles de langoustines et vinaigrette à la coriandre, coquelet à la bordelaise, sole meunière au riz pilaf ou encore baba au rhum.. Les produits sont de premier choix, les saveurs vont à l'essentiel, et même si les tarifs s'envolent un peu le plaisir est au rendez-vous.

Menu 67 € (déjeuner) – Carte 80/140 €

PLAN : C2-3
Hôtel La Réserve
42 av. Gabriel
TEL. 01 58 36 60 50
www.lareserve-paris.com
Ⓜ Champ Elysées Clemenceau

Cuisine traditionnelle •
Bistro

LE PERCOLATEUR

Un bistrot tendance, cool et un rien arty! On le doit à la belle inspiration de deux frères, David et Philippe Madamour, anciens patrons du «7-15» dans le 15ᵉ arrondissement. C'est à New York que Philippe, travaillant alors au célèbre Bilboquet, a commencé sa collection de percolateurs. Brillant de mille feux chromés, ils trônent désormais derrière le comptoir ; l'enseigne leur rend un juste hommage. Curiosité, goût du voyage, éclectisme : des traits de caractère qui résument plutôt bien la carte. Terrine maison, dos de saumon «Whis.Er.So.Se», pour whisky, sirop d'érable, soja et sésame... les habitués en redemandent! Bonnes formules à petits prix au déjeuner en semaine.

Formule 16 € – Menu 23/30 € – Carte 37/63 €

PLAN : D1
20 r. de Turin
TEL. 01 43 87 97 59
www.lepercolateur.fr
Ⓜ Rome

Fermé 2 semaines en août, samedi midi et dimanche

🍴

Cuisine classique •
Élégant

LE RELAIS PLAZA

C'est la cantine chic et intime des maisons de couture voisines ; la brasserie où le Tout-Paris a ses habitudes. Il faut dire que le Relais Plaza a vu et voit passer du beau monde : Grace Kelly, Charles Aznavour, Liza Minelli, Yves Saint Laurent, John Travolta, Albert de Monaco... Le cadre superbe de cette institution – un intérieur Art déco inspiré du paquebot Normandie – a largement contribué à son succès ; il a bénéficié d'une rénovation complète qui a su préserver son cachet. On ne se lassera donc jamais de cette adresse si attachante, de tous les classiques de la carte qui ont fait sa réputation, de même que des fameuses soirées «Swing'in Relais» menées par le directeur de salle, Werner Küchler, fameux crooner à ses heures.

Formule 54 € – Menu 64 € – Carte 80/135 €

PLAN : B3
Hôtel Plaza Athénée
21 av. Montaigne
TEL. 01 53 67 64 00
www.dorchestercollection.com/paris/hotel-plaza-athenee
Ⓜ **Alma Marceau**

Fermé de fin juillet à fin août

A/C

🍴

Cuisine moderne •
Contemporain

SHIRVAN

Ce restaurant entièrement rénové, proche du pont de l'Alma, porte désormais la signature d'Akrame Benallal. La devanture engageante et sa petite terrasse avec séparation végétale invitent à pousser la porte. On s'installe au choix dans une première salle lumineuse, ou dans la seconde, plus petite, avec comptoir et chaises hautes, pour profiter du ballet en cuisine. Pas de nappage ici, mais des couverts design, et des timbales en grès. La cuisine se promène le long de «la route de la soie», riche d'influences variées, courant du Maroc à l'Inde, en passant par l'Azerbaïdjan, au gré de plats traditionnels revisités qui invitent au partage et à la convivialité. Service efficace et quasi continu.

Formule 28 € – Menu 32 € (déjeuner en semaine) – Carte 41/87 €

PLAN : A3
5 pl. de l'Alma
TEL. 01 47 23 09 48
www.shirvancafemetisse.fr
Ⓜ **Alma Marceau**

🏡 ♿ A/C

Cuisine moderne · Élégant

LE 68 - GUY MARTIN

Le 68 est né de la rencontre de deux hommes : Guy Martin, chef du Grand Véfour à Paris, et Thierry Wasser, parfumeur de la maison Guerlain. Entre le «nez» suisse et le cuisinier savoyard, le courant semble être passé ; il n'en fallait pas plus pour que naisse ce restaurant, à l'intérieur de la boutique du parfumeur sur les Champs-Élysées. Les recettes, proposées dans un court menu, mettent en avant les produits de la saison, et intègrent même à l'occasion des ingrédients utilisées dans le monde des cosmétiques – hibiscus, mélisse, vanille, tonka, gingembre, épices, etc. Côté décor, attention les yeux : la petite salle est parée de dorures, faux miroirs et autres tentures colorées, dans un style passablement tape-à-l'œil. Ce n'est qu'un détail, bien sûr : l'essentiel est dans l'assiette.

Formule 35 € 🍷 – Menu 48 € – Carte 49/59 €

PLAN : B2
68 av. des Champs-Élysées
TEL. 01 45 62 54 10
www.le68guymartin.com
Ⓜ Franklin D. Roosevelt

Fermé dimanche et lundi

Ⓐ/ⓒ 🔄

Cuisine japonaise ·
Épuré

LE SUSHI OKUDA

Avis aux amoureux de la gastronomie jâponaise – dont certains diront qu'elle est la meilleure du monde. Ce bar à sushis attenant au restaurant étoilé Okuda rappelle les izakayas (les bars) japonais, tant par le cèdre du Japon qui habille les murs que par l'étroitesse du lieu et la fraîcheur des poissons. Rien d'étonnant à cela : Monsieur Okuda possède une poissonnerie dans le 16ᵉ arrondissement, où il veille à la qualité de ses bars, turbots, dorades, lottes ou anguilles... Une élégante escale au pays du Soleil Levant, qui ne donne qu'une envie : s'y rendre et mordre la fraîcheur aux origines!

Menu 95 € (déjeuner), 125/155 €

PLAN : B3
18 r. Boccador
TEL. 01 47 20 17 18
www.sushiokuda.com
Ⓜ Alma Marceau

Fermé 2 semaines en août, mardi midi et lundi

Ⓐ/ⓒ

½◯

Cuisine italienne •
Cosy

TOSCA

Toute l'Italie semble s'être donnée rendez-vous dans ce restaurant de petite capacité, au mobilier chic, et aux fauteuils cosy, intégré à un palace de poche. Ici tout le monde parle italien, et d'abord l'assiette : la cuisine, ensoleillée, met en avant des produits de qualité, importés majoritairement d'Italie - viandes, huile d'olive, fromage... Ici, bien entendu, tout est fait maison, des glaces au pain, en passant par la pasta ! Pour le reste, remettez-vous en au talent du chef : scampi, stracciatella de bufflonne, shiso liquide et citron vert ; carpaccio d'espadon, olives de Gaeta ; raviolis de veau maison, crème de oignons, cacao et café ; tiramisu maison façon Giulia... Plutôt classique le midi, plus soignée le soir, souvent inspirée.

Formule 35 € – Menu 48 € – Carte 52/80 €

PLAN : C2
Hôtel Splendide Royal
18 r. du Cirque
TEL. 01 43 87 10 10
www.splendideroyal.fr
Ⓜ Miromesnil

Fermé dimanche et lundi

♿ Ⓐ/Ⓒ ⇧

½◯

Cuisine moderne •
Élégant

LE V

D'abord, il y a le hall de l'hôtel Vernet, le petit salon fleuri d'orchidées, puis la salle à manger coiffée d'une superbe verrière ouvragée de la fin du 19ᵉ s., signée Gustave Eiffel, typique du charme Belle Époque... d'où perce parfois un rayon de soleil. Difficile dès lors de garder les yeux dans l'assiette. Ce serait dommage : la cuisine, de belle facture, s'inspire de l'air du temps, sans négliger les classiques, à l'instar de l'indémodable carpaccio de langoustines, agrumes et avocat aux fruits de la passion, ou de la lotte rôtie au beurre noisette, aubergine à la flamme, fromage de brebis et tomates confites. Le service est souriant et attentionné.

Menu 39 € (déjeuner), 50/95 € – Carte 68/95 €

PLAN : A2
Hôtel Vernet
25 r. Vernet
TEL. 01 44 31 98 00
www.hotelvernet.com
Ⓜ Charles de Gaulle-Etoile

Fermé août, samedi midi et dimanche

Ⓐ/Ⓒ ⇧

🍴○

Cuisine moderne • Tendance

24 - LE RESTAURANT

À deux pas du rond-point des Champs-Elysées, cet établissement imaginé par deux anciens du restaurant Auguste (étoilé dans le 7ᵉ arrondissement) propose des assiettes joliment travaillées qui n'ont pas besoin d'en mettre plein la vue pour égayer notre gourmandise : en témoigne l'œuf poché et son émincé de haddock, mousseline de brocolis et tapioca, beurre monté au basilic ; mais aussi le filet de bœuf charolais, accompagné de sa viennoise à la moelle, ou en dessert, la crème citron et mascarpone, en coque meringuée… Lisibilité des goûts, produits de qualité, cuisine sans chichis : on apprécie la sobriété de l'assiette, comme celle du cadre, dans cette salle oblongue aux murs gris ardoise et au parquet de chêne. En salle, l'accueil est aussi souriant que professionnel (le directeur est passé par Taillevent). Une réussite.

Formule 29 € – Menu 33 € (déjeuner), 70/100 €
🍷 – Carte 62/80 €

PLAN : C2
24 r. Jean-Mermoz
TEL. 01 42 25 24 24
www.24lerestaurant.fr
Ⓜ Franklin D. Roosevelt

Fermé en août, samedi et dimanche

9^e

OPÉRA •
GRANDS BOULEVARDS

——

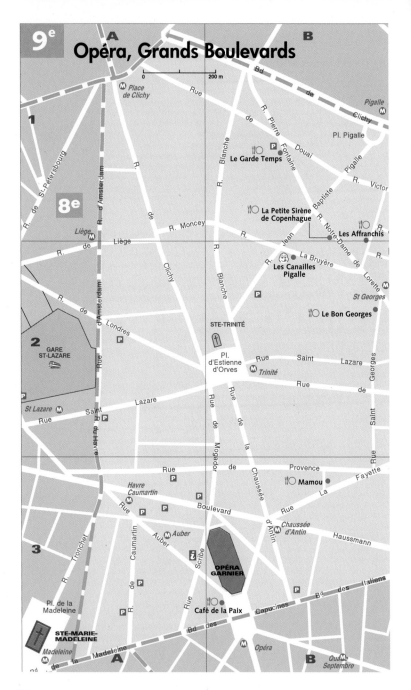

9ᵉ

A   B

Opéra, Grands Boulevards

0   200 m

1

Ⓜ *Place de Clichy*

Rue

Bd

de

Clichy

Pigalle Ⓜ

Pl. Pigalle

R. Pierre Fontaine

de

Blanche

Douai

Ⓜ Le Garde Temps

R. Victor

Pigalle

R. Baptiste

8ᵉ

R.

R. d'Amsterdam

R. St-Petersbourg

de

R. Moncey

Ⓜ La Petite Sirène de Copenhague

R. Notre-Dame de

Ⓜ Les Affranchis

Liège Ⓜ

de

Liège

R.

Jean

La Bruyère

Lorette

Ⓜ Les Canailles Pigalle

R.

R.

Londres

Clichy

Blanche

R.

Ⓜ *St Georges*

Ⓜ Le Bon Georges

de

Ⓜ

STE-TRINITÉ

2   GARE ST-LAZARE

Ⓟ

Ⓟ

Pl. d'Estienne d'Orves

Ⓜ *Trinité*

Rue   Saint   Lazare

Rue

de

Saint

Georges

de

Rue de Mogador

Rue de la

St Lazare Ⓜ

Saint

Lazare

Rue

Ⓟ

3

Rue

Havre Caumartin

Rue

Ⓟ   Ⓟ

Boulevard

Provence

Ⓜ Mamou

La

Fayette

Rue

Chaussée d'Antin

Haussmann

R. du Havre

R. Tronchet

de

Caumartin

Ⓟ

Auber

Scribe

Ⓜ Auber

ℹ️

OPÉRA GARNIER

Chaussée

d'Antin

Rue

Bd   des   Italiens

Pl. de la Madeleine

Ⓟ   R.

Rue

Ⓜ Café de la Paix

Capucines

STE-MARIE-MADELEINE

Madeleine

Ⓜ

de   la   Madeleine

Bd   des

Ⓜ *Opéra*

B

Ⓜ *Qua... Septembre*

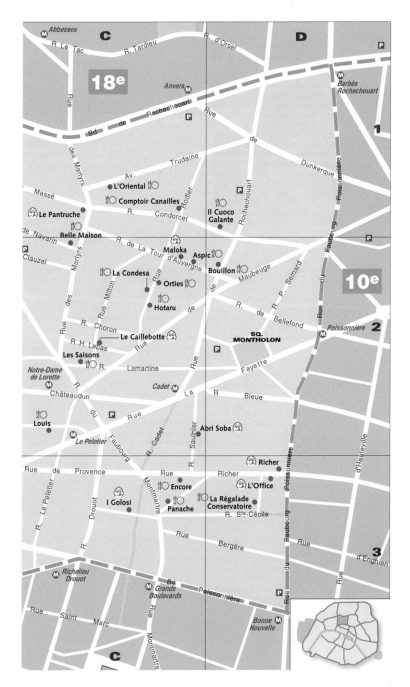

Cuisine japonaise •
Bistro

ABRI SOBA

Vous connaissez sans aucun doute les *soba*, ces pâtes japonaises au sarrasin qui rencontrent un immense succès partout dans le monde... Ce restaurant (la deuxième adresse des associés à l'origine d'Abri) en a fait sa spécialité et les propose, pour ainsi dire, à toutes les sauces : à midi et le soir, froides ou chaudes, avec bouillon et émincé de canard par exemple. Le soir, la partition prend la tangente, à la manière d'un *izakaya* : place à des petites portions bien troussées – sashimis, tempuras, plats de poissons – de très bonne tenue, qui réjouiront les connaisseurs, et tous les autres.

Menu 38 € – Carte 25/40 €

PLAN : C2
10 r. Saulnier
TEL. 01 45 23 51 68
Ⓜ Cadet

Fermé 3 semaines en août, 24-30 décembre, dimanche midi et lundi

Cuisine moderne •
Convivial

LE CAILLEBOTTE

Les heureux propriétaires du Pantruche (un peu plus haut vers Pigalle) sont aux commandes de Caillebotte, qui rencontre le même succès que son grand frère. C'est, en quelque sorte, l'archétype du bistrot contemporain : déco épurée, lampes en suspension, mur en miroir et mobilier de bois clair, avec une baie vitrée donnant sur les cuisines. Franck Baranger, le chef, y compose ces assiettes fraîches et résolument modernes dont il a le secret : langoustines servies crues sur des lasagnes de concombre, thon blanc de Saint-Gilles et coulis de petits pois mentholés... Une cuisine gourmande et colorée, pleine de saveurs, qui colle parfaitement à l'ambiance conviviale et bon enfant des lieux.

Formule 19 € – Menu 36/49 € – Carte 41/50 €

PLAN : C2
8 r. Hippolyte-Lebas
TEL. 01 53 20 88 70
Ⓜ Notre-Dame de Lorette

Fermé 1 semaine en avril, 3 semaines en août, 26 décembre-2 janvier, samedi et dimanche

Cuisine italienne •
Convivial

I GOLOSI

Épicerie italienne (pastas, huiles, biscuits, etc.), comptoir de dégustation au rez-de-chaussée et salle de restaurant à l'étage : on a l'embarras du choix dans cette trattoria du joli passage Verdeau, où résonne la voix du truculent patron. Le décor ne présente aucun intérêt particulier, pour mieux laisser parler l'assiette et ses saveurs authentiques. Un conseil : n'hésitez pas à demander la belle carte de vins transalpins – plus de 500 références –, afin d'accompagner antipasti, soupes de saison et alléchants plats de pâtes... Chaque semaine, une petite sélection originale d'accords mets-vins vous est d'ailleurs proposée. Sans oublier le café du patron, digne des meilleurs. Une botte secrète, en quelque sorte... Dernier détail, I Golosi signifie «les gourmands» en italien : tout est dit !

Carte 26/45 €

PLAN : C3
6 r. de la Grange-Batelière
TEL. 01 48 24 18 63
Ⓜ **Richelieu Drouot**

Fermé 2 semaines en août, samedi soir et dimanche

Cuisine moderne • Bistro

LES CANAILLES PIGALLE

Parfaite pour s'encanailler, cette sympathique adresse a été créée par deux Bretons formés à bonne école, notamment chez Dominique Bouchet et au Crillon. Ici, ils jouent la carte de la bistronomie, des recettes de saison et bien sûr des plats canailles. À l'image de cette belle tranche de pâté de tête et de cette échine de porc, poêlée de girolles et pommes grenaille. Ne passez pas à côté des spécialités de la maison : le carpaccio de langue de bœuf sauce ravigote et le baba au rhum avec sa chantilly à la vanille... On se régale d'autant plus que les portions sont généreuses! Avec en prime une belle ambiance de bistrot de quartier, à deux pas de la butte Montmartre et du Moulin Rouge... où l'on pourra finir de s'encanailler.

Formule 28 € – Menu 35 € – Carte 54/63 €

PLAN : B2
25 r. La Bruyère
TEL. 01 48 74 10 48
www.restaurantlescanailles.fr
Ⓜ **St-Georges**

Fermé 3 semaines en août, samedi et dimanche

Cuisine moderne • Convivial

MALOKA

Raphaël Rego, le plus français des chefs brésiliens – c'est après avoir rencontré sa compagne française à Sydney qu'il s'est converti à l'Hexagone –, avait déjà séduit son monde avec sa première affaire, Oka. Il poursuit son aventure avec ce Maloka («votre maison» en langue amérindienne), où il affirme encore davantage les influences *carioca* de sa cuisine. Le virage est réussi, son travail est toujours aussi séduisant! Il signe des recettes très personnelles, avec de fréquents clins d'œil à la tradition : haricots blancs et œuf poché, coriandre, piment et noisettes ; *picanha* de bœuf sur un risotto de maïs frais et croquant... C'est la délicieuse synthèse de ses souvenirs personnels et de ses années de formation dans plusieurs belles tables étoilées : on passe un super moment.

Menu 36 €

PLAN : C2
28 r. Tour-d'Auvergne
TEL. 01 45 23 99 13
www.okaparis.fr
Ⓜ **Cadet**

Fermé dimanche, lundi et le midi

A/C

Cuisine moderne • Bistro

L'OFFICE

Un bistrot de poche, à deux pas des Folies Bergère.. On passerait presque devant sans le voir, tant il se fait discret, et pourtant! Dans une ambiance décontractée, assis au coude-à-coude, on se régale d'une cuisine qui change au rythme du marché et des saisons. Des préparations justes, savoureuses et toujours inventives... accompagnées d'un judicieux choix de vins (de préférence natures). À chaque repas, on a le choix entre trois entrées, trois plats et trois desserts, le tout à prix serrés. Une formule qui en séduit visiblement plus d'un : il n'est pas rare que l'on refuse du monde. Si d'aventure c'était complet, tentez votre chance au Richer, juste en face (pas de téléphone, pas de réservation) : c'est la même équipe!

Formule 22 € – Menu 27 € – Carte 37/54 €

PLAN : D3
3 r. Richer
TEL. 01 47 70 67 31
www.office-resto.com
Ⓜ **Poissonnière**

Fermé 3 semaines en août, 1 semaine vacances de Noël, samedi et dimanche

A/C

Cuisine moderne •
Bistro

LE PANTRUCHE

Paris canaille, Paris la gouaille, Pantruche! Les titis de Pigalle se sont transformés en gourmets avertis et se pressent dans ce bistrot vintage. Miroirs piqués, banquette rétro et zinc enjôleur : bien qu'actuel, le cadre fait de l'œil au Paris des années 1940. Sur l'ardoise, on reconnaît le style de Franck Baranger, un chef au beau parcours. Selon la saison, il imagine de séduisants maquereaux à la flamme, céleri et groseilles, condiment moutarde ; une pintade fermière, crème de maïs, romaine braisée au jus, ou encore l'inénarrable soufflé au Grand Marnier et caramel au beurre salé. C'est efficace sans être simpliste, c'est généreux, et l'on repart le sourire aux lèvres : « Ah, Paname! »

Formule 19 € – Menu 36 € – Carte 39/50 €

PLAN : C1
3 r. Victor-Massé
TEL. 01 48 78 55 60
Ⓜ **Pigalle**

Fermé 1 semaine vacances de printemps, 3 semaines en août, 1 semaine vacances de Noël, samedi et dimanche

Cuisine moderne • Branché

RICHER

Charles Compagnon a de la suite (et du talent) dans les idées : le patron de l'Office (situé juste en face), débordé par le succès (mérité) de sa cuisine bistrotière et animé des meilleurs intentions pour nos estomacs, s'est donc démultiplié avec le Richer. Saluons son singulier talent d'ubiquité! L'esprit cantine arty est préservé avec ces murs bruts de pierre et de brique, et ce magnifique percolateur qui trône sur le comptoir. Dans l'assiette, on retrouve cette même cuisine du marché, fraîche et goûteuse. Avis aux gourmands trop souvent restés sur le trottoir et sur leur faim : le Richer s'est agrandi! Attention cependant, il n'y a toujours pas de téléphone : le seul moyen de réserver est donc de se présenter sur place, très tôt ou très tard dans la soirée. Dîner au Richer est une riche idée... qui se mérite.

Carte 35/43 €

PLAN : D3
2 r. Richer
TEL. (sans réservation)
www.lericher.com
Ⓜ **Poissonnière**
Fermé 30 juillet-21 août et 23 décembre-1ᵉʳ janvier

♿

🍴○

Cuisine moderne •
Bistro

LES AFFRANCHIS

Aussi loin que je me souvienne, j'ai toujours voulu être un gangster. Un hommage au film culte de Martin Scorsese ? Une référence à la poste voisine ? Le jeune binôme, «affranchi» des maisons où ils étaient salariés, propose une savoureuse cuisine de bistrot contemporain, qui a d'ores et déjà conquis la clientèle bourgeois-bohème du quartier St-Georges. Ah, ce porcelet croustillant, qui donne envie de sortir un couteau, façon Joe Pesci, ou ce lieu jaune en arlequin de chou-fleur, orange et poutargue. Une adresse aliénante.

Formule 33 € – Menu 38 € (déjeuner)/45 €

PLAN : B1-2
5 r. Henri-Monnier
TEL. 01 45 26 26 30
www.lesaffranchisrestaurant.com
Ⓜ St-Georges

Fermé 5-22 août, 24 décembre-2 janvier et lundi

🍴○

Cuisine moderne •
Bistro

ASPIC

Après avoir plaqué le monde de la finance pour entrer à l'école Ferrandi, le chef a multiplié les expériences (ministère des Affaires étrangères, L'Épi Dupin) avant d'ouvrir sa propre table rue de la Tour d'Auvergne. Comme souvent dans le quartier, c'est le mini-bistrot dans toute sa splendeur : esprit rétro, cuisine ouverte sur la salle, etc. Comme parfois, mais pas toujours, dans le quartier, l'assiette mérite qu'on s'y attarde : de supers produits (issus des circuits courts, autant que possible), un menu unique en cinq plats qui ose des mariages inattendus de saveurs et touche souvent au but... Une bonne adresse de quartier, comme on en voudrait partout.

Menu 57 €

PLAN : C2
24 r. de la Tour-d'Auvergne
TEL. 09 82 49 30 98
www.aspic-restaurant.com
Ⓜ Cadet

Fermé août, 1 semaine à Noël, dimanche, lundi et le midi

A/C

⅋○
Poissons et fruits de mer •
Bistro

BELLE MAISON

Les trois associés, copains d'enfance, sont des récidivistes : après Pantruche et Caille-botte, ils remettent ça avec cette Belle Maison, baptisée ainsi d'après la plage de l'île d'Yeu où, gamins, ils passaient leurs vacances. Cette fois encore, la formule a de quoi séduire. Le chef, passé par de bonnes maisons (Kitchen Gallery, entre autres) ne cache pas son plaisir d'en découdre avec l'iode : raviole ouverte de crabe et gaspacho ; maigre de ligne, petits pois et girolles... On se régale en sa compagnie, dans une ambiance agréable de bistrot de bord de mer – carrelage bleu et blanc, chaises et tables en bois peint. Bref, c'est tout bon : en ce qui nous concerne, l'appel du large a été reçu cinq sur cinq.

Carte 41/58 €

PLAN : C2
4 r. de Navarin
TEL. 01 42 81 11 00
www.restaurant-bellemaison.com
Ⓜ **Saint-Georges**

Fermé 2 semaines en août, 1 semaine vacances de Noël, dimanche et lundi

⅋○
Cuisine traditionnelle •
Bistro

LE BON GEORGES

Voilà un bistrot d'angle tel qu'on les aime, avec vigne et glycine sur le trottoir, décor dans son jus (sacrifiant à la sainte trilogie ardoise, vieux plancher, banquettes) et son ambiance de quartier... mais qui a le mérite de ne pas se reposer sur son physique avan-tageux. L'assiette aussi vaut les honneurs! La liste des producteurs, affichés sur l'ar-doise, donne le ton : légumes de chez Joël Thiébault, volaille de chez Renault, poissons de petits bateaux en provenance de l'île d'Yeu... On ne s'étonnera pas de goûter une belle terrine au beaujolais, un pigeon rôti, ou une tatin de pommes comme chez mamie. Belle sélection de vins de propriétés, Bour-gogne et vallée du Rhône. Un bon et géné-reux bistrot qui n'a pas cédé aux sirènes de la bistronomie, et assume sa simplicité avec gourmandise et décontraction.

Formule 21 € – Carte 39/66 €

PLAN : B2
45 r. St-Georges
TEL. 01 48 78 40 30
www.lebongeorges.com
Ⓜ **St-Georges**

Fermé 23 décembre-1ᵉʳ janvier, dimanche midi et samedi
🕸

ᵗⁱO
Cuisine moderne ·
Convivial

BOUILLON

Le restaurant rend hommage aux fameux «bouillons parisiens», ces gargotes de quartier d'antan, dans lesquelles venaient se restaurer les ouvriers pour un prix modique. Ici, le cadre est élégant et chaleureux, le parquet à grosses lattes, et le chef Marc Favier (ancien bras droit de Jean-François Piège chez Thoumieux) en forme olympique. Outre quelques bouillons enrichis, signés de sa patte, le chef propose une cuisine de tradition pleine de caractère et de marmites fumantes, à l'instar de ce quasi de veau rôti à l'ail, girolles sautées, condiment abricot ou encore, côté sucré, un millefeuille à la vanille de Madagascar et caramel au beurre salé... Bouillon, ou comment prouver que la cuisine traditionnelle française en a encore dans le ventre. Un dernier conseil : réservez !

Formule 21 € – Menu 28 € (déjeuner en semaine)/80 € – Carte 46/66 €

PLAN : D2
47 r. de Rochechouart
TEL. 09 51 18 66 59
www.restaurantbouillon.fr
Ⓜ **Cadet**
Fermé 1ᵉʳ-8 mai, 3 semaines en août,
24-30 décembre, dimanche et lundi

♿ A/C

ᵗⁱO
Cuisine classique ·
Élégant

LE CAFÉ DE LA PAIX

Inauguré en 1862, le Café de la Paix fut et demeure sans conteste «le» rendez-vous du Tout-Paris... C'est ici que venaient autrefois Maupassant, Wilde, Zola et Gide. Il faut dire que le cadre est sublime : magnifique plafond peint, belles fresques (Garnier), lambris dorés, colonnes aux chapiteaux corinthiens, mobilier inspiré du style Second Empire... La terrasse offre un poste d'observation unique sur les Grands Boulevards et la place de l'Opéra. On y déguste de beaux plateaux de fruits de mer et un répertoire classique actualisé. À noter, les originales «pâtisseries fashion» inventées par des créateurs de mode. Côté service, le ballet se déroule en trois actes (de sept heures à minuit), sans fausse note. Un lieu mythique.

Formule 45 € – Menu 55 € – Carte 90/110 €

PLAN : B3
Hôtel Intercontinental Le Grand
2 r. Scribe
TEL. 01 40 07 32 32
www.paris.intercontinental.com
Ⓜ **Opéra**

♿ A/C ⊡

¶○
Cuisine moderne •
Convivial

COMPTOIR CANAILLES

Alain Ducasse pour lui, Paul Bocuse pour elle : les présentations faites, on peut s'installer en toute tranquillité dans la salle toute en longueur de ce restaurant, ouvert par ce jeune couple à peine trentenaire, passé par de prestigieuses maisons. Amis des animaux ou végétariens, passez votre chemin : ici, les bêtes sont dans l'assiette, issues d'une imposante armoire à maturation. L'ardoise propose donc une cuisine de bistrot goûteuse, souvent servie en cocottes – puisque c'est la mode. Ajoutez à cela un accueil charmant, une formule déjeuner avantageuse et des vins natures de petits vignerons… Encanaillez-vous, comme dirait l'autre !

Formule 18 € – Menu 24 € (déjeuner en semaine)/35 € – Carte 45/80 €

PLAN : C1
47 r. Rodier
TEL. 01 53 20 95 56
www.restaurantcomptoircanailles.com
Ⓜ **Anvers**

Fermé août, vacances de Noël, dimanche et lundi

¶○
Cuisine créative •
Cosy

LA CONDESA Ⓝ

La Condesa est un quartier de Mexico : c'est aussi le restaurant d'Indra Carillo, venu du Mexique pour intégrer l'institut Paul Bocuse, avant de rejoindre de grandes maisons comme le Bristol ou l'Astrance. Formé chez des MOF, notamment en poissonnerie et boulangerie, et après une expérience au Japon, il reprend l'Atelier Rodier, qu'il transforme complètement, côté salle et cuisine. Ses techniques sont françaises, mais ses inspirations font la part belle aux différentes cultures gastronomiques (pas nécessairement mexicaines). Exemple parfait, cet agnoletti de butternut infusé dans un bouillon de volaille et huile de piment mexicain, lard de colonnata. Une excellente adresse, mise en valeur par un service professionnel. Un coup de cœur.

Menu 30 € (déjeuner), 48/68 €

PLAN : C2
17 r. Rodier
TEL. 09 67 19 94 90
www.lacondesa-paris.com
Ⓜ **Notre-Dame de Lorette**

Fermé 3 semaines en août, samedi midi, dimanche et lundi

‖○

Cuisine moderne ·
Branché

ENCORE

Façade en baies vitrées, en accordéon, en acier peint, béton ciré clair au sol, banquettes en skaï, chaises dépareillées, tables en bois brut, suspensions industriels... Je sais ce à quoi vous pensez : encore un bistrot branché! L'affaire, pourtant, n'a rien d'une simple copie, car un vrai chef patron œuvre aux fourneaux. Il signe une cuisine limpide et respectueuse des produits, tout en simplicité, et la qualité est au rendez-vous, comme en témoigne ce poulpe au quinoa et poivrons confits, une authentique réussite. «Encore!», s'écrient nos gosiers ravis. Jolie carte de vins natures.

Formule 25 € – Menu 30 € (déjeuner), 39/65 € – Carte 40/60 €

PLAN : C3
43 r. Richer
TEL. 01 72 60 97 72
www.encore-restaurant.fr
Ⓜ Le Peletier

Fermé 3 semaines en août, 2 semaines vacances de Noël, samedi et dimanche

&

‖○

Cuisine moderne ·
Bistro

LE GARDE TEMPS

Les amateurs de bistrots typiques trouveront leur bonheur au Garde Temps : murs en pierres et briques apparentes, comptoir en carrelage de métro, ardoises encadrées à la façon de tableaux, longue salle murmurante d'un sympathique brouhaha... Le chef (un ancien d'Yves Camdeborde au Grand Pan) connaît son métier : c'est frais et bien travaillé, tout juste tombé de l'étal du maraîcher, comme cette royale de carotte, ce lieu jaune sur peau croustillante, ou en dessert le cheesecake. L'ardoise s'autorise en saison quelques plats plus ambitieux (truffe, homard). Pas de menus le samedi soir, mais des versions miniatures des plats de la semaine, servies façon tapas... Une façon judicieuse de découvrir la cuisine du chef.

Formule 19 € – Menu 25 € (déjeuner)/35 € – Carte 45/70 €

PLAN : B1
19 bis r. Pierre-Fontaine
TEL. 09 81 48 50 55
www.restaurant-legardetemps.fr
Ⓜ Blanche

Fermé 3 semaines en août, samedi midi et dimanche

A/C

¶○
Cuisine japonaise •
Rustique

HOTARU

Association originale que celle d'une authentique cuisine japonaise et d'un décor de restaurant très parisien (mais rehaussé de touches asiatiques et d'expositions d'art). Aux fourneaux œuvre Isao Ashibe, jeune chef né à Paris, pour autant totalement imprégné de culture nippone : fils de l'un des premiers Japonais ayant créé un restaurant dans la capitale française (dans les années 1950!), il a lui-même parfait sa formation de longues années durant dans l'archipel. Outre les incontournables makis et sushis, il propose des recettes moins connues, principalement à base de poisson et de fruits de mer (comme le foie de lotte, dit «le foie gras marin»), des plats mijotés (délicates aubergines chaudes au miso noir, doucement sucrées ; maquereau grillé et laqué) et des fritures (agemono). Une vraie cuisine familiale japonaise, où la qualité et la fraîcheur des produits sont au rendez-vous.

Menu 24 € (déjeuner) – Carte 26/53 €

PLAN : C2
18 r. Rodier
TEL. 01 48 78 33 74
Ⓜ Notre-Dame de Lorette

Fermé 3 semaines en août, 2 semaines vacances de Noël, dimanche et lundi

¶○
Cuisine italienne •
Bistro

IL CUOCO GALANTE Ⓝ

Une jolie façade bleu nuit, avec des lettrages dorées... Commençons par un peu d'histoire : *il cuoco galante* signifie «le cuisinier galant» en italien, et se trouve être le premier livre de cuisine italienne, rédigé par un certain Vincenzo Corrado, en 1773. Le thème est donc posé, place maintenant à l'acteur principal, autrement dit le chef : Michele, ancien de Sassotondo dans le 11ᵉ, qui fait des merveilles dans un style traditionnel éclatant de fraîcheur : burrata aux aubergines et citron, risottos en tous genres, tarte à la rhubarbe et amandes, etc. La carte évolue régulièrement, à l'exception de ces tagliatelles aux tomates Datterino, une recette vieille comme le monde... et qui ne prend pas une ride. Irrésistible.

Formule 20 € – Menu 24 € (déjeuner en semaine)/36 € – Carte 34/56 €

PLAN : D1
36 r. Condorcet
TEL. 01 40 37 35 53
www.ilcuocogalante.com
Ⓜ Anvers

Fermé dimanche et lundi

🍴○

Cuisine moderne ·
Intime

LOUIS

Situé non loin des grands magasins mais dans une rue tranquille, cet ancien kebab s'est mué en petit restaurant intimiste avec cuisine ouverte et caveau de dégustation au sous-sol. Aux fourneaux, un chef breton, passé chez Senderens, rend hommage à son père, grand-père et arrière-grand-père, tous prénommés «Louis». Il cisèle des menus originaux, en petites portions : ravioles de veau et consommé de coriandre, merlan rôti et jeunes carottes aïoli, volaille de Challans et girolles (attention, les bons appétits opteront pour le menu 6 ou 8 plats). C'est inventif, spontané, et la cuisine est attentive au marché et aux saisons. Une pause gourmande au calme... très agréable!

Menu 36 € (déjeuner), 58/74 €

PLAN : C2
23 r. de la Victoire
TEL. 01 55 07 86 52
www.louis.paris
Ⓜ **Le Peletier**

Fermé 3 semaines en août, samedi et dimanche

♿

🍴○

Cuisine traditionnelle ·
De quartier

MAMOU

Quelles qu'aient été les motivations du choix de ce nom de «Mamou», on y voit volontiers une évocation de l'amour maternel, voire des bons petits plats qui réchauffaient nos cœurs d'enfants. On se réfugiera donc avec plaisir dans les jupons de ce restaurant de quartier à deux pas des grands magasins. L'endroit – dont le décor joue plutôt la carte de la simplicité – est tout indiqué pour une pause réconfortante. Comment ne pas reprendre des forces, en effet, en dégustant un menu aussi généreux : Piémontaise revisitée, œuf parfait ; canard en meurette rôti ; financier cœur au citron intense... À la dégustation, on ne s'étonnera pas d'apprendre que le chef est passé par de belles maisons.

Formule 19 € – Carte 40/55 €

PLAN : B3
42 r. Taitbout
TEL. 01 44 63 09 25
Ⓜ **Chaussée d'Antin**

Fermé 3 semaines en août, 1 semaine vacances de Noël, lundi soir, mardi soir, samedi et dimanche

🍴◯
Cuisine nord-africaine •
Exotique

L'ORIENTAL

Sur l'avenue Trudaine, où s'étend sa terrasse aux beaux jours, L'Oriental est fidèle à l'esprit marocain, sa patrie de cœur : tons ocre, banquettes confortables, éclairages tamisés... sans oublier quelques notes «couleur locale» comme les tables ornées de faïence, les tableaux classiques et la fontaine importée directement de Marrakech. En cuisine, la tradition demeure une valeur sacrée. Pour preuve, les plats authentiques et parfumés qui témoignent d'un savoir-faire transmis de génération en génération. Tajines, couscous et autres bricks se dégustent dans une ambiance chaleureuse, grâce à la clientèle d'habitués et au service attentionné.

Formule 17 € 🍷 – Menu 33 € – Carte 35/50 €

PLAN : C1
47 av. Trudaine
TEL. 01 42 64 39 80
www.loriental-restaurant.com
Ⓜ **Pigalle**

🍴◯
Cuisine créative •
Épuré

ORTIES

Le long du menu surprise en six temps, les bonnes surprises s'enchaînent : goût des produits, bien sûr, mais aussi créativité et maîtrise technique du chef – deux qualités qui ne vont pas toujours de pair... Voilà sans doute ce qui explique que dans cette rue Rodier où les tables ne manquent pas, ce restaurant affiche régulièrement complet ! Asperge verte/brocciu/œufs de truite, chinchard/agrumes/épinard, glace à la levure maltée/granité de haricots rouges/pop-corn : vous avez maintenant une idée de ce qui vous attend ici. C'est frais, bien pensé, bien mis en œuvre, autrement dit, c'est une réussite ! Côté cadre, tout va bien aussi : de bistrot, élégant et chaleureux, comme on les aime.

Menu 32 € (déjeuner), 40/60 €

PLAN : C2
24 r. Rodier
TEL. 01 45 26 86 26
www.orties-restaurant.paris
Ⓜ **Cadet**

Fermé 3 semaines en août, mardi midi,
dimanche et lundi

‖○

Cuisine moderne •
Vintage

PANACHE

Au sein de l'hôtel du même nom, ce Panache, justement, n'en manque pas. Une décoration délicieusement rétro, Art nouveau par endroit, qui a du caractère ; un chef au joli parcours (Racines 2, L'Agapé), la trentaine, qui ne cuisine pas au hasard et intellectualise volontiers son travail. Mais que l'on se rassure : ses assiettes se révèlent simples et percutantes, toujours précises ! Il les décline au gré d'une vraie carte avec du choix (une pratique qui a tendance à se raréfier dans le secteur !), et le résultat est à la hauteur de nos attentes. Deux exemples : une entrée autour de la courgette et de la sardine ; une piccata de veau, betteraves et groseilles... Tout simplement très bon.

Formule 24 € – Menu 29 € (déjeuner) – Carte 45/50 €

PLAN : C3
Hôtel Panache
1 r. Geoffroy-Marie
TEL. 01 53 34 03 91
www.hotelpanache.com
Ⓜ Grands Boulevards

Fermé samedi midi, dimanche et lundi

&. A/C

‖○

Cuisine danoise •
Bistro

LA PETITE SIRÈNE DE COPENHAGUE

À peine entré, vous serez sous le charme de cette authentique ambassade du Danemark. Pourtant cette sirène-là n'envoûte pas en chantant : elle attire les gourmets dans ses filets avec de succulents harengs aigres-doux et un incomparable saumon fumé. Naturellement, le reste suit : Peter et sa sympathique équipe prennent votre commande avec un délicieux accent nordique, en vous proposant un pigeon au chou rouge, une sole et ses pommes de terre à l'aneth... ainsi que d'excellentes *øl* (bières danoises). Couleur locale aussi, le sobre décor : tomettes cirées, photos anciennes du parc de Tivoli de Copenhague...

Formule 25 € – Menu 35 € (déjeuner)/41 € – Carte 50/82 €

PLAN : B1
47 r. Notre-Dame-de-Lorette
TEL. 01 45 26 66 66
www.lapetitesireneparis.com
Ⓜ St-Georges

Fermé août, 23 décembre-2 janvier, samedi midi, dimanche et lundi

🍴○
Cuisine moderne • Tendance

LA RÉGALADE CONSERVATOIRE

Après sa Régalade du 1ᵉʳ arrondissement, Bruno Doucet réplique à deux pas des Grands Boulevards, au sein du luxueux hôtel de Nell, décoré par Jean-Michel Wilmotte. Murs noirs, plafond blanc, sol en damier : l'esprit bistrot se fait chic, et la cuisine du chef toujours aussi enlevée, généreuse et savoureuse. Des exemples ? Tartare de maquereau relevé d'une vinaigrette aux agrumes, magret de canard cuit sur la peau et navets nouveaux, riz au lait «comme le faisait ma grand-mère», etc. Fidèle à l'habitude de l'enseigne, le rapport qualité-prix est excellent : vivement le prochain opus !

Menu 37 €

PLAN : D3
Hôtel de Nell
7-9 r. du Conservatoire
TEL. 01 44 83 83 60
www.charmandmore.com
Ⓜ Bonne Nouvelle

🍴○
Cuisine traditionnelle • Bistro

LES SAISONS

Comme les années, les bistrots parisiens ont leurs saisons... L'heure du printemps est revenue pour cette adresse au cachet d'antan (banquettes en moleskine, petites tables serrées, etc.), sur laquelle le chef fait aujourd'hui souffler un vent de fraîcheur. Jonathan Lutz a repris l'affaire fin 2011, après avoir fait ses classes dans quelques institutions du bistrot parisien. Ici chez lui, il s'approprie avec doigté les classiques du genre, proposant une cuisine généreuse et bourgeoise, avec par exemple ce foie gras de canard du Périgord poêlé aux framboises ou ce filet de veau cuit au sautoir, sans oublier un joli choix de fromages. À noter : il concocte au déjeuner, en semaine, deux menus plutôt bon marché. Dans tous les cas, son credo, c'est la gourmandise... au plus près de chaque saison, évidemment !

Formule 18 € – Menu 23 € (déjeuner en semaine) – Carte 34/50 €

PLAN : C2
52 r. Lamartine
TEL. 01 48 78 15 18
www.restaurant-les-saisons.com
Ⓜ Notre-Dame de Lorette

Fermé 3 semaines en août, dimanche et lundi

10ᵉ

GARE DE L'EST •
GARE DU NORD •
CANAL ST-MARTIN

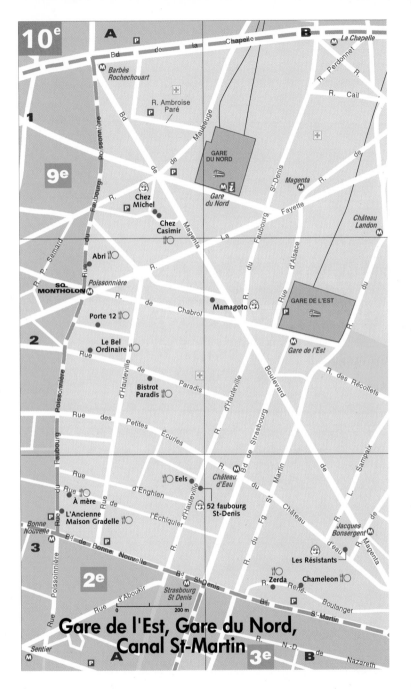

A

B

La Chapelle

Bd de la Chapelle

R. Perdonnet

Barbès Rochechouart

R. Cail

R. Ambroise Paré

Maubeuge

1

Bd

9e

de

de

GARE DU NORD

St-Denis

Magenta

Gare du Nord

Château Landon

Chez Michel

R.

Magenta

du Faubourg

d'Alsace

Fayette

Chez Casimir

Abri

R.

La

R. P. Sémard

Rue

Poissonnière

SQ. MONTHOLON

Poissonnière

R.

de

Chabrol

Mamagoto

Rue

GARE DE L'EST

Porte 12

Gare de l'Est

2

Le Bel Ordinaire

Rue

d'Hauteville

de

Paradis

Boulevard

R. des Récollets

Bistrot Paradis

Rue des Petites Écuries

R.

de Strasbourg

d'Hauteville

Rue

Rue

d'Enghien

Eels

Château d'Eau

Bd

du

St

Martin

de

Sampaix

Poissonnière

À mère

Rue

de

d'Hauteville

52 faubourg St-Denis

Château

Jacques Bonsergent

Magenta

Bonne Nouvelle

L'Ancienne Maison Gradelle

l'Échiquier

du

Fg

d'eau

3

Rue du Faubourg

Bd de Bonne Nouvelle

Les Résistants

2e

Bd

St-Denis

Zerda

Chameleon

Rue

R.

Renfer

Boulanger

Poissonnière

Strasbourg St Denis

St-Martin

0   200 m

Rue

d'Aboukir

Bd.

Gare de l'Est, Gare du Nord, Canal St-Martin

Sentier

3e

B

de

Nazareth

N.-D.

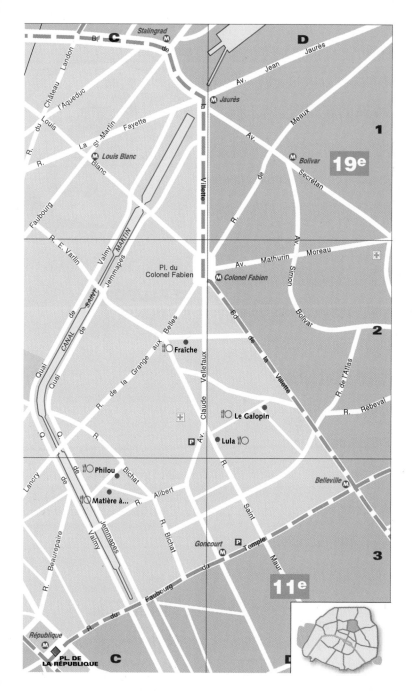

😋
*Cuisine traditionnelle •
Rustique*

CHEZ MICHEL

Depuis toutes ces années, l'atmosphère informelle et conviviale de Chez Michel est devenue proverbiale. Dans un décor où dominent le bois et les tons blanc et bleu, avec au niveau inférieur une petite salle aux airs de caveau de dégustation, on se délecte de la fameuse cuisine de Thierry Breton, qui a l'art de concocter une carte traditionnelle et... bretonne (sa terre natale), complétée par de jolies suggestions à l'ardoise. Tartares de Saint-Jacques aux pommes vertes, poêlée de champignons du perche, foie gras rôti ou encore *kig ha farz* (la fameuse potée bretonne) et gibier en saison : Breizh, mais pas seulement !

Formule 29 € – Menu 35/57 €

PLAN : A1
10 r. Belzunce
TEL. 01 44 53 06 20
www.restaurantchezmichel.fr
Ⓜ **Gare du Nord**

**Fermé 3 semaines en août, samedi et
dimanche**

😋
Cuisine moderne • Design

52 FAUBOURG ST-DENIS

Charles Compagnon (à qui l'on doit aussi l'Office et le Richer) a parfaitement pris le pouls de ce quartier animé du 10ᵉ populaire. Il dégaine ici un intérieur plein de style, résolument chaleureux, comme le sont les endroits qui ne se la jouent pas. Quant à la carte, elle se révèle courte et efficace, avec des produits cuisinés avec justesse et des sauces aux petits oignons. Poitrine de cochon fondante et jus corsé ; volaille pochée sauce Poulette ; ananas, mousse de yaourt vanillée... Les portions ne sont pas énormes, mais qu'importe : on se régale, d'autant que le service est impeccable, et que l'on conclut son repas avec l'un des meilleurs cafés de Paris. Attention : pas de réservation, ni de téléphone. Un vrai bon plan.

Carte 33/42 €

PLAN : A3
52 r. du Faubourg-St-Denis
TEL. (sans réservation)
www.faubourgstdenis.com
Ⓜ **Strasbourg-St-Denis**

**Fermé 3 semaines en août
et 23 décembre-1ᵉʳ janvier**

♿

Cuisine moderne •
Tendance

MAMAGOTO

Mamagoto, c'est dinette en japonais. Commencez par vous installer à l'une des tables en bois clair, dans ce restaurant à la décoration épurée, qui louche vers l'esprit fifties, avec son joli comptoir carrelé de noir. Ici, Koji Tsuchiya, chef japonais aguerri, propose une savoureuse sélection d'assiettes à partager, façon dinette (c'était donc cela!) mêlant influences japonaises et... basques (l'origine de l'un des associés). Veau, anchois, champignons de Paris ; bœuf de Galice, pimiento, cébette ; figues de Solliès, glace vanille, sirop d'érable : beaux produits, alliance de saveurs, pour une cuisine percutante et innovante, à accompagner d'une sélection de vins de petits vignerons.

Formule 21 € – Menu 25 € (déjeuner) –
Carte 33/55 €

PLAN : B2
5 r. des Petits-Hôtels
TEL. 01 44 79 03 98
www.mamagoto.fr
Ⓜ Gare du Nord

Fermé 3 semaines en août, vacances de Noël, samedi midi, dimanche et lundi

A/C

Cuisine moderne • Convivial

LES RÉSISTANTS Ⓝ

Les Résistants ? Ceux qui luttent encore (fournisseurs, producteurs, cuisiniers etc.) contre les sirènes de l'agroalimentaire, et qui placent toujours, au centre de leurs préoccupations, goût et traçabilité. Tel le credo des trois associés de cette maison : oui, il est possible de bien se nourrir, tout en respectant le bien-être animal et les cycles naturels! Ils le prouvent avec talent dans cette sympathique adresse, sertie en son centre d'une grande table d'hôte en bois, où l'on déguste une cuisine du marché autour d'une carte réduite, qui change tous les jours. On aime s'attabler au comptoir où sont tranchés les produits à partager (jambon noir de Bigorre etc.). Le tout à des prix raisonnables. Carte des vins exclusivement nature, cela va de soi... Brunch le samedi.

Formule 17 € – Menu 19 € (déjeuner en semaine) – Carte environ 35 €

PLAN : B3
16-18 r. du Château-d'Eau
TEL. 01 42 06 43 74
www.lesresistants.fr
Ⓜ République

Fermé août, dimanche et lundi

& A/C

🍴○

Cuisine moderne •
Simple

ABRI

Et un de plus! Se sont-ils passé le mot, tous ces jeunes Japonais qui s'installent aujourd'hui à Paris ? On ne s'en plaindra pas, tant cette tendance apporte à la capitale, en ces années 2010, de belles et bonnes adresses... Passé notamment par La Table de Joël Robuchon et Taillevent, Katsuaki Okiyama s'est entouré d'une équipe 100 % nippone... mais sa cuisine est grandement française. Bien sûr, elle porte la marque de cette sensibilité propre à l'Asie, qui va si bien aux classiques de l'Hexagone : ainsi ce maquereau mariné au citron et sa salade de fenouil, ou ce cochon rôti servi doré avec un jus de viande et une sauce au vinaigre de pomme. Bref, malgré sa petitesse et son décor modeste (vingt couverts environ), voilà un Abri où l'on se réfugie avec plaisir ! Le rapport qualité-prix est excellent...

Menu 13 € 🍷 (déjeuner), 26/52 €

PLAN : A2
92 r. du Faubourg-Poissonnière
TEL. 01 83 97 00 00
Ⓜ Poissonnière

Fermé août, dimanche et lundi

🍴○

Cuisine créative •
Tendance

À MÈRE

Nous avons le plaisir de vous présenter Maurizio Zillo, chef italo-brésilien au parcours scintillant (Bocuse, Alléno, Atala à São Paulo...), qui a mis toutes les chances de son côté pour dynamiter le train-train de la rue de l'Échiquier – avec, en premier lieu, un décor très tendance signé Victoria Wilmotte. La carte tient en quelques lignes, avec des intitulés de plats plus ou moins cryptiques (casserons, morilles et macvin ; palourdes, sot-l'y-laisse et ail des ours ; gariguette, roquette et sarriette), mais rassurez-vous : impossible de faire le mauvais choix, tout est bon! Les saveurs explosent en bouche, l'inventivité du chef fait des merveilles dans tous les recoins de l'assiette. Quant à la carte des vins – une soixantaine de références –, elle réserve aussi de jolies découvertes.

Formule 28 € – Menu 35 € (déjeuner), 45/65 €

PLAN : A3
49 r. de l'Échiquier
TEL. 01 48 00 08 28
www.amere.fr
Ⓜ Bonne Nouvelle

Fermé en août, 24 décembre-6 janvier, samedi et dimanche

¶○

Cuisine traditionnelle •
Historique

L'ANCIENNE MAISON GRADELLE

Tout près de la station de métro Bonne Nouvelle, la façade en bois ne laisse rien deviner de l'intérieur du restaurant... Il faut écarter un rideau en velours pour découvrir ce décor pour le moins atypique, inspiré par le Ventre de Paris, d'Émile Zola : plafond en dorures vieillies, murs bordeaux ou suie, ancien monte-charge... Les lieux ont un cachet certain ! Côté cuisine, on donne dans le bourgeois et le gourmand, avec une prédilection pour les belles viandes : onglet de bœuf aux échalotes confites, jarret de veau en cocotte à partager, tarte aux fruits de saison sur une base de pain de Gênes, etc. Un mot enfin sur le service, professionnel et vraiment sympathique.

Formule 20 € – Menu 35 € – Carte 31/44 €

PLAN : A3
8 r. du Faubourg-Poissonnière
TEL. 01 47 70 03 23
www.anciennemaisongradelle.com
Ⓜ Bonne Nouvelle

Fermé samedi midi, dimanche et lundi

  ♿ A/C ⟷

¶○

Cuisine moderne •

Convivial

LE BEL ORDINAIRE

Au-dessus des grands boulevards, c'est l'une des adresses en vogue du moment. Ce restaurant-épicerie, axé sur les produits et vins bio, a été ouvert en crowdfunding, sous l'impulsion du chroniqueur gastronomique Sébastien Demorand et de son associé, M. Rosetto. À l'intérieur, les murs en béton brut sont couverts de grandes armoires sur lesquelles sont disposés les produits d'épiceries et de vins (300 références). En son centre, se trouve une table d'hôtes pouvant accueillir une quarantaine de convives. L'équipe en cuisine est majoritairement issue de Ferrandi ; le chef Nicolas Fabre, passé par le Meurice, réalise une cuisine simple avec d'excellents produits.

Formule 18 € – Menu 23 € (déjeuner) – Carte 25/35 €

PLAN : A2
54 r. de Paradis
TEL. 01 46 27 46 67
www.belordinaire.com
Ⓜ Poissonière

Fermé 1 semaine en mai, 3 semaines en août, vacances de noël, dimanche et lundi

  ♿ A/C

10ᵉ • GARE DE L'EST • GARE DU NORD • CANAL ST-MARTIN

‖○
Cuisine moderne •
Bistro

BISTRO PARADIS

Un vent de nouveauté a soufflé sur le vieux troquet qui se tenait là jadis, et dont il ne reste aujourd'hui que le carrelage au sol. Pour le reste, il a laissé la place à un élégant bistrot branché avec sa salle tout en longueur, habillée de bois clair et de mobilier scandinave : disons le franchement, on n'a pas perdu au change! Le chef brésilien, ancien du Pario et du Bistrot Constant, a fait du métissage culinaire sa marque de fabrique. Dans ses assiettes, la tradition française est parsemée d'ingrédients *latinos* : basse-côte de blonde d'aquitaine marinée aux échalotes grises et jus corsé d'açaï, ou encore carré de porc, farofa de banane et fine purée de patate douce... C'est savoureux et soigné, et l'on a comme rarement le sentiment que cette cuisine ne ressemble à aucune autre. À découvrir d'urgence.

Formule 18 € – Menu 23 € (déjeuner)/39 €
– Carte 36/55 €

PLAN : A2
55 r. Paradis
TEL. 01 42 26 59 93
www.bistroparadis.fr
Ⓜ **Poissonière**

Fermé 3 semaines en août, vacances de Noël, samedi midi, dimanche et lundi

‖○
Cuisine traditionnelle •
Branché

CHAMELEON

Mobilier chiné, luminaires post-industriels, cuisine bistronomique... Cette adresse, à deux pas des théâtres de la Porte-St-Martin et de la Renaissance, s'inscrit tout droit dans la tendance urbaine et contemporaine (qui a dit bobo ?). À la baguette, deux associés que l'on ne s'attendait guère à voir dans cette affaire : Valérie vient du monde du théâtre et Arnaud est un ancien créateur d'entreprise... mais ils ont en commun une passion dévorante pour la gastronomie et les bons produits – une passion partageuse. Sur la petite terrasse colorée donnant sur la rue, ou à l'intérieur, on se régale d'un ceviche de bonite et haddock, ou d'échine de cochon fermier aux endives caramélisées... Belle représentation!

Formule 18 € – Menu 23 € (déjeuner), 35 €

PLAN : B3
70 r. René-Boulanger
TEL. 01 42 08 99 41
www.chameleonrestaurant.fr
Ⓜ **Strasbourg-St-Denis**

Fermé 5-26 août, samedi midi et dimanche

🍴
*Cuisine traditionnelle •
Bistro*

CHEZ CASIMIR

Bistrot typiquement parisien que ce Casimir imaginé par Thierry Breton, le patron de Chez Michel, à quatre numéros de là sur le même trottoir. Dans la semaine, on se régale d'une cuisine fraîche, simple et bien troussée, qui fait la part belle aux produits du marché et réjouit de nombreux habitués. Mais la grande affaire, c'est le traou mad («bonnes choses») des samedi et dimanche midi. Imaginez un peu : un buffet de hors-d'œuvre variés à volonté, de la soupe, de l'omelette, le plat en cocotte du jour et, pour ceux qui en sont encore capables, un dessert. Chut, ne dites rien, c'est déjà l'affluence..

Formule 24 € – Menu 28 € (déjeuner en semaine)/32 €

PLAN : A1
6 r. Belzunce
TEL. 01 48 78 28 80
Ⓜ Gare du Nord

🍴
Cuisine moderne • Tendance

EELS

Entre Bonne Nouvelle et l'église Saint-Vincent-de-Paul, cette adresse est une bonne nouvelle. Sachez-le, on n'y sert pas que de l'anguille! Certes, l'anguille fumée, réglisse, vierge de pomme golden saupoudrée de chapelure frite est bien ancrée à la carte, mais elle y côtoie d'autres jolies propositions bistronomiques. Le tout est servi dans une salle bistrot avec comptoir ouvrant sur la cuisine ouverte, des murs en pierre ou brique mises à nue, des lampes « suspension » design. Le tout jeune chef Adrien Ferrand (25 ans!) a déjà du métier : il a travaillé plus de 6 ans pour William Ledeuil, d'abord à Ze Kitchen Galerie (Paris 6e) puis en tant que chef au KGB. Avec Eels, il est désormais chez lui. C'est bon, épuré, entre tendance scandinave et bistrot parisien. Une réussite!

Formule 25 € – Menu 29 € (déjeuner en semaine)/56 € – Carte 50/58 €

PLAN : A3
27 r. d'Hauteville
TEL. 01 42 28 80 20
www.restaurant-eels.com
Ⓜ Bonne Nouvelle

Fermé 3 semaines en août, vacances de Noël, dimanche et lundi

¶O

*Cuisine moderne •
Bistro*

FRAÎCHE

Au fin fond du 10ᵉ, non loin de l'hôpital Saint-Louis, ce bistrot contemporain est l'œuvre de deux jeunes chefs qui se sont rencontrés à l'école Ferrandi. Elle, Tiffany Depardieu, ne vous est peut-être pas inconnue : elle a notamment participé à la saison 2 de l'émission TV Top Chef. Aux fourneaux, elle compose une jolie cuisine du marché qui change chaque semaine : œuf mollet aux girolles et mimolette, bœuf carotte revisité... Quant à Michael Boivin, son associé, il confectionne de jolies pâtisseries et nous permet de conclure le repas en beauté, comme avec cette déclinaison de chocolats. Une sympathique adresse...prise d'assaut !

Menu 16 € (déjeuner)/43 € – Carte 35/50 €

PLAN : C2
8 r. Vicq-d'Azir
TEL. 01 40 37 54 23
www.fraicheparis.fr
Ⓜ **Colonel Fabien**

Fermé 2 semaines en août, samedi midi, dimanche et lundi

¶O

*Cuisine moderne •
Bistro*

LE GALOPIN

On apprécie l'élégance discrète de Romain Tischenko, ancien second de Ze Kitchen Gallery et ancien vainqueur de l'émission Top Chef (2010), qui trace tranquillement son sillon à distance de l'agitation médiatique. Dans son petit bistrot, installée sur cette place Sainte-Marthe bien aimée des Parisiens, il cuisine comme à des amis, avec l'envie permanente de partager ses envies du moment. Jeux sur les ingrédients, les herbes, les températures, exécutés avec brio et inspiration : il offre à tous un beau moment tout en saveurs. Une adresse très recommandable ! N'hésitez pas également à tester son annexe, la «Cave à Michel», où la simplicité est de mise : simple comptoir, petites assiettes, jolie cave.

Formule 28 € – Menu 32 € (déjeuner)/54 € – Menu unique

PLAN : D2
34 r. Ste-Marthe
TEL. 01 42 06 05 03
www.le-galopin.com
Ⓜ **Belleville**

Fermé 2 semaines en août, 1 semaine vacances de Noël, lundi midi, mardi midi, mercredi midi, samedi et dimanche

Cuisine végétarienne •
Simple

LULA Ⓝ

Il fut un temps où le terme de «cantine» était péjoratif. C'est aujourd'hui l'expression d'une simplicité, où la qualité prime sur le chichi, comme chez Lula, restaurant, café, épicerie bio, lieu de vie et de goût. Trois femmes colombiennes proposent une cuisine familiale à base de recettes de leur mère et grand-mère, autant de recettes aux accents sud-américains. Ici, les menus sont fixes (mais changent tous les jours) et tout est bio. Plats traditionnels, mélanges sucré/salé, herbes et fruits frais sont à déguster dans l'une des deux salles, au rez-de-chaussée et au sous-sol, ou en terrasse. Plats végans et sans gluten (de l'entrée au dessert) sont également disponibles.

Formule 15 € – Menu 19 €

PLAN : D2
216 r. St-Maur
TEL. 01 42 45 62 71
www.lulalifestyleshop.fr
Ⓜ **Goncourt**

Fermé le soir

♿

Cuisine moderne •
Épuré

MATIÈRE À...

On se sent comme à la maison dans ce restaurant aux allures de loft, ses lampes suspendues et sa collection de miroirs sur l'un des murs. Le jeune chef, Anthony Courteille, a plus d'un tour dans son sac. Boulanger de formation – son pain, ultra-croustillant, est à tomber –, il excelle aussi dans la composition de plats fins et subtilement parfumés, dans lesquels il sait exploiter tout le potentiel des bons produits qu'il a sélectionné. On se régale dans une atmosphère chaleureuse, où l'on peut refaire le monde avec son voisin de table (tout le monde est installé sur la haute table en chêne), ou encore discuter avec le chef, dont la cuisine se situe directement dans le prolongement de la salle. Nul doute : il y a Matière à... revenir souvent.

Formule 21 € – Menu 25 € (déjeuner)/48 €
– Carte environ 48 € dîner

PLAN : C3
15 r. Marie-et-Louise
TEL. 09 83 07 37 85
Ⓜ **Goncourt**

Fermé 2-17 août, samedi midi et dimanche

¶◯

*Cuisine traditionnelle ·
Bistro*

PHILOU

De grandes et alléchantes ardoises, des miroirs, une affiche des *Enfants du paradis* de Marcel Carné... Voilà une bien sympathique adresse bistronomique, qui joue la carte de la convivialité gourmande. Au gré du marché et pile dans la tendance, le chef japonais, Shin Maeda, concocte avec cœur un gigot d'agneau et cocos de Paimpol, un émietté de tourteau et rémoulade de céleri, et toujours le paris-brest et le kouign amann, célèbre dessert breton... En vogue aussi, la carte des vins, qui fait la part belle à de petits vignerons indépendants, le tout à prix doux. Avec son bistrot de copains près du canal St-Martin, ce Philou-là a tout compris. Filez-y!

Formule 19 € – Menu 25 € (déjeuner en semaine), 33/39 €

PLAN : C3
12 av. Richerand
TEL. 01 42 38 00 13
www.restophilou.com
Ⓜ Goncourt

Fermé 1 semaine en mai, 3 semaines en août, 1ᵉʳ -8 janvier, dimanche et lundi

¶◯

*Cuisine moderne ·
Design*

PORTE 12

En cuisine, on trouve Vincent Crépel, jeune chef français originaire du Pays basque et ayant fait une partie de ses gammes auprès d'André Chiang à Singapour. La table est déjà très en vue, et pour cause : il élabore une cuisine d'auteur enthousiasmante, résolument contemporaine, inspirée par ses voyages et ses différentes expériences professionnelles (l'Asie, encore et toujours). Les recettes évoluent au gré du marché, avec quelques associations audacieuses : maquereau mariné, crème d'oseille et petits pois frais ; pomme de terre de Noirmoutier, pointes d'asperges et poudre de lard Colonnata. Le décor, contemporain, verse dans une élégante épure et, de la salle, on peut observer le travail des cuisines à travers une baie vitrée. Une «porte» ouverte sur le plaisir.

Menu 68/120 € ▽

PLAN : A2
12 r. des Messageries
TEL. 01 42 46 22 64
www.porte12.com
Ⓜ Poissonnière

Fermé août, vacances de Pâques et de Noël, dimanche, lundi et le midi

*Cuisine nord-africaine •
Oriental*

ZERDA

À la tête du Zerda – une institution née dans les années 1940 –, Jaffar Achour, originaire de Kabylie, s'impose comme un spécialiste, un défricheur, voire un démiurge du couscous, toujours à la recherche de combinaisons inédites. Du classique couscous méchoui (agneau et merguez) à l'insolite couscous seffa (poulet, dattes, raisins secs, amandes, pistaches, fleur d'oranger, cannelle et spéculos), il joue avec les belles potentialités et les riches parfums de ce plat emblématique.. qui hisse le partage au rang d'art de vivre. Le tout dans un décor arabisant, comme il se doit, et une ambiance familiale qui met à l'aise. Enfin, le joli choix de vins d'Afrique du Nord mérite attention. Une bonne graine, pour sûr!

Menu 30 € (déjeuner) – Carte 33/48 €

PLAN : B3
15 r. René-Boulanger
TEL. 01 42 00 25 15
www.zerdacafe.fr
Ⓜ Strasbourg-St-Denis

Fermé lundi midi, samedi midi et dimanche

11ᵉ

NATION • VOLTAIRE • RÉPUBLIQUE

—

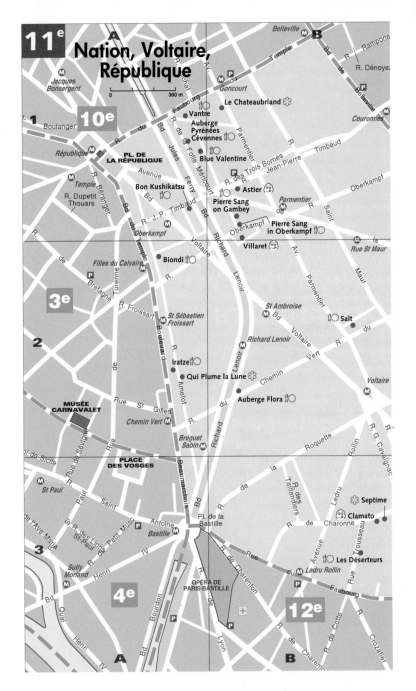

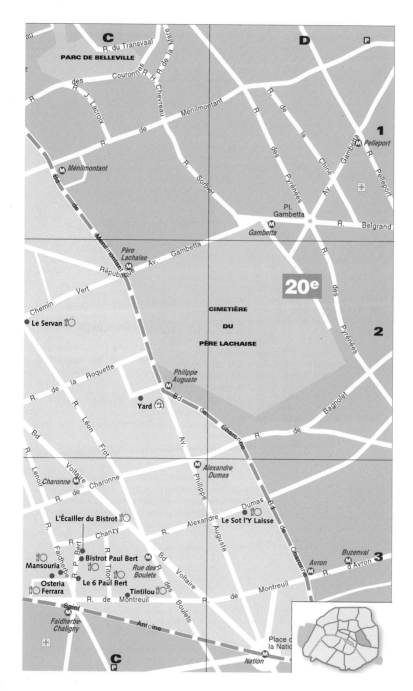

C
R. du Transvaal
PARC DE BELLEVILLE
Couronne R. H. Chevreau
des
R. J. Lacroix
R.
Ménilmontant
de
Sorbier
R.
Ⓜ Ménilmontant
Bd

D
1
Ⓜ Pelleport
Gambetta
Pl.
Gambetta
Ⓜ Belgrand
Gambetta
R.
Av.
Chine
de
la
Pyrénées
des
R.
Pelleport

Père
Lachaise
Av. Gambetta
République
Vert
Chemin
Ⓜ
● **Le Servan** 🍴◯
de la Roquette
R.
Léon
Frot
Bd
R.

20ᵉ

CIMETIÈRE
DU
PÈRE LACHAISE

Pyrénées
des
R.
2

Philippe
Auguste
Ⓜ
Bd
● **Yard** 😊
de
Charonne
R.
Bagnolet
de

Charonne
Ⓜ
de Charonne
Voltaire
R.
Lenoir
Bd
Ⓜ Alexandre
Dumas
Philippe
Av.
L'Écailler du Bistrot 🍴◯
Chanzy
R. P. Bert
Faidherbe
🍴◯
Mansouria
● **Bistrot Paul Bert**
🍴◯
Titon
Le 6 Paul Bert
🍴◯ **Osteria**
Ferrara
Rue des
Boulets
Tintilou 🍴◯
R. de Montreuil
Saint
Faidherbe-
Chaligny
Ⓜ
Antoine
R. Alexandre
Auguste
Dumas
Ⓜ
🍴◯ **Le Sot l'Y Laisse**
Bd
de
Charonne
Avron
Ⓜ
d'Avron
Buzenval
3
R.
Voltaire
Bd
des
Boulets
de
Montreuil
Place d
la Natio
Ⓜ
Nation

C

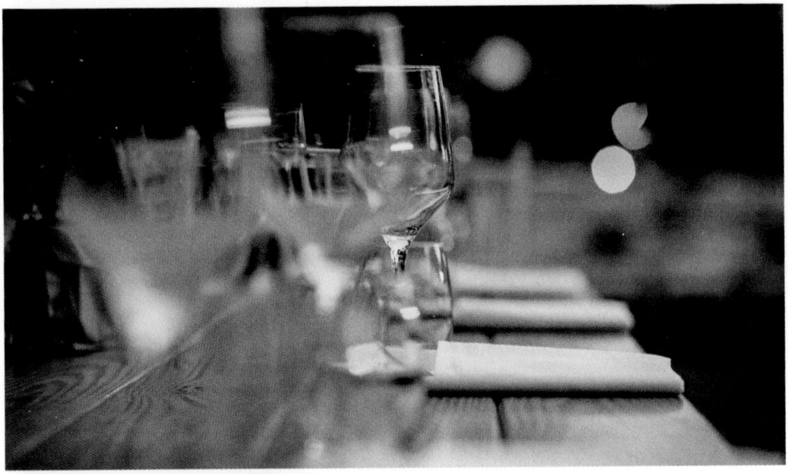

Menu 70/135 € 🍷

PLAN : B1
129 av. Parmentier
TEL. 01 43 57 45 95
www.lechateaubriand.net
Ⓜ Goncourt

Fermé 25 décembre-1er janvier, dimanche, lundi et le midi

❀

Cuisine moderne • Épuré

LE CHATEAUBRIAND

Inaki Aizpitarte, célèbre chef basque, attire la clientèle gastronome du Tout-Paris avec son bistrot «pur jus», véritable temple de la mouvance bistronomique, dont il fut l'un des initiateurs. D'hier, le lieu a conservé le décor - tel qu'on pouvait encore en trouver dans les années 1930 - jouant sur le mélange néo-rétro (zinc, ardoises, haut plafond et tables étroites). D'aujourd'hui, il possède le répertoire culinaire et un service stylé avec des serveurs tout droit sortis d'un défilé de mode, aux allures décontractées. Chaque soir, l'unique menu dégustation offre une cuisine créative, osée et goûteuse, aux associations de saveurs originales, précise dans les assaisonnements, comme dans les cuissons. Produits et vins sont choisis avec soin chez des producteurs indépendants. Pensez à réserver!

■ Cuisine du marché

Cuisine moderne • Cosy

QUI PLUME LA LUNE

Qui plume la Lune, c'est d'abord un joli endroit, chaleureux et romantique... Sur l'un des murs de la salle trône une citation de William Faulkner : «Nous sommes entrés en courant dans le clair de lune et sommes allés vers la cuisine.» Pierres apparentes et matériaux naturels (bois brut, branchages, etc.) complètent ce tableau non dénué de poésie...

Qui plume la Lune, c'est aussi un havre de délices, porté par une équipe déterminée à ne sélectionner que de superbes produits – selon une éthique écologique, ainsi de beaux légumes bio – et à régaler ses clients d'assiettes tout en maîtrise et en précision : une véritable démonstration de vitalité, de fraîcheur et de senteurs. Très agréable moment, donc, sous la clarté de cette table aussi lunaire que terrestre...

■ **Entrées :** Filet de rouget, sésame noir, mangue et encre de seiche • Dashi chou de Pontoise, foie gras poché et main de bouddha

■ **Plats :** Pigeonneau rôti en deux cuissons, jus à la sarriette et katsuobushi • Rissotto d'orge perlé, jus de betterave et homard au four

■ **Desserts :** Sable «rhubarbapapa» et lavande • Sorbet au citron de Sicile et lait ribot émulsionné

Formule 45 € – Menu 60 € (déjeuner en semaine)/130 €

PLAN : A2
50 r. Amelot
TEL. 01 48 07 45 48
www.quiplumelalune.fr
Ⓜ **Chemin Vert**

Fermé 29 juillet-20 août,
1er -8 janvier, dimanche et lundi

Menu 42 € (déjeuner)/80 €

PLAN : B3
80 r. de Charonne
TEL. 01 43 67 38 29
www.septime-charonne.fr
Ⓜ Charonne

Fermé 3 semaines en août, lundi
midi, samedi et dimanche

✳

Cuisine moderne • Contemporain

SEPTIME

Des bonnes idées en pagaille, beaucoup de fraîcheur et d'aisance, de la passion et même un peu de malice, mais toujours de la précision et de la justesse : mené par le jeune Bertrand Grébaut (passé notamment par les cases Robuchon, Passard et Agapé), Septime symbolise le meilleur de cette nouvelle génération de tables parisiennes à la fois très branchées et... très épicuriennes!

Au milieu de la rue de Charonne, dans ce 11e arrondissement aujourd'hui très en vue, le lieu exploite à fond les codes de la modernité : grande verrière d'atelier, tables en bois brut, poutres en métal.. Une vraie inspiration industrielle, plutôt chic dans son aboutissement, d'autant que le service, jeune et prévenant, contribue à faire passer un bon moment. Comme on peut l'imaginer, tout cela se mérite : il faudra réserver précisément trois semaines à l'avance pour avoir une chance d'en profiter.

■ Cuisine du marché

Cuisine traditionnelle • Bistro

ASTIER

Harengs marinés, pommes rattes en vinai-grette ; joue de porc tendre au lard crous-tillant, blettes et choux raves poêlés... sans oublier le classique baba au rhum : un vrai «lieu de gourmandise et de bavardage», se-lon les vœux du patron ! Et il faut aussi parler de la cave, d'une belle richesse (environ 400 références), où les vins se déclinent avec poésie : vins de soif, vins gourmands, vins de méditation, grands flacons... Tradition, simplicité et bon rapport qualité-prix : la re-cette d'Astier est imparable. Et le succès de cette institution ne se dément pas. On ne se lasse pas de son accueillant décor de bistrot patiné et de sa vaisselle siglée Astier – en un mot, de son caractère.

Menu 35/45 € – Carte 37/61 €

PLAN : B1
44 r. Jean-Pierre-Timbaud
TEL. 01 43 57 16 35
www.restaurant-astier.com
Ⓜ Parmentier

Fermé lundi et mardi en juillet-août

A/C 𝄞

Poissons et fruits de mer • Tendance

CLAMATO

Inspirée des *oyster bars* de la côte Est des États-Unis, cette annexe de Septime – avec une façade de couleur différente, pour évi-tèr la confusion ! – doit son nom à un cocktail très populaire au Québec, sorte de Bloody Mary agrémenté d'un jus de palourdes... à découvrir ici, évidemment. L'endroit a tout du «hit» bistronomique, avec son décor ten-dance et sa courte carte qui met en avant la mer et les légumes. Les produits sont choisis avec grand soin et travaillés le plus simple-ment du monde, puis déclinés dans de sa-voureuses assiettes à partager. On se régale dans une ambiance franchement conviviale, en profitant d'un service amical et décon-tracté. Attention, la réservation est impos-sible : premier arrivé, premier servi !

Carte 35/50 €

PLAN : B3
80 r. de Charonne
TEL. 01 43 72 74 53 (sans réservation)
www.clamato-charonne.fr
Ⓜ Charonne

Fermé 3 semaines en août, mercredi midi,
jeudi midi, vendredi midi, lundi et mardi

A/C

Cuisine traditionnelle •
Convivial

VILLARET

Voici une vraie adresse gourmande! Son credo : bien faire, en toute simplicité. Le décor de parfait bistrot met à l'aise : beau bar en zinc, bois omniprésent, briques et colombages. La cuisine est franche et sympathique, à base de produits de qualité que le chef sait travailler avec justesse : ragoût de sot-l'y-laisse à la sauge, perdreau rôti, carré d'agneau de Lozère en croûte d'herbes et embeurrée de chou vert... Quant à la cave, elle offre un choix étonnant : les amateurs de bourgognes et de côtes-du-rhône devraient trouver leur bonheur! On propose aussi des vins à prix doux désignés avec humour comme «médicaments du jour», à l'unisson de l'accueil qui est... aux petits soins.

Formule 22 € – Menu 27 € (déjeuner), 35/55 € – Carte 45/59 €

PLAN : B1
13 r. Ternaux
TEL. 01 43 57 75 56
Ⓜ Parmentier

Fermé 2 semaines en août, samedi midi et dimanche

Cuisine moderne • Bistro

YARD

Yard a les deux pieds dans son époque : une jolie façade dans une rue sortie tout droit d'un décor de cinéma, un intérieur de bistrot chaleureux – parquet, vieille cheminée, luminaires métalliques – et une jeune équipe qui assure un service sympa et sans façon... Après un peu de remue-ménages ces dernières années, les fourneaux sont désormais occupés par un jeune chef britannique, Nye Smith, qui décline une cuisine sans complexe, pile dans l'air du temps, goûteuse et bien tournée. La carte change tous les jours mais la fraîcheur des produits est, elle, invariable. Un convivial bar à tapas en annexe et une terrasse trottoir animée.

Formule 16 € – Menu 19 € (déjeuner) – Carte 33/50 € dîner

PLAN : C2
6 r. Mont-Louis
TEL. 01 40 09 70 30
Ⓜ Philippe Auguste

Fermé août, 24-31 décembre, samedi et dimanche

Cuisine moderne •
Convivial

AUBERGE FLORA

Le dernier défi de la chef Flora Mikula, qui a décidé d'associer le couvert… et le gîte. C'est ainsi que cet ancien hôtel proche de Bastille est devenu «son» auberge – une belle auberge d'aujourd'hui! Comment résister aux charmes de l'endroit, véritable lieu de vie, où la cuisinière vous accueille pour ainsi dire comme à la maison ? Sa cuisine, toujours aussi pétillante, débordante de soleil et de saveurs, fait de francs clins d'œil à la Méditerranée : barigoule d'artichauts, risotto aux truffes noires, ou encore côte de cochon fermier et jus à l'estragon… On peut aussi passer simplement pour grignoter quelques tapas, ou pour le brunch des samedi et dimanche. Avis aux Parisiens : pourquoi ne pas boucler vos valises et partir en week-end… boulevard Richard-Lenoir ?

Formule 19 € – Menu 23 € (déjeuner en semaine) – Carte 32/60 €

PLAN : B2
Hôtel Auberge Flora
44 bd Richard-Lenoir
TEL. 01 47 00 52 77
www.aubergeflora.com
Ⓜ Bréguet Sabin

♿ A/C

Cuisine du terroir •
Auberge

AUBERGE PYRÉNÉES CÉVENNES

La bonne humeur qui se dégage de cette maison est communicative. Les plaisanteries fusent et la patronne prodigue un accueil inégalable. Dans la salle, les tables sont accolées ; des files de jambons, saucissons et grappes de piments d'Espelette pendent au plafond… Aucun doute, ici, les bons vivants sont rois! L'assiette dessine le relief gastronomique d'une France des grand-mères, autour des Pyrénées et des Cévennes. Des recettes généreuses et authentiques, des plats canailles (cassoulet, pot-au-feu) et des «lyonnaiseries» (saucisson à l'ail), dont le plus fidèle compagnon – un gouleyant beaujolais, par exemple – ne saurait être oublié (et Courteline le rappelle à l'entrée!). Tout le charme d'une auberge régionale, à prix sages et sans chichi.

Menu 31 € – Carte 30/70 €

PLAN : A1
106 r. de la Folie-Méricourt
TEL. 01 43 57 33 78
Ⓜ République

Fermé 3 semaines en août, samedi midi, dimanche et fériés

A/C

¶O
Cuisine argentine •
Convivial

BIONDI

Fernando de Tomaso, le talentueux chef argentin que l'on a connu à la Pulpéria, a réinvesti cet ancien restaurant asiatique et l'a rebaptisé en hommage à Pepe Biondi, un clown argentin célèbre. Dans cet endroit chaleureux, décoré le plus simplement du monde, il propose une cuisine argentine franche et savoureuse : viandes et poissons cuits *a la parrilla,* au goût de fumet prononcé (dû, nous explique-t-il, au charbon de bois argentin qu'il utilise), *empanadas* et *ceviche* du jour... Couleurs et saveurs sont au rendez-vous dans ces préparations réalisées avec beaucoup de soin, et servies par une équipe sud-américaine efficace. Bons vins et bonne humeur parachèvent le tableau : on sort en se disant qu'il faudra revenir bientôt...

Carte 40/80 €

PLAN : A2
118 r. Amelot
TEL. 01 47 00 90 18
Ⓜ Oberkampf

¶O
Cuisine traditionnelle •
Vintage

BISTROT PAUL BERT

Deux salles décorées de bouteilles, de banquettes et de miroirs, et une troisième logée dans une ancienne boucherie aux jolies faïences murales de 1920 : vous êtes prêt pour découvrir une cuisine de bistrot au mieux de sa forme. Ici, on ne badine pas avec les bonnes choses ! Les assiettes sont copieuses, sans chichi et bien goûteuses : vous nous donnerez des nouvelles de ce feuilleté de ris de veau aux champignons, de ce cerf rôti aux airelles et purée de céleri... mais aussi de desserts qui valent largement la peine, tels le paris-brest maison et le baba au rhum. Vous êtes encore indécis ? Songez à l'impressionnante carte des vins, qui affiche près de 500 références !

Menu 19 € (déjeuner en semaine)/41 €

PLAN : C3
18 r. Paul-Bert
TEL. 01 43 72 24 01
Ⓜ Faidherbe Chaligny

Fermé dimanche et lundi

Cuisine moderne •
Bistro

BLUE VALENTINE

Une enseigne noire sur laquelle le nom du restaurant se détache en lettres dorées ; à l'intérieur, une grande peinture murale et un look de bistrot... Ce Blue Valentine ne manque pas de cachet ! Le propriétaire a eu le nez creux en s'attachant les services de Terumitsu Saito, chef japonais venu du Mandarin Oriental : il travaille des produits d'excellente qualité – thon mi-cuit aux épices et charbon, foie gras poêlé et saveurs terre et mer – avec talent et audace, sans jamais se laisser aller à la routine : voici un chef qui a le sens du contrepied, notamment dans l'usage qu'il fait de certains produits. Pour ce qui est de l'ambiance, les deux maîtres-mots sont détente et convivialité : on passe un beau moment, et l'on n'a qu'une envie, c'est de revenir au plus vite.

Menu 45 € (déjeuner en semaine), 49/75 €

PLAN : A1
13 r. de la Pierre-Levée
TEL. 01 43 38 34 72
www.bluevalentine-restaurant.com
Ⓜ République

Fermé mercredi midi, lundi et mardi

Cuisine japonaise •
Intime

BON KUSHIKATSU

Ce petit restaurant japonais cultive une spécialité culinaire toute particulière, venue de la ville d'Osaka : les *kushikatsu*, des minibrochettes panées et frites à la minute. L'occasion est belle pour s'initier à ce pan méconnu de la gastronomie nippone... Bœuf au sansho, filet de sole et sauce soja, foie gras légèrement poivré et aubergine citronnée au daïkon, crevette au sel et aux herbes sèches japonaises, etc. : au fil du menu dégustation, la succession des bouchées révèle finesse et parfums, et représente fort joliment le pays du Soleil-Levant. De même le décor, chic et typiquement japonais, et l'accueil, d'une grande gentillesse. Cette table se révèle un havre de délicatesse dans la belle tradition nippone...

Menu 58 €

PLAN : A1
24 r. Jean-Pierre-Timbaud
TEL. 01 43 38 82 27
www.kushikatsubon.fr
Ⓜ Oberkampf

Fermé mercredi, dimanche et le midi

♿ 🇦🇨

🍴○
Cuisine moderne ·
Tendance

LES DÉSERTEURS

Ils travaillaient dans la même adresse en tant que second de cuisine et sommelier, ils ont rompu les rangs afin d'ouvrir ce restaurant, baptisé... Les Déserteurs. On sait au moins une chose : ces deux-là ont le sens de l'humour! Dans cet antre cosy, tout de bois brut et de déclinaisons de gris, ils réjouissent leur clientèle avec une cuisine pleine de fraîcheur, résolument tournée vers le produit. Signalons la pêche de Saint-Gilles-Croix-de-Vie, la fera du lac Léman mais aussi le colvert sauvage de chez Miéral, ou ce fromage frais, rhubarbe et sorbet à la cerise... De véritables plats de chef dans lesquels rien n'est laissé au hasard, et qui montrent l'exemple d'une créativité parfaitement maîtrisée. En prime, superbe carte des vins riche de plus de 350 références de toute l'Europe.

Menu 30 € (déjeuner), 49/64 €

PLAN : B3
46 r. Trousseau
TEL. 01 48 06 95 85
www.les-deserteurs.com
Ⓜ Ledru-Rollin
Fermé 2 semaines vacances de février,
2 semaines vacances de printemps,
2 semaines en août, mardi midi,
dimanche et lundi

🍴○
Poissons et fruits de mer ·
Bistro

L'ÉCAILLER
DU BISTROT

Ici, on ne sert que des produits de la mer. Les huîtres arrivent directement de Bretagne, en provenance de Riec-sur-Belon (maison Cadoret), mais aussi d'autres bassins ostréicoles. L'ardoise du jour présente plusieurs poissons, tous de belle fraîcheur, cuisinés très simplement pour conserver leurs agréables saveurs iodées. Autres points forts de la maison : le menu homard, servi presque toute l'année, et la carte des vins étoffée, comptant près de 500 références. Quant au décor des deux petites salles à manger, il transporte les Parisiens droit vers les flots avec ses maquettes de voiliers et autres embarcations. Avant d'embarquer, il est prudent de réserver!

Menu 19 € (déjeuner en semaine)/60 € –
Carte 45/65 €

PLAN : C3
22 r. Paul-Bert
TEL. 01 43 72 76 77
Ⓜ Faidherbe Chaligny

Fermé août, dimanche et lundi

🄰🄲 🐝 ✋

iⵔO

Cuisine créative •
Convivial

IRATZE Ⓝ

Iratze signifie «fougère» en basque, ce pays de liberté et de porcs noirs, dont le chef est originaire. Il faut l'entendre conter les balades auprès de son grand-père, pour comprendre sa philosophie. Iratze est un véritable lieu de vie, bar à cocktails, tapas mais surtout une table! Que la devanture vitrée au stores noirs, la salle à manger branchée, ou la grande table d'hôte ne vous trompent pas : ici, le cadre est à la mode, mais l'essentiel est ailleurs, surtout dans l'assiette. Amoureux des légumes et des herbes, le chef nous gratifie d'associations percutantes, ainsi cette morue, tarama fumé, sapin et asperge verte ou le quasi de veau, courgettes, picalilli et basilic. C'est sympathique, animé, bref, une très bonne adresse.

Menu 32 € (déjeuner), 45/68 € – Carte 35/41 €

PLAN : A2
73 r. Amelot
TEL. 01 55 28 53 31
www.restaurant-iratze.com
Ⓜ Chemin Vert

fermé 8-24 août, mardi, mercredi et le midi

iⵔO

Cuisine nord-africaine •
Oriental

MANSOURIA

Fatema Hal est une figure parisienne de la gastronomie marocaine et son restaurant une véritable institution en la matière. Ethnologue de formation, auteur de livres traitant de la cuisine de son pays, elle a insufflé à ce lieu authentique le meilleur de ses racines. Voilà pourquoi le Tout-Paris vient et revient depuis toujours dans ce décor mauresque pour savourer les «vraies» spécialités d'Afrique du Nord, préparées par d'habiles cuisinières originaires de là-bas : tajines, couscous, pastillas, crème parfumée à la fleur d'oranger, etc. Le service, aussi souriant que courtois et efficace, ne souffre aucune comparaison. Est-il besoin de le préciser : mieux vaut réserver sa table, en particulier le soir en fin de semaine...

Formule 16 € – Menu 28/36 € – Carte 33/53 €

PLAN : C3
11 r. Faidherbe
TEL. 01 43 71 00 16
www.mansouria.fr
Ⓜ Faidherbe-Chaligny

Fermé 13-19 août, lundi midi et dimanche

A/C

🍴○
Cuisine italienne •
Convivial

OSTERIA FERRARA Ⓝ

Une large devanture vitrée, au rez-de-chaussée d'un immeuble d'habitation, dissimule en son sein un refuge de gourmets. L'intérieur est élégant (carrelage d'époque de 1930 et parquet, joli comptoir en bois, murs en pierre ou bois), mais c'est dans l'assiette qu'a lieu la magie. Le chef sicilien travaille une carte assez courte aux recettes italiennes bien ficelées, goûteuses et centrées sur le produit, ainsi cette longe de veau français à la Milanaise, et sa poêlée d'épinards. En somme, voilà un bistrot qui a une âme... et une jolie carte des vins de plus de 120 références, ce qui ne gâche rien. Allez-y les yeux fermés et les sens aux aguets.

Carte 32/52 €

PLAN : C3
7 r. du Dahomey
TEL. 01 43 71 67 69
Ⓜ **Faidherbe Chaligny**

Fermé 3 semaines en août, samedi et dimanche

🛖 ♿

🍴○
Cuisine moderne •
Branché

PIERRE SANG IN OBERKAMPF

Qui est adepte de l'émission Top Chef, sur M6, connaît forcément Pierre Sang, finaliste en 2011. C'est ici, à Oberkampf, qu'il a décidé de s'installer. Une belle surprise! On retrouve toute la gentillesse du jeune homme, qui délivre – on pouvait l'imaginer – une cuisine sensible et partageuse. Le menu change chaque jour en fonction du marché et de son inspiration, laquelle n'hésite pas à bousculer les habitudes, mais jamais vainement. Le cuisinier n'a pas oublié les fondamentaux, lui qui, après son BEP au Puy-en-Velay, a roulé sa bosse à Lyon, en Asie, à Londres, etc. De là sa patte cosmopolite, amatrice d'herbes et d'épices... Nul doute : ses assiettes ne manquent ni d'idées ni de saveurs! Les produits viennent des commerçants voisins et on passe en ami s'installer sur un tabouret le long du comptoir : un moment fort sympathique.

Formule 20 € – Menu 25 € (déjeuner)/39 €

PLAN : B1
55 r. Oberkampf
TEL. 09 67 31 96 80
www.pierresangboyer.com
Ⓜ **Parmentier**

🄰🄲 ⬯

‖○

Cuisine moderne •
Tendance

PIERRE SANG ON GAMBEY

La deuxième adresse de Pierre Sang – qui est décidément bien occupé ! – assume un positionnement plus haut de gamme, qui transparaît en premier lieu dans l'élégant décor : salle habillée de brique rouge, tables hautes en bois massif, comptoir devant la cuisine ouverte... On retrouve tout l'attachement du chef aux beaux produits (nobles, notamment), travaillés avec soin et créativité. Parmi les hôtes récurrents de la carte, on peut citer cette lotte et chorizo au bœuf wagyu, ou ce bar de ligne en croûte de sel : le tout est servi en bas ou à l'étage, où 6 à 8 personnes peuvent admirer le chef dans ses œuvres !

Formule 20 € – Menu 25 € (déjeuner), 49/88 € – Menu unique

PLAN : B1
6 r. Gambey
TEL. 09 67 31 96 80
www.pierresang.com
Ⓜ **Parmentier**

Fermé 2 semaines en août, 1 semaine à Noël, samedi midi, dimanche et lundi

‖○

Poissons et fruits de mer •
Convivial

SALT

Il y a déjà longtemps qu'en matière de cuisine, les frontières entre les pays ont été abolies ! Cette table, installée sur le square Maurice Gardette, en est une preuve supplémentaire : la propriétaire australienne assure le service en salle, armée d'une maîtrise parfaite du français. Quant à nous, on se régale d'assiettes savoureuses, bien ficelées ; les menus sont bâtis en fonction du marché, avec une dominante de poisson, et l'on se régale d'un bout à l'autre du repas. Quant au décor, il joue une carte de bistrot-chic version marine, avec carrelage blanc au mur et tables hautes. Un conseil, passez aussi à midi : le menu déjeuner est une affaire.

Menu 20 € (déjeuner) – Carte 31/46 €

PLAN : B2
6 r. Rochebrune
TEL. 01 73 71 56 98
www.salt-restaurant.com
Ⓜ **St-Ambroise**

Fermé 3 semaines en août, mardi midi, samedi midi, dimanche et lundi

¶O
Cuisine moderne •
Bistro

LE SERVAN

À l'angle de la rue St-Maur, le fief de Katia et Tatiana Levha est l'un des bistrots gourmands les plus courus de la place parisienne. Les deux sœurs ont su en conserver le caractère atypique : moulures et peintures, carrelage de bistrot et comptoir en formica... Tatiana, en cuisine, compose une cuisine fraîche et spontanée, basée sur des produits simples mais toujours très bons ; elle ne rechigne pas à tenter des associations inattendues, souvent avec brio ! Au détour d'une assiette, on décèle aussi quelques influences asiatiques, qui s'expliquent peut-être par les origines philippines des deux frangines. Côté flacon, on fait la part belle à des vins «nature» bien choisis. L'adresse a déjà son lot d'aficionados venus de tout le quartier : un succès amplement mérité !

Menu 27 € (déjeuner) – Carte 46/65 €

PLAN : C2
32 r. St-Maur
TEL. 01 55 28 51 82
www.leservan.com
Ⓜ **Rue Saint-Maur**

Fermé août, 1er -8 janvier, lundi midi, samedi et dimanche

¶O
Cuisine moderne • Bistro

LE 6 PAUL BERT

Le propriétaire du Bistrot Paul Bert et de l'Écailler du Bistrot a le mérite de la cohérence : lorsqu'il a choisi une rue, il n'en démord pas de sitôt. C'est donc au numéro 6 qu'il a choisi d'installer sa table la plus gastronomique, et qui n'a pas manqué d'attirer l'attention des gourmands parisiens. S'il y a une chose qui distingue cette maison, c'est que la partition y est toujours convaincante : ambiance chaleureuse au coude-à-coude, rythmée par le travail du chef dans sa cuisine ouverte, et produits de qualité dans l'assiette.

Menu 22 € (déjeuner)/48 € – Carte 45/54 €

PLAN : C3
6 r. Paul-Bert
TEL. 01 43 79 14 32
Ⓜ **Faidherbe-Chaligny**

Fermé dimanche et lundi

Cuisine moderne • Bistro

LE SOT L'Y LAISSE

Bien sot qui laisserait de côté ce beau bistrot ! À la limite des 11e et 20e arrondissements, il participe d'un véritable phénomène aujourd'hui à Paris : celui des tables lancées par de jeunes chefs japonais. Comme les autres, Eiji Doihara, originaire d'Osaka, est venu parfaire sa formation dans l'Hexagone avant de décider de s'y installer. L'occasion de rendre un bel hommage à cette gastronomie française qui le passionne... Tartare de veau au caviar et mousseline de chou-fleur ; huîtres en gelée de mer sur rémoulade de céleri-rave ; colvert rôti, champignons sauvages sautés et sauce à l'orange : généreuses et gourmandes, ou légères et délicates, ses recettes valorisent de superbes produits et font mouche à chaque fois. L'adresse remporte un succès mérité !

Formule 21 € – Menu 27 € (déjeuner) – Carte 52/73 €

PLAN : D3
70 r. Alexandre-Dumas
TEL. 01 40 09 79 20
Ⓜ **Alexandre Dumas**

Fermé 3 semaines en août, 1 semaine en décembre, lundi midi, samedi midi et dimanche

Cuisine moderne • Cosy

TINTILOU

Cet ancien relais de mousquetaires du 16e s., avec sa cour classée et ses plafonds à la française, a laissé derrière lui les couleurs arc-en-ciel qu'on lui connaissait pour des teintes plus neutres.. Le résultat est élégant et original, comme cette cuisine qui rêve de voyages et de parfums. La carte, renouvelée chaque mois, propose des recettes élaborées, qui mettent volontiers en avant de jolies associations terre-mer : ravioles végétales et butternut de noisettes ; dos de rascasse, semoule et citrons confits ; côte de cochon, lentilles blondes et chorizo... Et lorsque l'on déguste une assiette de couteaux à la coriandre fraîche, on se prend à rêver de promenade en bord de mer à marée basse. Savoureuse simplicité !

Formule 19 € – Menu 25 € (déjeuner), 36/49 € – Carte 48/60 €

PLAN : C3
37 bis r. de Montreuil
TEL. 01 43 72 42 32
www.letintilou.fr
Ⓜ **Faidherbe-Chaligny**

Fermé 1 semaine en janvier, 3 semaines en août, lundi midi, samedi midi et dimanche

11e - NATION • VOLTAIRE • RÉPUBLIQUE

🍴
Cuisine moderne •
Bistro

VANTRE

Le «vantre» au moyen-âge signifiait «lieu de réjouissance». Aujourd'hui, c'est un lieu de réjouissance pour notre ventre. Petite devanture vitrée, salle néo bistrot avec parquet, chaises en bois, pas de nappage, ni de surprise : nous sommes en territoire connu. Bistronomie, quand tu nous tiens! Ici, deux associés, un chef de cuisine (ancien second de Saturne) et un chef sommelier (passé par le Bristol et Taillevent) proposent une cuisine à base de produits rigoureusement sélectionnés. Menu disponible le midi, et carte uniquement le soir. Et aussi et surtout, plus de mille références de vins. Accueil et service des plus sympathiques, et succès mérité.

Formule 20 € – Carte 40/64 €

PLAN : A1
19 r. de la Fontaine-au-Roi
TEL. 01 48 06 16 96
www.vantre.fr
Ⓜ Goncourt

Fermé 3 semaines en août, 1 semaine en janvier, samedi et dimanche

🅰🅒 🕸

Rrainbow/iStock

12e

BASTILLE • BERCY • GARE DE LYON

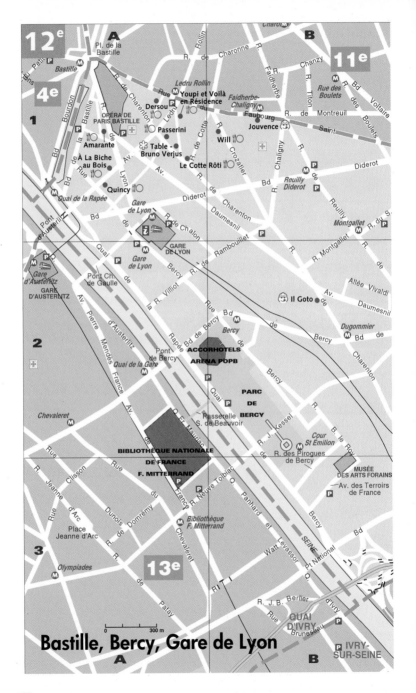

Bastille, Bercy, Gare de Lyon

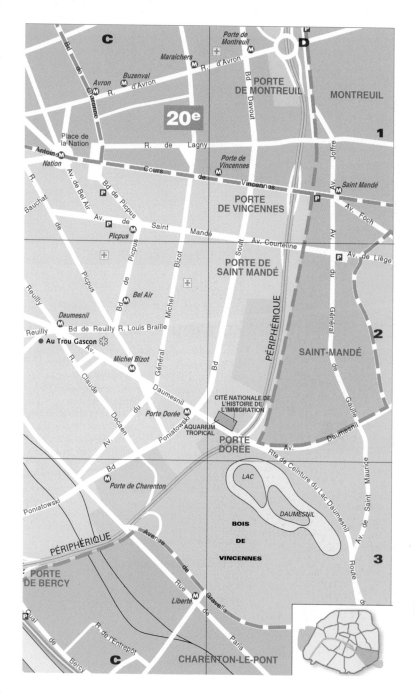

Menu 42 € (déjeuner)/78 € –
Carte 65/80 €

PLAN : C2
40 r. Taine
TEL. 01 43 44 34 26
www.autrougascon.fr
Ⓜ Daumesnil

**Fermé août, 1er -7 janvier, samedi et
dimanche**

AC 88

✿

Cuisine du Sud-Ouest • Élégant

AU TROU GASCON

Alain Dutournier y a fait ses débuts en 1973, donnant au terroir gascon ses lettres de noblesse dans la capitale : aujourd'hui, cet ancien bistrot 1900 est resté dans la famille. Grâce à son jeune chef, Clément Thouvenot, le Trou Gascon continue d'attirer les fins connaisseurs des spécialités du Sud-Ouest, ou plus précisément de l'Adour et de l'Océan. Les incontournables sont à la carte : pâté en croûte au foie gras de canard, lièvre à la royale, tourtière chaude et croustillante... et, bien sûr, le cassoulet. Le terroir dans toute sa splendeur! Mais cette ode à la tradition ne doit pas occulter l'autre visage d'une adresse qui sait aussi se faire créative et plus contemporaine. Et que serait tout cela sans un bon cru ? De ce côté-là, pas d'inquiétude : la carte des vins est d'une richesse incomparable (près de 1 000 références) et réserve de belles surprises.

■ **Entrées :** Escalope de foie gras de canard des Landes poêlée, gâteau truffé de topinambour • Pâté en croûte pistaché au foie gras

■ **Plats :** Ris de veau doré, barigoule d'artichaut violet • Cassoulet de haricots maïs, cuisse de canard confite et saucisse de couenne

■ **Desserts :** Figues caramélisées au gingembre confit, glace aux noix et riz au lait • Tourtière landaise chaude, glace caramel au beurre salé et pruneaux

❀

Cuisine moderne • Design

TABLE - BRUNO VERJUS

Choisir les plus beaux produits, les cuisiner avec humilité : tel est le credo de Bruno Verjus, étonnant personnage, entrepreneur, blogueur et critique gastronomique... devenu chef ! Dans sa cuisine ouverte face aux clients, qui n'en manquent pas une miette, il parle de chacun de ses fournisseurs avec une petite lumière dans l'œil, avec l'apparente envie de s'effacer devant l'artisan qui a produit la matière de son travail. La carte, volontairement courte, présente des compositions atypiques, au plus près des ingrédients : ormeau de plongée du Trégor snacké au beurre noisette et assaisonné de fèves de cacao et de poivre du Bénin ; saumon sauvage de l'Adour grillé à l'unilatéral, petits pois au sautoir ; fraises de jardin, huile d'olive infusée de néroli, crème glacée à l'oseille fraîche... Des recettes pleines d'énergie, où l'on devine une passion sincère et communicative !

■ Cuisine du marché

Menu 29 € (déjeuner) –
Carte 57/101 €

PLAN : A1
3 r. de Prague
TEL. 01 43 43 12 26
www.tablerestaurant.fr
Ⓜ **Ledru Rollin**

Fermé 4-25 août, samedi midi et dimanche

🍽 🐝

Cuisine italienne · Trattoria

IL GOTO

Sympathique, ce restaurant tenu par Simone et Marzia, un couple d'Italiens passionnés! Lui, en cuisine, mitonne de délicieux petits plats en utilisant des produits venus tout droit du Trentin, du Frioul et de la Vénétie ; elle, en salle, fait preuve d'autant de passion que son cuisinier de mari. Voici quelques exemples pour se faire une idée : burrata, trévise et potiron en aigre-douce ; tagliatelles au confit de chèvre, lait et menthe ; ou encore cette «torta» au mascarpone et vanille, sorte de savoureux cheesecake à la mode italienne... Des créations goûteuses et soignées, que l'on accompagne d'un bon petit rouge transalpin. Et, pour ne rien gâcher, les tarifs (à midi surtout) sont très attractifs!

Formule 15 € ♟ – Carte 31/45 €

PLAN : B2
212 bis r. de Charenton
TEL. 01 43 46 30 02
www.ilgoto.fr
Ⓜ Dugommier

Fermé 3 semaines en août, 24 décembre-2 janvier, dimanche et lundi

&

Cuisine moderne · Vintage

JOUVENCE

Boiseries et étagères avec fond de miroir façon apothicaire (aujourd'hui occupées par des bouteilles), trancheuse à jambon, petites tables rapprochées avec plateaux émaillés, banquettes en velours, comptoir en marbre blanc, tabourets en acier et skaï... Rien ne dépasse, tout est à sa place. Ce cadre chaleureux ne se repose pas sur ses lauriers décoratifs ; on y sert une cuisine actuelle, riche en produits de qualité. Ainsi cette tempura de crevettes, kimchi de concombre, jus de céleri ; le bœuf de Salers, poireaux, noisettes, pimprenelle ou la tarte aux figues. Le jeune chef, passé chez Dutournier (Pinxto) et L'Antre Amis, n'a rien à envier à ses précédentes adresses : d'adresse, il ne manque pas.

Formule 19 € – Menu 24 € (déjeuner en semaine) – Carte 36/49 €

PLAN : B1
172 bis r. du Faubourg-St-Antoine
TEL. 01 56 58 04 73
www.jouvence.paris
Ⓜ Faidherbe-Chaligny

Fermé août, dimanche et lundi

A/C

Cuisine traditionnelle · Rustique

À LA BICHE AU BOIS

Les inconditionnels de cette adresse l'apprécient pour sa longévité et pour son caractère : celui d'un bistrot d'esprit années 1920, avec tables nappées à touche-touche, argenterie, ambiance conviviale... et cuisine à l'ancienne! Le patron, consciencieux et motivé, met en effet un point d'honneur à préserver la tradition. Quelques incontournables : la terrine maison, le coq au vin et le gibier, toujours à l'honneur en saison, tels le sanglier, le lièvre... et la biche, bien sûr! Pour la note sucrée : «l'Opéra Biche» maison (un gâteau moelleux et sa crème anglaise) ou la crème caramel. En un mot, une carte aux puissants accents du terroir qui justifie le succès de l'établissement.

Formule 19 € – Menu 25 € ☯ (déjeuner)/34 € – Carte 31/43 €

PLAN : A1
45 av. Ledru-Rollin
TEL. 01 43 43 34 38
Ⓜ Gare de Lyon

Fermé 21 juillet-18 août, 24 décembre-1ᵉʳ janvier, lundi midi, samedi midi et dimanche

Cuisine traditionnelle · Bistro

AMARANTE

À cinq minutes à pied de la gare de Lyon, une façade vitrée plutôt anonyme annonce la couleur : «Cuisine de France». Tout est dit! On propose ici une cuisine traditionnelle brute et sans fioritures – un créneau quelque peu délaissé par ces temps diététiques –, avec une formule appétissante «du travailleur» à midi. Soupe verte de petits pois et ventrêche de cochon croustillante ; sole étêtée, ébarbée, équeutée puis rôtie au beurre, panisses... Une partition sans esbroufe, au doux parfum d'antan, qui donne toute leur place à des produits bien choisis : il y a là de quoi se réjouir. Il faut également dire un mot du charmant décor, aussi simple et *vintage* que la cuisine : carrelage au sol, banquettes en skaï rouge, moulures au plafond et petites tables en bois. Pourquoi faire compliqué ?

Formule 19 € – Carte 44/57 €

PLAN : A1
4 r. Biscornet
TEL. 07 67 33 21 25
www.amarante.paris
Ⓜ Bastille

Fermé août, mercredi et jeudi

ᵀ⅃○
Cuisine moderne •
Contemporain

LE COTTE RÔTI

Dans ce quartier d'Aligre toujours en ébullition, le Cotte Rôti est à l'image de son chef, Nicolas Michel : convivial et épicurien. À sa cuisine de bistrot, il apporte un certain sens de la rigueur hérité des belles maisons où il a travaillé. Il n'est qu'à goûter ces savoureuses ravioles de tourteaux à l'encre, jus d'étrilles et supions frits ; cette épaule d'agneau confite doucement, lasagne de champignons ; ce lait «fermenté, glacé, séché et caramélisé»... Autant de belles recettes dans l'air du temps, déroulées au gré de l'humeur et du marché, tout proche. Beaucoup de finesse donc dans cette adresse pour gourmands où les couleurs vives claquent aux murs. Et la carte des vins rend un hommage bien mérité aux crus de la vallée du Rhône!

Formule 22 € – Menu 26 € (déjeuner) –
Carte 52/62 €

PLAN : A1
1 r. de Cotte
TEL. 01 43 45 06 37
Φ Ledru Rollin

**Fermé 3 semaines en août, vacances de Noël,
samedi midi, dimanche et lundi**

ᵀ⅃○
Cuisine créative •
Épuré

DERSOU

L'association peut paraître excentrique : que font ensemble un barman expert en cocktails et un chef nippon, Taku Sekine, passé par chez Alain Ducasse à Tokyo et Hélène Darroze à Paris ? Ils imaginent Dersou! Vieux plancher, playlist pop pour l'ambiance, comptoir à manger : le décor est planté. Le concept, lui, est à la fois simple et original : un menu propose d'associer mets et cocktails, sur 5, 6 ou 7 plats. Surprise : la mixologie tient ses promesses et se révèle même envoûtante. Les produits sont de première qualité (légumes d'Annie Bertin, agneau acheté sur pied, porc ibérique etc.) et les rencontres avec les alcools aussi spontanées qu'audacieuses... ainsi cette tarte aux légumes servie avec un bourbon yuzu parfaitement équilibré. Brunch sans réservation le week-end.

Menu 95 € ⍩/135 € ⍩

PLAN : A1
21 r. St-Nicolas
TEL. 09 81 01 12 73
www.dersouparis.com
Φ Ledru Rollin

**Fermé 24 juillet-21 août, dimanche soir, lundi
et le midi en semaine**

A/C

🍴
Cuisine italienne •
Contemporain

PASSERINI

Intérieur couleur crème avec baies vitrées à la manière d'un atelier, sol en terrazzo, chaises vintage... Voilà pour la forme! Quant au fond, c'est-à-dire la cuisine, la partition est aussi plaisante. C'est à l'italienne que l'on se régale ici, avec par exemple les bien nommées «grosses pièces» (poisson, volaille) à partager, ou d'autres plats plein de fraîcheur et de bonnes idées : pintade rôtie, poireaux, épinards et noisette, ou encore tagliolini, saint-pierre mariné, sauge et citron. Sans oublier la formule du samedi soir, centrée autour de petites assiettes. C'est goûteux et soigné, ce qui explique sûrement que le nombre d'habitués augmente de jour en jour.

Formule 24 € – Menu 28 € (déjeuner)/48 € – Carte 50/80 € dîner

PLAN : A1
65 r. Traversière
TEL. 01 43 42 27 56
www.passerini.paris
Ⓜ Ledru Rollin

Fermé 3 semaines en août, 1 semaine vacances de Noël, mardi midi, dimanche et lundi

♿ A/C

🍴
Cuisine traditionnelle •
Bistro

QUINCY

Alors que Paris devient une grande bourgeoise, il reste encore des tables «tradi» à l'abri des vogues et des modes. Le Quincy en fait partie et c'est tant mieux! Inchangé depuis une quarantaine d'années, ce bistrot rustique comme on n'en fait plus (attention, même la carte de crédit n'a pas sa place ici!) est à l'image de son propriétaire, Michel Bosshard, dit «Bobosse». Bon vivant et volubile, généreux et entier, il propose des plats qui lui ressemblent, 100 % maison et influencés par l'Ardèche et le Berry. Viandes et charcuteries en tête, on trouve aussi la terrine et le foie gras, la caillette ardéchoise, le lapin mijoté aux échalotes et au vin blanc, la côte de veau aux morilles... Mieux qu'une madeleine nostalgique, ces recettes au bon goût d'antan offrent des plaisirs indémodables.

Carte 55/80 €

PLAN : A1
28 av. Ledru-Rollin
TEL. 01 46 28 46 76
www.lequincy.fr
Ⓜ Gare de Lyon

Fermé 1 semaine début mai, août, 1 semaine à Noël, samedi, dimanche et lundi

A/C 🚭

¶○

Cuisine moderne •
Contemporain

WILL

Avant de créer cette adresse bien dans l'air du temps à deux pas du marché d'Aligre, William Pradeleix a travaillé dans de belles maisons en France et surtout à l'étranger : Londres, Marrakech, Bora-Bora... On le devine : sa cuisine a l'âme voyageuse! Tartare de veau à l'huître, pomme granny, petits pois frais, émulsion coriandre ; maigre rôti, beurre de gingembre, coques, fèves et rhubarbe pickles ; baba au whisky japonais, crème de fleur d'oranger et kumquats confits... La salle est toute petite (30 couverts) avec une déco qui emprunte autant à l'ambiance bistrot (vieux parquet, comptoir de service) qu'au style design des années 1950.

Formule 21 € – Menu 49 € (dîner) – Carte environ 47 €

PLAN : B1
75 r. Crozatier
TEL. 01 53 17 02 44
www.will-restaurant.com
◍ Ledru Rollin

Fermé 2 semaines août, dimanche et lundi

¶○

Cuisine moderne •
Bar à vin

YOUPI ET VOILÀ EN RÉSIDENCE

L'ancien chef de Youpi et Voilà, dans le 10ᵉ arrondissement, a eu la brillante idée de transformer, aux heures du déjeuner, les locaux d'un ami caviste en cantine branchée et gourmande. C'est ainsi que cette «Résidence» est née! Entre les murs tapissés d'étagères à bouteilles, vingt couverts (vaisselle chinée, principalement) sont dressés sur de petites tables en bois brut : l'ambiance est au bistrot branché, ce qui n'a rien de saugrenu dans ce coin de l'Est parisien. Même combat en cuisine, où les produits frais sont agrémentés à la sauce bistrotière : crème de betterave et brebis ; queue de lotte, pleurotes et poitrine fumée ; pomme au four... Agréable surprise, les prix n'ont rien de délirant : encore une bonne raison de faire le déplacement!

Formule 16 € – Carte 22/31 €

PLAN : A1
8 r. de Prague (aux Caves de Prague)
TEL. 01 72 68 07 36
◍ Ledru-Rollin

Fermé 3 semaines en août, vacances de Noël, dimanche, lundi et le soir

13e

**PLACE D'ITALIE •
GARE D'AUSTERLITZ •
BIBLIOTHÈQUE
NATIONALE DE FRANCE**

—

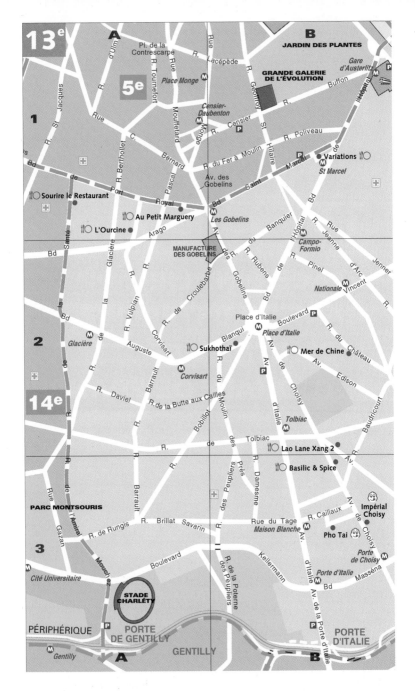

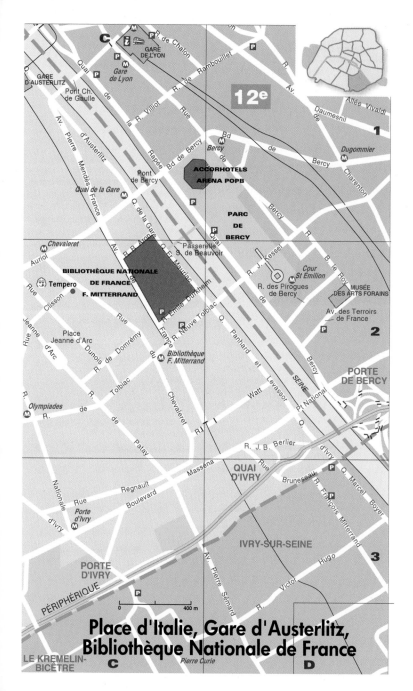

Place d'Italie, Gare d'Austerlitz,
Bibliothèque Nationale de France

Cuisine chinoise • Simple

IMPÉRIAL CHOISY

D'appétissants canards laqués suspendus en vitrine donnent tout de suite le ton et l'ambiance de ce restaurant : vous êtes au cœur du Chinatown parisien. Destination : la cuisine cantonaise avec ses nombreuses spécialités, réalisées ici dans les règles de l'art. Salade de méduse, soupe de raviolis aux crevettes et nouilles, poulet fermier au gingembre et à la ciboulette, canard laqué aux cinq parfums, mais aussi un bon choix de poissons diversement préparés. Les assiettes sont généreuses, les produits frais et parfumés. Pas de fioritures inutiles dans cette salle tout en longueur, sobre et claire, qui ne désemplit pas (service non-stop, voire un peu expéditif !) et où l'on mange au coude-à-coude. Un vrai goût d'authenticité, sans se ruiner.

Carte 20/45 €

PLAN : B3
32 av. de Choisy
TEL. 01 45 86 42 40
Ⓜ Porte de Choisy

Ⓐ/Ⓒ

Cuisine vietnamienne •
Simple

PHO TAI

Dans une rue isolée du quartier asiatique, ce restaurant vietnamien opère derrière une façade très discrète... mais ne vous y trompez pas : les initiés s'y pressent par grappes entières ! Situé dans une rue calme et isolée du quartier asiatique, ce restaurant vietnamien sort assurément du lot : tout le mérite en revient à son chef et patron, Monsieur Te, arrivé en France en 1968 et fort bel ambassadeur de la cuisine du Vietnam. Ses raviolis et autres rouleaux de printemps (poulet, porc ou crevettes), son poulet croustillant au gingembre frais et ciboulette, ses marmites au jus de coco, ou encore ses incontournables bo bun et soupes phô : tout est parfumé et plein de saveurs... Conséquence logique : la petite salle – où Madame Te et sa fille assurent un accueil charmant – est rapidement pleine.

Formule 14 € – Carte 25/35 €

PLAN : B3
13 r. Philibert-Lucot
TEL. 01 45 85 97 36
Ⓜ Maison Blanche

Fermé août et lundi

Ⓐ/Ⓒ

Cuisine créative •
Bistro

TEMPERO

Un bistrot fort sympathique, qui booste littéralement ce quartier plutôt calme, entre la Pitié-Salpêtrière et la BNF ! Il doit beaucoup à la personnalité de sa chef, Alessandra Montagne, originaire du Brésil et passée par des tables aussi séduisantes que Ze Kitchen Galerie et Yam'Tcha. Ici chez elle, en toute décontraction, elle cuisine au gré du marché de beaux produits frais, signant des recettes vivifiantes à la croisée de la France, du Brésil évidemment, mais aussi de l'Asie. Un joli métissage qui cultive l'essentiel : de suaves parfums... Un concept mi-bistrot, mi-cantine qui fait mouche !

Formule 16 € – Menu 21 € (déjeuner) – Carte 32/45 € dîner

PLAN : C2
5 r. Clisson
TEL. 09 54 17 48 88
www.tempero.fr
Ⓜ Chevaleret

Fermé août, 1 semaine vacances de Noël, lundi soir, mardi soir, mercredi soir, samedi et dimanche

Cuisine traditionnelle •
Bourgeois

AU PETIT MARGUERY

La réputation du Petit Marguery n'est plus à faire, et tout y semble immuable : le décor Belle Époque rose et bordeaux, digne de figurer au patrimoine ; les serveurs qui n'ôteraient leur classique tenue noir et blanc pour rien au monde ; l'esprit chaleureux du lieu et... la carte qui joue la grande tradition ! Les habitués ne s'y trompent pas et reviennent en nombre déguster de copieux plats bistrotiers, comme les terrines maison ou la tête de veau sauce ravigote. En saison, on se bouscule également pour les spécialités de gibier, tels le fameux lièvre à la royale ou le filet de chevreuil sauce grand veneur. Des plats aussi satisfaisants que le rapport qualité-prix... Une institution indéboulonnable !

Formule 24 € – Menu 29 € – Carte 36/67 €

PLAN : A1
9 bd de Port-Royal
TEL. 01 43 31 58 59
www.petitmarguery.com
Ⓜ Les Gobelins

¶○
*Cuisine thaïlandaise •
Exotique*

BASILIC & SPICE

Au cœur du Chinatown parisien, un petit restaurant asiatique dont le décor évoque avec une certaine originalité la culture thaïlandaise : fresques, photos de jeunes moines bouddhistes, bibelots, masques en bois, orchidées, murs en ardoise, etc. Quant à l'assiette, elle met évidemment à l'honneur les spécialités du pays, mais aussi certaines recettes du Cambodge voisin, dont les propriétaires du restaurant sont originaires. Salade de papaye aux crevettes, poulet sauté au curry rouge, ou encore bar entier grillé dans une feuille de bananier à la façon khmère… Une cuisine fraîche et bien réalisée, qui traverse les frontières : on ne boude pas son plaisir !

Formule 14 € – Menu 24/48 € – Carte 25/56 €

PLAN : B3
88 av. de Choisy
TEL. 01 45 85 19 30
www.basilicspice.com
Ⓜ Tolbiac

Fermé 29 juillet-18 août et lundi

ⒶⒸ

¶○
*Cuisine sud-est asiatique •
Simple*

LAO LANE XANG 2

L'histoire parisienne des Siackhasone, originaires du Laos, commence dans les années 1990, avec la création successive des restaurants Rouammit et Lao Lane Xang 1 (tous les deux fermés depuis), aux 103 et 105 de l'avenue d'Ivry. En 2007, Do et Ken – frères et dignes héritiers du savoir-faire familial – ouvrent cette table «bis», située juste en face de son aînée. La carte marie avec finesse spécialités laotiennes, thaïes et vietnamiennes, et le décor, sobre et contemporain, renouvelle totalement l'habituel style «cantine» du quartier. Pour savourer une soupe de crevettes à la citronnelle bien parfumée ou un canard laqué au tamarin, à la fois tendre et croustillant, pensez à réserver !

Formule 14 € 🍷 – Carte 20/35 €

PLAN : B2
102 av. d'Ivry
TEL. 01 58 89 00 00
Ⓜ Tolbiac

Fermé jeudi midi et mercredi

♿ ⒶⒸ

¶○
Cuisine chinoise •
Exotique

MER DE CHINE

De la cuisine cantonaise, on connaît bien peu de choses à l'exception de son riz, parfois bien maltraité. Dans cette Mer de Chine, à l'écart de l'agitation de Chinatown, on s'immerge dans des recettes aux subtils mariages de saveurs et de textures : salade de méduse au blanc de volaille, crabe en mue sauté à l'ail, nouilles sautées au soja et œuf de cent ans... Avec une bière Tsingtao et un (léger) fond musical «made in China», on ne boude pas son plaisir! Signe qui ne trompe pas : les Asiatiques se précipitent à chaque service dans la coquette petite salle, qui arbore une sobre décoration d'inspiration chinoise. Non, la cuisine cantonaise ne se résume pas à son riz.

Menu 15 € (déjeuner en semaine)/25 € ♟
– Carte 18/85 €

PLAN : B2
159 r. du Château-des-Rentiers
TEL. 01 45 84 22 49
Ⓜ **Place d'Italie**

A/C

¶○
Cuisine traditionnelle •
Bistro

L'OURCINE

Qualité et modestie résument joliment l'esprit de l'Ourcine, un sympathique bistrot qui compte de nombreux fidèles. Sa façade attire l'œil en proclamant d'entrée de jeu qu'ici on a affaire à une «cuisine de cuisinier» et à des «vins de vignerons»! De doux pléonasmes pour dire la passion du chef, Sylvain Danière (ayant travaillé chez Yves Camdeborde et à l'Épi Dupin), pour l'authenticité : sa cuisine du marché et de saison ne triche ni avec les produits ni avec les saveurs. Menu du jour, plats du moment, petite ardoise «coups de cœur» (parfois avec supplément) regorgent de belles propositions : fricassée de champignons à l'ail confit et au jus de viande, suprême de poulet piqué au foie gras, blanc-manger aux fruits du moment, miel et épices douces...

Formule 28 € – Menu 38 €

PLAN : A1
92 r. Broca
TEL. 01 47 07 13 65
www.restaurant-lourcine.fr
Ⓜ **Les Gobelins**

Fermé 3 semaines en août, dimanche et lundi

‖○
Cuisine moderne •
Cosy

SOURIRE LE RESTAURANT Ⓝ

Dans une rue quelque peu tristounette, la façade avenante nous redonne instantanément le sourire. Banquettes en velours bleu, tables à la façon d'un bistrot retro, couleurs éclatantes, voilà pour le décor. Côté cuisine aussi, on se fait plaisir grâce à une partition qui ne manque pas de fougue. Producteurs bien sélectionnés (Saint-Jacques de Saint-Brieux, agneau de Clavisy), assiettes travaillées avec soin : la recette est éprouvée mais séduit toujours autant. On trouve même la Georgette (une cuillère à dessert tendance), comme à l'Elysée! Ajoutons enfin que les prix sont plutôt raisonnables, une raison de plus de se réjouir...

Menu 32 € (déjeuner en semaine), 40/65 € – Carte environ 54 €

PLAN : A1
15 r. de la Santé
TEL. 01 47 07 07 45
www.sourire-restaurant.com
Ⓜ **Gobelins**

Fermé dimanche et lundi

‖○
Cuisine thaïlandaise •
Exotique

SUKHOTHAÏ

Du nom de la première capitale du Siam (fondée au 13ᵉ s.), ce restaurant thaï situé à deux pas de la place d'Italie est vraiment beaucoup moins cher qu'un vol direct pour Bangkok! Dans la salle à manger de poche, quelques bouddhas sculptés, des gravures et des fleurs de-ci de-là suffisent à planter le décor. Le service lui aussi joue la discrétion et les serveurs se faufilent avec aisance parmi les tables en rang d'oignons. Quant à la carte, elle présente un grand choix de saveurs thaïlandaises traditionnelles : bœuf, canard, porc et crustacés se frottent à la citronnelle, au basilic, au piment ou au lait de coco. Et quelques spécialités chinoises viennent compléter cette offre déjà large. Réservation fortement conseillée.

Formule 14 € ⌇ – Menu 26/29 € – Carte 30/45 €

PLAN : B2
12 r. du Père-Guérin
TEL. 01 45 81 55 88
Ⓜ **Place d'Italie**

Fermé 2 semaines en août et dimanche

A/C

🍴
Cuisine traditionnelle •
Bistro

VARIATIONS

Un vrai bistrot, celui-là : des banquettes, des tables en bois, des moulures et de grands miroirs anciens. Le chef (un ancien pilote de chasse!) compose de jolies... variations autour du marché et des saisons. Amoureux des beaux produits, il aime donner du piquant à la cuisine traditionnelle, avec une pincée de poivre de Madagascar par exemple, au parfum de bois et de fleur. À la carte : de spectaculaires pastas flambées à la grappa dans une meule de parmesan, un filet de dorade aux petits légumes et, pourquoi pas, une crème brûlée au sirop de coquelicot ou une brioche façon pain perdu, avec du caramel... Aux beaux jours, la salle s'épanche doucement sur la rue, si calme à deux pas de la Pitié-Salpêtrière.

Formule 24 € – Menu 30 € – Carte 40/62 €

PLAN : B1
18 r. des Wallons
TEL. 01 43 31 36 04
www.restaurantvariations.com
Ⓜ Saint-Marcel

Fermé août, samedi et dimanche

14e

MONTPARNASSE • DENFERT-ROCHEREAU • PARC MONTSOURIS

—

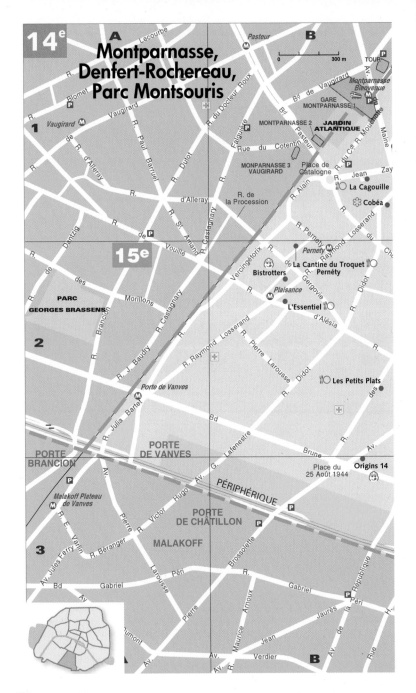

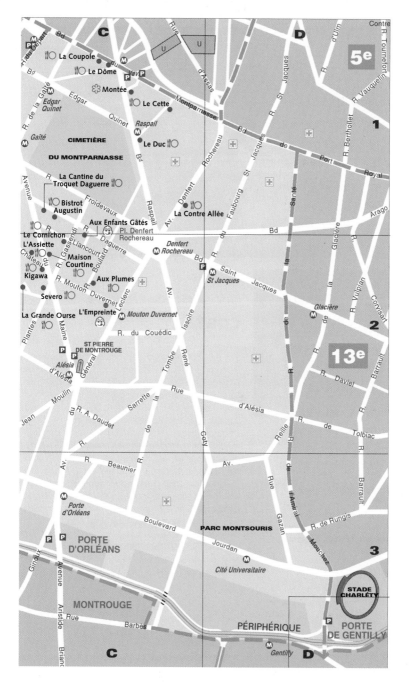

C

Contre

R. Tournefort

d'Ulm

P
Paul-Bert
Bd

🍴◯ La Coupole

🍴◯ Le Dôme

R.
du
Vav
M
P

❄ Montée

Edgar
Quinet

Edgar

M
R. de la Gaîté

🍴◯ Le Cette

Quinet

Raspail

Montparnasse

Bd

de

Port

Royal

St Jacques

R. Jacques

R.

R. Vauquelin

R. Berthollet

Gaîté
M

CIMETIÈRE

DU MONTPARNASSE

Le Duc 🍴◯

Bd

Rochereau

de

la

Sante

1

Avenue

R.

La Cantine du
Troquet Daguerre 🍴◯

Froidevaux

Denfert

🍴◯ Bistrot
Augustin

Raspail

🍴◯ La Contre Allée

Av.

St

Faubourg

Bd

Arago

Glacière

R.

Aux Enfants Gâtés

Daguerre

😊 Pl. Denfert
Rochereau

Denfert
M Rochereau

Bd

Le Cornichon 🍴◯

Gassendi

Liancourt

Boulard

L'Assiette 🍴◯◯🍴

Château

R.

🍴◯ Maison
Courtine

Kigawa 🍴◯

R. Mouton
Duvernet

🍴◯ Aux Plumes

Leclerc

P
M Saint
St Jacques

Jacques

de

la

Glacière
M

R. Vulpian

Constant

Severo 🍴◯

La Grande Ourse
🍴◯

L'Empreinte 🍴😊 M Mouton Duvernet

Av.

R. du Couédic

Maine

Plantes

ST PIERRE
DE MONTROUGE
P

P

Général

Alésia
d'Alésia
M

Moulin

du R. A. Daudet

Sarrette

la

de

R.

Rue

Tombe

René

Issoire

la

d'Alésia

R.

R. Daviel

Barrault

13e

2

de

la

Glacière

Jean

Av.

R.

Beaunier

R.

Coty

Av.

Reille

de

Tolbiac

R.

Barrault

M
Porte
d'Orléans

Boulevard

PARC MONTSOURIS

Jourdan

Gazan

R. de Rungis

de

Rue

d'Amiral

Meuchez

3

P
P
PORTE
D'ORLÉANS

Cité Universitaire

M

STADE
CHARLÉTY

Ginoux

Avenue

MONTROUGE

Aristide

Rue

Barbès

PÉRIPHÉRIQUE

P

PORTE
DE GENTILLY

Briand

C

M Gentilly

D

Menu 50 € (déjeuner), 70/120 €

PLAN : B1
11 r. Raymond-Losserand
TEL. 01 43 20 21 39
www.cobea.fr
Ⓜ Gaité

Fermé 1 semaine vacances de printemps, août, 1 semaine vacances de Noël, dimanche et lundi

A/C 🍴

❀
Cuisine moderne • Élégant

COBÉA

Cobéa ? Une plante d'Amérique du Sud et un clin d'œil aux propriétaires : **Co** comme Jérôme Cobou en salle, **Bé** comme Philippe Bélissent aux fourneaux et **A** comme Associés. Mais avant d'être associés, ces deux compères sont surtout amis et… passionnés de gastronomie! Après avoir fait leurs armes dans de belles maisons, Philippe et Jérôme décident de se lancer en 2011, pleins d'enthousiasme… Monsieur Lapin – institution du 14ᵉ arrondissement fondée dans les années 1920 – se libère : qu'à cela ne tienne, Cobéa est né! Dans ce restaurant à la déco sage et élégante, on se sent tout simplement bien et l'on a tout loisir d'admirer Philippe Bélissent s'activer en cuisine, toujours inspiré… Déjà étoilé au Restaurant de l'Hôtel, dans le 6ᵉ arrondissement, il n'a rien perdu de son talent. Sens du produit, goût du bon, harmonie des saveurs et subtilité… Ses assiettes sont franches et fines. Couteaux en persillade, lotte confite à l'avocat grillé, foie gras poêlé, châtaignes et champignons : **Co** comme Contentement, **Bé** comme Béatitude et **A** comme Allez-y sans tarder!

■ **Entrées :** Tortellinis de homard breton • Tomates collection, burrata et basilic

■ **Plats :** Quasi de veau français à la plancha • Cabillaud, chou-fleur et miso

■ **Desserts :** Pêche et dragées • Chocolat et cacahuète

☸

Cuisine moderne •
Élégant

MONTÉE

Derrière la façade très discrète, près du boulevard Montparnasse, se joue une histoire que l'on commence à connaître, mais dont on ne se lassera jamais : un chef japonais (de Kobé) s'installe à Paris et nous fait partager son amour de la gastronomie française... Ici, cela donne des assiettes graphiques et millimétrées, dans la droite ligne de la tradition hexagonale, où le produit est admirablement mis en valeur. On profite de cette «Montée» grâce à un menu-carte savamment composé (5 plats à midi, 10 le soir), qui laisse entrevoir une technique et un savoir-faire incontestables, doublés d'une vraie personnalité de chef. Décor minimaliste, accueil efficace et chaleureux. Une belle adresse.

■ Cuisine du marché.

Menu 32 € (déjeuner en semaine)/ 80 €

PLAN : C1
9 r. Léopold-Robert
TEL. 01 43 25 57 63
www.restaurant-montee.fr
Ⓜ **Notre-Dame-des-Champs**

Fermé dimanche et lundi

A/C

Cuisine moderne • Cosy

AUX ENFANTS GÂTÉS

Ce restaurant fait de nous... des Enfants Gâtés! L'intérieur, entièrement rénové, se pare de belles teintes contemporaines ; aux murs, des citations de grands chefs et quelques recettes donnent un côté presque «littéraire» à la salle, où l'on se sent vraiment à l'aise. Le chef est passé par plusieurs belles maisons, dont la Grande Cascade, au bois de Boulogne ; il compose des plats de caractère, agrémentant la tradition en fonction de son inspiration et de ce qu'il déniche au marché : terrine de faisan et compotée de chou rouge à l'aigre-doux ; poitrine de veau confite au four, endives caramélisées à l'orange ; figue pochée au vin épicé, chantilly et mascarpone... Des jus et bouillons délicieux, des saveurs percutantes : sans conteste, cette adresse nous gâte!

Formule 30 € – Menu 37 € – Carte environ 44 €

PLAN : C2
4 r. Danville
TEL. 01 40 47 56 81
www.auxenfantsgates.fr
Ⓜ Denfert Rochereau

Fermé vacances de février, août, vacances de Noël, samedi midi, dimanche et lundi

A/C

Cuisine moderne •
Bistro

BISTROTTERS

Une bien jolie maison que ce Bistrotters installé dans le sud du 14ᵉ arrondissement, près du métro Plaisance. À la lecture de la carte, une irrépressible fringale nous saisit : cromesquis de confit de canard, crème de parmesan et jeunes pousses de salade, ou encore croustillant de poitrine de cochon au fenouil et au cidre... On célèbre ici la bistronomie et l'épicurisme avec des plats gourmands et travaillés, de belles associations de saveurs et des présentations soignées ; on privilégie les petits producteurs d'Île-de-France, ce qui fait toute la différence. Quant au cadre, il joue – tiens donc! – la carte du bistrot décontracté, en adéquation avec le service, simple et agréable.

Formule 19 € – Menu 23 € (déjeuner en semaine), 32/36 €

PLAN : B2
9 r. Decrès
TEL. 01 45 45 58 59
www.bistrotters.com
Ⓜ Plaisance

Fermé 24 décembre-2 janvier

A/C

*Cuisine traditionnelle ·
Bistro*

L'EMPREINTE

À deux pas de Denfert-Rochereau et de la porte d'Orléans, voilà le restaurant qui risque de vous faire rater l'Orlybus! Cette table, tenue par deux associés du métier (directeur d'hôtel et chef), ambitionne de mettre à l'honneur une cuisine tradition-nelle, authentiquement française. On s'ins-talle donc dans la salle à manger au charme contemporain (suspensions modernes, mobilier de couleur acajou, mur en pierre, comptoir) pour se délecter d'une cuisine de bistrot légèrement modernisée, privilégiant produits frais et du terroir – ainsi cette belle poêlée de girolles en persillade. Très bon rapport qualité prix du menu. Une adresse fort sympathique. Laissez-y l'empreinte de votre gourmandise!

Formule 27 € – Menu 36 € – Carte 40/55 €

PLAN : C2
5 r. Mouton-Duvernet
TEL. 01 45 39 39 61
www.restaurant-empreinte.paris
Ⓜ Mouton Duvernet

Fermé 12-23 août, 25 décembre-
1ᵉʳ janvier et lundi

*Cuisine traditionnelle ·
Convivial*

ORIGINS 14

Après avoir fait ses armes sous l'œil de Bruno Doucet, le jeune Ollie Clarke a fait le grand saut : à la barre de l'ancienne Réga-lade, rebaptisée Origins 14, il laisse éclater son amour de la gastronomie française. Ce jeune chef de 28 ans, britannique pur jus, a tout pour réussir : une passion chevillée au corps, et une capacité à magnifier le produit qu'il tient de sa mère, elle-même excellente cuisinière. Ses préparations, rythmées par les saisons, appuyées sur une sélection ri-goureuse de petits producteurs (et d'une belle sélection de produits sauvages), sont déclinées au fil d'un menu à prix raisonnable et accompagnées de vins choisis par le sommelier Cyril Sagot. Une franche réus-site ; n'oubliez pas de réserver.

Menu 37 €

PLAN : B3
49 r. Jean-Moulin
TEL. 01 45 45 68 58
www.laregalade14.com
Ⓜ Porte d'Orléans

Fermé lundi midi, samedi et dimanche

A/C 🐝

¡IO
Cuisine classique •
Bistro

L'ASSIETTE

Après plusieurs années derrière les fourneaux de deux restaurants de la galaxie Ducasse (Benoit, Aux Lyonnais), où il a appris la rigueur et l'amour des beaux produits, David Rathgeber a choisi l'indépendance. Sa maison a remplacé le bistrot Chez Lulu – une institution et une ex-boucherie – mais en a gardé la convivialité et la patine d'origine. Dans la cuisine, visible à l'entrée, le chef et sa brigade mitonnent de bons petits plats classiques revus à la mode bistrot chic. Cassoulet maison, rillettes de jarret de cochon confit, tartare de crevettes bleues, crème caramel au beurre salé, soufflé au chocolat : c'est tout simplement bon, de saison et sans esbroufe, à l'image du décor, plaisant avec ses tables en bois et ses céramiques au plafond.

Formule 23 € – Carte 45/65 €

PLAN : C2
181 r. du Château
TEL. 01 43 22 64 86
www.restaurant-lassiette.com
Ⓜ Mouton Duvernet

Fermé août, 1 semaine vacances de Noël, lundi et mardi

¡IO
Cuisine moderne •
Convivial

AUX PLUMES

Derrière la façade discrète, une salle de poche (20 couverts seulement) joliment décorée : parquet à grosses lattes, tables en bois... et une cuisine ouverte permettant d'admirer le travail du jeune chef japonais, passé par l'Astrance et le Chamarré Montmartre. Avec les meilleurs produits des fournisseurs du voisinage – on se souviendra, par exemple, d'un superbe faux-filet de chez Hugo Desnoyer –, il compose des plats inspirés, généreux et goûteux, où la tradition française est célébrée avec une précision toute nipponne... On se régale au coude à coude, dans une ambiance franchement conviviale : allez-y les yeux fermés.

Formule 18 € – Menu 32 € (déjeuner), 38/50 €

PLAN : C2
45 r. Boulard
TEL. 01 53 90 76 22
www.auxplumes.com
Ⓜ Mouton Duvernet

Fermé 2 semaines en août, 2 semaines en février, dimanche et lundi

A/C

𝕀○
*Cuisine traditionnelle •
Bistro*

BISTROT AUGUSTIN

Cette belle devanture de la partie supé-
rieure de la rue Daguerre (stores noirs, lettrages dorés et baie vitrée) ouvre sur un
charmant bistrot chic au cadre intimiste.
On y concocte une cuisine du marché (et
de saison) aux accents du sud, qui réveille
la gourmandise, à l'image de ces asperges
blanches des Landes aux sucs d'agrumes,
ou de cet artichaut frais «farci à ma façon»
et sa sauce périgueux. Les produits sont ici
à la fête : foie gras de chez Duperrier, fromages de la ferme d'Alexandre... Quant aux
viandes (superbe côte de cochon du Périgord, veau fermier du Limousin), elles vous
convertiraient n'importe quel végétarien en
carnivore prosélyte! Table d'hôte au fond de
la salle et appétissants menus-cartes.

Menu 41 € – Carte 46/67 €

PLAN : C1
79 r. Daguerre
TEL. 01 43 21 92 29
www.augustin-bistrot.fr
Ⓜ Gaîté

Fermé dimanche

🛖 ♿ 🅰🅒

𝕀○
*Poissons et fruits de mer •
Bistro*

LA CAGOUILLE

Une placette empreinte de quiétude et un
programme 100 % poissons, coquillages et
crustacés de très belle fraîcheur, cela vous
tente ? Cette table du quartier Montparnasse porte le nom du petit gris charentais,
mais point d'escargots à la carte! Que des
produits des mers et rivières travaillés sans
fioriture. Couteaux grillés au beurre citronné, calamars frits ail et oignons, dorade farcie à la tapenade... La salle à manger dégage
une sympathique atmosphère marine avec
boiseries, poulies, cordages, coquillages et
tables de bistrot en marbre. Et pour profiter
des beaux jours, filez sur la délicieuse terrasse chlorophyllée. Belle collection de co-
gnacs en prime.

Formule 29 € – Menu 35 € – Carte 34/117 €

PLAN : B1
10 pl. Constantin-Brancusi
TEL. 01 43 22 09 01
www.la-cagouille.fr
Ⓜ Gaîté

🛖 🍽️

○

*Cuisine traditionnelle •
Bistro*

LA CANTINE DU TROQUET - DAGUERRE

On connaît le soin avec lequel le chef béarnais Christian Etchebest (associé cette fois-ci à son ami de longue date Nicolas Gras, ex-Ledoyen) s'implique dans la création de ses troquets. Cette adresse, la troisième du genre, ne déroge pas à la règle. Les vertus cardinales du «troquet façon Etchebest» sont respectées à la lettre : zinc ouvragé, carrelage à l'ancienne, banquette en bois et mur-ardoise, avec les incontournables œufs mayo. Sans oublier les trois spécialités de la maison, couteaux à la plancha, oreilles de cochon grillées et terrine de pâté de chez Ospital, bien entendu! Citons aussi, parmi tant d'autres, le merlu aux légumes croquants, et le filet de poulet fermier accompagné (en saison) de girolles : imbattable. Pour un plaisir canaille!

Carte 30/49 €

PLAN : C1
89 r. Daguerre
TEL. 01 43 20 20 09 (sans réservation)
www.lacantinedaguerre@gmail.com
Ⓜ Gaîté

Fermé 9-24 août, samedi midi et dimanche

○

*Cuisine traditionnelle •
Convivial*

LA CANTINE DU TROQUET - PERNETY

Une Cantine, certes, mais la cantine du charismatique Christian Etchebest! On s'y retrouve entre copains et l'on s'invite sans réserver, pour échanger une franche part de convivialité. Ambiance décontractée et décor de néobistrot : zinc, banquettes rouges, couverts et serviettes dans des pots à même les tables, photos des camarades. Sur la grande ardoise murale – ni menu ni carte –, les plats aux influences basques (cochonnailles, poulet des Landes, piquillos, fromages des Pyrénées servis avec une bonne confiture de cerise noire, etc.) fraternisent avec les classiques bistrotiers (œuf mayo, frites maison, riz au lait, tarte du jour...). Tous à la Cantine!

Menu 35 € – Carte 30/47 €

PLAN : B2
101 r. de l'Ouest
TEL. 01 45 40 04 98 (sans réservation)
www.lacantinedutroquet.com
Ⓜ Pernety
Fermé 3 semaines en août, 1 semaine à Noël, dimanche et lundi

Cuisine traditionnelle • Bistro

LE CETTE

À deux pas du boulevard du Montparnasse, cette rue est entrée dans l'histoire pour avoir accueilli en 1960 le tournage du film *À bout de souffle*, de Jean-Luc Godard. C'est donc dans ce quartier éminemment parisien qu'un restaurateur sétois («Cette» est l'ancienne graphie de la ville) a repris le troquet du coin pour en faire un repaire gourmand. Il a confié les fourneaux de son restaurant à une équipe japonaise très motivée... qui réalise de jolies assiettes très françaises : carré de veau, rattes et truffes d'été ; turbot rôti et bouillon de mer ; carpaccio de veau et herbes folles, etc. Les cuissons sont bien exécutées et les mariages de saveurs sont toujours heureux : on passe un excellent moment.

Formule 22 € – Menu 28/48 €

PLAN : C1
7 r. Campagne-Première
TEL. 01 43 21 05 47
www.lecette.fr
Ⓜ Raspail

Fermé 3 semaines en août, samedi et dimanche

Cuisine moderne • Brasserie

LA CONTRE ALLÉE

Sur une discrète contre-allée de l'avenue Denfert-Rochereau, avec son grand auvent rouge et son cadre plutôt classique, l'adresse a tout du restaurant parisien traditionnel... Et pourtant ! On y découvre une vraie cuisine de cuisinier, appuyée sur de solides bases classiques parfaitement accommodées aux goûts d'aujourd'hui. Les assiettes sont joliment dressées, les saveurs bien marquées, les associations relevées. Bref, une cuisine vivante et sans chichis, qui sait faire résonner l'époque en toute simplicité. De surcroît, les prix sont mesurés, et l'ambiance extrêmement conviviale. Voilà une formule qui mérite d'être encouragée sans contre-indication !

Formule 33 € – Menu 39/80 € – Carte 53/69 €

PLAN : C1
83 av. Denfert-Rochereau
TEL. 01 43 54 99 86
www.contre-allee.com
Ⓜ Denfert Rochereau

Fermé 2 semaines en août, samedi et dimanche

14ᵉ • MONTPARNASSE • DENFERT-ROCHEREAU • PARC MONTSOURIS

¶○

Cuisine moderne •
Bistro

LE CORNICHON

Rassurez-vous, ce bistrot du quartier Denfert-Rochereau n'a rien d'un cornichon – si ce n'est quelques touches de couleur verte! Cette affaire, c'est la seconde vie de Franck Bellanger, un ingénieur informatique hier salarié d'une fameuse chaîne de télévision privée, et depuis toujours passionné de restauration. Ce qui a fait basculer sa vie professionnelle ? La rencontre du jeune chef Matthieu Nadjar, formé à bonne école et avec lequel il a décidé de se lancer. On ne le regrettera pas : beaux produits, jolies recettes, beaucoup de saveurs, etc., leur Cornichon est un joli bistrot d'aujourd'hui plein de croquant et de peps!

Menu 35 € (déjeuner)/39 € – Carte 44/70 €

PLAN : C2
34 r. Gassendi
TEL. 01 43 20 40 19
www.lecornichon.fr
 Ⓜ **Denfert Rochereau**

Fermé août, 1 semaine vacances de Noël, samedi et dimanche

¶○

Cuisine traditionnelle •
Brasserie

LA COUPOLE

On manque d'adjectifs pour qualifier l'aura de cette Coupole, l'une des dernières véritables brasseries parisiennes. Mythique ? Pour le moins! Créée en 1927, signée par les architectes Barillet et Le Bouc, elle fut au cœur des nuits parisiennes des Années folles. Restaurant phare du Montparnasse artistique et littéraire, ses hôtes illustres se nommaient Kessel, Picasso, Man Ray, Sartre, Giacometti ou Hemingway. Attablé dans une immense – et magnifique – salle Art déco, on assiste au ballet incessant des garçons, qui escortent d'un bout à l'autre du restaurant les classiques de la maison : escargots de Bourgogne marinés au chablis, curry d'agneau fermier à l'indienne, cœur de filet de bœuf poêlé au poivre et flambé à l'armagnac... Des plats fidèles à la tradition, accompagnés de sauces maison. Intemporel!

Formule 23 € – Menu 38/59 € – Carte 39/73 €

PLAN : C1
102 bd du Montparnasse
TEL. 01 43 20 14 20
www.lacoupole-paris.com
 Ⓜ **Vavin**

 ♿ 🄰🄲 ⛶ 🍽

Poissons et fruits de mer • Brasserie

LE DÔME

Bienvenue dans ce qui fut l'un des temples de la bohème littéraire et artistique des Années folles. Le Dôme... La célèbre brasserie marine de Montparnasse, à l'atmosphère unique, chic et animée. Orné de photos d'époque et d'une fresque du peintre Carzou – un habitué –, le bel intérieur Art déco témoigne de ce glorieux âge d'or. Boiseries omniprésentes, banquettes en cuir fauve et vert, vitraux colorés, lumières tamisées par des abat-jour... Chaque détail participe à l'âme du lieu, précieusement conservée au fil du temps. La cuisine et le service sont au diapason. Les produits de la mer occupent la scène, préparés au gré des arrivages et joliment présentés dans des assiettes généreuses à souhait – les vins aussi font honneur à la table. Comme au temps des Montparnos.

Carte 70/140 €

PLAN : C1
108 bd Montparnasse
TEL. 01 43 35 25 81
www.restaurant-ledome.com
Ⓜ Vavin

Poissons et fruits de mer • Cosy

LE DUC

On a beau être au cœur de la rive gauche, on se croirait dans une cabine de yacht... Peut-être celle d'un duc épris de voyages au long cours et de saveurs iodées ? Les fidèles de longue date sont toujours ravis de déguster des plats goûteux et raffinés. Le chef, Pascal Hélard, ne sélectionne que des poissons et fruits de mer de tout premier choix, et s'attache à les travailler avec simplicité, pour en magnifier la saveur. Un beurre émulsionné, une huile d'olive bien choisie : aller à l'essentiel, sans chichis mais avec savoir-faire. Évidemment, on se réjouit aussi à l'arrivée du chariot des desserts, qui regorge de délices incontournables : baba au rhum, millefeuille, île flottante, etc. Embarquement immédiat !

Menu 55 € (déjeuner) – Carte 70/162 €

PLAN : C1
243 bd Raspail
TEL. 01 43 20 96 30
www.restaurantleduc.com
Ⓜ Raspail

Fermé 5-20 août, dimanche et lundi

🍴○

*Cuisine traditionnelle •
Bistro*

L'ESSENTIEL

Vous aimez les ambiances animées ? Ce café-bistrot du 14ᵉ arrondissement est pour vous : dans sa toute petite salle, souvent archi-comble, on mange au coude-à-coude... serrés comme des sardines dans une boîte! Le service, qui peut être un peu anarchique, invite aussi à la convivialité, comme l'esprit de la cuisine, entre plats canailles (terrine maison, onglet de bœuf à l'échalote) et recettes de saison bien tournées (salade de girolles, dos de cabillaud aux petits légumes). Difficile de résister, d'autant que le tout s'accompagne d'une belle sélection de vins. En bref, l'adresse sait cultiver l'Essentiel.. et l'addition reste extraordinairement légère!

Formule 15 € – Menu 18 € (déjeuner en semaine) – Carte 28/35 €

PLAN : B2
168 r. d'Alesia
TEL. 01 45 42 64 80
Ⓜ **Plaisance**

🏠 A/C

🍴○

*Cuisine moderne •
Bistro*

LA GRANDE OURSE

Inutile d'attendre la nuit tombée et de scruter le ciel pour profiter de la Grande Ourse. Il suffit de sillonner le quartier pour découvrir, campé sur une petite place, ce bistrot tout ce qu'il y a de terrien. Le cadre n'atteint pas la Lune et n'en est que plus chaleureux (tons prune et orange, tables en bois). Quant à la cuisine, elle rend bien hommage à la «Grande Casserole» (un clin d'œil ?) dont elle fait son enseigne : le chef dévoile une carte alléchante où les poissons tiennent les premiers rôles, et où le plaisir est partout. Les cuissons sont bien maîtrisées (gambas et morue), les saveurs franches (bouillon de tomate au gingembre), et les produits de toute première qualité... On finit la soirée le nez en l'air, pour apprécier les scintillements de l'autre Grande Ourse.

Formule 19 € – Menu 23 € (déjeuner)/39 € – Carte 49/59 €

PLAN : C2
9 r. Georges-Saché
TEL. 01 40 44 67 85
www.restaurantlagrandeourse.fr
Ⓜ **Mouton Duvernet**

Fermé août, samedi midi, dimanche et lundi

🍴○

Cuisine traditionnelle •
Élégant

KIGAWA

Kigawa comme Michihiro Kigawa, le chef et patron de cet établissement tout simple... et comme Junko, sa femme, qui accueille les clients avec toute la politesse propre au pays du Soleil-Levant. Ne vous attendez pas pour autant à déguster makis ou sushis : le jeune chef a travaillé pendant une dizaine d'années dans un restaurant français d'Osaka avant de venir à Paris. En goûtant son pressé de caille au foie gras sauce ravigote, ou son filet de lieu jaune poêlé à la sauge, vous comprendrez mieux toute l'étendue de sa maîtrise de la gastronomie hexagonale, qu'il revisite avec tact !

Formule 29 € – Menu 47/98 € 🍷 –
Carte 65/140 €

PLAN : C2
186 r. du Château
TEL. 01 43 35 31 61
www.kigawa.fr
Ⓜ Mouton Duvernet

Fermé mardi midi, lundi

A/C

🍴○

Cuisine moderne •
Convivial

MAISON COURTINE

Jadis bastion bien connu de la cuisine du Sud-Ouest entre Montparnasse et Alésia, la Maison Courtine est désormais un restaurant contemporain, intime, frais et coloré... On y savoure une cuisine du marché bien ancrée dans son époque, rehaussée de touches méridionales. Au gré de son inspiration, le chef vous propose par exemple une pièce de bœuf Hereford aux échalotes confites, fondant de pomme de terre à la crème d'Isigny et champignons ; ou encore de fines ravioles à la chair de crabe, fondue de jeunes poireaux, jus mousseux et piment d'Espelette... Pour accompagner tous ces mets, la carte des vins se révèle intéressante, avec un choix opportun de demi-bouteilles. Un dernier mot sur le service efficace, assuré par une équipe jeune et dynamique.

Formule 25 € – Menu 40 € – Carte 43/60 €

PLAN : C2
157 av. du Maine
TEL. 01 45 43 08 04
www.lamaisoncourtine.com
Ⓜ Mouton Duvernet

Fermé 1 semaine en février, 3 semaines en août, lundi midi, samedi midi et dimanche

🛖 A/C 🍽

🍴◯
*Cuisine traditionnelle ·
Bistro*

LES PETITS PLATS

Moulures immaculées, miroirs, très beau comptoir en bois, parquet et grande ardoise présentant les mets du moment : un petit bistrot élégant, dans son jus 1910! Alexis Minot, le jeune patron, mène son affaire selon ce credo : faire partager son goût de la bonne chère et des jolis vins. Pari réussi : les petits plats bistrotiers du chef côtoient une cuisine ménagère goûteuse, simple et de saison ; la formule du jour, joliment canaille, s'affiche à prix très doux. Terrine de lapereau, croustillant de pied de porc et son jus à la sauge, viande d'Aubrac, vacherin à la vanille ou mi-cuit au chocolat servi en cocotte... C'est savoureux, convivial et sans chichis, avec la possibilité de choisir certains plats en demi-portion, pas bête! Conséquence : la réservation s'impose.

Formule 18 € – Carte 38/64 €

PLAN : B2
39 r. des Plantes
TEL. 01 45 42 50 52
Ⓜ **Alésia**

Fermé 4-25 août et dimanche

🍴◯
*Viandes ·
Bistro*

SEVERO

Ce bistrot de viande, sans chichi ni manière, s'est taillé une bonne petite réputation. Il faut dire qu'à sa tête, William Bernet se démène. En véritable passionné, il sait partager avec ses convives son amour des bons nectars. Une passion qui s'exprime aussi dans l'amplitude d'une carte des vins qu'il fait évoluer... au fil de ses découvertes. On peut y choisir des vins de propriété en provenance de tous les terroirs et accessibles à toutes les bourses. Spécialisée dans les grillades, la carte honore également la belle tradition bistrotière. Et rappelons qu'ici le patron – un ancien boucher – rassit lui-même sa viande!

Carte 28/135 €

PLAN : C2
8 r. des Plantes
TEL. 01 45 40 40 91
www.lesevero.fr
Ⓜ **Mouton Duvernet**

Fermé vacances de printemps, 25 juillet-17 août, vacances de la Toussaint et de Noël, samedi et dimanche

[A/C] 🐝

15ᵉ

**PORTE DE
VERSAILLES •
VAUGIRARD •
BEAUGRENELLE**

———

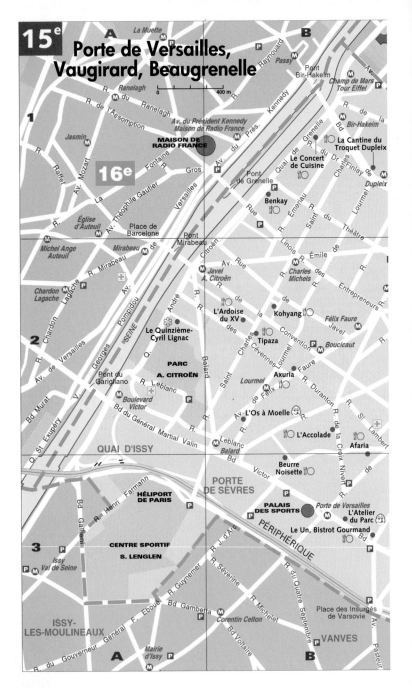

15e

Porte de Versailles, Vaugirard, Beaugrenelle

16e

0   400 m

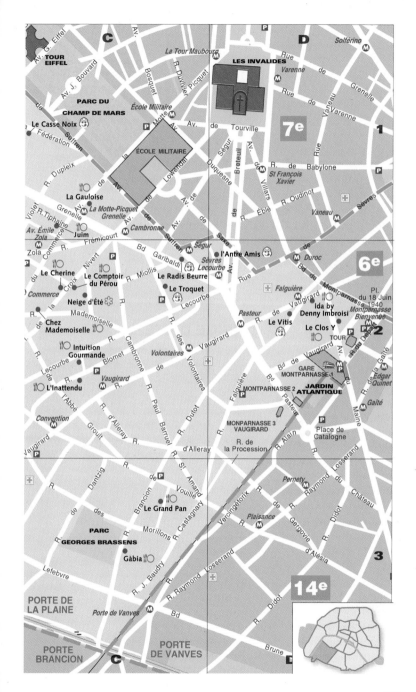

Menu 45 € (déjeuner en semaine),
60/100 €

PLAN : C2
12 r. de l'Amiral-Roussin
TEL. 01 42 73 66 66
www.neigedete.fr
Ⓜ Avenue Émile Zola

Fermé 2 semaines en août,
1 semaine vacances de Noël,
dimanche et lundi

ⵣ
Cuisine moderne • Épuré

NEIGE D'ÉTÉ

Neige d'Été... Un nom d'une poésie toute japonaise, et pour cause : l'adresse, née mi-2014, est l'œuvre d'un jeune chef nippon, Hideki Nishi, entouré d'une équipe venue elle aussi du pays du Soleil-Levant. Un nom en figure d'oxymore, surtout, qui annonce des jeux de contraste et une forme d'épure : telle est en effet la marque du cuisinier, en provenance du George V où il a parfait sa formation. Précision toute japonaise et répertoire technique hautement français s'allient donc à travers des recettes finement ciselées et subtiles, privilégiant les arrivages directs de Bretagne pour les légumes et les poissons, et les cuissons au charbon de bois pour les viandes. Un travail en justesse et en contrepoints, qui brille comme la neige en été...

■ **Entrées :** Déclinaison de tomates • Encornet grillé au charbon de bois japonais

■ **Plats :** Canard de Challans grillé au charbon de bois japonais • Veau de lait rôti

■ **Desserts :** Millefeuille aux fruits exotiques • Tuile et sorbet de cerise noire

Cuisine moderne • Élégant

LE QUINZIÈME - CYRIL LIGNAC

Le restaurant de Cyril Lignac semble tout aussi sympathique que son – ô combien – médiatique chef! À quelques enjambées du parc André-Citroën, voilà bien une adresse en vue : à la fois trendy et feutrée, chic et très contemporaine. Une élégante table d'hôte ouvre sur les fourneaux par une large baie vitrée, permettant d'admirer la brigade à l'œuvre. Aucun doute, les assiettes siglées Lignac font belle impression : esthétiquement très abouties, elles révèlent des associations de saveurs originales et flatteuses. Ainsi ces trois superbes noix de Saint-Jacques d'une fraîcheur incomparable, délicatement rôties à l'huile d'olive, surplombées de zestes et de mini-dés de clémentines, accompagnées d'une purée de carotte et d'une crème de tonka ultra-mousseuse... un plat que l'on n'oubliera pas de sitôt!

■ **Entrées :** Langoustine dorée, tartare et fraises de Plougastel, vinaigre de fruits rouges • Rouget de Quiberon au naturel

■ **Plats :** Homard breton confit au beurre de corail, gnocchis de pomme de terre • Pigeonneau royal gratiné au miso rouge

■ **Desserts :** Chocolat Équateur, mousse légère alpaco et crémeux chocolat au lait • Framboises du pays de la Loire comme un opéra

Menu 69 € (déjeuner), 140/250 €

PLAN : A2
14 r. Cauchy
TEL. 01 45 54 43 43
www.restaurantlequinzieme.com
Ⓜ **Javel**

Fermé 3 semaines en août, samedi et dimanche

A/C ⬚ 🍽

Cuisine moderne •
Contemporain

L'ANTRE AMIS

À la limite des 7ᵉ et 15ᵉ arrondissements, au rez-de-chaussée d'un bel immeuble, on découvre cet Antre dont le chef-patron assure la cuisine avec passion. Il fait trois fois par semaine son marché directement à Rungis, sélectionnant d'excellents produits (viandes, poissons, coquillages…). Une matière première de choix pour des assiettes soignées, exécutées avec précision ; une succession de saveurs franches déclinées dans une carte hyper-courte et accompagnées d'une belle carte des vins – environ 170 références. Un mot enfin sur l'intérieur : une salle à manger cosy avec tables en bois clair, banquettes et fauteuils, sans oublier une très belle machine à jambon mise bien évidence…

Formule 30 € – Menu 35/75 € ▼ – Carte environ 46 €

PLAN : D2
9 r. Bouchut
TEL. 01 45 67 15 65
www.lantreamis.com
Ⓜ Ségur

Fermé août, samedi et dimanche

Cuisine moderne •
Tendance

L'ATELIER DU PARC

Voilà un établissement qui tranche avec les nombreuses brasseries traditionnelles de la porte de Versailles : bar en plexiglas changeant de couleur, teintes sobres et beaux sièges design qui donnent leur version d'un nouvel Art déco… Ce cadre chic et moderne sied parfaitement à la cuisine inventive et soignée d'un jeune chef plein d'allant. Les suggestions du jour sont annoncées de vive voix à la clientèle, et les plats de la carte sont renouvelés régulièrement. Ris de veau croustillant rôti au thym, éclair au homard, bouillabaisse de l'atelier… Tout est fait maison ! Beaucoup de finesse, de la créativité et une belle surprise, juste en face au parc des expositions.

Formule 22 € – Menu 36/85 € – Carte 50/73 €

PLAN : B3
35 bd Lefèbvre
TEL. 01 42 50 68 85
www.atelierduparc.fr
Ⓜ Porte de Versailles

Fermé 3 semaines en août, lundi midi et dimanche

Cuisine traditionnelle •
Bistro

LE CASSE NOIX

À moins de faire un tour à la maison de la culture du Japon, on n'avait que peu de raisons de traverser la tranquille rue de la Fédération... Et puis est arrivé le Casse Noix. En entrant, on est saisi par l'ambiance conviviale et les chaleureuses tablées au coude-à-coude ; le regard s'attarde sur les murs tapissés d'affiches anciennes, et sur les meubles garnis de vieilles pendules et d'objets rétro... Côté petits plats, l'authenticité prime aussi : délicieuse cuisine canaille, dont boudins blancs et pâtés en croûte, inspiré au chef par son papa, Meilleur Ouvrier de France à Orléans... Ce Casse Noix casse des briques !

Formule 22 € – Menu 26 € (déjeuner), 34/50 € – Carte 39/62 €

PLAN : C1
56 r. de la Féderation
TEL. 01 45 66 09 01
www.le-cassenoix.fr
Ⓜ **Bir-Hakeim**

Fermé 3 semaines en août, 1 semaine
vacances de Noël, samedi et dimanche

Cuisine traditionnelle •
Convivial

L'OS À MOELLE

C'est toujours un plaisir de retrouver le chemin de l'Os à Moelle, où Thierry Faucher s'illustra au début des années 2000 comme l'un des précurseurs de la bistronomie. Pour ceux qui aurait manqué cette belle page de l'histoire gourmande de Paris, l'heure est venue d'un rattrapage en bonne et due forme. Ses assiettes disent tout de son ancrage canaille et traditionnel : huîtres poireaux vinaigrette, foie de veau, purée de rutabaga au gingembre, os a moelle, soupe du jour... Une ardoise réécrite en fonction du marché et délivrée avec un savoir-faire éprouvé – selon la philosophie du chef, formé chez les plus grands.

Formule 20 € – Menu 35/42 € – Carte 35/47 €

PLAN : B2
3 r. Vasco-de-Gama
TEL. 01 45 57 27 27
Ⓜ **Lourmel**

Fermé 3 semaines en août, 1 semaine à Noël,
samedi midi, dimanche et lundi

Cuisine traditionnelle • Bistro

LE RADIS BEURRE

Joli parcours que celui de Jérôme Bonnet : natif de Narbonne, il a perfectionné son art dans des maisons aussi prestigieuses que le Pavillon Ledoyen et le Relais Bernard Loiseau. C'est boulevard Garibaldi, à Paris, qu'il a trouvé en 2015 l'endroit dont il rêvait pour monter son propre restaurant. Dans un cadre de bistrot sans fioritures, il propose une cuisine goûteuse et bien ficelée, parfois canaille, qui porte la marque de ses origines sudistes (ah, les grandes tablées familiales, le foie gras, l'huile d'olive!), avec quelques spécialités d'ores et déjà bien installées à la carte : pied de cochon poêlé au foie gras de canard et jus de viande acidulé, ou encore tête de veau poêlée, marmelade de pomme de terre... Petite terrasse sur le boulevard (8 couverts seulement), pour ceux qui n'ont pas peur du bruit.

Formule 27 € – Menu 35 € – Carte 35/44 €

PLAN : C2
51 bd Garibaldi
TEL. 01 40 33 99 26
www.restaurantleradisbeurre.com
Ⓜ Sèvres Lecourbe

Fermé 3 semaines en août, samedi et dimanche

Cuisine traditionnelle • Bistro

LE TROQUET

Le «troquet» dans toute sa splendeur : décor bistrotier usé par les ans, banquettes en moleskine, ardoises, miroirs et petites tables au coude-à-coude invitant à la convivialité... Autant dire qu'on vient ici autant pour l'atmosphère que pour la cuisine! Aux fourneaux, le jeune chef, Marc Mouton, concocte de délicieuses recettes – certaines avec l'accent du Sud-Ouest –, en valorisant des produits ultrafrais. Pour vous en convaincre, essayez le céleri rémoulade, coquillages et vinaigrette aux herbes ou le savoureux riz au lait, généreusement garni de fruits secs. Alors, séduit ?

Menu 33 € (déjeuner), 35/41 €

PLAN : C2
21 r. François-Bonvin
TEL. 01 45 66 89 00
www.restaurantletroquet.fr
Ⓜ Cambronne

Fermé 1 semaine en mai, 3 semaines en août, 1 semaine en décembre, dimanche et lundi

Cuisine traditionnelle • Bistro

LE VITIS

On avait connu Marc Delacourcelle au Pré
Verre, dans le 5ᵉ arrondissement, l'une des
adresses phare de la vague «bistronome» à
Paris. Il est aujourd'hui aux commandes de
cette table familiale et conviviale, grande
comme un mouchoir de poche. Depuis sa
cuisine ouverte sur la salle, il salue chaleu-
reusement les clients lors de leur arrivée.
Comme prévu, la cuisine est bien dans l'air
du temps : poêlée de couteaux, terrine de
canard accompagnée de fruits secs, ou
encore l'incontournable de la maison, le cochon de lait fondant aux épices douces...
Les recettes sont bien tournées, franches et
parfumées : on passe un excellent moment.

Formule 18 € 🍷 – Menu 36 € – Carte 40/48 €

PLAN : D2
8 r. Falguière
TEL. 01 42 73 07 02
www.levitis.fr
Ⓜ **Falguière**

Fermé dimanche soir et lundi

Cuisine moderne • Bistro

L'ACCOLADE

L'Accolade, voilà un nom tout trouvé pour
cette table où la franche camaraderie est de
mise. Le jeune chef, qui se destinait d'abord
à une carrière de professeur de sport, a
changé de cap et appris le métier de cuisinier. Qu'il en soit ici remercié ! Il s'est entouré
d'une équipe à son image, et ce petit monde
travaille en bonne entente pour proposer une cuisine goûteuse, dans laquelle on
croise de nombreux produits du Sud-ouest,
mais aussi quelques épices thaïes. L'ardoise,
plutôt courte, est renouvelée tous les jours
en fonction de la livraison des fournisseurs...
et de l'envie du moment. Une adresse vé-
ritablement attachante, à l'image de son
chef, et qui promet de belles soirées gourmandes !

Formule 20 € – Menu 25 € (déjeuner)/35 €
– Carte 35/50 €

PLAN : B2
208 r. de la Croix-Nivert
TEL. 01 45 57 73 20
www.laccoladeparis.fr
Ⓜ **Boucicaut**

Fermé lundi soir, samedi midi et dimanche

Cuisine traditionnelle •
Bistro

AFARIA

Afaria signifie «À table» en basque. Tel est le cri de ralliement de Ludivine et Frédérique, anciennes secondes de ce restaurant proche de la porte de Versailles. À l'heure de l'apéritif, on déguste toujours de belles tapas autour de la table d'hôte ; côté restaurant, on s'éloigne du Sud-Ouest, dans un décor de bistrot, pour découvrir les surprises concoctées par les deux complices. Laissez-vous tenter par une terrine d'artichaut au lard fumé et au vieux comté, un magret de canard cuit aux sarments de vigne et accompagné de grosses frites, ou encore une cuisse de sanglier farcie au chorizo… Un bonheur.

Formule 23 € – Menu 27 € (déjeuner en semaine)/45 € – Carte 38/50 €

PLAN : B2-3
15 r. Desnouettes
TEL. 01 48 42 95 90
www.afaria.fr
Ⓜ **Convention**

Fermé 4-28 août, vacances de Noël, dimanche et lundi

A/C

Cuisine moderne •
Bistro

L'ARDOISE DU XV

Os à moelle en tartine, œuf cocotte aux champignons et sa crème truffée, noix de Saint-Jacques de Bretagne cuites à la plancha, volaille rôtie au foie gras, millefeuille à la vanille, baba au rhum et sa chantilly… Tels sont les intitulés que l'on peut lire sur la belle ardoise de cette Ardoise nichée à l'ouest du 15ᵉ arrondissement ! Vous l'aurez compris : la cuisine remet la tradition au goût du jour, et ce avec fraîcheur et saveurs… Comment s'en étonner de la part d'un chef qui a longtemps travaillé au sein des fameux Ateliers de Joël Robuchon ? C'est en 2012 qu'il a ouvert ce petit restaurant avec son épouse, laquelle assure le service dans la salle, au décor tout en sobriété. Bref, voilà bien un bistrot d'aujourd'hui avide de saveurs…

Formule 19 € – Menu 35 € – Carte 36/56 €

PLAN : B2
70 r. Sébastien-Mercier
TEL. 01 45 78 91 38
www.lardoiseduxv.fr
Ⓜ **Charles Michels**

Fermé août, 1 semaine début mai, 1 semaine vacances de Noël, dimanche soir et lundi

A/C

iIO

Cuisine moderne •
Cosy

AXURIA

Axuria, c'est l'agneau de lait des Pyrénées, en basque... Et le Pays basque, c'est précisément la région du propriétaire, Olivier Amestoy! Après avoir passé huit ans dans ce restaurant (alors nommé La Chaumière) en tant que chef, il décide de reprendre l'affaire en 2011, pour créer un lieu qui lui ressemble.. Pari réussi : contemporain, chaleureux et très «nature», Axuria colle parfaitement à la cuisine d'Olivier, fraîche, centrée sur le beau produit, nourrie de classiques et néanmoins personnelle et tendance.. Selon les saisons, vous vous régalerez de ravioles de foie gras et truffes à la crème de cèpes, d'un filet de bar servi avec un risotto crémeux et un jus de langoustine, de l'incontournable soufflé au Grand Marnier... ou, bien sûr, d'agneau de lait des Pyrénées – rôti au thym et à l'ail, spécialité de la maison!

Formule 23 € – Menu 37 € (dîner en semaine) – Carte 36/51 €

PLAN : B2
54 av. Félix-Faure
TEL. 01 45 54 13 91
www.axuria-restaurant.fr
Ⓜ **Boucicaut**

A/C

iIO

Cuisine japonaise •
Élégant

BENKAY

Au quatrième et dernier étage d'un petit building du Front de Seine, ce restaurant nippon se révèle élégant, sobre et raffiné avec sa vue plongeante sur la Seine et la Maison de la Radio. On y honore les différentes facettes de la gastronomie japonaise : installé autour du teppanyaki, émerveillez-vous du spectacle des mets crépitant sur les cinq plaques de cuisson, ou bien – de manière plus classique – profitez d'une cuisine washoku (service à table) ; enfin, admirez le savoir-faire de l'excellent maître sushi sur un comptoir dédié. Les produits sont de qualité, les préparations aussi alléchantes que spectaculaires : filet de bœuf saisi devant le convive, calamars sautés sur le vif et crêpes flambées avec leur neige carbonique, etc. Une belle expérience pour les amateurs.

Formule 45 € – Menu 100/160 € – Carte 47/146 €

PLAN : B1
61 quai de Grenelle
TEL. 01 40 58 21 26
www.restaurant-benkay.com
Ⓜ **Bir-Hakeim**

Fermé 3 semaines en août

⟨ ⅃ A/C ✚ 🖽

🍴○
Cuisine traditionnelle ·
Convivial

BEURRE NOISETTE

Dans sa rue tranquille entre Balard et Porte de Versailles, ce bistrot accueillant et chaleureux (avec une grande table d'hôte dans l'une des salles) est un petit havre de délices... Le chef, Thierry Blanqui, a travaillé pour les plus grandes maisons parisiennes et imagine les recettes du jour au gré du marché et de son inspiration. Et voilà qu'apparaissent sur l'ardoise ravioles de boudin noir, chorizo ; poitrine de cochon caramélisée ; baba au rhum, et gibier (en saison). Les produits canailles sont bien à l'honneur (pieds de cochon, ris de veau, etc.) et, cuisinés avec raffinement, ils révèlent un maximum de saveurs... Un pied dans la tradition, l'autre dans la nouveauté : on se régale! Le tout accompagné, comme il se doit, d'une belle sélection de vins au verre ou au pichet.

Formule 23 € – Menu 32 € (déjeuner), 38/56 €

PLAN : B3
68 r. Vasco-de-Gama
TEL. 01 48 56 82 49
www.restaurantbeurrenoisette.com
Ⓜ Lourmel

Fermé 2 semaines en août, dimanche et lundi

🍴○
Cuisine traditionnelle ·
Bistro

LA CANTINE DU TROQUET - DUPLEIX

Création du sémillant Christian Etchebest, cette Cantine du Troquet version Dupleix surfe sur une recette éprouvée : pourquoi s'en plaindre ? Comme dans le 14ᵉ arrondissement, la carte joue sur un registre mi-brasserie mi-bistrot qui mise tout sur des recettes bien tournées... où transparaissent évidemment les origines basques du patron. Charcuteries Éric Ospital (terrines, oreilles de cochon grillées, jambons, etc.), couteaux cuits à la plancha, salade parisienne, ballotine de volaille fermière farcie, parmentier de pied de cochon, etc. On se régale! Puisqu'il n'est pas possible de réserver, on vient en toute simplicité, et s'il faut attendre, on boit l'apéro au comptoir en faisant connaissance avec ses voisins...

Carte 28/45 €

PLAN : B1
53 bd de Grenelle
TEL. 01 45 75 98 00
web lacantinedutroquet.com
Ⓜ Dupleix

Cuisine libanaise •
Chic

LE CHERINE

Ce restaurant est une jolie histoire de famille, autour d'un duo père-fille, dont le nom, Cherine, a inspiré celui de l'établissement. Le décor moderne aux teintes chaudes (or et cuivre), l'utilisation de matériaux bruts (métal et pierre) créent une atmosphère chic, sans être guindée, conviviale et chaleureuse. La carte invite à la découverte de la belle cuisine libanaise, d'une incroyable richesse, aussi saine que savoureuse, à l'instar du tabolé persillé, de l'houmous, du moutabal d'aubergine ou des brochettes de viandes grillées, le tout préparé avec minutie par un chef inspiré. Et en dessert, un délicieux baklawa !

Menu 17 € (déjeuner)/45 € – Carte environ 38 €

PLAN : C2
74 r. de la Croix-Nivert
TEL. 01 53 61 92 52
www.lecherine.com
Ⓜ **Commerce**

Fermé août et lundi

Cuisine russe •
Bistro

CHEZ MADEMOISELLE

Dépaysement garanti chez Mademoiselle ! La salle, ornée de bibelots en tous genres (poupées, tableaux, chapeaux d'Asie centrale), évoque l'antre de quelque grand voyageur, et l'on s'y installe comme à la table familiale. La carte offre de son côté quelques indices probants sur l'origine des propriétaires : salade russe d'Olivier, bœuf Strogonoff, salade de saumon sous un manteau de fourrure… et vareniki à la cerise, en dessert. L'assiette se distingue par sa générosité et ses associations de saveurs sans failles. Le menu, pédagogique, explicite tous les plats. En bref, une sympathique adresse pour qui souhaite s'initier aux gastronomies russe et kazakhe – avis aux puristes qui ne jurent que par la bistronomie : il est temps de tourner casaque ! Nazdarovie !

Menu 32/40 €

PLAN : C2
21 r. Mademoiselle
TEL. 01 48 28 50 79
www.chezmademoiselle-parisastana.fr
Ⓜ **Commerce**

Fermé août et lundi

*Cuisine créative ·
Design*

LE CLOS Y

Élégamment posés les uns à côté des autres, couverts à la française et baguettes à la japonaise semblent en communion sur les tables.. Un véritable symbole : celui du dialogue entre ces deux arts culinaires originellement très lointains, mais qui ne cessent aujourd'hui de converger et de fusionner ! Le chef, Yoshitaka Ikeda, né à Osaka et formé en partie en France, rejoint avec ce Clos Y la longue liste des jeunes cuisiniers nippons qui font depuis quelques années le choix de s'installer dans l'Hexagone. Car ici en effet, il est bien question de dialogue et d'enrichissement mutuel. Qualité des produits, soin d'exécution, recherche de la subtilité : les assiettes révèlent toutes les affinités des gastronomies française et japonaise, dont le mariage semble de plus en plus logique et naturel.

Formule 31 € – Menu 36 € (déjeuner)/65 €

PLAN : D2
27 av. du Maine
TEL. 01 45 49 07 35
www.leclosy.com
Ⓜ Montparnasse Bienvenüe

Fermé dimanche et lundi

*Cuisine péruvienne ·
Contemporain*

LE COMPTOIR
DU PÉROU Ⓝ

On réalise ici une cuisine péruvienne colorée, digne de la riche histoire de la gastronomie péruvienne, où partage, échange, et diversité ne sont pas de vains mots, et se retrouvent dans l'assiette ; ainsi ce ceviche nikkei (fusion de la cuisine japonaise et péruvienne), le pulpo al carbon (poulpe cuit au charbon) ou l'arroz zambito (riz à la mélasse noire et mousse de maïs violet), au travers duquel nouveau et ancien mondes communiquent. Une leçon d'histoire dans un esprit street food, qui dit mieux ? Petit espace de vente de produits péruviens.

Formule 15 € – Menu 20 € – Carte 24/38 €

PLAN : C2
41 r. de la Croix-Nivert
TEL. 01 45 66 50 08
Ⓜ Cambronne

Fermé dimanche et lundi

🍴○
*Cuisine créative •
Épuré*

LE CONCERT DE CUISINE

En véritable homme-orchestre, le chef japonais Naoto Masumoto plaque de beaux accords sur son teppanyaki... jouant souvent à guichets fermés ! Et pour cause, une semaine après l'ouverture en 2009, un certain Jacques Chirac et son épouse réservaient leurs places au parterre, suscitant un certain engouement médiatique.. Point de cacophonie pour autant, la cuisine a conservé le goût de la simplicité et de la précision. Le chef travaille devant les clients et n'hésite pas à assurer lui-même le service. De mets en mets, thèmes japonais et gammes françaises se succèdent en une habile fusion : gambas flambées et légumes de saison ; entrecôte cuite au teppanyaki accompagnée de vermicelles de patate douce et soja ; tiramisu au thé vert... De quoi vouloir un rappel !

Formule 29 € – Menu 35 € (déjeuner), 49/67 €

PLAN : B1
14 r. Nélaton
TEL. 01 40 58 10 15
Ⓜ **Bir-Hakeim**

Fermé 3 semaines en août, lundi midi, samedi midi et dimanche

A/C

🍴○
*Cuisine moderne •
Bistro*

GÀBIA Ⓝ

En face du parc Georges-Brassens – que les Parisiens fréquentent pour son marché de livres anciens et disques de collection –, cette affaire a été reprise par un jeune couple au parcours intéressant. Derrière la façade vitrée aux contours vert olive, une petite salle de bistrot comme on les aime, garnie d'objets incongrus (vieilles photos, cages à oiseaux). Dans l'assiette, une cuisine du marché simple et efficace, qui change toutes les semaines et raconte, par quelques touches subtiles, le parcours du couple : huîtres nº 2 de l'île d'Oléron servies tièdes, sabayon au yuzu ; cabillaud rôti, fricassée de lentilles au chorizo ibérique ; mini-pie aux pommes et poires caramélisées, crème fraîche... Une adresse attachante.

Formule 27 € – Menu 36 €

PLAN :
77 r. Brancion
TEL. 01 48 42 25 24
www.gabia.fr
Ⓜ **Plaisance**

Fermé août, 1 semaine à Noël, dimanche et lundi

‖○
Cuisine traditionnelle ·
Élégant

LA GAULOISE

À en juger par l'abondance de photos dédicacées affichées fièrement sur ses murs, la Gauloise a accueilli, au cours de sa longue histoire, bon nombre de personnalités du monde politique et médiatique. Son décor façon 1900 rappelle les fameux bistrots d'antan et leur caractère bien trempé : vieilles banquettes au confort spartiate, miroirs vénérables et lustres en cascade, tout évoque l'âge d'or de la brasserie parisienne. Pas de surprise en cuisine, où l'on concocte des plats traditionnels classiques, simples et soignés : fricassée d'escargots, œuf mollet et sa frisée aux lardons, pot-au-feu à la viande d'Aubrac, paris-brest, etc. À noter, la plaisante terrasse aux beaux jours et le petit salon, pour recevoir les convives en toute intimité.

Formule 26 € – Menu 31 € – Carte 35/68 €

PLAN : C1
59 av. La Motte-Picquet
TEL. 01 47 34 11 64
Ⓜ **La Motte Picquet Grenelle**

Fermé 2 semaines en août

‖○
Cuisine traditionnelle ·
Bistro

LE GRAND PAN

Comptoir, tables et chaises en bois, ardoises aux murs et propositions inscrites à la craie : voilà un bistrot de quartier que n'aurait pas renié Georges Brassens, qui habita tout près (l'enseigne, tirée de l'une de ses chansons, lui rend d'ailleurs hommage). Après avoir longtemps secondé Christian Etchebest au Troquet, Benoît Gauthier poursuit ici sa route en solo. Avec d'alléchantes assiettes et des spécialités : soupes en entrée le midi et, le soir, de belles viandes – côte de porc ibaïona, côte de bœuf limousine, côte de veau d'Aquitaine de Mauléon – servies pour deux et merveilleusement cuites (à la plancha). Côté desserts, retour vers l'enfance garanti, avec par exemple une brioche dorée au four servie avec crème d'amande et compote de fruits...

Formule 22 € – Menu 31 € (déjeuner) – Carte 37/55 €

PLAN : C3
20 r. Rosenwald
TEL. 01 42 50 02 50
www.legrandpan.fr
Ⓜ **Plaisance**

Fermé 1 semaine en mai, 1ᵉʳ-25 août, vacances de Noël, samedi et dimanche

🍴
Cuisine moderne •
Bistro

IDA BY DENNY IMBROISI

Une table petite par la taille... mais grande par la cuisine! Dans un sympathique décor de trattoria, on se régale de recettes composées avec talent par un jeune chef pétri d'expérience – Ze Kitchen Gallery et Jules Verne à Paris, Mirazur à Menton. Les produits de première fraîcheur sont la matière première de sa cuisine, véritable déclaration d'amour aux saveurs italiennes et françaises, avec même quelques touches actuelles pour agrémenter le tout. Avec des spaghettoni à la carbonara, jaune d'œuf coulant, de haut vol! On se régale de bout en bout, et les prix sont loin d'être extravagants. En fin de repas, ne manquez pas le fameux «Cappucc'Ida» : délicieux.

Formule 24 € – Menu 30 € (déjeuner en semaine), 45/72 €

PLAN : D2
117 r. de Vaugirard
TEL. 01 56 58 00 02
www.restaurant-ida.com
Ⓜ Falguière

Fermé 3 semaines en août, vacances de Noël et dimanche

🍴
Cuisine traditionnelle •
Cosy

L'INATTENDU

Après un joli parcours au sein de grandes maisons, Patrick Delmas et Loïc Risse ont mis leurs expériences en commun pour ouvrir, il y a quelques années, ce petit restaurant au cœur du 15e arrondissement. Leur credo ? La fraîcheur et la qualité! La carte change avec les saisons et se double de suggestions du jour qui varient selon l'humeur de Patrick – et parfois de Loïc : ravioles de langoustine à la crème d'estragon, fine tête de veau aux épices, ris de veau poêlé aux morilles, etc. Des propositions canailles, bien ficelées et parfois... inattendues, à déguster dans un cadre feutré et élégant.

Formule 20 € – Menu 25 € (semaine), 38/47 €

PLAN : C2
99 r. Blomet
TEL. 01 55 76 93 12
www.restaurant-inattendu.fr
Ⓜ Vaugirard

Fermé dimanche et lundi

⍭○
*Cuisine traditionnelle ·
Vintage*

INTUITION GOURMANDE

Le savoir-faire d'un cuisinier passé par la case Gagnaire, la qualité des produits qu'il sélectionne : cela compte bien sûr, mais que seraient ses recettes si elles n'étaient inspirées... par son intuition gourmande ? Telle est la leçon de ce sympathique bistrot, dont on imagine volontiers le chef (patron de l'affaire avec sa mère et son frère, lesquels œuvrent en salle) passer chacune de ses recettes au crible de sa gourmandise! Terrine de lapin, risotto aux légumes de saison, parfait glacé à la vanille, etc. La dégustation peut se faire les yeux fermés... Quant au cadre, il joue la tradition parisienne, avec parquet, boiseries et miroirs, banquettes en velours rouge, petites chaises et tables en bois.

Formule 18 € – Menu 35 € – Carte 42/48 €

PLAN : C2
4 r. Pétel
TEL. 01 45 32 58 76
www.intuition-gourmande.com
Ⓜ **Vaugirard**

Fermé 2 semaines en août, dimanche et lundi

⍭○
*Cuisine coréenne ·
Tendance*

JIUM Ⓝ

Son nom, Jium («faire le riz» en coréen), n'est pas usurpé. Ce restaurant de poche, à l'esprit loft discret (dont une cuisine-atelier partiellement visible de la salle) propose une gastronomie coréenne de qualité alliant les grands classiques du pays du matin calme (bibimbap, haemul pajeon, porc pané) et des préparations plus traditionnelles (velouté de riz au poulet, velouté de pignons de pin et de riz etc.). On déguste le tout dans une déco tendance, carrelée de blanc, sur des tables en chêne brut. La carte très courte, et les prix doux sont autant d'incitations à la gourmandise, et au voyage des sens. Formule appétissante le midi.

Formule 13 € – Carte 25/38 €

PLAN : C1
26 r. Tiphaine
TEL. 01 45 75 20 00
Ⓜ **La Motte Picquet Grenelle**

Fermé lundi midi et dimanche

🍴◯
Cuisine coréenne •
Simple

KOHYANG

Les Coréens installés à Paris connaissent bien ce restaurant à la façade en briques, que l'on déniche au calme d'un coin de rue, juste en face d'une école maternelle. Le nom de l'établissement annonce la couleur : «kohyang», c'est le pays natal, en coréen! On profite donc ici de délicieuses spécialités traditionnelles du pays du matin calme ; certaines d'entre elles sont bien connues en France (bibimbap, par exemple), d'autres se révèlent plus surprenantes comme ce poulpe à la vapeur, ou cette andouille de porc grillé. Quoi qu'il en soit, c'est généreux, gourmand et plein de fraîcheur d'un bout à l'autre du repas : on comprend que de nombreux habitués en aient fait leur cantine officielle... Un succès justifié!

Menu 14 € 🍷 (déjeuner en semaine)/18 € 🍷 – Carte 31/53 €

PLAN : B2
6 r. du Gén.-Estienne
TEL. 01 40 59 80 45
Ⓜ Charles Michels

Fermé 2 semaines en août, 2 semaines en décembre et lundi

🅐🅒

🍴◯
Cuisine nord-africaine •
Exotique

TIPAZA

Poussez la porte de ce discret restaurant et laissez-vous emporter par vos sensations... Un parfum de bouillon de légumes et d'épices vient chatouiller votre imaginaire dans un décor de murs en stuc blanc réalisé par des artisans d'Afrique du Nord à grand renfort de tableaux orientaux, tandis que des outils agricoles évoquent la ferme berbère traditionnelle. Comme son nom l'indique, Tipaza (une ville côtière d'Algérie) rend hommage à la gastronomie du Maghreb... et quel hommage! L'assiette est généreuse, et l'hésitation entre le couscous Tipaza (royal!) et le tajine dolma aux fruits secs et flambé à l'alcool de figue, devient une épreuve cruelle... En dessert, la tarte berbère met tout le monde d'accord. Attention : réservation indispensable le week-end.

Formule 15 € – Carte 22/30 €

PLAN : B2
155 r. St-Charles
TEL. 01 45 54 01 17
www.tipaza.fr
Ⓜ Boucicaut

⑪○

Cuisine moderne ·
Bistro

LE UN, BISTROT GOURMAND

Que l'on ne s'y trompe pas : ce petit restaurant, planqué dans une impasse non loin du Parc des expositions, mérite au contraire d'éclater au grand jour! Il est l'œuvre d'une bande de trois copains issus de la profession : Thomas Clément, Olivier Hagege et le chef Christophe Alloy, qui a notamment travaillé au Jules Verne, à Paris. Ce dernier compose, avec l'aide d'Anna, son épouse capverdienne, de bonnes recettes qui rendent hommage à la tradition bistrotière, avec quelques touches originales : œuf poché cocotte, aubergine, émulsion au chorizo ; thon snacké au sésame noir, boulgour, chutney d'ananas-mangue. Le succès est au rendez-vous, et pour cause.

Formule 22 € – Menu 26 € (déjeuner) – Carte 35/48 €

PLAN : B3
1 r. Lefèbvre
TEL. 01 42 50 82 16
www.leunbistrot.fr
Ⓜ **Porte de Versailles**

Fermé dimanche et lundi

16ᵉ

TROCADÉRO • ÉTOILE • PASSY • BOIS DE BOULOGNE

———

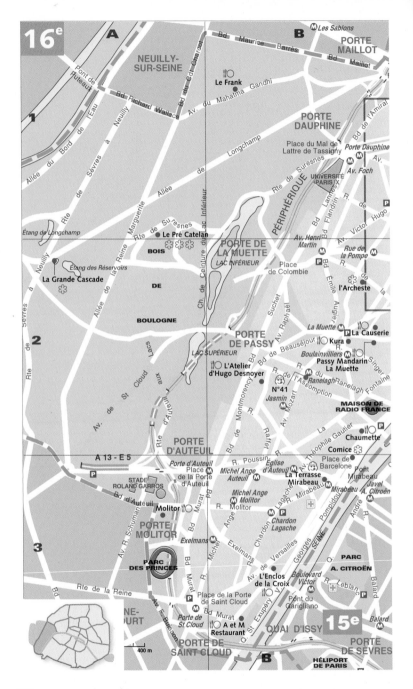

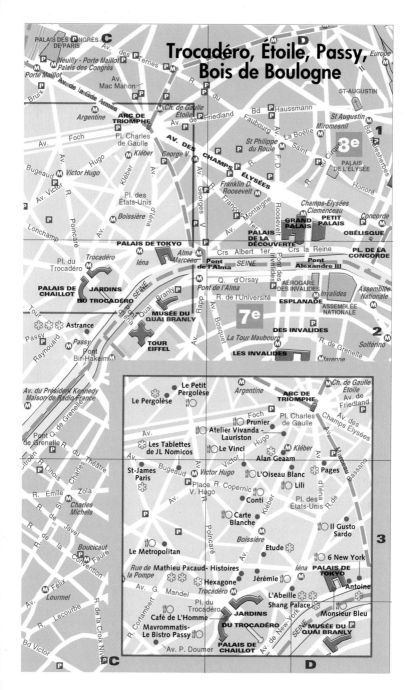

Trocadéro, Étoile, Passy, Bois de Boulogne

Menu 75 € (déjeuner), 170/370 € ♟

PLAN : C2
4 r. Beethoven
TEL. 01 40 50 84 40
www.astrancerestaurant.com
Ⓜ Passy

**Fermé août, vacances de Noël,
samedi, dimanche, lundi et fériés**

A/C 🕸

✿✿✿
Cuisine créative • Épuré

ASTRANCE

L'époque aime les sensations et l'Astrance en est une. Table unique, elle ménage son effet de surprise : d'une part, il faut y réserver des mois à l'avance – affres délicieuses de l'attente d'un grand moment – ; d'autre part, elle est à la pointe de l'avant-garde. Car ici, la cuisine se réinvente chaque jour, et ce n'est pas une façon de parler. Improvisation ? Nullement, même si le menu découverte est établi le matin même en fonction du marché et de l'humeur : c'est que le chef, Pascal Barbot, possède un sens inné du produit et des associations de saveurs. Avec son associé Christophe Rohat, rencontré chez Alain Passard, ils avaient l'expérience nécessaire pour se lancer, en 2000, dans le projet un peu fou de ce restaurant hors-normes. Près du Trocadéro, leur salle intimiste et contemporaine n'accueille que vingt-cinq convives. Vingt-cinq chanceux qui se prêtent au jeu de la maison et goûtent une cuisine experte, ouverte sur le monde et la modernité. Mariage de terroir et d'exotisme, belle carte des vins, subtilité, inventivité.. Attention, il est impossible de réserver plus d'un mois à l'avance.

■ **Entrées :** Crevettes dorées, pâte de satay • Millefeuille de champignons de Paris, foie gras mariné au verjus

■ **Plats :** Canard de Challans, purée de griotte • Légine caramélisée au miso

■ **Desserts :** Tartelette aux agrumes • Tuile caramélisée croustillante, pêche pochée et mousse citron

✿ ✿ ✿

Cuisine créative • Luxe

LE PRÉ CATELAN

On doit à Pierre-Yves Rochon d'avoir révolutionné l'esprit de ce pavillon Napoléon III niché au cœur du bois de Boulogne, en le parant d'un mobilier design et de tons vert, blanc et argent. Un lieu somptueux et chargé d'histoire : tel est Le Pré Catelan ! Aux commandes de cette noble maison, on continue de profiter des créations d'un Meilleur Ouvrier de France à la passion intacte : Frédéric Anton. De ses mentors (dont Joël Robuchon), le chef a hérité la précision et la rigueur, auxquelles s'ajoutent un goût immodéré pour les associations de saveurs inédites et la sublimation du produit dans sa simplicité. La carte allie équilibre, harmonie, générosité : chaque assiette est un petit bijou de travail, jusque dans sa conception graphique. N'oublions pas, bien sûr, la cave irréprochable et l'accueil sans fausses notes...

■ **Entrées :** Crabe, crème légère à l'aneth, caviar de France • Langoustine en ravioli, crème de foie gras et fine gelée

■ **Plats :** Cabillaud aux algues, beurre au citron vert • Ris de veau, champignons poêlés, oignon caramélisé

■ **Desserts :** Pomme soufflée, crème glacée au caramel • Citron comme une tarte, meringue, sorbet basilic

Menu 130 € (déjeuner), 220/280 € – Carte 250/315 €

PLAN : A1
au Bois de Boulogne - rte de Suresnes
TEL. 01 44 14 41 14
www.precatelanparis.com

Fermé 18 février-5 mars, 29 juillet-20 août, 21-29 octobre, dimanche et lundi

Menu 230 € – Carte 150/230 €

PLAN : D3
Hôtel Shangri-La
10 av. d'Iéna
TEL. 01 53 67 19 90
www.shangri-la.com
Ⓜ Iéna

**Fermé 29 juillet-27 août,
23-30 décembre, dimanche,
lundi et le midi**

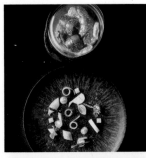

❀ ❀
Cuisine moderne • Luxe

L'ABEILLE

Le «restaurant français» du Shangri-La – ce superbe palace parisien né au début des années 2010 –, baptisé du nom d'Abeille en hommage à l'emblème napoléonien. Moquette sombre, nuances de jaune et de gris clair, tables dressées avec soin et, çà et là, le motif de l'insecte rappelant les fastes napoléoniens : ne sommes-nous pas dans l'ancienne demeure du prince Roland Bonaparte ? Sous l'égide de Christophe Moret, chef au grand savoir-faire et véritable passionné de légumes, la carte célèbre l'air du temps et la noblesse des produits. Une ambiance feutrée et élégante d'une part, des compositions culinaires qui se donnent pour mission de cultiver la finesse et de l'harmonie d'autre part : voilà bien une véritable vitrine de l'art de vivre à la française, une table au goût de miel...

■ **Entrées :** Araignée de mer rafraîchie à la tomate et au gingembre, sabayon coraillé • Feuille à feuille de foie gras de canard et de champignons, gelée de dashi

■ **Plats :** Homard et coque d'amande en cocotte lutée, pêche au parfum de sangria • Saint-pierre, ormeaux, kacha et pousses du Croisic en fricassée, salsa verde

■ **Desserts :** Miel du maquis corse givré aux parfums de citron et d'eucalyptus • Fève de cacao de Papouasie, crue, glacée et fumée

 🌸🌸

Cuisine créative • Élégant

MATHIEU PACAUD - HISTOIRES

Au sein de son Hexagone, Mathieu Pacaud a ménagé pour ses clients un espace où il raconte... de belles Histoires, évidemment! L'endroit de manque pas d'allure : sobre et tamisée – tentures rose pâle, lignes épurées, étonnantes fresques végétales façon encre de Chine –, la salle accueille quelques alcôves intimistes...

Avec l'aide de son équipe, le chef explore en ces lieux d'innombrables combinaisons, pour faire éclore une carte inédite et impeccablement ciselée. Il met à profit une poignée de techniques culinaires anciennes – infusion, macération, déglaçage, marinade, fumage, séchage, clarification... ouf! – et y associe la technologie moderne : il en résulte des assiettes innovantes, dont chacune est une expérience à part. Une partition synonyme de plaisir, une cavalcade à la poursuite du goût : depuis qu'il a pris son envol, Mathieu Pacaud n'en finit pas de séduire son monde...

Menu 95 € (déjeuner), 240/350 € – Carte 205/455 €

PLAN : D3
85 av. Kléber
TEL. 01 70 98 16 35
www.histoires-paris.fr
Ⓜ **Trocadéro**

Fermé août, mardi midi, samedi midi, dimanche et lundi

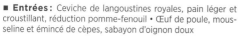

■ **Entrées :** Ceviche de langoustines royales, pain léger et croustillant, réduction pomme-fenouil • Œuf de poule, mousseline et émincé de cèpes, sabayon d'oignon doux

■ **Plats :** Turbot sauvage, sabayon et segments maltais, cocos de Paimpol à la moutarde de Charroux • Volaille de Bresse, haut de cuisse déglacé au vinaigre et cèpes rôtis

■ **Desserts :** Grande valse brillante

Menu 40 € (déjeuner), 60/80 €

PLAN : D2
19 r. Lauriston
TEL. 01 45 01 72 97
www.alangeaam.fr
Ⓜ Charles de Gaulle-Etoile

Fermé 3 semaines en août,
1 semaine vacances de Noël,
dimanche et lundi

A/C

❀

Cuisine créative · Élégant

ALAN GEAAM Ⓝ

On parle toujours du rêve américain.. Alan Geaam, lui, préfère parler du rêve français! Enfui de son Liban natal à l'âge de 10 ans, réfugié aux États-Unis avec sa famille, il a débarqué à Paris à 24 ans avec une idée en tête : intégrer le monde de la gastronomie, sa véritable passion. Successivement plongeur, puis commis, il intègre une école de cuisine et gravit un à un les échelons du métier. Avec l'ouverture de ce restaurant dans la rue Lauriston (anciennement Akrame), il éclate au grand jour et réalise la synthèse de ce qu'il a appris tout au long de son parcours. Ses recettes originales marient le patrimoine français et des influences libanaises avec une grande justesse – le terme de «métissage» n'a jamais été aussi approprié –, et chaque assiette respire la passion et le travail. Une bien belle table.

■ Cuisine du marché

Poissons et fruits de mer • Élégant

ANTOINE

Le chef Thibault Sombardier (finaliste de l'émission Top Chef en 2014) est à la barre de ce haut lieu de la cuisine de la mer à Paris. La carte change chaque jour pour offrir le meilleur de la marée, en liaison directe avec les ports bretons, vendéens, basques ou méditerranéens. En cas d'arrivage surprise, on pourra même vous proposer quelques suggestions de dernière minute! On se régale donc pour ainsi dire au gré des vagues... Que les carnivores se rassurent, un petit choix de viandes est prévu rien que pour eux – sans parler des très alléchants desserts (assiette tout chocolat, baba au rhum, etc.). Le chef a l'amour de l'excellent produit et des belles saveurs, qu'il sait exalter avec finesse et inventivité. Une salle agréable, baignée de lumière et sobrement décorée, permet de les apprécier à leur juste valeur. N'hésitez pas à venir à midi : le menu déjeuner se révèle d'un excellent rapport qualité-prix...

■ **Entrées :** Pain soufflé de homard, pistache et bouillon aux champignons de Paris • Poisson de pêche côtière servi cru, poutargue et citron noir d'Iran
■ **Plats :** Saint-pierre, cresson grillé et girolles clous • Volaille de Bresse, cèpes, polenta et lard de Colonnata
■ **Desserts :** Galet mirabelle et noisette • Écorce, caramel, cacahuètes et chocolat

Menu 48 € (déjeuner en semaine), 90/165 € – Carte 120/150 €

PLAN : D3
10 av. de New-York
TEL. 01 40 70 19 28
www.antoine-paris.fr
Ⓜ Alma Marceau

Fermé 3 semaines en août,
1 semaine vacances de Noël,
dimanche et lundi

Menu 48 € (déjeuner en semaine),
68/98 €

PLAN : B2
79 r. de la Tour
TEL. 01 40 71 69 68
www.archeste.com
Ⓜ Rue de la Pompe

**Fermé samedi midi, dimanche et
lundi**

&. A/C

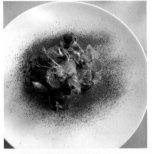

Cuisine créative • Épuré

L'ARCHESTE

Devanture engageante et cadre épuré (peinture sombre effet brossé, structure en bois, grande vitre apportant de la luminosité) pour ce restaurant imaginé par un chef passionné de produit qui a officié dix-huit ans chez Hiramatsu, dont dix en tant que chef. Il émerveille son monde avec une cuisine française éclatante de modernité, précise et cohérente, qui fait la part belle à des produits d'excellente qualité tout en épousant les saisons de fort belle manière. Pas de carte ici : les menus (3 ou 5 temps à midi, 7 le soir) évoluent chaque jour au gré des humeurs du chef.

Au fait, pourquoi l'Archeste ? Dans ce nom, il faut voir un double hommage. À Alain Senderens, d'abord et à son restaurant L'Archestrate, mais aussi un savant mélange d'artiste, d'artisanal, d'orchestre et d'art. Au final, l'important, c'est qu'on s'y régale... et figurez-vous que c'est le cas.

■ Cuisine du marché

Cuisine moderne · Élégant

COMICE

Un couple de Canadiens, Noam Gedalof de Montréal et Etheliya Hananova de Winnipeg, a eu l'excellente idée d'ouvrir leur premier restaurant à Paris, après de belles expériences internationales : le chef – ancien du French Laundry, en Californie – s'inspire des bases de la cuisine française, qu'il saupoudre de modernité. Son obsession : mettre en valeur des produits de la saison avec le plus grand soin, et renouveler régulièrement sa carte au gré de ses trouvailles. Cette séduisante cuisine se déguste dans une jolie salle moderne aux murs bleu profond, agrémentés de tableaux d'artistes contemporains (avec une cuisine ouverte au fond de la salle). L'ensemble est élégant et feutré, et vous n'aurez qu'une hâte : y retourner.

■ **Entrées :** Carpaccio de bar de ligne, radis, concombre, poivron et petit lait • Foie gras au torchon, poire, prune et quetsche

■ **Plats :** Filet de veau, pancetta, pommes de terre confites, jus de veau • Barbue cuite à la vapeur, sabayon au cresson

■ **Desserts :** Soufflé au chocolat, glace à la vanille • Tarte aux figues, pistaches et framboises

Menu 80 € (déjeuner en semaine)/120 € – Carte 60/100 €

PLAN : B2-3
31 av. de Versailles
TEL. 01 42 15 55 70
www.comice.paris
Ⓜ **Mirabeau**

Fermé 2 semaines en avril,
2 semaines en août, 2 semaines en janvier, mardi midi, mercredi midi, dimanche et lundi

A/C

Menu 45 € (déjeuner), 58/80 €

PLAN : D3
14 r. Bouquet-de-Longchamp
TEL. 01 45 05 11 41
www.restaurant-etude.fr
Ⓜ **Boissière**

Fermé samedi midi, dimanche et lundi

A/C ❀

Cuisine moderne • Élégant

ÉTUDE

Une signature contemporaine, une ode à la simplicité et à l'épure : ces mots font figure d'évidence lorsque l'on découvre les créations du chef, Keisuke Yamagishi. Il a choisi de nommer son restaurant «Étude», en hommage à la musique de Frédéric Chopin – une passion –, mais aussi parce que c'est ainsi qu'il considère son travail : une recherche inlassable sur cette matière toujours vivante qu'est la gastronomie. Nourri par ses rencontres avec des petits producteurs, par la découverte de produits venus de loin – poivre de Taiwan aux notes d'agrumes, baies iraniennes –, porté enfin par son double héritage culinaire – France et Japon –, il cuisine ici tel un funambule, au gré de menus «Symphonie», «Ballade», «Prélude»... une jolie leçon d'harmonie! Superbe.

■ Cuisine du marché

Cuisine moderne • Classique

LA GRANDE CASCADE

Transformé en restaurant pour l'Exposition universelle de 1900, le restaurant mêle les styles Empire, Belle Époque et Art nouveau : un charme incomparable se dégage de la rotonde, aménagée sous une grande verrière, et de la magnifique terrasse. La clientèle d'affaires vient y respirer le chic du Paris d'autrefois et l'air de la campagne en plein bois de Boulogne. Georges Menut veille amoureusement sur cette Grande Cascade, prenant soin de cultiver son image de grande dame. Mais l'établissement vit aussi avec son temps : pour preuve, la présence de Frédéric Robert, un chef brillant, passé par Le Grand Véfour, le Vivarois et Lucas-Carton (où il a travaillé aux côtés de Senderens pendant dix ans). Il a carte blanche pour imaginer une cuisine subtile, aux saveurs bien marquées, qui hisse cette maison parmi les belles adresses gourmandes de la capitale.

Menu 89/192 € – Carte 170/220 €

PLAN : A2
au Bois de Boulogne - allée de Longchamp
TEL. 01 45 27 33 51
www.restaurantsparisiens.com

Fermé 22 décembre-20 janvier

■ **Entrées :** Tourteau de Bretagne, neige au citron, caviar osciètre • Macaroni à la truffe noire, foie gras et céleri, gratinés au parmesan

■ **Plats :** Turbot cuit au goémon, artichaut, émulsion pistache • Bœuf de Salers, béarnaise au cresson, pommes soufflées

■ **Desserts :** Mille gaufres, crème à la vanille • Cigarettes à l'orange, zestes d'agrumes et kumquats confits

❀

Cuisine moderne • Branché

HEXAGONE

Menu 49 € (déjeuner en semaine),
90/135 € – Carte 100/140 €

PLAN : D3
85 av. Kléber
TEL. 01 42 25 98 85
www.hexagone-paris.fr
Ⓜ Trocadéro

Après de longues années passées dans l'ombre du père – Bernard Pacaud, figure tutélaire de la gastronomie parisienne et chef de l'Ambroisie, trois étoiles place des Vosges –, Mathieu Pacaud s'est (on l'imagine) lancé dans cette nouvelle aventure gastronomique avec l'envie d'en découdre. Grand bien lui en a pris ! Il réinterprète les grands classiques français avec brio, se concentrant sur une manière, sur une alliance de saveurs, sur une sauce ; il régale ses convives avec des assiettes maîtrisées, construites, composées... On ne se lasse pas de cette cuisine haute en couleurs et bien dans son époque. Un mot enfin sur le décor chaleureux, signé Gilles et Boissier, qui ouvre sur un petit jardin exotique. Mathieu Pacaud s'est fait un prénom, et de quelle manière !

■ **Entrées :** Œuf de poule mollet, ratatouille, crème glacée de céleri • Gelée anisée, gambas, salade de pêche, crème à la verveine

■ **Plats :** Sole à la viennoise, poêlée de girolles, amandes fraîches et sauce au vin jaune • Ris de veau émincé à la diable, nuage d'estragon

■ **Desserts :** Ganache bayano, glace au miel, croquant noisette, sarrasin glacé et soufflé • Vacherin à la mara des bois, chantilly vanille

Cuisine créative · Épuré

PAGES

La passion des chefs japonais pour la gastronomie française s'illustre une nouvelle fois à travers ce restaurant surprenant. Passé par de belles maisons, Ryuji Teshima, dit Teshi, propose une version contemporaine et très personnelle de la cuisine de l'Hexagone. Autour de menus «surprise», il imagine des mélanges de saveurs qui peuvent paraître improbables sur le papier, mais réellement percutants dans l'assiette. On profite de son travail dans un décor épuré, et les cuisines visibles depuis la salle permettront aux curieux de le voir s'affairer aux fourneaux... Un ensemble résolument à la page!

■ Cuisine du marché

Menu 50 € (déjeuner), 75/90 €

PLAN : D3
4 r. Auguste-Vacquerie
TEL. 01 47 20 74 94
www.restaurantpages.fr
Ⓜ Charles de Gaulle-Etoile

Fermé vacances de février,
3 semaines en août, dimanche et
lundi

Menu 64 € (déjeuner), 85/135 €
– Carte 85/125 €

PLAN : C2
40 r. Pergolèse
TEL. 01 45 00 21 40
www.lepergolese.com
Ⓞ Porte Maillot

**Fermé 3 semaines en août,
samedi midi et dimanche**

🕸

Cuisine traditionnelle • Élégant

LE PERGOLÈSE

Dès le début, Stéphane Gaborieau voulait faire du Pergolèse une «belle maison bourgeoise où l'on reçoit les clients comme chez soi». Véritable passionné, ce chef lyonnais, Meilleur Ouvrier de France, a fait ses classes dans des maisons prestigieuses aux côtés de grands noms (Georges Paccard, Pierre Orsi). La cuisine, respectueuse des produits, révèle des notes ensoleillées : logique, c'est dans le Sud que Stéphane Gaborieau a fait ses débuts. Quant au décor, il se montre élégant : tentures crème, fauteuils de velours rouge, tableaux contemporains... Quant à la carte des vins, riche de près de 300 références, elle ne manque pas de belles bouteilles.

■ **Entrées :** Moelleux de sardines, compotée de poivrons basquaise, sorbet tomate • Courgette fleur en mousseline de homard

■ **Plats :** Sole meunière farcie d'une duxelles de champignons • Côte de veau rôtie sur l'os

■ **Desserts :** Souffle chaud aux saveurs du moment. • Montgolfière de tomates, mousse verveine et sablé au thym

Cuisine moderne • Classique

ST-JAMES PARIS

Érigé en 1892, cet hôtel particulier a des airs de véritable petit château environné de verdure, en plein cœur de Paris – une rareté ! C'est au début des années 1990 qu'il devient hôtel, et en 2013 seulement que son restaurant s'ouvre à la clientèle extérieure... bien qu'il demeure réservé aux membres du Saint-James Club au déjeuner en semaine. L'occasion est belle d'aller découvrir cet établissement parmi les plus exclusifs de la capitale ! Le cadre est superbe, aussi chic qu'élégant avec ses boiseries, ses tissus mordorés, son haut plafond en trompe l'œil et son jardin très secret, où les tables s'abritent aux beaux jours sous de magnifiques tentes en forme de montgolfières anciennes. Arrivé en 2017, Jean-Luc Rocha a su prendre le pouls de ces lieux et propose une cuisine à l'avenant, subtile et réalisée avec beaucoup de soin.

■ **Entrées :** Huîtres et caviar, longuet de volaille toasté • Foie gras de canard chaud, croustillant de sésame

■ **Plats :** Homard juste saisi, bouillon de corail aux aromates et légumes comme un risotto • Suprêmes et cuisses de pigeon marinés au thé earl grey

■ **Desserts :** Fraîcheur de fruits, parfum de verveine • Chocolat en mousse, craquant à la noix de pécan, coulis de cacao et glace au lait

Menu 140 € – Carte 105/160 €

PLAN : C3
Hôtel St-James Paris
43 av. Bugeaud
TEL. 01 44 05 81 88
www.saint-james-paris.com
Ⓜ **Porte Dauphine**

Fermé dimanche soir et le midi

Cuisine chinoise • Exotique

SHANG PALACE

Shangri-La.. Le nom résonne comme un voyage aux confins de l'Asie, vers un paradis luxueux et imaginaire. Le célèbre hôtel parisien, né en 2010, a su donner le même éclat à ses restaurants, dont ce Shang Palace. Situé au niveau inférieur de l'établissement, il transporte ses hôtes dans un Hong Kong merveilleux, entre raffinement extrême-oriental et élégance Art déco. Colonnes incrustées de jade, paravents sculptés et lustres en cristal promettent un dîner aussi feutré qu'étincelant. La cuisine cantonaise est à l'honneur ; on peut partager en toute convivialité un assortiment de plats servis au centre de la table. Les cuissons se révèlent précises, les parfums subtils. Les dim sum sont moelleux à souhait et le goût de la sole cuite à la vapeur s'envole accompagné de champignons noirs et de tofu soyeux. Pour finir, entre autres douceurs, une crème de mangue, garnie de pomélo et de perles de sagou, laisse une belle impression de fraîcheur..

Menu 48 € (déjeuner), 98/128 € –
Carte 65/170 €

PLAN : D3
Hôtel Shangri-La
10 av. d'Iéna
TEL. 01 53 67 19 92
www.shangri-la.com
Ⓜ **Iéna**

Fermé 20 février-7 mars, 10 juillet-
1ᵉʳ août, mardi et mercredi

■ **Entrées :** Saumon Lo Hei • Effiloché de poulet en salade, méduse, cébette et gingembre

■ **Plats :** Canard laqué façon pékinoise en deux services • Bar croustillant à la sauce aigre-douce

■ **Desserts :** Crème de mangue, pomélo et perles de sagou • Boules moelleuses à la crème montée, fruits frais

Cuisine moderne • Élégant

LES TABLETTES DE JEAN-LOUIS NOMICOS

Après avoir dirigé de nombreuses années durant les cuisines du restaurant Lasserre – l'un des temples de la cuisine classique –, Jean-Louis Nomicos a créé ces Tablettes où il a souhaité apposé son propre nom.

À l'heure frénétique des écrans tactiles, le lieu, élégant et feutré, évoque de manière très contemporaine le panier du marché provençal avec, sur ses murs, un beau tressage de larges lattes de noyer... Il est vrai que la cuisine de Jean-Louis Nomicos a conservé une pointe d'accent du Midi. Pour ce chantre de la belle tradition, qui est né à Marseille et a grandi dans le culte de la bouillabaisse, l'art et la technique doivent avant tout rester au service des sens et du plaisir. Telle est la condition pour révéler toutes les potentialités des grandes recettes et des produits de choix! Et si la carte des vins peut dorénavant s'écrire en pixels, les saveurs dans l'assiette, elles, n'ont rien de virtuel...

Menu 42 € (déjeuner), 85 € 🍷/150 € – Carte 110/160 €

PLAN : C1
16 av. Bugeaud
TEL. 01 56 28 16 16
www.lestablettesjeanlouisnomicos. com
Ⓜ **Victor Hugo**

♿ A/C 🍽

■ **Entrées :** Macaroni gratiné au parmesan, truffe noire, foie gras de canard et jus de veau truffé • Pissaladière de rouget, anchois, piquillos et pulpe d'olives

■ **Plats :** Carabineros grillés à la plancha, riz noir façon risotto aux encornets • Bœuf de Salers fumé au bois de hêtre, cèpes et pommes soufflées

■ **Desserts :** Granité à la Chartreuse verte, glace à l'eau de rose • Chocolat grand cru en tarte fine soufflée, mascarpone et sorbet au cacao

Cuisine traditionnelle • Bistro

N° 41

Ce sympathique bistrot de style industriel, qui fut jadis un bar-tabac, est le petit dernier d'un couple de restaurateurs passionnés, propriétaires (notamment) de la Fontaine de Mars. Secondés par leur fils Charles («l'âme de la maison!»), ils réalisent une cuisine gourmande de qualité, à l'instar de cet œuf cocotte et crème de foie gras, véritable star des lieux. Mais on se régale aussi d'un tartare de thon citron et gingembre, d'une volaille émincée au lait de coco et pomme fondante, voire même d'un réjouissant pot-au-feu... Pas question ici d'intellectualiser la tradition, mais de la respecter, tout simplement. Le service est efficace et convivial, ce qui ajoute encore au plaisir du repas. D'ailleurs, les clients ne s'y trompent pas : on refuse du monde à tour de bras.

Carte 27/59 €

PLAN : B2
41 av. Mozart
TEL. 01 45 03 65 16
www.n41.fr
Ⓜ **Ranelagh**

Fermé 2 semaines en août

♿ A/C

Cuisine traditionnelle • Contemporain

LA TERRASSE MIRABEAU

Pierre Négrevergne, formé chez Michel Rostang et très impliqué dans l'association des Maîtres Restaurateurs de France, fait partie de ces cuisiniers connaisseurs de leurs classiques. Pâté en croûte de compétition, foie gras de canard à la cazette, saumon label rouge façon gravlax, ou encore cocotte de ris de veau et rognon aux champignons : les recettes jouent la tradition avec une réussite certaine. Tout cela est à découvrir dans un intérieur sobrement contemporain : murs blancs et rouges, mobilier aux tons bruns, grands miroirs, banquettes... La terrasse, à l'ombre des platanes, est agréable.

Formule 29 € – Menu 36/75 € 🍷 –
Carte environ 45 €

PLAN : B3
5 pl. de Barcelone
TEL. 01 42 24 41 51
www.terrasse-mirabeau.com
Ⓜ **Mirabeau**

Fermé 3 semaines en août, 1 semaine fin décembre, samedi et dimanche

¶○

Cuisine moderne •
Tendance

A ET M RESTAURANT

Dans un coin assez calme du 16ᵉ arrondissement, ce «bistrot de chef» a été fondé par les patrons de deux tables renommées, l'Apicius et le Marius... tables dont les initiales ont inspiré son nom. Aux fourneaux, on trouve le chef Tsukasa Fukuyama, qui s'approprie avec aisance les grands classiques de la gastronomie de l'Hexagone : galettes de pied et d'oreille de cochon, hachis parmentier de joue de bœuf, ou encore gigot d'agneau au cumin et jus d'olives noires... Ces douceurs se dégustent dans un décor sobre et contemporain, ou sur la sympathique terrasse. Ajoutons à cela l'ambiance conviviale et les prix vraiment raisonnables : au final, on passe un très bon moment.

Formule 28 € – Menu 37 € – Carte environ 45 €

PLAN : B3
136 bd. Murat
TEL. 01 45 27 39 60
www.am-restaurant.paris
Ⓜ **Porte de St-Cloud**

Fermé août, samedi midi et dimanche

¶○

Viandes •
Convivial

L'ATELIER D'HUGO DESNOYER

Le maître artisan Hugo Desnoyer n'est pas seulement le boucher des stars, qui se pâment devant ses pièces de bœuf maturées ou ses carrés d'agneau, si tendres qu'on les entendrait bêler, c'est une petite entreprise à lui tout seul : un abattoir, des chambres de maturation, et désormais cette boutique-bistrot qui mettrait l'eau à la bouche d'un végétarien. Dans le pur esprit des tables d'hôtes d'antan, on s'installe autour d'une table en bois brut, couteau en main et appétit en bandoulière, pour se régaler de superbes pièces sélectionnées avec minutie : terrine maison parfumée, entrecôte persillée, os à moelle, tarte aux pommes croustillante. Qu'il est bon d'être carnivore !

Carte 40/95 €

PLAN : B2
28 r. du Docteur Blanche
TEL. 01 46 47 83 00
www.hugodesnoyer.com
Ⓜ **Jasmin**

Fermé août, le soir, dimanche et lundi

🍴

*Viandes •
Bistro*

ATELIER VIVANDA - LAURISTON

Originellement, le vivandier était celui qui assurait le ravitaillement des troupes en vivres ; aujourd'hui, ce bistrot original apaise tous les carnivores, à deux pas de l'Arc de Triomphe. De protéines, il est donc ici essentiellement question : bœuf Black Angus et poulet fermier (entre autres !) sont servis sur de petites tables en bois façon billot de boucher ; la carte, très courte, cultive avant tout le goût des produits du marché et des saisons. Question qualité et traçabilité, la maison est bien lotie : elle est l'une des nombreuses adresses d'Akrame Benallal, chef de la jeune génération, dont le restaurant gastronomique est installé non loin de la Madeleine.

Menu 39/74 €

PLAN : D2
18 r. Lauriston
TEL. 01 40 67 10 00
www.ateliervivanda.com
Ⓜ Kléber

Fermé 2 semaines en août, vacances de Noël, samedi et dimanche

A/C

🍴

*Cuisine moderne •
Élégant*

CAFÉ DE L'HOMME Ⓝ

Sur les toits du Palais de Chaillot, dont la construction remonte à l'Exposition Universelle de 1937, l'immense terrasse (330 m2) du Café de l'Homme offre une vue somptueuse sur la Tour Eiffel toute proche : magique, tout simplement. Bien sûr, on ne vient pas là pour se rincer l'œil mais plutôt les papilles, il est donc temps de s'attaquer à l'assiette. Là encore, c'est du joli : entre classiques revisités (filet de bœuf sauce au poivre) et détours exotiques (tataki de thon rouge au yuzu et wasabi), les saveurs sont bel et bien là, il y a du sérieux et de l'application dans l'assiette. Bémol : comme on pouvait s'y attendre, les tarifs ne font pas de cadeau – on imagine que le cadre n'y est pas pour rien – mais pas au point de quoi nous gâcher le plaisir... loin de là !

Formule 39 € – Carte 50/80 €

PLAN : D3
17 pl. du Trocadéro
TEL. 01 44 05 30 15
www.cafedelhomme.com
Ⓜ Trocadéro

🛖 ♿ A/C ⇱

✲○
Cuisine moderne •
Cosy

CARTE BLANCHE

L'ancienne Table du Baltimore est devenue Carte Blanche, et c'est un nom qui lui va comme un gant! Jugez-en plutôt : en plus d'une carte avec des intitulés de plats «classiques» – au hasard, tourteau effiloché, courgette, curry et basilic, ou encore poitrine de porc fermier au piment d'Espelette –, le client a la possibilité de choisir seulement un produit : il sera cuisiné à sa convenance, après discussion avec le chef ou en fonction des suggestions de l'équipe du restaurant... Le concept est plutôt malin, et le plaisir gustatif est au rendez-vous, notamment grâce à des produits soigneusement sélectionnés. Quant au décor, dans des tons beige et taupe, il se révèle agréable.

Formule 29 € – Menu 39 € (déjeuner), 85/130 € – Carte 65/87 €

PLAN : D3
Hôtel Baltimore
1 r. Léo-Delibes
TEL. 01 44 34 54 34
www.carteblancheparis.fr
Ⓜ Boissière

Fermé août, samedi, dimanche et fériés

✲○
Cuisine moderne •
Élégant

LA CAUSERIE

Deux jeunes associés venus du Royal Monceau président aux destinées de cette fameuse institution de La Muette. Dans l'esprit d'une table d'hôte, la déco possède un agréable côté rétro – grand miroir, belle fresque en céramique, faïence de Sarreguemines –, dessinant un intérieur à la fois bien pensé et chaleureux. Si l'on ajoute à cela le service très attentionné, on se retrouve dans de parfaites dispositions pour découvrir la cuisine du chef, qui revisite la tradition avec grande fraîcheur, à travers une carte aussi carrée que gourmande : œuf de poule bio cuit mollet et sa tombée de champignons, ris de veau croustillant et son millefeuille de pomme de terre, baba au rhum ou encore paris-brest... Un établissèment à découvrir très vite!

Formule 29 € – Menu 36 € – Carte 48/65 €

PLAN : B2
31 r. Vital
TEL. 01 45 20 33 00
www.lacauserie.fr
Ⓜ La Muette

Fermé 3 semaines en août, samedi et dimanche

♿

Cuisine traditionnelle • Bistro

CHAUMETTE

À deux pas de la Maison de la Radio, journalistes et habitants du quartier se pressent dans ce charmant bistrot, ouvert par la comédienne Monique Chaumette en 1934... Philippe Noiret, Serge Gainsbourg et bien d'autres ont fréquenté cet intérieur inimitable : murs boisés, mobilier rétro, banquette, petit comptoir en zinc et vieux luminaires... Les propriétaires actuels en perpétuent l'esprit avec une cuisine traditionnelle de qualité. À vous la noix de ris de veau et sa poêlée de champignons, l'entrecôte sauce béarnaise, le pot-au-feu, la blanquette ou les abats... Notez aussi que la formule déjeuner offre un bon rapport qualité-prix.

Formule 22 € – Menu 25 € (déjeuner) – Carte 36/60 €

PLAN : B2
7 r. Gros
TEL. 01 42 88 29 27
www.restaurantchaumette.com
Ⓜ Mirabeau

Fermé 23 juillet-21 août, 24-27 décembre, 31 décembre-3 janvier, samedi midi, dimanche et lundi

Cuisine italienne •
Intime

CONTI

Stendhal aurait sans doute apprécié ce restaurant où l'on célèbre, dans l'assiette, l'Italie qu'il aimait tant et, dans le décor, ses deux couleurs fétiches, le rouge et le noir (velours, tapisseries, boiseries, lustres en verre de Murano). Aux commandes de cette table, deux Français qui réinterprètent les recettes de la Botte avec des touches personnelles, associant les influences d'ici et de là-bas. Résultat, une cuisine de qualité appréciée par de nombreux habitués. Au hasard de la carte, on se régalera d'un risotto à la milanaise, d'un foie de veau à la vénitienne, d'une saltimbocca de veau à la sauge, de bouchons au limoncello, ou encore d'un tartuffo glacé et cacao affogato... Sans oublier la belle carte des vins franco-italienne.

Menu 39 € (déjeuner) – Carte 55/82 €

PLAN : D3
72 r. Lauriston
TEL. 01 47 27 74 67
www.leconti.fr
Ⓜ Boissière

Fermé 31 juillet-20 août, 24 décembre-1ᵉʳ janvier, samedi, dimanche et fériés

A/C

Cuisine moderne • Convivial

ENCLOS DE LA CROIX

L'Enclos de la Croix n'est pas seulement ce restaurant sympathique situé non loin de l'avenue de Versailles, c'est aussi le nom d'un domaine viticole bicentenaire du Languedoc, qui produit des vins aux jolies palettes aromatiques, et s'adapte astucieusement aux spécialités de la maison. Chaque plat est ici accompagné gratuitement d'un, ou plusieurs vins du domaine, qui appartient au père du jeune patron. De Lansargues à Paris, entre restaurant et bar à vin, un fort agréable voyage œnologique et culinaire, autour d'une cuisine au goût du jour, dans un cadre contemporain.

Formule 30 € ▼ – Menu 40 € ▼/65 € ▼

PLAN : B3
18 bd Exelmans
TEL. 01 46 47 50 83
www.restaurantenclosdelacroix.com
Ⓜ Porte de St-Cloud

Fermé août, samedi et dimanche

Cuisine moderne • Design

LE FRANK

L'art est partage, la cuisine aussi, proclame la fondation Louis Vuitton. Pour mettre en pratique cet aphorisme et animer les cuisines de son restaurant le Frank, la fondation méritait chef à sa mesure. Ils l'ont trouvé en la personne de Jean-Louis Nomicos, natif de Marseille, passé par la Grande Cascade et Lasserre. En parfaite osmose avec l'architecture des lieux, imaginée par Franck Gehry, Jean-Louis Nomicos compose une carte courte et sûre, de voyages asiatiques en escales italiennes : une échappée belle tout à fait dans l'esprit Vuitton. Attention, l'accès au restaurant est payant (14€). Pas de réservation au déjeuner, réservation obligatoire au dîner.

Formule 28 € ▼ – Carte 55/84 €

PLAN : B1
8 av. Mahatma-Gandhi (Fondation Louis-Vuitton)
TEL. 01 58 44 25 70
www.restaurantlefrank.fr
Ⓜ Les Sablons

Fermé lundi soir, mercredi soir, jeudi soir, dimanche soir et mardi

🍴○
Cuisine italienne •
Convivial

IL GUSTO SARDO

Une authentique *trattoria*, au cœur du quartier chic de Chaillot. Murs habillés de boiseries jaune clair, photos en noir et blanc de stars du cinéma italien et, aux commandes, toute une famille italienne : la *mama* officie aux fourneaux, le *papà* en salle, l'un et l'autre aidés de leurs deux *figli*. Le lieu transporte en Méditerranée, et plus précisément en Sardaigne, dont la carte exhale tous les parfums grâce au savoir-faire de la maîtresse de maison. Cassolette de palourdes et moules sur lit de *pane carasau* (un pain sarde) au romarin, vitello tonnato, mais aussi les incontournables petites pâtes sardes, la dorade et, en dessert, la pannacotta... Le soleil sarde brille dans les assiettes, et aussi dans les verres, à travers un joli choix de vins.

Carte 52/82 €

PLAN : D3
18 r. Chaillot
TEL. 01 47 20 08 90
www.restaurant-ilgustosardo.com
Ⓜ **Alma Marceau**

Fermé vacances de printemps, août, vacances de Noël, samedi, dimanche et fériés

A/C

🍴○
Cuisine moderne •
Élégant

JÉRÉMIE

En bon tenant de la bistronomie, le jeune chef Jérémie Tourdjman s'attache ici à mettre en avant le produit de façon simple, franche et directe... sans rechigner cependant à livrer un vrai travail de cuisinier (il est auparavant passé par les cases Constant et Ducasse). De là de belles assiettes, centrées sur des ingrédients de qualité et aux saveurs bien marquées : *ceviche* de daurade, filet de bar confit au miso, ris de veau cuit façon meunière, mais aussi un réjouissant millefeuille vanille, et son caramel au beurre salé... le tout dans une salle élégante et lumineuse, à la frontière du classicisme et de la modernité : on n'en demande pas davantage.

Formule 46 € – Menu 55/85 € – Carte 65/85 €

PLAN : D3
33 r. de Longchamp
TEL. 01 47 04 96 81
www.restaurantjeremie.com
Ⓜ **Boissière**

Fermé août, samedi midi et dimanche

A/C

🍴◯
Cuisine japonaise •
Convivial

KURA

Un coin de Japon au cœur de Passy ? Mobilier en bois sombre, petit sushi-bar ; on se croirait dans une izakaya, une auberge japonaise. Au piano, le chef nippon renforce cette impression d'authenticité. Les sushis et sashimis sont les best-sellers de ces lieux, réalisés avec dextérité – est-il besoin de le préciser ? –, et escortés à la carte par quelques bons plats chauds. À noter que le menu du soir, renouvelé régulièrement au fil des saisons, permet de s'abandonner à cette délicatesse toute japonaise, où la fraîcheur des produits se marie avec bonheur au raffinement des présentations. Autre atout : la terrasse ensoleillée.

Formule 26 € – Menu 47 € (dîner), 62/115 € 🍷

PLAN : B2
56 r. de Boulainvilliers
TEL. 01 45 20 18 32
www.kuraparis.com
Ⓜ **La Muette**

Fermé 12-20 août, dimanche en août et lundi

🍴◯
Cuisine chinoise • Élégant

LILI

Le groupe hôtelier de luxe hongkongais, Peninsula, a frappé fort avec l'inauguration, en 2014, de son premier établissement parisien, créé dans un superbe bâtiment de 1908, voisin de la place de l'Étoile. Parmi son offre gastronomique aussi riche que plurielle, il abrite comme il se doit une table chinoise : Lili, du nom d'une célèbre cantatrice d'opéra chinois des années 1920 - la thématique de l'opéra a d'ailleurs inspiré le décor profus de la salle, tout en hautes colonnes, boiseries sculptées, voilages précieux, etc. La longue carte réunit un large éventail de spécialités emblématiques des grandes régions gastronomiques chinoises (au premier rang desquelles celle de Canton) : une véritable ambassade de la cuisine extrême-orientale.

Formule 58 € – Menu 58 € (déjeuner), 68/138 € – Carte 55/188 €

PLAN : D3
Hôtel Peninsula
19 av. Kléber
TEL. 01 58 12 67 50
www.peninsula.com/fr/
Ⓜ **Kléber**

Fermé 22-29 février et 13-30 août

🍴○
Cuisine grecque •
Contemporain

MAVROMMATIS - LE BISTRO PASSY

Le petit dernier d'Andreas Mavrommatis, pape de la gastronomie méditerranéenne à Paris. Une petite cuisine vitrée permet aux clients de voir les deux cuisiniers en action. Au menu, carpaccio de veau, artichauts en barigoule, sauce tonnato ; soupions au fenouil, au curcuma et pommes de terre tièdes ; poitrine de veau confite-rôtie, pilaf de boulgour à la tomate et ses petits légumes ; et en dessert, moelleux aux dattes, baba chantilly... C'est frais, savoureux, et l'accueil est aussi souriant que professionnel. Au rez-de-chaussée, une boutique traiteur et une cave à vins permettent à chacun d'emporter son rayon de soleil de gourmandise.

Formule 29 € – Carte 38/55 €

PLAN : C3
71 av. Paul-Doumer
TEL. 01 40 50 70 40
www.mavrommatis.com
Ⓜ La Muette

Fermé 3 semaines en août, dimanche et lundi

A/C

🍴○
Cuisine moderne •
Contemporain

LE METROPOLITAN

En plein cœur du très chic 16ᵉ, l'hôtel Metropolitan dévoile une élégance certaine... et son restaurant, éponyme, ne laisse pas indifférent. Sans doute est-ce dû à cette cuisine inspirée de la tradition, parsemée de légères touches italiennes, et solidement appuyée sur des produits de qualité. Jugez-en plutôt : ravioles de langoustine, beurre fumé et caviar végétal ; bar sauvage rôti sur la peau, câpres et tomates confites ; homard rôti et son risotto safrané... Deux mots enfin sur le décor contemporain, paré de panneaux en laiton plutôt originaux, et sur le rapport qualité-prix, assez avantageux pour le quartier.

Menu 31 € – Carte 46/67 €

PLAN : C3
Hôtel Metropolitan
10 pl. de Mexico
TEL. 01 56 90 40 12
www.hotellemetropolitanparis.fr
Ⓜ Trocadéro

Fermé 3 semaines en août, dimanche et lundi

♿ A/C ▱

¡¡O
Cuisine moderne •
Design

MOLITOR

Élevé en 2014 parmi les vestiges de la piscine Molitor (qui datait, elle, de 1929), l'hôtel du même nom avait besoin d'une table à son image, dynamique et ancrée dans la modernité : cette «brasserie urbaine» est le fruit de cette réflexion. Assumant avec intelligence la dimension historique des lieux – on a conservé une partie du plafond d'origine, avec ses moulures Art déco –, l'équipe fait aussi le pari de la lumière et du design : un vrai plaisir pour les yeux. Côté cuisine, on profite d'assiettes précises et soignées, précises sur les cuissons et carrées sur les saveurs. En vous s'asseyant à table, tournez la tête en direction de la baie vitrée, qui donne sur la mythique piscine extérieure de 46 m : alors, c'est un siècle d'histoire de l'Ouest parisien qui vous observe en retour.

Menu 35 € – Carte 40/62 €

PLAN : A3
Hôtel Molitor
2 av. de la Porte-Molitor
TEL. 01 56 07 08 50
www.mltr.fr
Ⓜ **Michel Ange Molitor**

¡¡O
Cuisine moderne •
Élégant

MONSIEUR BLEU

Comme emplacement dans Paris, on fait difficilement mieux que cette néobrasserie chic et imposante... Il faut dire qu'elle est nichée au cœur du palais de Tokyo, et que sa terrasse toise la Seine et la tour Eiffel! Mais son charme tient aussi à ses volumes aériens (9 m sous plafond!), son décor inspiré par l'Art déco et le modernisme – une réalisation du designer Joseph Dirant –, autant d'attraits qui en font un lieu très couru. Évidemment, l'assiette n'est pas en reste, à travers des plats actuels, francs et bien ficelés, évoluant au fil des saisons. *Ceviche* de daurade passion-coco-concombre, gros escargots de Bourgogne, dos de cabillaud au bouillon thaï, filet de bœuf tradition au poivre, sans oublier l'excellent millefeuille à la vanille bourbon...

Formule 27 € – Menu 35 € (déjeuner en semaine) – Carte 55/95 €

PLAN : D3
20 av. de New-York (Palais de Tokyo)
TEL. 01 47 20 90 47
www.monsieurbleu.com
Ⓜ **Iéna**

⅄⃝

Cuisine moderne •
Design

L'OISEAU BLANC

Le restaurant de «gastronomie française contemporaine» du Peninsula, ce luxueux hôtel installé à deux pas de l'Arc de Triomphe. Son nom fait référence à l'avion avec lequel Nungesser et Coli tentèrent – sans succès – la première traversée de l'Atlantique nord en 1927 : une reproduction grandeur nature de l'appareil est suspendue au sommet de l'hôtel, comme si elle allait partir à l'assaut des cieux. Un bel hommage rendu aux deux pionniers... mais également au ciel de Paris! Sous sa verrière posée sur les toits, le restaurant semble en effet voler au-dessus de la capitale, et la terrasse offre une vue magistrale de la tour Eiffel au Sacré-Cœur. Un cadre propice aux envolées lyriques, en profitant d'une cuisine douée elle aussi de beaux effets visuels.

Formule 58 € – Menu 69 € (déjeuner), 109/129 € – Carte 80/140 €

PLAN : D3
Hôtel Peninsula
19 av. Kléber
TEL. 01 58 12 67 30
www.peninsula.com/fr/
Ⓜ Kléber

🛖 ♿ A/C

⅄⃝

Cuisine chinoise •
Exotique

PASSY MANDARIN
LA MUETTE

Fondé en 1976 par le père de son actuel propriétaire, le Passy Mandarin La Muette joue la carte de la permanence : l'authenticité est de mise dans les assiettes, où l'on retrouve les grandes spécialités de la cuisine chinoise (en particulier cantonaise), mais aussi quelques plats thaïlandais et vietnamiens. Potage pékinois, dim sum, marmite de porc, filet de bœuf aux saveurs de la vie (associant l'amer, le salé, le sucré et l'acide à travers une association de haricots noirs, de zestes d'orange, d'une sauce aigre-douce et de piment), sans oublier le fameux canard laqué à la pékinoise. Quant au décor, il assume pleinement ses chinoiseries : paravents, boiseries sculptées, toiles tissées, vases, bibelots chinés, etc. Une certaine authenticité, oui!

Formule 17 € 🍷 – Menu 50 € – Carte 27/85 €

PLAN : B2
6 r. Bois-le-Vent
TEL. 01 42 88 12 18
www.restaurant-passy-mandarin.fr
Ⓜ La Muette

Fermé août et lundi

Cuisine traditionnelle •
Tendance

LE PETIT PERGOLÈSE

Si l'intérieur de ce Petit Pergolèse est moderne et original (tables en ardoise lustrées à l'huile de lin, banquettes, tons rouge et noir), il porte surtout la patte du patron, passionné d'art contemporain : photos, sculptures et peintures, changés régulièrement, donnent au repas un relief tout particulier. Ce cadre fait le bonheur d'une large clientèle, qui vient ici «entre copains» pour apprécier une cuisine traditionnelle joliment revisitée et pleine de saveurs. La carte fait la part belle à des plats simples et soignés (filet de bar et sa purée de pommes de terre à l'huile d'olive, soufflé au Grand Marnier), et l'ardoise évolue au gré du marché, tout comme les suggestions – formulées oralement – qui ont la faveur du chef.

Carte 43/76 €

PLAN : C2
38 r. Pergolèse
TEL. 01 45 00 23 66
Ⓜ Porte Maillot

Fermé août, samedi et dimanche

Poissons et fruits de mer •
Élégant

PRUNIER

Cette brasserie de luxe classée, née en 1925, reste de première fraîcheur. Grâce au talent d'Éric Coisel, qui porte haut son vénérable éclat et sa signature séculaire : «Tout ce qui vient de la mer»... Avec son banc d'écailler à l'entrée, la maison célèbre toujours les nobles produits marins. Mais pas seulement! Sachez que la maison Prunier produit son propre caviar dans le Sud-Ouest. Sans oublier les autres incontournables : œuf «Christian Dior», assiette gourmande de saumons Balik, grosse sole «belle meunière», petits pots de crème «Émile Prunier», soufflé chaud... Une cuisine de qualité, une belle carte des vins avec un bon choix de bourgognes blancs : le paradis.

Menu 47 € (déjeuner en semaine), 85/175 € – Carte 64/202 €

PLAN : D2
16 av. Victor-Hugo
TEL. 01 44 17 35 85
www.prunier.com
Ⓜ Charles de Gaulle-Etoile

Fermé août, samedi midi, dimanche et fériés

Cuisine italienne •
Convivial

LE VINCI

Dans une rue calme, près de l'avenue Victor-Hugo, ce «ristorante» offre une belle carte de cuisine italienne, agrémentée de touches contemporaines françaises : cette table transalpine est ouverte aux influences locales. Le décor, coloré, fleure bon la péninsule et met tout de suite dans l'ambiance. Confortablement attablé, attaquez-vous à la lecture de la carte qui décline les spécialités de la maison, parfaitement exécutées : émietté de tourteau ; risotto Alfredo à l'abricot, vanille et foie gras poêlé ; *tartuffo di pizzo*... Sans compter le cappuccino «café café» et sa mousse de lait, un vrai délice. Inutile de préciser que cette adresse fait souvent salle comble.

Menu 39 € – Carte 52/87 €

PLAN : D3
23 r. Paul-Valéry
TEL. 01 45 01 68 18
www.restaurantlevinci.fr
Ⓜ **Victor Hugo**

Fermé 1ᵉʳ -22 août, samedi et dimanche

🅰🅲 🍽

🍴

Cuisine moderne • Élégant

6 NEW YORK

L'enseigne vous dit tout sur l'adresse... postale, loin d'une table nord-américaine! Au 6 avenue de New-York, donc, sur les quais de Seine, avec la tour Eiffel en point de mire : aucun doute, vous êtes bien à Paris. Une telle situation ne manque d'ailleurs pas d'attirer les touristes en quête de bonnes adresses, tout en fidélisant de nombreux habitués qui ne se lassent ni de la vue ni du cadre contemporain, bien dans l'air du temps. Et la cuisine ? Au goût du jour, elle aussi, et subtilement inventive. Qu'on en juge : pressé de chair de tourteau, coulis d'avocat, arôme de curry ; assiette de thon cru en trois façons ; tronçon de lotte rôtie-laquée au miel et gingembre, etc. Quant au service, il est convivial et chaleureux : on est accueilli comme à la maison.

Menu 45 € (déjeuner en semaine)/70 € – Carte 54/70 €

PLAN : D3
6 av. de New-York
TEL. 01 40 70 03 30
www.6newyork.fr
Ⓜ **Alma Marceau**

Fermé août, samedi midi et dimanche

🅰🅲 🍽

17e

PALAIS DES CONGRÈS • WAGRAM • TERNES • BATIGNOLLES

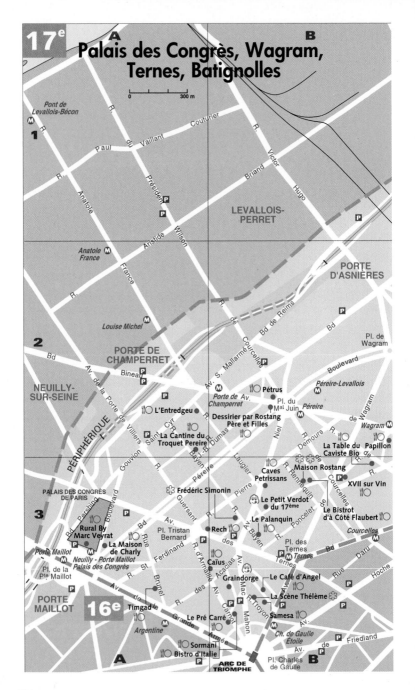

0   300 m

Pont de Levallois-Bécon

Couturier

Paul Vaillant

R.

Bd

Président Wilson

Victor

Briand

Hugo

Anatole

R.

Aristide

Aristide

LEVALLOIS-PERRET

Anatole France

France

R.

PORTE D'ASNIÈRES

Bd de Reims

Bd

Pl. de Wagram

Louise Michel

Courcelles

PORTE DE CHAMPERRET

Av. S. Mallarmé

Boulevard

Péreire-Levallois

Bd

Bineau

Péreire

de Wagram

NEUILLY-SUR-SEINE

Av. de la Porte de Villiers

Saint Cyr

Porte de Champerret

Av.

Pl. du Mal Juin

Péreire

Wagram

⑪ Pétrus

⑪ L'Entredgeu

Dessirier par Rostang
Père et Filles

La Cantine du
Troquet Pereire

PÉRIPHÉRIQUE

Gouvion

Dumas

Bayen

Péreire

Niel

Laugier

Demours

Av. de Wagram

La Table du
Caviste Bio

Papillon ⑪

Maison Rostang

⑪ Frédéric Simonin

Caves
Petrissans

Rue Rentéquin

Courcelles

XVII sur Vin ⑪

PALAIS DES CONGRÈS
DE PARIS

Boulevard Pershing

Av.

R.

Guersant

Pierre

R.

Le Petit Verdot
du 17ème

Poncelet

Le Bistrot
d'à Côté Flaubert ⑪

Bd

Courcelles

Rural By
Marc Veyrat

Pl. Tristan
Bernard

R. d'Armaillé

Rech ⑪

Le Palanquin

Av. Bayen

Pl. des
Ternes

Ternes

Daru

La Maison
de Charly

St. Ferdinand

Caïus

Acacias

Av. Mac Mahon

Rue

Hoche

Porte Maillot

Neuilly - Porte Maillot
Palais des Congrès

Graindorge ● Le Café d'Angel

Pl. de la
Pte Maillot

R. Brunel

R. des

Av. de la Grande Armée

Troyon

La Scène Thélème

PORTE
MAILLOT

16ᵉ

Timgad ⑪

Le Pré Carré ⑪

Samesa

Ch. de Gaulle
Étoile

Av.

de

Friedland

Argentine

Sormani ⑪

Bistro d'Italie ●

ARC DE
TRIOMPHE

Pl. Charles
de Gaulle

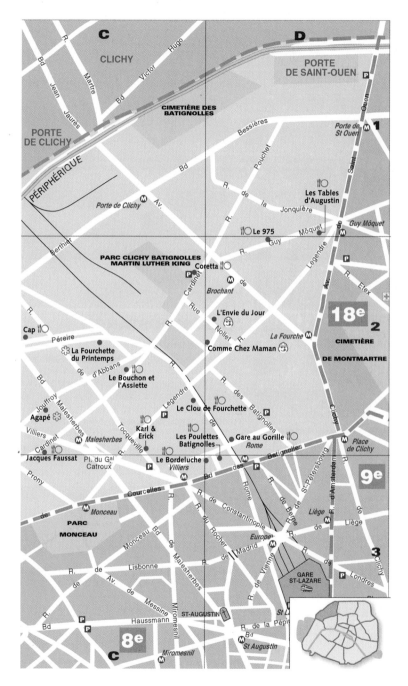

Menu 90 € (déjeuner), 185/225 € –
Carte 150/225 €

PLAN : B3
20 r. Rennequin
TEL. 01 47 63 40 77
www.maisonrostang.com
Ⓜ Ternes

Fermé en août, lundi midi,
samedi midi et dimanche

Cuisine classique • Élégant

MAISON ROSTANG

Entre Michel Rostang et Nicolas Beaumann, chef de la maison depuis sept ans, le passage de témoin s'est déroulé de la plus sereine des manières. Il en fallait, du talent, pour succéder à un Rostang dont le travail s'est toujours inscrit dans la lignée des plus grandes tables. Ainsi donc Beaumann fait la démonstration de son grand talent sans jamais renier le passé. Il met toujours en valeur des produits magnifiques, liés au rythme des saisons (gibier en automne, truffe en hiver), soutenus par des vins au diapason (tout spécialement les côtes-du-rhône) ; il mise sur des valeurs sûres, vise l'excellence dans le classicisme et atteint généralement sa cible. Quant au décor, luxueux et insolite, il séduit jusqu'aux habitués de la maison : salon Art nouveau, salon Lalique, salon Robj ouvert sur le spectacle des fourneaux, collection d'œuvres d'art (César, Arman, porcelaines..). Un rendez-vous d'esthètes.

■ **Entrées :** Tourteau au gingembre, crémeux de courgettes en impression de caviar • Foie gras de canard poché dans un consommé

■ **Plats :** Noix de ris de veau croustillante, navets farcis et petits pois, crème d'écrevisses • Sole glacée d'une crème de coquillages

■ **Desserts :** Cigare croustillant au tabac Havane et mousseline Cognac • Soufflé chaud à la verveine fraîche, framboises caramélisées

Cuisine moderne • Élégant

AGAPÉ

Agapè.. En Grèce ancienne, ce mot désignait l'amour inconditionnel de l'autre. Il désigne désormais l'alliance du bon, du brut, et du talent. La carte fait la fête aux produits de saison et de qualité, travaillés dans une veine classique, avec, ça et là, quelques jolies notes plus exotiques (quelques clins d'œil à l 'Asie, notamment). Même lorsqu'elle se débride – salade césar à base de ris de veau et écrevisses! –, cette cuisine est toujours maîtrisée, canalisée, concentrée sur l'idée de donner du plaisir. En salle, un décor minimaliste en teintes douces, pour ne se laisser distraire que par sa gourmandise. Et le talent se love partout ailleurs, dans le mariage réussi entre salle et cuisine ou les conseils avisés sur l'accord mets et vins (plus de 600 références). La carte mentionne la provenance des produits au garde-à-vous, triés sur le volet. Il ne reste alors qu'à se laisser bercer, par une jolie romance : celle de la finesse des saveurs, de la justesse des assaisonnements, de la précision des cuissons.. Une valeur sûre.

Menu 44 € (déjeuner), 99/139 € – Carte 120/160 €

PLAN : C2
51 r. Jouffroy-D'Abbans
TEL. 01 42 27 20 18
www.agape-paris.fr
Ⓦ **Wagram**

Fermé samedi et dimanche

A/C   🏵   🪑

■ **Entrées :** Tartare de noix de veau fumée au foin • Anguille laquée au vin rouge et porto
■ **Plats :** Carré d'agneau de lait de Corrèze • Homard du Guilvinec poêlé
■ **Desserts :** Chocolat grand cru guanaja • Pavlova aux fruits exotiques

Menu 32 € (déjeuner en semaine),
57/77 € – Carte environ 65 €

PLAN : C2
30 r. du Printemps
TEL. 01 42 27 26 97
www.lafourchetteduprintemps.com
Ⓜ Wagram

Fermé août, dimanche et lundi

[A/C]

❀
Cuisine moderne • Bistro

LA FOURCHETTE DU PRINTEMPS

Aux fourneaux, Nicolas Mouton fait preuve d'un vrai sens du produit, des cuissons, des jeux de textures... La carte est courte et diablement alléchante, réussissant par exemple le mariage d'un gravlax de saumon et d'une gaufre tiède (clin d'œil à ce Nord dont Nicolas est originaire), revisitant avec subtilité le suprême de volaille en croûte de parmesan, créant la surprise avec une sphère au chocolat blanc garnie de fruits de saison... Le menu change en permanence en fonction du marché : voilà ce qui fait le sel de la vie, voilà tout le piment de cet endroit, au demeurant sans prétention. Comptoir en zinc, banquettes bistrotières : l'atmosphère est décontractée, sans chichi et chaleureuse. Pas de doute, cette Fourchette-là a de belles saisons devant elle.

■ **Entrées :** Raviole de tourteau, crumble de fruits secs • Foie gras poêlé, royale de foie gras, poulet croustillant
■ **Plats :** Saint-pierre aux olives taggiasche, risotto crémeux et jus de coques • Joue de bœuf confite, foie gras poêlé
■ **Desserts :** Sphère citron et verveine • Paris-brest, crème praliné

 ✿

Cuisine moderne • Cosy

FRÉDÉRIC SIMONIN

Le moins que l'on puisse dire de Frédéric Simonin, c'est qu'il a fait un beau parcours! Ledoyen, le Meurice, Taillevent, le Seize au Seize, et enfin la Table de Joël Robuchon, où il a gagné ses derniers galons... Rien que des grands noms, à la suite desquels il vient aujourd'hui écrire le sien, non loin de la place des Ternes (pour les connaisseurs : en lieu et place du restaurant Bath's, qu'il a entièrement transformé). Moquette noir et blanc, banquettes de velours sombre, panneaux de verre, déclinaisons élégantes de formes géométriques...
Le design des lieux sied à la cuisine du chef, fine et pleine de justesse. Ne dédaignant pas les touches inventives et parfois japonisantes, il ose les associations originales. L'équation est subtile, maîtrisée... À découvrir à la carte ou à travers le beau menu dégustation. Voilà bel et bien une table raffinée!

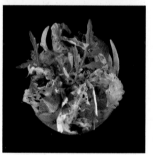

Formule 44 € – Menu 55 € (déjeuner), 98/155 € – Carte 95/180 €

PLAN : B3
25 r. Bayen
TEL. 01 45 74 74 74
www.fredericsimonin.com
Ⓜ **Ternes**

Fermé 5-29 août, dimanche et lundi

AℂK

■ **Entrées :** Pomme délicatesse de l'Ardèche fondante et fumée au bois de hêtre et caviar • Œuf de poule, royale d'oignon doux

■ **Plats :** Saint-pierre au beurre de yuzu, langues de coques à la cardamome • Canard rôti aux épices et parfumé au tilleul

■ **Desserts :** Pêches à la verveine et mousse de lait • Soupe froide de fraise, tomate et poivron rouge

Formule 39 € – Menu 49 €
(déjeuner), 95/169 € –
Carte 120/160 €

PLAN : B3
18 r. Troyon
TEL. 01 77 37 60 99
www.lascenetheleme.fr
Ⓜ Charles de Gaulle - Étoile

Fermé 30 juillet-19 août,
samedi midi, dimanche et lundi

Cuisine moderne · Contemporain

LA SCÈNE THÉLÈME

Au 18 de la rue Troyon, en lieu et place de l'ancien restaurant de Guy Savoy, on trouve cette table atypique où
l'art – et, particulièrement, le théâtre – rejoint la gastronomie. D'ailleurs, le nom du restaurant est un hommage
à la l'Abbaye de Thélème, une création utopique que l'on
doit à Rabelais. On peut donc, dès 19h, assister à une représentation théâtrale (attention, 50 places seulement)
avant d'aller ensuite d'attabler pour dîner. Riche idée, qui
devrait trouver son public à Paris !
D'autant que l'ambition artistique n'empiète jamais sur
la partition culinaire. On est vite séduit par cette cuisine
de produits généreuse et gourmande, particulièrement
soignée, avec – nous a-t-il semblé – une affection particulière pour le piquant des agrumes : avis aux amateurs.
Tout le personnel, du directeur de salle au sommelier,
est du même tonneau : avec de tels acteurs, on ne peut
passer qu'un moment mémorable... Allez, en scène.

■ **Entrées :** Transparence de langoustines aux effluves de
feuilles de shiso • Foie gras de canard en deux cuissons,
navets daïkon et pommes

■ **Plats :** Canard de Challans aux prunes • Rond de veine de
veau rôti et fumée aux bogues de chataigne

■ **Desserts :** Chocolat du Guatemala, glace pain grillé • Crémeux de poire williams confite au sudachi

Cuisine moderne • Convivial

L'ENVIE DU JOUR

Les gastronomes parisiens se souviennent de feu La Bigarrade ; en lieu et place s'épanouit aujourd'hui cette Envie du Jour, création signée Sergio Dias Lino, jeune chef qui ne manque pas d'envies. Ouvertes sur la petite salle, les cuisines concentrent toute l'attention et l'on peut même ne rien rater des fourneaux en s'installant sur le comptoir central : le geste du cuisinier prime ! Un geste plein d'attentions et inspiré : les beaux produits sont bichonnés pour qu'ils donnent le meilleur d'eux-mêmes, et les assiettes révèlent force couleurs et parfums. Ainsi ce délicat velouté de chou-fleur parsemé de pétales croquants de radis, d'éclats de noisette grillés, d'un original pesto à l'oseille et de lamelles de pata negra de première qualité... le tout accompagné d'une petite sélection de vins bien choisis. Et vous, quelle est votre envie ?

Formule 25 € – Menu 32/44 €

PLAN : D2
106 r. Nollet
TEL. 01 42 26 01 02
www.lenviedujour.com
Ⓜ Brochant

Fermé août, dimanche et lundi

Cuisine moderne • Convivial

COMME CHEZ MAMAN

Au cœur des Batignolles, près d'un square, un bistrot contemporain – briques blanches, murs jaune paille – où l'on se sent... comme chez maman ! Le jeune chef belge, Wim Van Gorp, a pour lui un très beau parcours l'ayant mené, après un apprentissage chez Alain Ducasse, à prendre les rênes du Market de Jean-Georges Vongerichten (8e arrondissement). Désormais bien installé dans son fief du 17e, il joue la carte des jolies recettes ménagères : rognon de veau grillé aux aromates, gnocchis maison au beurre et à la sauge, gaufre – un délicieux hommage à ses origines flamandes... Tout est généreux et goûteux : maman peut être fière !

Formule 20 € – Menu 36 € – Carte 38/65 €

PLAN : D2
5 r. des Moines
TEL. 01 42 28 89 53
www.comme-chez-maman.com
Ⓜ Brochant

Fermé 10-23 août

*Cuisine flamande •
Vintage*

GRAINDORGE

Le climat de l'Étoile réussit plutôt bien à Bernard Broux, sans doute parce qu'il a su adapter au goût parisien ce qui fait le charme des auberges de son «Ch'Nord» natal! Dans la salle d'esprit Art déco, on s'attable volontiers devant un potjevlesch, des bintjes farcies à la brandade de morue, un waterzoï de la mer aux crevettes grises d'Ostende ou encore l'incontournable lièvre à la flamande pendant la saison de la chasse... De généreuses recettes flamandes, donc, complétées de suggestions du marché. Le tout se déguste avec de belles bières artisanales d'outre-Quiévrain (Angélus, Moinette Blonde), mais que les amateurs de vin se rassurent, ils trouveront aussi leur bonheur!

Formule 28 € – Menu 32 € (déjeuner), 37/50 € – Carte 45/65 €

PLAN : B3
15 r. Arc-de-Triomphe
TEL. 01 47 54 00 28
www.le-graindorge.fr
Ⓜ Charles de Gaulle-Étoile

Fermé 2 semaines en août, samedi midi, lundi midi et dimanche

*Cuisine traditionnelle •
Bistro*

LE PETIT VERDOT DU 17ÈME

Deux jeunes trentenaires se sont associés pour donner un coup de fouet à cette antique adresse du quartier des Ternes. Et le moins que l'on puisse dire, c'est que ça déménage! Mettant à profit une expérience déjà riche – Vincent vient de l'Atelier de Joël Robuchon, Guillaume a fait ses classes au sein de tables étoilées en Bretagne –, ils déclinent ici une cuisine de bistrot généreuse et sincère, fraîche et goûteuse : escargots en raviole, bouillon de champignons, tartare de bœuf charolais, pannacotta coco et fruits de la passion ... On dévore ces plats sur de grosses tables rustiques, parmi les habitués, à la bonne franquette! Et pour ne rien gâcher, l'accueil est impeccable, et le service plein de gaieté. On y retourne quand ?

Carte 31/50 €

PLAN : B3
9 r. Fourcroy
TEL. 01 42 27 47 42
Ⓜ Ternes

Fermé 3 semaines en août,1 semaine fin décembre, samedi midi et dimanche

🍴○

Cuisine italienne •
Convivial

BISTRO D'ITALIE

Son nom dit tout : on pourrait très bien imaginer que cette adresse, mi-bistrot, mi-trattoria, ait été copiée-collée depuis l'autre côté des Alpes. Une déclinaison dans la simplicité, où la gourmandise reste chose sérieuse – comme toujours en Italie ! La carte se divise en deux grands chapitres : les pizzas d'une part (garnies de produits de premier choix, tels la truffe et le jambon de Parme) et les pâtes d'autre part (spaghettis all'arrabbiata, alla puttanesca – olives, câpres et anchois –, etc.), mais l'on trouve aussi d'appétissants classiques, telle cette côte de veau façon osso-buco, ou juste rôtie au jus, accompagnée de pommes grenailles. En dessert, place aux inévitables glaces italiennes. En un mot : une cuisine droit dans sa Botte !

Carte 30/70 €

PLAN : B3
4 r. Gén.-Lanzerac
TEL. 01 40 55 90 00
Ⓜ **Charles de Gaulle-Étoile**

Fermé 24 décembre-1er janvier, samedi midi,
dimanche et les week-ends en août

🍴○

Cuisine traditionnelle •
Bistro

LE BISTROT
D'À CÔTÉ FLAUBERT

Côté assiette, une cuisine gourmande et généreuse, inspirée par les bouchons lyonnais. Côté décor, une salle chaleureuse, véritable petite bonbonnière rétro aux murs recouverts de barbotines. Pas de doute, on est bien dans un bistrot ! Et il est «d'à côté» car il jouxte le restaurant gastronomique de Michel Rostang, auquel il appartient également. Aux commandes en ces lieux ? Un jeune chef plein d'enthousiasme, qui réalise de beaux classiques : pâté en croûte de canard de Challans et foie gras à l'ancienne ; quenelle de brochet sauce Nantua et riz grillé... Et pour ceux qui ont la dent sucrée, les desserts sont tout aussi traditionnels et savoureux, comme le fondant au chocolat extra-bitter et sa glace vanille.

Menu 28/45 € – Carte 50/74 €

PLAN : B3
10 r. Gustave-Flaubert
TEL. 01 42 67 05 81
www.bistrotflaubert.com
Ⓜ **Ternes**

Fermé en août, samedi midi, dimanche
et lundi

17ᵉ - PALAIS DES CONGRÈS • WAGRAM • TERNES • BATIGNOLLES

Cuisine moderne • Convivial

LE BORDELUCHE

Ce petit bistrot, tenu par un patron enthousiaste, s'intègre parfaitement à ce secteur des Batignolles, nouvel eldorado bobo, où de jeunes gens pressés s'encanaillent gentiment. Ici, on travaille «entre potes» une cuisine de saison, attentive au marché. Le Bordeluche est issu du patois gascon, le chef est marseillais, et le cadre sobre, façon bistrot, évoque ce Paris du 17ᵉ où l'on ne jure plus que par vins natures ou élevés en biodynamie. En prêtant attention à l'assiette comme à l'accueil, la jeune équipe, rend service à la gourmandise, et laisse penser que la bistronomie a encore de beaux jours devant elle.

Menu 23 € (déjeuner) – Carte 40/60 €

PLAN : D3
103 r. des Dames
TEL. 09 52 91 95 28
Ⓜ Villers

Fermé en août, samedi midi, dimanche et lundi

&

Cuisine traditionnelle • Bistro

LE BOUCHON ET L'ASSIETTE

Le jeune couple à la tête de cette affaire a su créer une formule épatante. Au déjeuner, l'ardoise du jour (qui change vraiment chaque jour) propose, à un prix très compétitif, un joli panaché de petits plats gourmands. Le soir, place à des plaisirs plus subtils, par exemple autour d'une fricassée d'escargots au lard, pousses d'épinards et bouillon mousseux de tourin à l'ail. En dessert, le gâteau basque fait un clin d'œil aux origines du chef... Mais la marque de ce dernier, c'est plus largement celle d'une cuisine du marché avide de jolies saveurs. Quant à la carte des vins, elle met en avant d'intéressants petits producteurs. Rue Cardinet, le bouchon et l'assiette forment un couple épatant.

Menu 26 € (déjeuner en semaine) – Carte 40/65 €

PLAN : C2
127 r. Cardinet
TEL. 01 42 27 83 93
Ⓜ Malesherbes

Fermé août, 7-13 mai, 6-24 janvier, dimanche et lundi

*Cuisine traditionnelle •
Bistro*

LE CAFÉ D'ANGEL

Ce joli café a tout pour plaire avec ses banquettes en skaï, ses faïences aux murs, ses petites tables carrées garnies de sets en papier et ses cuisines visibles derrière le vieux comptoir... Une adresse fétiche pour les nostalgiques des bistrots parisiens d'antan! D'autant que l'on y mange exactement ce qu'on s'attend à trouver en pareil lieu : de bonnes recettes traditionnelles, 100 % maison. Comme elles changent tous les jours, il vous suffit de guetter l'ardoise en passant : supions poêlés aux herbes, porcelet caramélisé aux épices, croustillant de boudin noir et purée de pomme de terre. Si on ajoute à cela la liégeoise chocolat et son jus caramel à la fleur de sel, il y a fort à parier que, sans vous en rendre compte, le Café d'Angel devienne votre cantine préférée!

Formule 27 € – Menu 33 € – Carte 43/53 €

PLAN : B3
16 r. Brey
TEL. 01 47 54 03 33
www.lecafedangel.com
Ⓜ Charles de Gaulle-Étoile
**Fermé 2-24 août, 24 décembre-2 janvier,
samedi, dimanche et fériés**

Ⓐ/C

*Cuisine créative •
Convivial*

CAÏUS

Cette adresse cache bien son jeu derrière sa devanture en bois plutôt sage : de belles banquettes, de sobres chaises vêtues de cuir noir... pour une expérience sensorielle. Le chef, Jean-Marc Notelet, pourrait presque être comparé à un alchimiste. Exhumant épices et produits oubliés pour en faire des ingrédients magiques, il a l'art de transformer des recettes ordinaires avec ici une pincée de vanille, là un filet d'huile d'argan... Et les idées fusent : chaque jour, il efface la monumentale ardoise et recommence! Résultat, impossible de se lasser, d'autant que l'atmosphère ne gâche rien. La petite salle moderne est accueillante avec ses boiseries blondes et ses photos glorifiant les précieux condiments. La carte des vins est courte, mais de belle qualité. Pour le plaisir... de tous les sens.

Menu 45/120 € – Carte 42/70 €

PLAN : B3
6 r. d'Armaillé
TEL. 01 42 27 19 20
www.caius-restaurant.fr
Ⓜ Charles de Gaulle-Étoile
**Fermé 3 semaines en août, samedi et
dimanche**

Ⓐ/C ⇕

17ᵉ • PALAIS DES CONGRÈS • WAGRAM • TERNES • BATIGNOLLES

¶O
Cuisine traditionnelle •
Bistro

LA CANTINE DU TROQUET - PEREIRE ⓝ

Christian Etchebest, pape de la gastronomie de terroir, s'installe rive droite. A l'origine de ce bistrot en angle de rue, un ancien café de quartier du 17ème résidentiel. La formule, éprouvée ailleurs, fait mouche : une cuisine traditionnelle aux accents du sud-ouest, épicé d'une pointe basque, volontiers canaille et généreuse. L'atmosphère est conviviale, le mobilier sobre, le bar en zinc et l'ardoise nous adresse des clins d'œil, du fond de salle. Bref, toute la galaxie Etchebest est bien là incarnée. A la belle saison, quelques tables investissent le trottoir.

Carte 40/60 €

PLAN : A2
46 r. Bayen
TEL. 01 42 67 05 11
www.lacantinedutroquet.com
Ⓜ **Porte de Champerret**

Fermé dimanche et lundi

¶O
Cuisine moderne •
Convivial

CAP

Cap sur Le Cap, ville d'origine du jeune chef qui dirige cet élégant petit restaurant avec son épouse, sur le boulevard Pereire. On s'en doute, sa cuisine a le goût de l'ailleurs, associant techniques d'ici, souvenirs sud-africains et même notes d'Asie (avec notamment pour fil rouge le salé-sucré). Ainsi cet orzo façon risotto et son bouillon de poule crémé parsemé de copeaux de parmesan et de biltong (une viande épicée et séchée typique de l'Afrique du Sud), ou encore ce tiramisu à l'amarula (liqueur tirée du fruit du marula). Autant de recettes bien tournées et pleines de vivacité! La carte des vins donne également l'occasion de découvrir les crus austraux, et dans la jolie salle, quelques objets font écho à l'Afrique du Sud, si lointaine et... décidément très proche.

Formule 28 € – Menu 34 € (déjeuner), 40/58 €

PLAN : C2
42 bd Péreire
TEL. 01 44 40 04 15
www.restaurantcap.fr
Ⓜ **Wagram**

Fermé août, mardi soir, samedi midi, dimanche et lundi

🍴

Cuisine traditionnelle •
Vintage

CAVES PÉTRISSANS

L'adorable Marie-Christine Allemoz accueille avec gentillesse les nouveaux venus. «Je vous sers un verre de blanc ?» Répondre par l'affirmative est tentant, mais que choisir ? Suivez les conseils avisés des patrons, ils sauront vous dénicher «la» bouteille qu'il vous faut dans leur incroyable boutique attenante. La terrine maison, la tête de veau sauce ravigote, le rognon de veau flambé à l'armagnac, le baba au rhum, l'île flottante, les cerises à l'eau-de-vie ou l'un des nombreux classiques bistrotiers à la carte prendront alors une autre dimension. Arrière-salle plus intime et terrasse entourée de... ceps de vigne, pour réviser ses cépages.

Formule 29 € – Menu 35 € – Carte 35/87 €

PLAN : B3
30 bis av. Niel
TEL. 01 42 27 52 03
web info@cavespetrissans.fr
Ⓜ Pereire

Fermé 26 février-2 mars, 27 juillet-27 août,
samedi, dimanche et fériés

🍴

Cuisine moderne •
Bistro

LE CLOU
DE FOURCHETTE

Voilà un restaurant qui plante fièrement le nom de son propriétaire! Avec ses associés, Christian Leclou invite à un bon «coup de fourchette» rue de Rome. Il serait dommage de bouder ce précieux ustensile quand la façade annonce en toutes lettres : «Boire.. et manger». On profite ici de plats fort joliment cuisinés et savoureux, accompagnés d'un bon choix de vins au verre (une quinzaine de références) : os à moelle, escargots et sauce à l'ail ; épaule d'agneau confite aux agrumes et navets au miel de romarin ; lièvre à la royale (entre autres gibiers à l'automne) ; baba au rhum ; etc. Autant de recettes qui invitent à la convivialité entre amis ou collègues : le Clou du spectacle!

Formule 22 € – Carte 30/53 €

PLAN : C2
121 r. de Rome
TEL. 01 48 88 09 97
www.lecloudefourchette.com
Ⓜ Rome

Fermé 3 semaines en août, dimanche et lundi

‖○
Cuisine moderne •
Design

CORETTA

Dans ce quartier Clichy-Batignolles en plein renouveau, au pied d'un immeuble contemporain toisant le parc Martin-Luther-King (dont l'épouse s'appelait Coretta), cette table née en 2014 creuse un sillon original et fertile! Le décor adopte une posture éco-responsable : dans une veine épurée, les matériaux bruts dominent (l'ardoise, le marbre mais surtout le chêne), ce qui sied comme un gant à la salle de l'étage, grande ouverte sur les cimes des arbres voisins. Une démarche naturelle que l'on retrouve dans l'assiette : les deux chefs, Béatriz Gonzalez et Jean-François Pantaleon, signent une belle cuisine bistronomique, fondée sur des produits sélectionnés avec soin. Ainsi ces deux beaux tronçons de lotte à la chair nacrée, juteuse et fondante, servis sur un délicieux écrasé de vitelottes et des girolles poêlées. Le goût de la nature...

Formule 27 € – Menu 32 € (déjeuner en semaine)/42 € – Carte 48/62 €

PLAN : C2
151b r. Cardinet
TEL. 01 42 26 55 55
www.restaurantcoretta.com
Ⓜ **Brochant**

☗ ♿ AC

‖○
Poissons et fruits de mer •
Chic

DESSIRIER PAR ROSTANG PÈRE ET FILLES

Un appétissant banc d'écailler annonce la couleur : on vient ici pour se régaler de belles spécialités de la mer. La maison régale sa clientèle avec une multitude d'alléchantes recettes iodées, bouillabaisse et sole meunière par exemple, préparées à partir de produits que Michel Rostang – propriétaire de cinq autres «bistrots» – sélectionne avec le plus grand soin. Le décor, contemporain, arty et chic, renouvelle le genre des grandes brasseries parisiennes : banquettes de cuir gris, mosaïques, murs aux courbes élancées rappelant les ondulations océanes, œuvres d'artistes comme Combas, Arman, Folon...

Formule 45 € – Menu 53 € – Carte 63/131 €

PLAN : B2
9 pl. Mar.-Juin
TEL. 01 42 27 82 14
www.restaurantdessirier.com
Ⓜ **Pereire**

Fermé samedi et dimanche en juillet-août

☗ ♿ AC ⛶ 🐝 🛋

🍴
*Cuisine traditionnelle ·
Bistro*

XVII SUR VIN

Traversez la terrasse d'été, protégée du soleil (et du brouhaha urbain) par des buis pour gagner la salle, tout en longueur, au décor d'inspiration bistrotière. Bistrotière, la cuisine de l'ancien étoilé Bruno Turbot l'est aussi, à l'instar de cette côte de veau du Limousin et son gratin dauphinois, mais pas seulement... La chair de tourteau, cœur de sucrine et vinaigrette aux herbes fraîches ravira les amoureux des produits de la mer. Le chef fait régulièrement évoluer la carte, au gré du marché et des saisons, afin d'éviter toute lassitude ; il est épaulé par son fils Ludovic, qui assure le service en salle. XVII sur Vin ? Le jeu de mots est un peu facile, mais la note amplement méritée.

Carte 50/60 €

PLAN : B3
99 r. Jouffroy-d'Abbans
TEL. 01 42 27 26 16
www.xviisurvin-lebistrot.com
Ⓜ **Wagram**

Fermé samedi midi et dimanche

🍴

🍴
*Cuisine traditionnelle ·
Bistro*

L'ENTREDGEU

L'Entredgeu fait peau neuve, ou presque! L'arrivée d'un jeune chef patron (par ailleurs associé au Bistrot Les Affranchis, dans le 9ᵉ), passé par de grandes maisons (Bristol et Ambroisie), prolonge la qualité d'une cuisine traditionnelle, attentive aux saisons et au marché. On retrouve la même ambiance, animée et gourmande, à croire que tout le 17ᵉ en a fait sa cantine. Rançon du succès, on joue souvent à guichets fermés, mais la bonne humeur qui règne fait tout pardonner. De fait, que serait cette salle de bistrot sans les plaisanteries qui fusent et les tintements de verres ? Un sympathique rapport qualité-prix pour ce bistrot de quartier, bien connu des habitués... et des autres.

Formule 33 € – Menu 38/45 €

PLAN : A2
83 r. Laugier
TEL. 01 40 54 97 24
Ⓜ **Porte de Champerret**

Fermé dimanche

Cuisine moderne • Bistro

GARE AU GORILLE

On ne peut pas dire que ce restaurant, installé au-dessus des voies de la gare St-Lazare et en face d'un supermarché, ait hérité de l'emplacement le plus «glamour» qui soit... Mais ne vous y trompez pas : depuis son ouverture en 2014, c'est l'une des tables en vogue de la place parisienne. On y vient pour découvrir les créations d'un jeune chef, Marc Cordonnier, qui fait chaque jour la preuve que son curriculum vitæ – Agapé, Arpège, Septime, entre autres – ne doit rien au hasard... et tout au talent! Il se distingue notamment par cette capacité à faire graviter une poignée de saveurs autour d'un beau produit sans le dénaturer, comme avec ce merlan pané et mayonnaise au piment, ou ces ravioles de veau et bouillon thaï. Ici, pas de chichis, ni de posture : cette cuisine-là a de la personnalité et une imagination à revendre... et à déguster.

Menu 29 € (déjeuner)/39 € – Carte 32/52 €

PLAN : D2
68 r. des Dames
TEL. 01 42 94 24 02
www.gareaugorille.fr
Ⓜ **Rome**

Fermé 3 semaines en août, vacances de Noël, samedi et dimanche

Cuisine traditionnelle • Contemporain

JACQUES FAUSSAT

Jacques Faussat, gersois et fier de l'être, n'aime rien tant que la simplicité inspirée de ses racines et de son enfance. Une simplicité également apprise auprès de Michel Guérard et surtout d'Alain Dutournier – sa rencontre avec cet homme de passion qui partage les mêmes origines sera déterminante dans sa carrière, à commencer par dix années passées aux fourneaux du Trou Gascon. Avec quelques réminiscences du Sud-Ouest, sa cuisine joue donc la carte de la générosité et des saveurs, misant tout sur de bons produits travaillés pour en faire ressortir... le meilleur. Bon rapport qualité-prix.

Menu 42 € (déjeuner), 115/160 € – Carte 74/102 €

PLAN : C2
54 r. Cardinet
TEL. 01 47 63 40 37
www.jacquesfaussat.com
Ⓜ **Malesherbes**

Fermé août, 24 décembre-1ᵉʳ janvier, samedi sauf le soir d'octobre à avril, dimanche et fériés

Cuisine moderne •
Tendance

KARL & ERICK

Qu'est-ce qui caractérise un vrai bistrot contemporain ? Son atmosphère d'abord, conviviale et tendance, puis la cuisine de son chef, idéalement passé par de grandes maisons et réussissant à marier classicisme et créativité. Pour vous en convaincre, découvrez cette table tenue par de talentueux jumeaux. Erick se charge de l'accueil dans la salle aux airs de loft (sol en béton, banquettes rouge et chocolat, mezzanine). Karl s'épanouit aux fourneaux, proposant, à travers un menu-carte, d'alléchantes recettes : homard breton et avocat à la coriandre ; burger du Limousin, cantal et oignon confit ; glaces et sorbets turbinés minute... Fin de la démonstration, il est temps de passer aux travaux pratiques : bon appétit !

Carte 40/63 €

PLAN : C2
20 r. de Tocqueville
TEL. 01 42 27 03 71
www.karleterick.com
Ⓜ **Villiers**

Fermé août, samedi midi et dimanche

Cuisine nord-africaine •
Convivial

LA MAISON DE CHARLY

Pour point de repère, deux oliviers devant une sobre façade ocre. En entrant dans la Maison de Charly, on est immédiatement séduit par son ravissant décor mauresque parsemé de touches contemporaines, tout en élégance et en sobriété. Des matériaux nobles provenant d'Afrique du Nord, des portes sculptées et même un palmier sous sa grande verrière : la belle ambiance orientale fait son effet ! On y apprécie doublement le traditionnel trio couscous-tajine-pastilla. Et quelques spécialités qui donnent envie de revenir comme, par exemple, la «tanjia» (agneau de dix heures confit aux épices).

Formule 35 € – Carte 37/53 €

PLAN : A3
97 bd Gouvion-St-Cyr
TEL. 01 45 74 34 62
www.lamaisondecharly.fr
Ⓜ **Porte Maillot**

Fermé 3 semaines en août et lundi

A/C

🍴○

Cuisine moderne •
Épuré

LE 975

En angle de rue, cette façade habillée de bois ne passe pas inaperçue. Cela tombe bien, l'assiette non plus. Un duo enthousiaste, mené par un chef japonais et un passionné de vins, propose une carte courte bien troussée, et aux assiettes précises et savoureuses. Un menu dégustation (à prix modéré) en 5 plats offre un aperçu du talent du chef. Au hasard, un excellent poulpe et merguez à la plancha, un filet de lieu jaune au beurre d'agrume, jusqu'au cheesecake revisité... On déguste le tout dans un cadre épuré, baies vitrées, béton ciré et chaises d'écolier. Les curieux s'installeront au comptoir, face à la cuisine ouverte.

Menu 16 € (déjeuner)/38 € – Carte 36/45 €

PLAN : D2
25 r. Guy-Moquet
TEL. 09 53 75 67 71
www.le975.com
Ⓜ **Brochant**

Fermé vacances de février, 3 semaines en août, samedi et dimanche

🍴○

Cuisine vietnamienne •
Épuré

LE PALANQUIN

À table, qualité rime souvent avec simplicité. Parfaite démonstration avec ce petit restaurant vietnamien où l'on savoure, sans retenue, une cuisine authentique et très parfumée (brochettes de crevettes, porc épicé à la citronnelle et crème de coco, petits cakes à la feuille de bananier, etc.), avec des recettes végétariennes et des suggestions qui changent chaque semaine. Madame Someaud œuvre seule aux fourneaux, tandis que ses enfants assurent le service avec une gentillesse désarmante. Le restaurant est petit (pas plus de vingt couverts, réservez!) mais convivial et chaleureux : exactement ce qu'il faut pour se concentrer sur son assiette. Et c'est parfait, car la cuisine de la patronne vous transporte très loin...

Carte 33/44 €

PLAN : B3
4 pl. Boulnois
TEL. 01 43 80 46 90
Ⓜ **Ternes**

Fermé 3 semaines en août, samedi et dimanche

Ⓐ/Ⓒ

‖○
Cuisine moderne •
Bistro

PAPILLON

Tel Papillon, qui a recouvré sa liberté en s'échappant du bagne de Cayenne, Christophe Saintagne a accompli sa mue en quittant le groupe Alain Ducasse, où il fut respectivement chef des cuisines du Plaza Athénée puis du Meurice. Son énergie joyeuse se ressent d'abord dans le lieu : un néo-bistrot aux tons blancs et bleu canard, attenant à une boutique de plats et d'épicerie raffinée, dont s'occupe sa compagne Laura. Son talent s'exprime dans des assiettes racées ; les produits, d'une irréprochable fraîcheur, assurent goût et équilibre, comme ce cochon fermier en promenade à Utah Beach, vite devenu le plat emblématique des lieux. Détail amusant : à deux pas de là, une boutique de vêtements baptisée Chrysalide... Simple coïncidence ? Quoi qu'il en soit, réservez : l'endroit est pris d'assaut.

Formule 28 € – Menu 75 € – Carte 48/76 €

PLAN : B2
8 r. Meissonier
TEL. 01 56 79 81 88
www.papillonparis.fr
Ⓜ Wagram

Fermé août, samedi et dimanche

♿ A/C

‖○
Poissons et fruits de mer •
Bourgeois

PÉTRUS

La brasserie du 21e s. par excellence! Un beau plancher, des chaises en cuir, des lustres design, le tout dans des tons beige et taupe. Portée par une équipe dynamique, cette institution parisienne continue à honorer avec style poissons et fruits de mer. Chair de tourteau, crème de petits pois à la truffe noire du Périgord ou dos de cabillaud rôti aux morilles, et sa tombée d'épinards frais ? Choisissez selon votre humeur du jour! Une tradition revisitée qui fait également merveille pour les entrées et les desserts. Millefeuille à la vanille, macarons aux framboises... les pâtisseries sont légères et soignées. Les fidèles sont au rendez-vous, et on les comprend. D'autant qu'en été il est possible de manger en terrasse sur la place du Maréchal-Juin.

Carte 52/104 €

PLAN : B2
12 pl. du Mar.-Juin
TEL. 01 43 80 15 95
www.petrus-restaurant.fr
Ⓜ Pereire

Fermé 3 semaines en août et samedi midi

⛺ A/C ⏲ 🕶

¶○

Cuisine moderne •
Tendance

LES POULETTES BATIGNOLLES

Voilà l'adresse idéale pour poursuivre, en douceur, votre soirée théâtrale. À deux pas du théâtre Hébertot (boulevard des Batignolles), ce bistrot bien tenu, aux accents catalans, propose une ardoise appétissante qui évolue au gré des saisons et du marché. En entrée, l'œuf bio croustillant «Les Poulettes», artichaut, pata negra et sauce tartare ne devrait pas laisser indifférent les partisans d'une cuisine qui s'encanaille. La gourmandise est aussi pleinement assumée avec cette pièce de cochon ibérique rôtie et ses macaronis au chorizo. Ici, l'Espagne pousse un peu sa corne, aurait dit Nougaro. Enfin, en période estivale, les parois vitrées s'ouvrent et laissent pénétrer les vents du sud qui portent un rythme flamenco...

Formule 30 € – Carte 49/55 €

PLAN : C3
10 r. de Chéroy
TEL. 01 42 93 10 11
www.lespoulettes-batignolles.fr
Ⓜ **Villiers**

Fermé 1 semaine vacances de printemps, en août, 1ᵉʳ -8 janvier, dimanche et lundi

¶○

Cuisine traditionnelle •
Tendance

LE PRÉ CARRÉ

Juste à côté de la place de l'Étoile et de l'Arc de Triomphe, le restaurant de l'hôtel Splendid Étoile réussit l'amalgame de l'élégance et du charme. Deux miroirs face à face reflètent à l'infini l'élégant et chaleureux décor, tout en nuances de beige et de gris, fleurs aux lignes graphiques et banquettes confortables. On dîne également en terrasse ou à l'abri d'une verrière, histoire de profiter de l'animation du quartier. À la carte, on soigne son appétit avec de belles assiettes classiques : salade d'artichauts, carré d'agneau, foie de veau, turbot cuit à la vapeur, etc. Les produits sont bien choisis... et le plaisir des papilles est garanti !

Menu 41 € (dîner) – Carte 42/79 €

PLAN : B3
Hôtel Splendid Étoile
1 bis av. Carnot
TEL. 01 46 22 57 35
www.restaurant-le-pre-carre.com
Ⓜ **Charles de Gaulle-Étoile**

Fermé 3 semaines en août, 1 semaine vacances de Noël, samedi midi et dimanche

A/C

¶O
*Poissons et fruits de mer •
Chic*

RECH

Illustre adresse que ce bistrot créé en 1925 par l'Alsacien August Rech, et aujourd'hui intégré dans la galaxie Ducasse. Parquet, tons clairs, persiennes d'esprit marin et photos rétro : sur deux niveaux, les salles ne manquent pas d'allure. En cuisine, on rend hommage aux produits de la mer : poissons et coquillages, préparés avec rigueur, révèlent de belles saveurs naturelles. Parmi les spécialités, la sole épaisse dorée au beurre demi-sel et ses pommes de terre de Noirmoutier répond avec hardiesse à l'aile de raie à la Grenobloise. La fin de repas est marquée par l'inénarrable camembert Rech ou encore l'éclair XXL, au chocolat ou au café selon les goûts.

Menu 36 € (déjeuner en semaine), 54/80 € – Carte 72/100 €

PLAN : A-B3
62 av. des Ternes
TEL. 01 45 72 29 47
www.restaurant-rech.fr
 Ternes

Fermé août, dimanche et lundi

¶O
*Cuisine traditionnelle •
Montagnard*

RURAL BY MARC VEYRAT Ⓝ

Un vaisseau de 250 places, ouvert 7 jours sur 7. En guise de capitaine, Marc Veyrat. L'homme au chapeau noir est descendu de sa montagne pour concocter dans un cadre rustique de bois blond (et au plafond industriel) une cuisine traditionnelle, inspirée de la Savoie : parce qu'il n'y a pas que fondue et tartiflette dans la vie! Marc Veyrat passe régulièrement pour vérifier les produits, et goûter les recettes. Mention particulière au buffet de desserts et à l'excellent rapport qualité prix. Convier la montagne à l'intérieur du Palais des Congrès, il fallait le faire. De là à faire de Rural un congrès de palais...

Formule 25 € – Menu 35 €

PLAN : A3
2 pl. de la Porte-Maillot (Palais des Congrès-niveau 0)
TEL. 01 72 69 03 03
www.rural-paris.com
Ⓜ

Ⓖ A/C

‖○
Cuisine italienne ·
Convivial

SAMESA

Ouverte fin 2008 par deux associés, Flavio Mascia (du restaurant Fontanarosa, 15ᵉ) et Claudio Sammarone (Le Perron, 7ᵉ), cette table transalpine offre un décor très chaleureux : la salle est lumineuse (baie vitrée et verrière), tout en longueur, avec des murs en pierres blondes et des tons beiges. Tables et chaises de bistrot s'y alignent avec une élégance simple (nappes blanches), et l'assiette fait honneur aux bonnes recettes italiennes : aubergines au parmesan, *fregola sarda* torréfiée et poutargue, bar grillé farci à la ratatouille à la sicilienne, etc., le tout accompagné d'un bon choix de vins du pays. Gardez aussi une petite place pour le tiramisu, léger et parfumé à souhait. On vient pour les saveurs ensoleillées du Sud ; on revient aussi pour la convivialité.

Formule 19 € – Menu 27 € (déjeuner)/31 € – Carte 44/54 €

PLAN : B3
13 r. Brey
TEL. 01 43 80 69 34
www.samesa.fr
Ⓜ Charles de Gaulle-Étoile

Fermé 3 semaines en août, samedi midi et dimanche

& Ⓐ|Ⓒ

‖○
Cuisine italienne ·
Romantique

SORMANI

Tissus tendus, majestueux lustres en verre de Murano, moulures et miroirs : toute l'élégance de l'Italie s'exprime dans ce restaurant chic, dont les multiples petites salles distillent une ambiance feutrée. La cuisine de Pascal Fayet, petit fils d'un ébéniste Florentin (cela ne s'invente pas) donne la réplique à ces airs de «dolce vita» : une carte résolument transalpine, pour moitié consacrée – en saison – à la précieuse truffe (œufs au plat à la truffe, lasagnes à la truffe noire et foie gras poêlé...)... mais ses ravioli de homard sont splendides aussi... jusqu'au «gigantesco», dessert inspiré. Même refrain pour le livre de cave, dont les superbes intitulés évoquent les plus belles provinces viticoles de la Botte, sans oublier un large choix de grappa afin de conclure en beauté ces agapes. Parmi les fidèles de cette adresse haut de gamme, une clientèle d'affaires notamment, qui apprécie l'intimité du salon situé au rez-de-chaussée.

Carte 70/140 €

PLAN : B3
4 r. Gén.-Lanrezac
TEL. 01 43 80 13 91
www.restaurantsormani.fr
Ⓜ Charles de Gaulle-Étoile

Fermé 3 semaines en août, samedi, dimanche et fériés

Ⓐ|Ⓒ ⌘ ♋ 🖐

🍴

Cuisine moderne • Élégant

LA TABLE DU CAVISTE BIO

A quelques encablures du Parc Monceau, ce restaurant à l'élégante façade offre l'agrément d'une salle d'esprit moderne, sertie d'un beau mobilier design aux couleurs chatoyantes. A l'origine de cette table (comme son nom l'indique), un amoureux des vins, associé à la chef japonaise Junko Kawasaki, autour d'une cuisine et de vins bio. Ainsi cette salade de carpaccio de bœuf sèche, le crumble aux trois viandes, ou les quenelles au chocolat révèlent-ils les talents d'accord de la chef. De son côté, la carte des vins propose 250 références, exclusivement bio. Un concept actuel et très à la mode, en phase avec la clientèle du quartier. Carte plus élaborée le soir.

Formule 25 € – Menu 35 € (déjeuner) – Carte 42/67 €

PLAN : B3
55 r. de Prony
TEL. 01 82 10 37 02
www.lecavistebio.com
Ⓜ **Monceau**

Fermé août, dimanche et lundi

🏠 AC 🎋

🍴

Cuisine traditionnelle • Convivial

LES TABLES D'AUGUSTIN Ⓝ

Au cœur du 17ᵉ populaire, le quartier des Épinettes peut s'enorgueillir de la présence de ce délicieux bistrot de poche, où une vingtaine de gourmands viennent s'attabler avec un plaisir non dissimulé... et pour cause : ils s'apprêtent à déguster les assiettes d'un jeune chef au très joli parcours (notamment passé par le George V, au côté d'Éric Briffard, ou encore par l'Ambroisie). Il y a un vrai caractère dans cette cuisine du marché, renouvelée chaque semaine – impossible, donc, de se lasser! –, qui se révèle en plus gourmande et savoureuse. Ajoutons à cela un rapport qualité-prix en béton armé, au déjeuner surtout, et l'on se retrouve avec une table très recommandable.

Formule 13 € – Menu 17 € (déjeuner), 21/65 €
🍷 – Carte 45/55 €

PLAN : D1
44 r. Guy-Moquet
TEL. 09 83 43 11 11
www.lestablesdaugustin.fr
Ⓜ **Guy-Moquet**

Fermé 15-30 août, samedi et dimanche

〒○
Cuisine nord-africaine •
Oriental

TIMGAD

Bienvenue au temps où Timgad rayonnait! Ce petit coin d'Orient, qui emprunte son nom à une antique cité nord-africaine, vaut le détour pour son seul décor : lustres dorés, mobilier mauresque et – clou du spectacle – de superbes stucs finement ouvragés, taillés au couteau par des artisans marocains et dont la réalisation a duré plus d'un an! La carte est au diapason : riche sélection de couscous (la semoule est d'une rare finesse), tajines et pastillas appréciés pour leur générosité et pour leurs mille et un parfums. Quoi de plus agréable, ensuite, que de prolonger le repas dans le joli salon feutré où murmure une fontaine... Dépaysement garanti!

Carte 40/100 €

PLAN : A3
21 r. Brunel
TEL. 01 45 74 23 70
www.timgad.fr
Ⓜ **Argentine**

Ⓐ🄲 🅿️

golero/iStock

18ᵉ

MONTMARTRE • PIGALLE

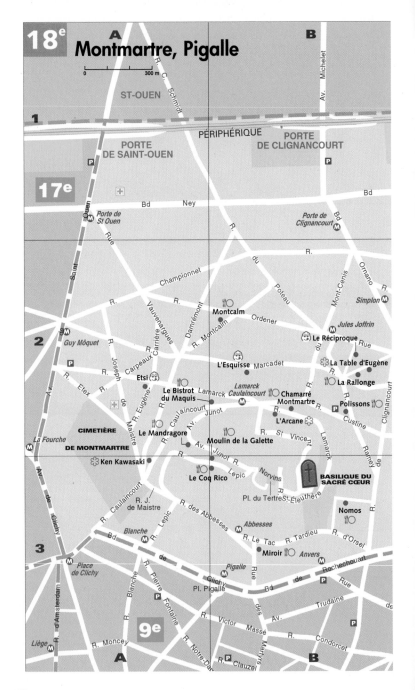

18e

Montmartre, Pigalle

A   **B**

0   300 m

ST-OUEN

1

PÉRIPHÉRIQUE

PORTE
DE SAINT-OUEN

PORTE
DE CLIGNANCOURT

17e

Bd   Ney

Porte de
St Ouen

Porte de
Clignancourt

Championnet

Poteau

Montcalm

Ordener

Simplon

2

Guy Môquet

Le Réciproque

Jules Joffrin

L'Esquisse   Marcadet

La Table d'Eugène

Etsi

Le Bistrot
du Maquis

Lamarck
Caulaincourt

Chamarré
Montmartre

La Rallonge

Polissons

CIMETIÈRE

Le Mandragore

L'Arcane

Custine

DE MONTMARTRE

La Fourche

Moulin de la Galette

St Vince

Ken Kawasaki

Lepic

Norvins

BASILIQUE DU
SACRÉ CŒUR

Le Coq Rico

Pl. du Tertre St-Éleuthère

Nomos

R. J.
de Maistre

R. des Abbesses

Abbesses

3

Blanche

R. Le Tac   R. Tardieu   R. d'Orsel

Place
de Clichy

Miroir   Anvers

Pigalle

Rochechouart

Pl. Pigalle

Trudaine

9e

R. Moncey

Condorcet

Liège

A   **B**

412

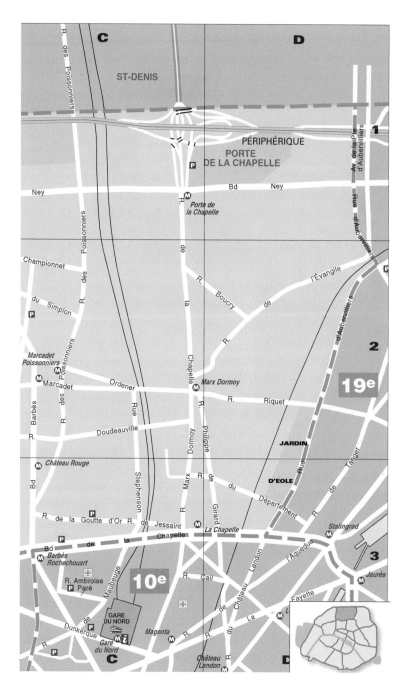

Formule 34 € – Menu 49/80 €

PLAN : B2
39 r. Lamarck
TEL. 01 46 06 86 00
www.restaurantlarcane.com
Ⓜ **Lamarck Caulaincourt**

Fermé août, 1 semaine vacances de Noël, mardi midi, dimanche et lundi

Cuisine moderne • Cosy

L'ARCANE

L'arcane (du latin *arcanum* : chose cachée) est une opération mystérieuse, dont le secret de doit être connu que des seuls initiés. Essayons tout de même de percer les mystères de ce restaurant installé derrière le Sacré-Cœur, et mené par un jeune couple. Le chef, au joli parcours, a le chic pour revisiter la tradition à sa sauce, et il faut bien dire que les bonnes surprises pleuvent tout au long du repas, sous la forme d'un menu «carte blanche» ou «surprise» en trois, quatre ou cinq plats. Côté cadre, murs blancs, chaises et banquettes marron, et luminaires modernes. Bref, tout cela fait une adresse qui monte, qui monte, et qui séduit déjà au-delà de la butte Montmartre...

■ Cuisine du marché

Menu 30 € (déjeuner)/70 € –
Menu unique

PLAN : A3
15 r. Caulaincourt
TEL. 09 70 95 98 32
www.restaurantkenkawasaki.fr
Ⓜ **Blanche**

**Fermé août, 1 semaine en
décembre, mercredi midi, jeudi
midi et dimanche**

✿
Cuisine créative · Épuré

KEN KAWASAKI

Vous êtes invités à venir célébrer ici un beau mariage :
celui des cuisines japonaise et française ! Au pied de la
butte Montmartre, le chef nippon Ken Kawasaki (qui
officie à Hiroshima) a réuni une équipe de choc et propose des petites assiettes éminemment graphiques, savoureuses et originales, élaborées au gré du marché ; les
menus sont directement inspirés des menus *kaiseki* très
populaires au Japon. Derrière un petit comptoir en bois
clair, les chefs composent ces mets sous vos yeux, dans
la plus pure tradition japonaise. On retrouve notamment
toute l'année la spécialité de la maison : un délicat filet
de bœuf au sel d'algues et wasabi... Vous nous en direz
des nouvelles !

■ Cuisine du marché

Formule 35 € – Menu 42 €
(déjeuner), 89/120 €

PLAN : B2
18 r. Eugène-Sue
TEL. 01 42 55 61 64
www.latabledeugene.com
Ⓜ Jules Joffrin

**Fermé 22-30 avril, 5-27 août,
1ᵉʳ -8 janvier, dimanche et lundi**

𝄐

Cuisine moderne • Élégant

LA TABLE D'EUGÈNE

L'enseigne sonne comme un slogan bobo, mais fait en réalité référence à Eugène Sue, l'auteur des *Mystères de Paris,* et au nom de la rue! Non loin de la mairie du 18ᵉ, l'adresse compte dorénavant parmi les meilleures tables de la capitale, par la grâce de son chef, Geoffroy Maillard. À force de travail, sa cuisine est montée régulièrement en puissance au fil des ans, comme en témoignent ces créations très personnelles dans lesquelles il magnifie des produits «coup de cœur» : artichaut poivrade barigoule ; pintade rôtie pâtisson ; jusqu'au sucré, avec ce sablé orange sanguine et crème légère... Couleurs et parfums, finesse et précision : chaque plat porte la patte du chef et son envie de régaler ses convives.

Un mot aussi pour l'intérieur, moderne et épuré, avec de grands tableaux contemporains et des tables en bois clair, dans lequel on se sent parfaitement à l'aise. Une table qui attire, à juste titre, nombre d'aficionados : la réservation est impérative!

■ Cuisine du marché

Cuisine moderne •
Bistro

L'ESQUISSE

La vague de la bistronomie branchée ne s'est pas arrêtée aux arrondissements de l'est parisien : le nord de la butte Montmartre est le prochain sur la liste ! Deux jeunes passionnés se sont associés pour créer ici ce bistrot vintage et accueillant : parquet massif, chaises Tolix et banquettes en bois... Laetitia, en cuisine, réalise des assiettes graphiques et sans chichis, en s'attachant surtout à mettre en valeur la qualité des produits utilisés. Cuissons impeccables, assaisonnements contrastés : elle montre qu'elle maîtrise bien son sujet. Pendant ce temps, Thomas assure en salle un service chaleureux et efficace, et ne manque pas de bons conseils en matière de sélection de vins – surtout naturels. Sa passion est communicative : on passe un excellent moment.

Formule 18 € – Menu 23 € (déjeuner en semaine) – Carte 34/46 €

PLAN : B2
151 bis r. Marcadet
TEL. 01 53 41 63 04
Ⓜ **Lamarck-Caulaincourt**
Fermé 3 semaines en août, dimanche et lundi

Cuisine grecque • *Taverne*

ETSI

La façade, d'un bleu intense, courtise le regard. Les spécialités aiguisent l'appétit. C'est l'histoire d'une jeune chef, d'origine grecque, revenue à la cuisine de ses origines après un apprentissage dans des maisons reconnues (Michel Rostang, Cyril Lignac). Ici, elle propose des mezze, percutants de fraîcheur et ponctués d'audaces, à l'instar de l'utilisation des condiments – ainsi la feuille de câpres, l'origan ou les pistaches. Les produits proviennent des deux meilleures épiceries grecques de Paris, mais son père, qui habite toujours au pays, lui envoie aussi des ingrédients, introuvables ailleurs ! Parmi les spécialités, on se régale des croquettes du moment, du dakos (pain tomates, olives et fromage frais), du feuilleté d'agneau confit... Un coup de cœur.

Carte 28/40 €

PLAN : A2
23 r. Eugène-Carrière
TEL. 01 71 50 00 80
www.etsi-paris.fr
Ⓜ **Place de Clichy**

Fermé 3 semaines en août, dimanche soir, lundi et le midi en semaine

😊

*Cuisine traditionnelle ·
Contemporain*

LE RÉCIPROQUE

Ce restaurant est une vraie aubaine pour les gourmets du quartier! On le doit à deux jeunes associés au beau parcours professionnel, Sylvain Gaudon et Adrien Eggenschwiler. Le premier, en cuisine, se fend de recettes traditionnelles sagement revisitées, qui se révèlent à la fois savoureuses et bien maîtrisées ; quant au second, il assure en salle un service vivant et courtois, et ne manque jamais de bons conseils pour la clientèle. Tout cela se déroule dans une petite salle moderne, dans un esprit de bistrot du 21ᵉ s. – murs blancs, sol en béton ciré, un mur en pierres nues, luminaires contemporains – où l'on se sent parfaitement à l'aise.

Formule 19 € – Menu 23 € (déjeuner),
37/84 € 🍷

PLAN : B2
14 r. Ferdinand-Flocon
TEL. 09 86 37 80 77
www.lereciproque.com
Ⓜ Jules Joffrin

**Fermé de mi-juillet à début août,
23 décembre-1ᵉʳ janvier, dimanche et lundi**

🍴○

*Cuisine traditionnelle ·
Bistro*

LE BISTROT
DU MAQUIS

C'est en 2013 qu'André Le Letty, ancien de la Tour d'Argent, a posé ses valises dans la fameuse rue Caulaincourt, au nord de la butte. Il y a installé ce Maquis (en hommage aux résistants qui se cachaient sur cette partie de la butte), dans lequel il célèbre les classiques du genre : compressé de joue de bœuf au citron confit, rognons de veau à la moutarde, dos de merlu rôti... et, bien sûr, sa spécialité : le canard au sang en deux services. Évidemment, tout est fait maison, les assaisonnements son précis et les cuissons bien maîtrisées. Quant au décor, il ne joue pas une partition différente : le parquet massif, le mobilier et les tables au coude-à-coude nous plongent dans une atmosphère chaleureuse et typiquement parisienne... Un vrai bonheur!

Formule 16 € – Menu 36/45 € – Carte 43/75 €

PLAN : A-B2
69 r. Caulaincourt
TEL. 01 46 06 06 64
www.lebistrotdumaquis.com
Ⓜ Lamarck Caulaincourt

**Fermé 3 semaines en août, 1 semaine aux
vacances de Noël, mercredi midi et mardi**

‖○

*Cuisine créative •
Tendance*

CHAMARRÉ MONTMARTRE

Voilà un restaurant attachant de la butte Montmartre, côté Lamarck, à l'écart des flux et des adresses touristiques. Vous aurez le choix entre la belle salle contemporaine, avec (petite) vue sur les cuisines, la terrasse protégée ou, pour les plus courageux, le bar et ses tables hautes dites «mange-debout». Dans l'assiette, les origines mauriciennes du chef, Antoine Heerah, s'expriment dans des plats métissés, marqués par le jeu des épices et des couleurs, à l'instar des huîtres rafraichies aux agrumes. Service souriant et précis. La pause finie, vous retrouverez immédiatement les escaliers de la butte pour rejoindre le Sacré-Cœur, tout proche, et... ses touristes.

Formule 24 € – Menu 32 € (déjeuner), 50/75 € – Carte 67/94 €

PLAN : B2
52 r. Lamarck
TEL. 01 42 55 05 42
www.chamarre-montmartre.com
Ⓜ **Lamarck Caulaincourt**

‖○

*Cuisine traditionnelle •
Élégant*

LE COQ RICO

Cocorico! La volaille française a trouvé son ambassade à Paris, sur la butte Montmartre, avec cette adresse chic et discrète créée par le fameux chef strasbourgeois, Antoine Westermann. Les suaves parfums du poulet rôti méritaient bien une telle attention... Poularde de Bresse, pintade et canette fermières de Challans, géline de Touraine, «cou nu» des Landes : à la carte ne trônent que les meilleures pièces de l'Hexagone – avec aussi de la palombe, du perdreau, du pigeon, etc. –, le tout rôti dans les règles de l'art. Chairs moelleuses et fondantes, peaux croustillantes et caramélisées : les amateurs sont comblés! À noter : les volailles sont servies entières pour deux à quatre personnes, mais les prix restent relativement élevés, tant ce Coq Rico cultive le meilleur. Quand on aime, on ne compte pas...

Carte 50/90 €

PLAN : B3
98 r. Lepic
TEL. 01 42 59 82 89
www.lecoqrico.com
Ⓜ **Lamarck Caulaincourt**

🍴○
Cuisine moderne • Romantique

LE MANDRAGORE

Thibaut Spiwack, lauréat du concours Escoffier, trentenaire motivé, a repris les rennes de cette cuisine, bien décidé à prouver sa valeur. Et son enthousiasme n'est plus à prouver! Le jeune chef perfectionniste sélectionne avec rigueur des produits de première qualité pour imaginer une cuisine fraîche, attentive aux saisons, et au goût de ses clients. Afin de démontrer le respect porté aux produits, seuls les ingrédients sont mentionnés sur les menus, déclinés en trois choix. On s'installe dans une salle cosy, façon boudoir, agrémentée d'une belle cheminée, où l'âtre, à l'hiver, festoie. La terrasse, au grand calme, et son jardin secret, au cœur de Montmartre, prolongent le plaisir de cette table intéressante.

Menu 58/102 €

PLAN : A2
L'Hôtel Particulier Montmartre
23 av. Junot
TEL. 01 53 41 81 40
www.hotel-particulier-montmartre.com
Ⓜ Lamarck Caulaincourt

Fermé mercredi midi, jeudi midi, vendredi midi, dimanche soir, lundi et mardi

🍴○
Cuisine traditionnelle •
Bistro

MIROIR

À deux pas de la pittoresque place des Abbesses, un charmant bistrot au cadre montmartrois où la qualité du produit est un impératif (légumes bio etc.). L'ardoise varie au gré du marché : le chef y concocte une cuisine sans chichis, digeste, proposant (sympathique initiative) de petits plats à partager. En guise de rituel : on débute toujours en amuse bouche par une bonne gougère, pour finir par un financier maison. Le succès de l'adresse tient aussi à sa convivialité et à son décor d'un pur style bistrot : vieux comptoir, carrelage rétro, lithographies, verrière... Tout est là. Une aubaine dans le quartier des Abbesses, où l'on se presse aussi le dimanche midi, pour le brunch. Bières artisanales.

Formule 16 € – Menu 20 € (déjeuner) – Carte 28/50 €

PLAN : B3
94 r. des Martyrs
TEL. 01 46 06 50 73
www.restaurantmiroir.com
Ⓜ Abbesses

Fermé en août, dimanche et lundi

Cuisine moderne ·
Convivial

MONTCALM

Voilà un sympathique bistrot de quartier, par les tables alentours recommandé, qui, en bon copains, au démarrage du lieu, ont aidé. La déco de bistrot spartiate s'agrémente d'un brin de récup' ; vieux vélo, enceinte Marshall diffusant une bonne playlist, cactus... Dans l'assiette, le chef au look (forcément) hipster (forcément) tatoué travaille de jolis produits sélectionnés, dans un esprit retour de marché. C'est bien troussé, avec des saveurs franches, finement travaillées. Le menu du marché évolue en fonction des arrivages de Rungis, et se complète de la (désormais traditionnelle) litanie des vins natures. Une chouette adresse, qui secoue un quartier, encore un peu endormi, côté gastronomie.

Formule 16 € – Carte environ 38 €

PLAN : B2
21 r. Montcalm
TEL. 01 42 58 71 35
Ⓜ **Lamarck Caulaincourt**

Fermé vacances de Noël, 2 semaines en août, samedi midi, dimanche et lundi

Cuisine traditionnelle ·
Élégant

LE MOULIN DE LA GALETTE

Deux associés ont repris cette maison historique de la butte, immortalisée en 1876 par le peintre Auguste Renoir, et qui vieillit paisiblement sous l'œil – et le téléobjectif – de touristes en recherche de couleur locale. Bonne nouvelle, donc, car on y mange à nouveau très bien : il ne fallait pour cela qu'une équipe motivée, mise au service d'un chef expérimenté. Œuf mollet aux girolles, dos de cabillaud et fenouil cuit-cru, abricots à la crème «diplomate» au miel et coulis basilic... Les produits sont frais, les assiettes bien composées, et le tout est servi par un personnel jeune et efficace. Le moment est venu de reprendre le chemin de la rue Lepic et d'aller se régaler sur les hauteurs.

Formule 23 € – Menu 39 € (déjeuner en semaine) – Carte 42/58 €

PLAN : B3
83 r. Lepic
TEL. 01 46 06 84 77
www.lemoulindelagalette.fr
Ⓜ **Abbesses**
Fermé lundi et mardi

⫯○
Cuisine créative •
Branché

NOMOS

Le 18e a totalement adopté ce bistrot branché, installé à deux pas du marché Saint-Pierre. Guillaume Sanchez, le jeune chef de Nomos, attire irrémédiablement l'attention : son allure plutôt dark et anticonformiste, ses tatouages, mais aussi et surtout ce talent de pâtissier révélé à la télévision (Qui sera le prochain grand pâtissier ?) et son rôle de consultant pour certains grands établissements... Ce restaurant est à son image : branché et décalé! Au fil d'un menu unique en 5 ou 9 plats, il dévoile des plats précis et créatifs, totalement dans l'époque, en utilisant des produits de bons fournisseurs et les légumes qu'il cultive lui-même à quelques kilomètres de Paris. Atypique et attachant.

Menu 35 € (déjeuner)/65 €

PLAN : B3
15 r. André-del-Sarte
TEL. 01 42 57 29 27
www.nomosrestaurant.com
Ⓜ **Château Rouge**

Fermé 15-30 août, dimanche et lundi

⫯○
Cuisine traditionnelle •
Tendance

POLISSONS Ⓝ

Le nord de la butte Montmartre, autrefois désert gastronomique, ne cesse de s'enrichir de nouvelles tables. Ces Polissons en sont la preuve! À l'écart de l'agitation touristique, un jeune couple de professionnels a installé ce restaurant très «feel good», avec sa déco d'inspiration scandinave – joli parquet à grosses lattes, murs bleu nuit – et ses saveurs d'une franchise salutaire. Le chef a tout compris : il fait simple et bon, avec ce qu'il faut de finesse, jouant les circuits courts et le bon rapport qualité-prix. L'adresse idéale pour encanailler votre palais, et vous régaler sans complexe.

Formule 17 € – Carte environ 37 €

PLAN :
35 r. Ramey
TEL. 06 46 63 57 50
www.polissons-restaurant.fr
Ⓜ **Château Rouge**

Fermé 3 semaines en août, vacances de Noël, dimanche soir et lundi

*Cuisine moderne ·
Bistro*

LA RALLONGE

Le chef de la fameuse Table d'Eugène décline dorénavant son talent en mode «bistrot de poche» avec cette Rallonge (quel
nom bien trouvé!) créée un peu plus haut
dans la rue Eugène-Sue. Une petite façade
attrayante, quelques tables installées sur
le trottoir, un décor mêlant carrelage en
ciment, parquet en chêne, murs blancs et
gris... L'endroit a du cachet! À l'ardoise, on
pioche parmi de belles recettes du marché,
servies sous forme de petites portions, dans
un esprit «tapas»: risotto de coquillettes à
la truffe, suprêmes de caille et mousseline
de potiron... Les plats sont délicats et font
merveille, à l'image de ceux de la maison
mère, mais dans un format idéal pour les
soirées entre amis.

Menu 21 € (déjeuner) – Carte 23/55 €

PLAN : B2
16 r. Eugène-Sue
TEL. 01 42 59 43 24
www.larallonge.fr
Ⓜ Jules Joffrin

**Fermé août, vacances de Noël, dimanche
et lundi**

A/C

19^e

PARC DE LA VILLETTE • PARC DES BUTTES-CHAUMONT

___

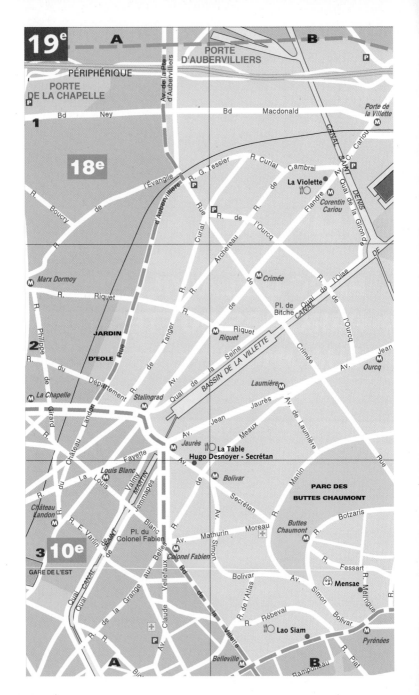

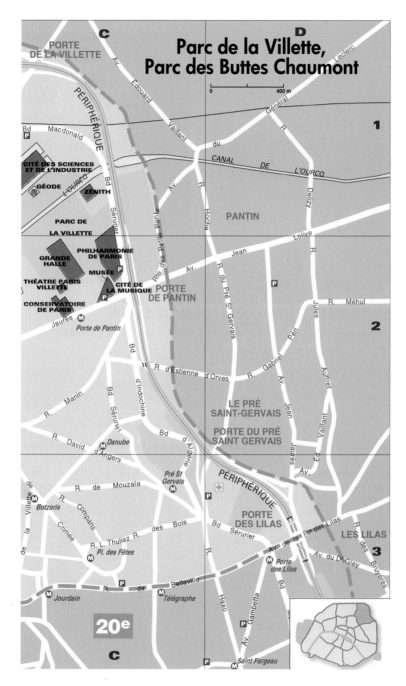

Parc de la Villette,
Parc des Buttes Chaumont

😋

Cuisine moderne ·
Convivial

MENSAE

Une cuisine de l'instant, pleine de fraîcheur, pour ce bistrot du 19e arrondissement, qui bénéficie de l'attention avisée de Thibault Sombardier (ex-Top Chef, aujourd'hui chef du restaurant Antoine, dans le 16e). Les saveurs tombent juste et les plats à partager, comme les tapas provoquent des émeutes – poulpes de Galice, planche de charcuterie lyonnaise, turbot entier rôti, côte de veau, bœuf maturé 60 jours... La (très) populaire mousse au chocolat pralinée est proposée toute l'année. On se régale d'autant que l'ambiance, en cuisine et en salle, est ultra-conviviale, parquet à grosses lattes, étagères garnies de livres de cuisines etc. Petite terrasse trottoir bienvenue en été.

Formule 20 € – Menu 36 € – Carte 36/55 €

PLAN : B3
23 r. Mélingue
TEL. 01 53 19 80 98
www.mensae-restaurant.com
Ⓜ Pyrénées

Fermé 3 semaines en août, 1 semaine vacances de Noël, dimanche et lundi

🍴

Cuisine thaïlandaise ·
Exotique

LAO SIAM

Dans le quartier de Belleville, ni sa devanture, tout à fait banale, ni sa carte, a priori semblable à celle de nombreux restaurants asiatiques du secteur, ne laissent présager que cette petite table... sort du lot ! Créée par les parents de l'actuel patron, originaires de Thaïlande et du Laos, elle met à l'honneur les belles cuisines de ces deux pays. Travers de porc sur hachis d'ail grillé, tigre qui pleure, tourteau à la diable : tout est fait maison, nems et fritures compris, les produits sont frais, c'est simple, fin, bien assaisonné ; bref, authentique comme si l'on faisait irruption chez une famille au fin fond de l'Asie – enfin presque... De fait, aux heures d'affluence (20h-21h30), la file d'attente s'étire, d'autant plus qu'on ne peut réserver.

Carte 20/45 €

PLAN : B3
49 r. de Belleville
TEL. 01 40 40 09 68 (sans réservation)
Ⓜ Pyrénées

Viandes •
Convivial

LA TABLE HUGO DESNOYER - SECRÉTAN

La halle Secrétan (conçue par Victor Baltard en 1868) abrite désormais, parmi ses boutiques, le restaurant du «boucher des stars», Hugo Desnoyer. Farçous de viande aux épices, os à moelle et yuzukosho, entrecôte, tartares (agneau, bœuf ou veau) : sans surprise, les belles viandes sont à la fête, et s'intègrent à merveille dans une cuisine soignée et parfumée, aux portions généreuses. N'oublions pas les desserts, franchement réussis également, comme cette excellente tarte au chocolat sur biscuit Oreo. Quant au décor, il est au diapason de la halle elle-même : une salle haute de plafond parée de lustres en cuivre, avec des banquettes... en véritable peau de vache, cela va de soi.

Carte 30/120 €

PLAN : A3
33 av. Secrétan
TEL. 01 40 05 10 79
www.hugodesnoyer.com
Ⓜ Bolivar

Fermé 3 semaines en août, 22 décembre-2 janvier, dimanche soir et lundi

🛖 ♿ [AC]

Cuisine moderne •
Convivial

LA VIOLETTE

Le décor «black and white» de ce restaurant ne souffre qu'une exception : une banquette... violette! Changez une lettre de cette Violette et vous aurez la Villette, un quartier où la culture a eu le bon goût de rester populaire. Des photos de la capitale et une thématique viticole – caisses de vins, casiers à bouteilles, etc. – donnent au lieu un style à la fois moderne et cosy. D'ailleurs, chaque table porte le nom d'un vin. Le chef y signe des assiettes honnêtes et bien réalisées : carré de porc fermier rôti, maïs et lard fumé et jus tranché ; cromesquis de fromage de chèvre et condiments ; millefeuille à la vanille bourbon et praliné... Inutile de préciser que la formule est plébiscitée par les employés de bureau à l'heure du déjeuner ou, le soir, après le spectacle. Accueil chaleureux et belle terrasse en saison.

Formule 26 € – Carte 45/53 €

PLAN : B1
11 av. Corentin-Cariou
TEL. 01 40 35 20 45
www.restaurant-laviolette.com
Ⓜ Corentin Cariou

Fermé 5-27 août, 24 décembre-1er janvier, samedi et dimanche

🛖 🍽️

20ᵉ

CIMETIÈRE DU PÈRE-LACHAISE • GAMBETTA • BELLEVILLE

___

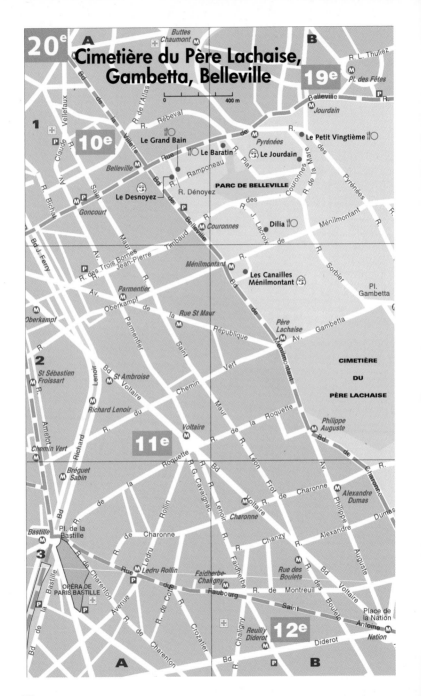

Cimetière du Père Lachaise, Gambetta, Belleville

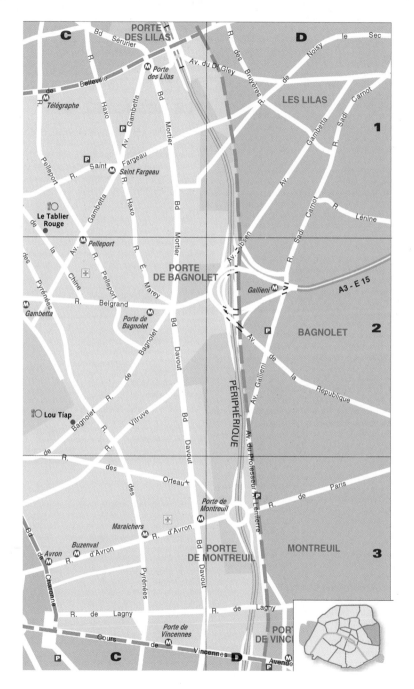

C
D

PORTE
DES LILAS

Bd Sérurier

R. des Bruyères

le Sec

Noisy

de

R.

Av. du Dr Gley

Porte
des Lilas

LES LILAS

Belleville

de

R.

Télégraphe

Haxo

Gambetta

Bd

Mortier

Carnot

Sadi

Gambetta

R.

1

Pelleport

Saint

Fargeau

Saint Fargeau

Haxo

R.

Bd

Mortier

Av.

Carnot

Sadi

R.

Lénine

R.

‖○
Le Tablier
Rouge

de

des

Gambetta

la

R.

Chine

Pelleport

Pelleport

Av.

R. E.

Marey

Mortier

PORTE
DE BAGNOLET

Av. Ibsen

Sadi

R.

Gallieni

A3 - E 15

○
Gambetta

Pyrénées

R.

Belgrand

Porte de
Bagnolet

Bd

Davout

Bagnolet

de

R.

Gallieni

Av.

P

BAGNOLET

2

de

la

République

PÉRIPHÉRIQUE

Av. Gallieni

Av. du Professeur R. Lemierre

‖○ Lou Tíap

Bagnolet

Vitruve

R.

de

R.

Bd

Davout

de

R.

des

Orteau

Porte de
Montreuil

de

Paris

R.

des

Maraichers

R. d'Avron

Bd Davout

PORTE
DE MONTREUIL

MONTREUIL

3

Bd

de

Avron

Buzenval

○

d'Avron

R.

Pyrénées

Chaonne

R.

de

Lagny

R.

de

Lagny

Cours

de

Porte de
Vincennes

Vincennes

PORT
DE VINC

P

C

D

Avenue

P

Cuisine traditionnelle · Bistro

LES CANAILLES MÉNILMONTANT

En plein cœur de Ménilmuche, juste au-dessus du boulevard, deux associés ont pris place derrière cette façade colorée qui abritait auparavant le Bistrot Blanc Bec. L'objectif des deux larrons : faire aussi bien ici qu'à Pigalle, où est situé leur premier restaurant. Ils peuvent s'appuyer sur une formule éprouvée, hyper-efficace : de la belle tradition à tous les étages, une cuisine... canaille, bien travaillée et savoureuse. Quelques exemples : l'échine de cochon fermier confite, pressé de lapin du Poitou aux herbes fraîches, crumble aux figues noires de Solliès, etc. L'intérieur, engageant et coquet, ajoute encore à ce moment de plaisir, tout comme le service compétent et efficace. Venez vous encanailler !

Formule 28 € – Menu 35 € – Carte environ 50 €

PLAN : B
15 r. des Panoyaux
TEL. 01 43 58 45 45
www.restaurantlescanailles.fr
Ⓜ Ménilmontant

Fermé 3 semaines en août, samedi et dimanche

Cuisine moderne ·
Convivial

LE DESNOYEZ

Au cœur de Belleville, dans une rue connue pour son «street art», où graphs et tags d'artistes habillent les murs, ce restaurant de poche d'une vingtaine de couverts mise sur la qualité, plutôt que la quantité : une demie-douzaine de tables en bois clair, un étroit comptoir, et dans l'assiette, une épatante carte, pleine de fraîcheur et de saveurs, élaborée au gré du marché par un chef-patron inspiré, ancien juriste, puis chef au Petit Vingtième sur les hauteurs de Belleville. Œufs mayo avec poutargue et herbes aromatiques, onglet de bœuf de l'Aubrac, piquillos... Cuisine savoureuse et très bonne adresse (qui n'a, précisons le au cas où, rien à voir avec un certain boucher de renom).

Carte 21/48 €

PLAN : A1
3 r. Dénoyez
TEL. 06 61 19 18 31
Ⓜ Belleville

Fermé 3 semaines en août, 24 décembre-1ᵉʳ janvier, mardi et mercredi

🙂
Cuisine moderne • Bistro

LE JOURDAIN

Après avoir passé plusieurs années à l'étranger pour son travail (Argentine, Espagne), le jeune propriétaire a posé ses valises dans une petite rue du 20ᵉ arrondissement. Vieux parquets, mobilier patiné, murs blancs ou mis à nu, luminaires originaux d'inspiration *fifties*, comptoir de service : aucun doute, c'est le bistrot contemporain dans toute sa splendeur. À midi, l'ardoise promet de belles saveurs du marché, avec un menu déjeuner à prix modiques ; le soir, changement d'ambiance culinaire avec une sélection de petites assiettes façon tapas, à dominante marine, qui font fureur : piquillos farcis de brandade de morue ; bonite marinée au guacamole ; tataki de saumon aux jeunes légumes, etc. Dans une ambiance conviviale, on s'attarde volontiers un peu tard, en sirotant un bon petit vin nature...

Formule 15 € – Menu 18 € (déjeuner en semaine) – Carte 25/35 €

PLAN : B1
101 r. des Couronnes
TEL. 01 43 66 29 10
www.restaurantlejourdain.com
Ⓜ Jourdain

Fermé 2 semaines en août, dimanche et lundi

🍴
Cuisine traditionnelle • Bistro

LE BARATIN

Les modes passent et trépassent, pas ce bistrot couru depuis plus de vingt ans. Et pour cause : la chef argentine Raquel Carena a pour ainsi dire inventé la bistronomie, et nombre de jeunes chefs reconnaissent son héritage. L'occasion de revenir aux sources dans un décor, tout simple, garantie de son authenticité : étroite devanture en bois, comptoir en zinc, etc. Nous voici dans l'antre des gourmands qui se pourlèchent les babines, l'incontournable adresse de l'Est parisien. Tous les matins, elle écrit sur l'ardoise ses recettes du moment (tartare de poisson, cervelle de veau au beurre citronné, travers de veau du limousin aux agrumes, sablé breton aux fraises des bois, etc.) – des petits plats mitonnés avec beaucoup de goût. Côté vins, Philippe Pinoteau, le patron-sommelier, sélectionne chaque cru et parle avec passion de ses coups de cœur. Réservation conseillée.

Menu 19 € (déjeuner) – Carte 34/56 € dîner

PLAN : B1
3 r. Jouye-Rouve
TEL. 01 43 49 39 70
Ⓜ Pyrénées

Fermé 1 semaine en mai, août, 1 semaine en février, samedi midi, dimanche et lundi

20ᵉ • CIMETIÈRE DU PÈRE-LACHAISE • GAMBETTA • BELLEVILLE

🍴○

*Cuisine créative •
Bistro*

DILIA

Dans un angle de rue à l'ombre de Notre-Dame-de-la-Croix, en plein cœur du quartier de Ménilmontant, œuvre un chef italien aux solides références. Sa cuisine est construite autour de quelques bons produits : gnocchis à la betterave, huître et raifort ; pigeon, oignon, arroches rouges et groseilles... Des intitulés volontairement simples, mais qui cachent de jolies associations de saveurs et une inventivité de tous les instants. Quant au décor, il la joue volontairement vintage, avec ces tables en bois patinées par le temps et ces murs légèrement décrépits... Pile dans l'air du temps parisien !

Formule 17 € – Menu 48 € (déjeuner en semaine), 64/77 €

PLAN : B1
1 r. d'Eupatoria
TEL. 09 53 56 24 14
www.dilia.fr
Ⓜ Ménilmontant

Fermé 1 semaine en août, 3 semaines en janvier, mardi et mercredi

🍴○

*Cuisine moderne •
Branché*

LE GRAND BAIN Ⓝ

Dans le cœur fourmillant de Belleville, cet ancien restaurant espagnol a été repris en main par un trio d'associés de talent, et le moins que l'on puisse dire, c'est que ça déménage. Au programme, une ambiance de bistrot très tendance (briques, béton, mosaïques, bar en îlot central) et de délicates explosions de créativité, en petites portions, à l'ardoise. On les doit à Edward, le chef anglais, qui s'était notamment fait remarquer Au Passage, du côté d'Oberkampf. Tout cela fait un délicieux rendez-vous : quand le noctambule hipster croise le foodista pointu, il s'en vont prendre un Grand Bain...

Carte 20/32 €

PLAN : A1
14 r. Dénoyez
TEL. 09 83 02 72 02
www.legrandbainparis.com
Ⓜ Belleville

Fermé 2 semaines en novembre et le midi

Cuisine du Sud-Ouest • Convivial

LOU TÍAP

Les habitants de l'Est parisien connaissent bien Anne Escoffier et Olivier Laterrot, qui ont fait longtemps les beaux jours de L'Hermès, dans le 19e arrondissement. Les voici voisins du Père-Lachaise, à la tête de ce Lou Tíap dédié à la cuisine du Sud-Ouest. Les deux comparses se considèrent comme des «aubergistes» au sens noble du terme. Experts en convivialité, ils font régner une atmosphère pleine de vie dans leur repaire au décor mi-contemporain, mi-rustique. Aux fourneaux, Olivier mitonne asperges rôties, côte de cochon noir de Bigorre, soufflé au pruneau d'Agen, et, en saison, le fameux lièvre à la royale «comme le faisait mon oncle Claude»... Le tout accompagné des vins choisis par Anne. De vrais aubergistes, oui!

Menu 20 € 🍷, 36 € - Carte 40/70 €

PLAN : C2
81 r. de Bagnolet
TEL. 01 43 70 77 93
www.loutiap.fr
Ⓜ Alexandre Dumas

Fermé mercredi midi, dimanche et lundi

♿

Cuisine traditionnelle • De quartier

LE PETIT VINGTIÈME

Cet atelier textile du quartier Jourdain, habilement réhabilité, s'est converti à la gourmandise : à la carte, une savoureuse cuisine de tradition, qui privilégie le bio et les artisans du quartier (fromager, boucher), dont cette terrine maison, servie avec son pain au raifort doux... Nulle esbroufe mais une vraie volonté de faire plaisir, comme avec ce filet de colin, beurre safrané, ou en dessert le clafoutis aux cerises. Les origines alsaciennes du chef se devinent au détour d'un plat, ou d'une sauce. Les produits frais sont cuisinés avec sincérité et justesse, dans le respect des saisons, et c'est bien là le principal. Bon rapport qualité/prix à midi.

Formule 17 € - Menu 20 € (déjeuner en semaine) - Carte 28/50 €

PLAN : B1
381 r. des Pyrénées
TEL. 01 43 49 34 50
www.petit20.com
Ⓜ Jourdain

Fermé 6-23 août, lundi midi, mardi midi et dimanche

♿

¶O
*Cuisine traditionnelle •
Bistro*

LE TABLIER ROUGE

Geoffroy Cesbron Lavau est ce que l'on appelle... un passionné! Amoureux des bons vins, il a d'abord mené une affaire d'importation viticole au Royaume-Uni, avant de se jeter à corps perdu dans sa deuxième passion : la cuisine. Il est aujourd'hui à la tête de ce Tablier Rouge, situé à deux pas de la place Gambetta : un sympathique bistrot à vins, qu'il tient avec Tara, son épouse britannique. La carte célèbre joliment la tradition française – poitrine de veau farcie, gigot d'agneau rôti, profiteroles – avec une pointe d'Angleterre, of course (fish and chips, notamment). Le tout s'accompagne, comme on peut l'imaginer, d'un beau choix de vins : près de 150 références, dont 70 % bio et naturels, entre grands crus et petits prix!

Formule 17 € – Menu 21 € (déjeuner)/36 € – Carte 38/46 €

PLAN : C1
40 r. de la Chine
TEL. 01 46 36 18 30
www.letablierrouge.com
Ⓜ Gambetta

Fermé 1 semaine début mai, 3 semaines en août, lundi soir, samedi midi et dimanche

A/C 🍇

L. Reel / age fotostock

P. Escudero/hemis.fr

... ET AUTOUR DE PARIS

De Antony à Wissous

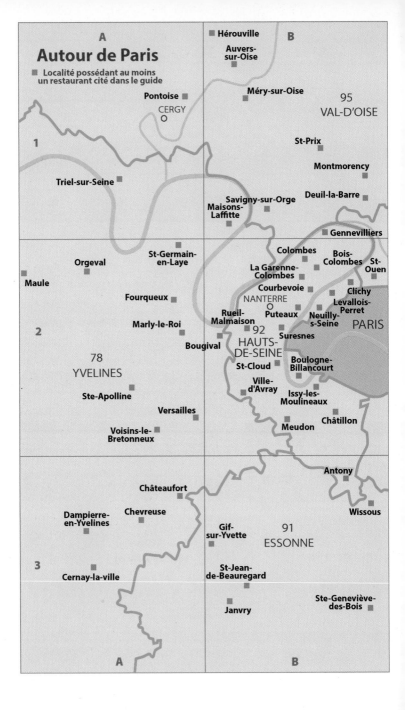

Autour de Paris

■ Localité possédant au moins
un restaurant cité dans le guide

A

B

■ Hérouville

Auvers-
sur-Oise

Pontoise ■

■ Méry-sur-Oise

95
VAL-D'OISE

CERGY
○

■ St-Prix

1

Montmorency ■

Triel-sur-Seine ■

Savigny-sur-Orge ■

Deuil-la-Barre ■

Maisons-
Laffitte

■ Gennevilliers

St-Germain-
en-Laye ■

Colombes ■

Bois-
Colombes

St-
Ouen

Orgeval ■

La Garenne-
Colombes

Maule ■

Courbevoie ■

Clichy ■

Fourqueux ■

NANTERRE
○

Levallois-
Perret

Rueil-
Malmaison

Puteaux ■

Neuilly-
s-Seine

PARIS

Marly-le-Roi ■

2

92

Suresnes ■

Bougival ■

HAUTS-
DE-SEINE

78
YVELINES

St-Cloud ■

Boulogne-
Billancourt

Ville-
d'Avray ■

Ste-Apolline ■

Issy-les-
Moulineaux ■

Versailles ■

Châtillon ■

Voisins-le-
Bretonneux ■

Meudon ■

Antony ■

Châteaufort ■

Chevreuse ■

Wissous ■

Dampierre-
en-Yvelines ■

Gif-
sur-Yvette ■

91
ESSONNE

3

St-Jean-
de-Beauregard ■

Cernay-la-ville ■

Ste-Geneviève-
des-Bois ■

Janvry ■

A

B

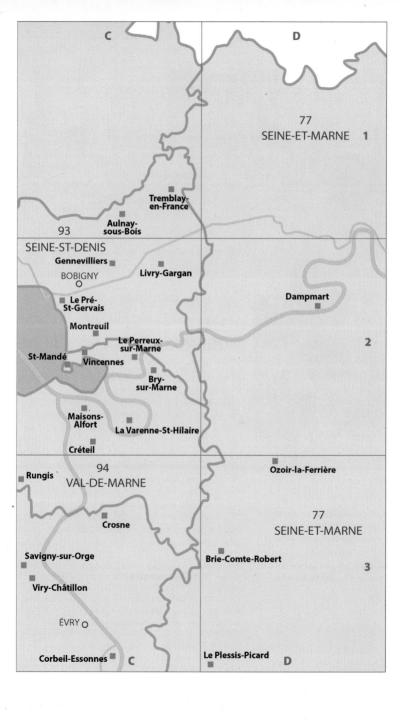

C

D

77
SEINE-ET-MARNE **1**

Tremblay-
en-France

93
SEINE-ST-DENIS

Aulnay-
sous-Bois

Gennevilliers

BOBIGNY

Livry-Gargan

Dampmart

Le Pré-
St-Gervais

Montreuil

Le Perreux-
sur-Marne

2

St-Mandé

Vincennes

Bry-
sur-Marne

Maisons-
Alfort

La Varenne-St-Hilaire

Créteil

Ozoir-la-Ferrière

Rungis

94
VAL-DE-MARNE

Crosne

77
SEINE-ET-MARNE

Savigny-sur-Orge

Brie-Comte-Robert

3

Viry-Châtillon

ÉVRY

Corbeil-Essonnes

C

Le Plessis-Picard

D

Formule 32 € – Menu 44/76 €

PLAN : C1

AULNAY-SOUS-BOIS

212 av. de Nonneville ⊠ 93600
TEL. 01 48 66 62 11
www.auberge-des-saints-peres.fr

Fermé 3 semaines en août, lundi
midi, mercredi soir, samedi midi et
dimanche

A|C

❀
Cuisine créative • Élégant

AUBERGE DES SAINTS PÈRES

Il faut reconnaître au chef de cette Auberge des Saints Pères un incontestable mérite : celui de la régularité ! Il continue, année après année, à proposer une cuisine créative et sophistiquée, à grand renfort de techniques complexes et de mariages de saveurs inattendus... sans oublier un usage astucieux des herbes et des épices. Huîtres sur une brunoise de fruits acidulés, crème froide de cocos de Paimpol ; échine de marcassin saupoudrée de genièvre, céleri et soupe à l'oignon... L'originalité de cette cuisine, associée à une maîtrise des fondamentaux (cuissons, assaisonnements) explique sans doute la bonne cote locale de l'établissement dans les environs. L'épouse du chef assure efficacement l'accueil et le service ; le décor, dans des teintes chocolat assez épurées, se révèle plaisant.

■ **Entrées :** Sublimés à l'huile d'Egidio, une multitude de légumes croquants finement taillés sur un céviche de suprême de volaille.. • Croustillant, un millefeuille Melon, Foie Gras, parmesan, Jambon de pays...

■ **Plats :** Un Merlu avec dessous une tombée d'endive, dessus une chapelure spéculos citron et autour un velouté boule d'or vanille.. • Un cochon Ibérique gratiné d'une panade aux couteux et amande...

■ **Desserts :** Un éclair très très gourmand avec une mousseline, un caramel 1/2 sel et des Fraises.. • Cassante, crémeuse, crue et glacée l'orange un peu chamboulée...

Cuisine moderne • Élégant

LE CAMÉLIA

Les plus anciens (ou les hommes de goût) s'en souviennent : le Camélia était l'ancien restaurant de l'illustre cuisinier Jean Delaveyne, pionnier de la nouvelle cuisine et mentor (entre autres) de Michel Guérard, Joël Robuchon, Jacques Chibois... En retrait de la Seine, cette auberge à l'avenante façade moderne a récemment été transformée dans l'esprit d'un bistrot chic et feutré, avec cuisines ouvertes sur la salle : une métamorphose réussie. On apprécie d'autant mieux l'œuvre du chef : des recettes inventives, suaves et délicates, réalisées au gré du marché. Ainsi cette tomate et truffe, explosant de saveurs, ou ce beau tronçon de filet de turbot, pour finir sur un clafoutis cerise, dessert de l'enfance. Le lieu est raffiné, la cuisine hume l'air du temps, le service est jeune et aimable. Une adresse définitivement sympathique, qui ne s'est pas laissée dévorer par sa prestigieuse histoire.

■ **Entrées :** Salade de homard aux fruits de saison • Salade de langoustines
■ **Plats :** Sole rôtie au jus d'herbes • Noix de ris de veau rôtie
■ **Desserts :** Soufflé au citron vert • Millefeuille aux fruits de saison

Formule 32 € – Menu 49/82 € – Carte 100/130 €

PLAN : B2

BOUGIVAL

7 quai Georges-Clemenceau
⊠ 78380
TEL. 01 39 18 36 06
www.lecamelia.com

Fermé 1 semaine vacances de printemps, 3 semaines en août, 1 semaine vacances de Noël, dimanche et lundi

Menu 64/77 € – Carte environ 65 €

PLAN : B1

MÉRY-SUR-OISE

**3 r. de l'Oise, La Bonneville
(1,5 km par D922, rte de Pontoise)**
✉ **95540**
TEL. 01 30 36 40 23
www.lechiquito.fr

**Fermé 13-25 août, dimanche et
lundi**

❀
Cuisine classique • Élégant

LE CHIQUITO

Quelle histoire, ce Chiquito ! Saviez-vous qu'il s'agit d'un ancien bar-tabac et épicerie de village, transformé en restaurant en 1969 ? Difficile de se figurer cette parenthèse passée tant le cadre de cette maison francilienne du 17e s., élégant et plein de cachet, l'enfilade de salles bourgeoises, l'accueil, des plus prévenants, évoquent immédiatement une certaine idée de l'élégance bourgeoise. Et que dire de la cuisine d'Alain Mihura, passé chez de grands chefs étoilés, sinon qu'elle honore le plus beau classicisme, par sa précision et la finesse de ses saveurs ? Ses spécialités font claquer les langues de plaisir : cuisses de grenouilles au jus de persil, ris de veau au beurre mousseux et Paris-brest... Quelque chose d'éternel au pays de la gourmandise. La belle carte des vins, avec plus de 250 références, conforte ce charmant tableau. Une demeure tout en délicatesse, vivement recommandable.

■ **Entrées :** Tête de Veau laquée, médaillons de crevettes sauvages et gribiche d'avocat • Cuisses de grenouilles croustillantes et escargots

■ **Plats :** Ris de veau braisé au beurre mousseux • Turbot rôti sur l'arrête

■ **Desserts :** Paris-Brest • Chocolat lacté praliné et crémeux tiramisu, glace chicoreé-café.

Cuisine créative • Élégant

LE COROT

Une salle bourgeoise intimiste et feutrée, parée de belles reproductions du peintre Corot – qui immortalisa les étangs voisins –, et dont la rotonde donne sur un splendide jardin... Tout, ici, est propice à un moment de douceur et de contemplation. On apprécie tout particulièrement la cuisine du jeune chef, excellent technicien, dont les assiettes frappent par leur fraîcheur, leur légèreté et leur esthétisme. De ces champignons, agastache et ballotine de pintade, à cette aiguillette de saint-pierre poêlée, chlorophylle de coriandre et artichauts, on passe un délicieux moment en compagnie de cette cuisine de grand caractère, raffinée et bien ancrée dans son époque.

■ **Entrées :** Foie gras rôti, anguille fumée, oxalis, blette et consommé de betterave • Tourteau, herbes potagères, courgettes et melon

■ **Plats :** Homard bleu, arroche, carotte, condiment échalion et prune • Aiguillette de saint-pierre, chlorophylle de coriandre, artichaut et sauce aux supions

■ **Desserts :** Tarte soufflée, tagète et gousse de vanille • Pêche, lavande et yaourt fermier

Menu 48 € (déjeuner en semaine), 95/130 € – Carte 105/140 €

PLAN : B2

VILLE-D'AVRAY

Hôtel Les Étangs de Corot
55 r. de Versailles ✉ **92410**
TEL. 01 41 15 37 00 (réservation conseillée)
www.etangs-corot.com

Fermé 3 semaines en août, 2-18 janvier, dimanche soir, mercredi midi, lundi et mardi

A/C

Menu 42 € (déjeuner en semaine),
61/81 €

PLAN : B2

MEUDON

8 r. Vélizy ✉ 92190
TEL. 01 45 34 12 03
www.lescarbille.fr

Fermé 3 semaines en août,
24 décembre-2 janvier, dimanche
et lundi

Cuisine moderne • Bourgeois

L'ESCARBILLE

Contre les voies de chemin de fer, cette maison bourgeoise (ancien buffet de la gare) est devenu un restaurant gourmet, à l'atmosphère chic et contemporaine, décoré de photos et tableaux. On déguste ici les recettes d'un chef expérimenté (également patron de l'Angélique, à Versailles), secondé par une équipe de confiance. En cuisine, le produit a le beau rôle, préparé et assaisonné avec justesse ; on accompagne ces douceurs de vins de petits producteurs sélectionnés avec minutie (et présentés sur i-pad). À noter que l'on peut également prendre son repas sur la terrasse, et profiter d'un service de voiturier. Une attachante Escarbille.

■ **Entrées :** Pointes d'asperges vertes et girolles au parfum de réglisse. • Escargots panés à l'ail, salpicons de panais et sauce « vert prés ».

■ **Plats :** Turbot, endives caramélisées, émulsion à la citronnelle. • Pigeon rôti, choux raves déguisés, jus lié au foie gras.

■ **Desserts :** Soufflé Grand Marnier, sorbet orange mandarine. • Blanc-Manger aux mirabelles et romarin.

Cuisine créative • Élégant

GORDON RAMSAY
AU TRIANON

Inauguré en 1910 à la lisière du parc du château, l'hôtel Trianon Palace impose sa silhouette autoritaire aux promeneurs qui s'en approchent. Un lieu tout indiqué pour accueillir le travail – et le caractère bien trempé ! – de Gordon Ramsay, déjà triplement étoilé à Londres.

Le chef écossais supervise la mise à jour régulière de la carte – mise en œuvre au quotidien par le chef Frédéric Larquemin –, qui célèbre de beaux produits et joue principalement sur la simplicité et la pertinence des recettes. Une créativité bien maîtrisée, de jolies saveurs... on passe un très agréable moment en ces lieux, d'autant que le cadre n'est pas en reste : une élégante et lumineuse salle à manger baroque, dont les baies vitrées donnent directement sur le parc...

■ **Entrées :** Tarte d'écrevisses à pattes rouges, girolles, haricots verts et truffe d'été • Raviole de langoustine et de homard, sauce à l'oseille

■ **Plats :** Canette de Challans aux épices, figue marinée au vieux porto et betterave • Homard, blanc et vert de blette, olives taggiasche et citron de pays

■ **Desserts :** Millefeuille croquant aux deux vanilles • Bonbon caramélisé à la noisette du Piémont

Menu 148/199 € – Carte 145/170 €

PLAN : A2

VERSAILLES

Hôtel Trianon Palace
1 bd de la Reine ✉ 78000
TEL. 01 30 84 50 18
www.trianonpalace.com

Fermé 29 juillet-27 août,
1er-21 janvier, dimanche, lundi et
le midi

ॐ

Cuisine moderne • Contemporain

JEAN CHAUVEL

Menu 76/98 € – Menu unique

PLAN : B2

BOULOGNE-BILLANCOURT

33 av. Général-Leclerc ✉ **92100**
TEL. 01 55 60 79 95
www.jeanchauvel.fr
◍ **Billancourt**

Fermé 3 semaines en août,
vacances de Noël, samedi midi,
dimanche et lundi

  ♿ 🅰🅲 ⛶ 🏵

Jean Chauvel a longtemps officié aux Magnolias, à Perreux, avant d'installer ces fourneaux sur ce grand boulevard de Boulogne-Billancourt. Il faut traverser sa première adresse, le 3B, pour découvrir au fond cet espace élégant et épuré (bois et cuir, beige et blanc), dédié à ses créations gastronomiques. Force est de constater qu'il n'a pas perdu la main, loin de là. Il surprend et régale au fil de menus surprise bien menés, pleins de créativité et de technique, avec un travail poussé sur le végétal ; l'harmonie est au rendez-vous, et notre plaisir aussi. Voilà qui ne risque pas de désespérer Billancourt... bien au contraire !

■ Cuisine du marché

Cuisine créative • Contemporain

MASA

Ne soyez pas surpris en vous asseyant : ici, il n'y a pas de carte, et les menus n'indiquent pas les plats... Mais si on vous laisse dans l'expectative, c'est pour mieux vous séduire ensuite ! Avec de très beaux produits et au gré des arrivages quotidiens, le chef réalise une cuisine ludique et inspirée, n'hésitant pas à jouer la carte de la surprise au détour d'une recette. Les préparations sont légères et bien équilibrées ; on les accompagne d'une jolie sélection de vins au verre. Un mot enfin sur le décor contemporain, repensé dans des tons noir et blanc, et sur l'agréable terrasse arborée, à l'arrière, au calme.

Formule 42 € – Menu 49 € (déjeuner), 80/125 €

PLAN : B2

BOULOGNE-BILLANCOURT

112 av. Victor-Hugo ⊠ **92100**
TEL. 01 48 25 49 20
www.masa-paris.fr
 Marcel Sembat

Fermé 3 semaines en août, 25 décembre-1ᵉʳ janvier, samedi et dimanche

- **Entrées :** Couteau jumbo, chorizo, riz vénéré et kumquat • Phô de homard
- **Plats :** Pigeonneau, langoustine, betterave et mûre • Filet de merlan de ligne en habit vert
- **Desserts :** Chocolat et poivron rouge • Concombre aloé vera caviar

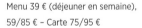

Menu 39 € (déjeuner en semaine),
59/85 € – Carte 75/95 €

PLAN : D2

DAMPMART

7 r. de l'Abreuvoir ✉ 77400
TEL. 01 64 44 44 80
www.hotel-restaurant-
lequincangrogne.fr

Fermé 31 juillet-25 août,
1ᵉʳ-11 janvier, dimanche soir, lundi
et mardi

Cuisine moderne • Convivial

LE QUINCANGROGNE

En bord de Marne, cette ancienne maison de retraite a été transformée en un hôtel-restaurant accueillant. En cuisine, on trouve Franck Charpentier, chef au parcours solide – plusieurs tables étoilées au sein d'hôtels de luxe, notamment. En bon amoureux des goûts authentiques, il régale sa clientèle avec une carte simple, axée sur des produits régionaux de grande qualité. Finesse et précision des agencements de saveurs, visuels précis et bien travaillés : on se régale d'un bout à l'autre du repas. En saison, on profite même de la belle terrasse avec sa vue sur la rivière toute proche… Une étape de choix.

■ **Entrées :** Œuf fermier de Dampmart, cresson de fontaine et shitakés de Villeneuve-sur-Bellot • Escargots de Pamfou et champignons

■ **Plats :** Cochon de Dagny, chorizo Ibérique, piment doux et jus d'une olive pressée • Sandre doré au beurre mousseux, andouille de Guéméné

■ **Desserts :** Saint Honoré au chocolat kayambé et curry du jardin, sorbet cacao • Pomme belle de Boskoop rôtie en tarte fine croustillante

Cuisine moderne • Auberge

LA TABLE DES BLOT - AUBERGE DU CHÂTEAU

Cette belle et élégante auberge du 17e s. a conservé sa salle opulente, ses poutres rustiques et sa cheminée, et en dépit des touches modernes, on reconnaît ici la douce langueur bourgeoise, synonyme de bien-être des appétits. A l'aise dans cet univers qui donne des gages au temps qui passe, le talent du chef et les saisons rythment la créativité des recettes. Prenons l'excellente tranche de terrine de lapin, travaillée à l'ancienne, ou le beau et épais filet de turbot : nous sommes en présence d'un homme qui aime son métier. Et le dessert, variation en trois préparations autour du chocolat, confirme l'intuition. Le service, très professionnel, valorise cette partition maîtrisée, exécutée par un chef exigeant et passionné. C'est coloré, parfumé, plein de saveurs. L'accueil chaleureux invite à prolonger l'étape - on peut en effet réserver une jolie chambre façon maison de campagne.

■ **Entrées :** Tartelette fine, escargots, fondue de tomate, persil frit • Cuisses de grenouilles sautées, citron caviar et croûtons

■ **Plats :** Homard poêlé, complètement décortiqué, fumé à la livèche • Filet de biche rôti, sauce poivrade

■ **Desserts :** Soufflé au chocolat, l'autre mi-cuit, le dernier glacé, Paris-Brest et sorbet orange-noix

Menu 50/80 € – Carte 65/105 €

PLAN : A3

DAMPIERRE-EN-YVELINES

1 Grande-Rue ✉ **78720**
TEL. 01 30 47 56 56
www.latabledesblot.com

Fermé février, août, décembre, dimanche soir, lundi et mardi

  ♿ AC ⬚

Cuisine moderne • Contemporain

LA TABLE DU 11

Difficile de réprimer son enthousiasme en évoquant le travail de Jean-Baptiste Lavergne-Morazzani, le jeune chef de cette Table du 11. Après l'obtention de l'étoile en 2016, il a redoublé d'efforts, avec le soutien d'une équipe soudée et efficace, pour convertir toujours plus de gourmands dans cette ville où les bonnes tables ne manquent pas. Son credo : le naturel, à tous points de vue. Une carte courte et sans fioritures, un menu unique qui évolue tous les quinze jours, une attention particulière aux saisons... et, dans l'assiette, une sélection de produits vraiment nature : bio en général, issus de la pêche et de l'élevage durables, etc. Et, pour ne rien gâcher, le restaurant a pris ses quartiers dans l'intemporelle Cour des Senteurs, tout près du Château : voilà qui ajoute à l'exclusivité du moment...

Menu 44 € (déjeuner), 65/85 €

PLAN : A2

VERSAILLES

**8 r. de la Chancellerie (dans la Cour des Senteurs) ⊠ 78000
TEL. 09 83 34 76 00 (réservation conseillée)
www.latabledu11.com**

Fermé 2 semaines en février, août, dimanche et lundi

■ **Entrées :** Thon, dashi et chou-rave • Tomate, quinoa et brocoli
■ **Plats :** Homard, carotte et réglisse • Lieu jaune ikejime
■ **Desserts :** Sésame noir et lait ribot • Pêche, tagette et baies roses

Cuisine moderne • Intime

LE VILLAGE

Ces diables de chefs japonais sont partout... et c'est tant mieux ! Prenez cette jolie auberge, sise dans une ruelle pittoresque du vieux Marly. Quoi de plus français que l'avenante façade aux tons bleu canard, puis, passé la porte, la plaisante petite salle intimiste aux tons rouge carmin, décorée de tableaux et de photos de plats ? Pourtant, en cuisine, on parle japonais. Le chef signe des préparations très maîtrisées, riches de jolis accords, de textures et de saveurs ; pareil à Jésus, il se plaît même à multiplier les petits pains – là-dessus, nous vous laissons la surprise. À Marly, la France inspire l'Asie, à moins que ce ne soit le contraire... Laissez votre palais décider.

■ **Entrées :** Goï cuôn de homard breton et foie gras en terrine • Poulet, houmous, lait de coco et neige de parmesan
■ **Plats :** Pigeonneau d'Anjou en croûte de gros sel de Guérande • Faux-filet de bœuf de Kobé au wasabi
■ **Desserts :** Soufflé chaud yuzu et sorbet yaourt • Gâteau au chocolat surprise et glace caramel gingembre

Formule 40 € – Menu 50/100 € – Carte 140/245 €

PLAN : A2

MARLY-LE-ROI

3 Grande-Rue ✉ **78160**
TEL. 01 39 16 28 14 (réservation conseillée)
www.restaurant-levillage.fr

Fermé 2 semaines en août, 1 semaine en janvier, samedi midi, dimanche soir et lundi

A/C

‖○

Cuisine nord-africaine · Exotique

LA TOUR DE MARRAKECH

Un Paris-Marrakech par voie express ! Décor délicieusement mauresque, plats du pays joliment mitonnés – notamment la pastilla de pigeon et amandes, une valeur sûre de la maison –, desserts faits maison... avec, pour ne rien gâcher, un accueil et un service très prévenants.

Formule 22 € – Menu 34 € ♈ – Carte 30/50 €

PLAN : B3
ANTONY

72 av. Division-Leclerc ✉ 92160
TEL. 01 46 66 00 54
www.latourdemarrakech.com
Fermé août et lundi

[A/C]

‖○

Cuisine traditionnelle · Bistro

AUBERGE RAVOUX

Non loin du cimetière où il repose, l'âme de Van Gogh plane encore sur «sa» dernière auberge. Les bons produits du Vexin sont ici travaillés par un chef d'expérience, dans la droite ligne de la tradition : terrine de canard aux pistaches, filets de hareng et saumon mariné à l'ancienne, tarte Tatin...

Formule 29 € – Menu 34/39 € – Carte 52/63 €

PLAN : B1

AUVERS-SUR-OISE

52 r. du Gén.-de-Gaulle (face à la mairie)
✉ 95430
TEL. 01 30 36 60 60
www.maisondevangogh.fr
Ouvert début mars à fin novembre et fermé dimanche soir, mercredi soir, jeudi soir, lundi et mardi

Cuisine traditionnelle · Bistro

LE CHEFSON

Le Chefson ? Tout le quartier en parle ! Si vous ne connaissez pas, imaginez une cuisine traditionnelle simple et généreuse, une atmosphère bistrotière (ou plus cossue dans la deuxième salle), sans oublier de jolies suggestions du marché à l'ardoise. Plutôt rare dans une banlieue résidentielle très paisible.

Formule 24 € – Menu 30/40 €

PLAN : B2
BOIS-COLOMBES

17 r. Ch.-Chefson ✉ 92270
TEL. 01 42 42 12 05 (réservation conseillée)
Fermé 1 semaine vacances de février, août, lundi soir, samedi et dimanche

&

‖○

Cuisine libanaise · De quartier

CHEZ MADELEINE

En toute convivialité – on est accueilli ici comme si l'on faisait partie de la famille –, Madeleine régale ses clients d'une cuisine libanaise gorgée de soleil : mezzes chauds et froids, brochettes de viande marinées et grillées, mouhalabieh en dessert, etc. Des préparations goûteuses et pleines de fraîcheur : un régal !

Formule 18 € – Menu 40 € – Carte environ 36 €

PLAN : B2
BOULOGNE-BILLANCOURT

39 r. de Paris ✉ 92100
TEL. 01 46 89 46 57
Ⓜ Boulogne Jean Jaurès
Fermé août, lundi soir et dimanche

&

🍴○

Cuisine moderne • Bistro

LA MACHINE À COUDES

La jeune propriétaire, Marlène Alexandre-Buisson, a imaginé ce petit bistrot attachant, avec son décor de briques apparentes, ses vieilles étagères et ses... machines à coudre en guise de tables ! Elle s'est adjoint les services d'un chef talentueux, qui joue la partition néo-bistrot avec finesse et efficacité : on se régale.

Menu 35 € (déjeuner), 41/70 € 🍷

PLAN : B2

BOULOGNE-BILLANCOURT

35 r. Nationale ✉ 92100
TEL. 01 47 79 05 06
www.lamachineacoudes.fr
Ⓜ Billancourt
Fermé 1 semaine en août, 1 semaine en décembre, samedi midi, dimanche et lundi

---

🍴○

Cuisine moderne • Bistro

MON BISTROT

Cabillaud à la plancha, parmesan et purée de panais ; œufs brouillés au jambon Bellota... Un néobistrot convivial et plutôt cosy pour une cuisine bistrotière d'aujourd'hui, fraîche et bien ficelée.

Formule 29 € – Carte 37/57 €

PLAN : B2

BOULOGNE-BILLANCOURT

33 r. Marcel-Dassault ✉ 92100
TEL. 01 47 61 90 10
www.mon-bistrot.fr
Ⓜ Porte de St-Cloud
Fermé 1 semaine en février, août, samedi, dimanche et fériés

A/C ⇔

🍴○

Cuisine moderne • Convivial

LA PLANTXA

Avec Juan Arbelaez, recherche, saveurs et originalité règnent en maîtres dans les cuisines de la Plantxa. En toute décontraction, «comme à la maison», on se régale de ses assiettes percutantes et soignées. Vivifiant et bienvenu !

Carte 38/55 €

PLAN : B2

BOULOGNE-BILLANCOURT

58 r. Gallieni ✉ 92100
TEL. 01 46 20 50 93 (réservation conseillée)
www.plantxa.com
Ⓜ Porte de St-Cloud
Fermé 2 semaines en août, dimanche et lundi

🍴○

Cuisine moderne • Contemporain

LA TABLE DE CYBÈLE

À la tête de ce néobistrot œuvre un couple franco-américain, et c'est Cybèle, née à San Francisco, qui officie en cuisine, signant des recettes originales, axées sur de beaux produits, à l'instar de cette fricassée d'escargots, champignons shiitake et canard fumé maison... La Table de Cybèle est si jolie...

Formule 29 € – Menu 34 € (déjeuner) – Carte 43/52 € dîner

PLAN : B2

BOULOGNE-BILLANCOURT

38 r. de Meudon ✉ 92100
TEL. 01 46 21 75 90
www.latabledecybele.com
Ⓜ Billancourt
Fermé dimanche et lundi

♿ 🍸

🍴○
Cuisine moderne • Contemporain

LE 3B BRASSERIE

Salle lumineuse pour cette brasserie signée Jean Chauvel, aménagée par le chef d'origine bretonne en parallèle de son restaurant gastronomique. La carte met en valeur de beaux produits : tarte de tomates aux olives, volaille fermière rôtie au thym...

Formule 26 € – Menu 34 € (déjeuner) –
Carte 43/54 €

PLAN : B2

BOULOGNE-BILLANCOURT
Restaurant Jean Chauvel
33 av. Général-Leclerc ✉ 92100
TEL. 01 55 60 79 95
www.jeanchauvel.fr
Ⓜ Billancourt
Fermé 3 semaines en août, samedi midi, dimanche et lundi

  🚻 AIC 🕸

🍴○
Cuisine moderne • Design

LA FABRIQUE

Ce loft d'esprit industriel est bien caché au bout d'une petite allée, et il fait bon s'y régaler dans une atmosphère jeune et décontractée... Une adresse d'aujourd'hui, qui décline une cuisine moderne et volontiers créative, avec quelques fulgurances !

Formule 28 € – Menu 35 € (déjeuner) – Carte 50/65 €

PLAN : D3

BRIE-COMTE-ROBERT
1 bis r. du Coq-Gaulois ✉ 77170
TEL. 01 60 02 10 10
www.restaurantlafabrique.fr
Fermé 1 semaine en mars, août, 24 décembre-2 janvier, mardi soir, mercredi soir, samedi midi, dimanche et lundi

  🚻 **P**

🍴○
Cuisine moderne • Auberge

AUBERGE DU PONT DE BRY - LA GRAPPILLE

Aux commandes de cette auberge, un chef de métier qui fait preuve de savoir-faire et sélectionne des ingrédients de qualité pour rehausser les saveurs des recettes – même les plus traditionnelles : foie gras mariné, kouign amann, cassoulet de homard à l'andouille de Guémené...

Formule 25 € – Menu 35 € (semaine)/65 € – Carte 50/68 €

PLAN : C2

BRY-SUR-MARNE
3 av. du Gén.-Leclerc ✉ 94360
TEL. 01 48 82 27 70
www.lagrappille.fr
Fermé 16-31 août, lundi et mardi

AIC

🍴○
Cuisine traditionnelle • Romantique

ABBAYE DES VAUX DE CERNAY

Dans le magnifique cadre de cette abbaye cistercienne, les salles à manger s'ornent de belles voûtes et ogives : un écrin de choix pour la belle cuisine de tradition préparée par le chef. Tourteau à la gelée de mangue et dentelle de sarrasin, bar sauvage à l'ail des ours et risotto aux coquillages... Réjouissant.

Formule 32 € – Menu 55/85 € – Carte 80/92 €

PLAN : A3

CERNAY-LA-VILLE
rte d'Auffargis (*2,5 km à l'Ouest par D24*)
✉ 78720
TEL. 01 34 85 23 00
www.abbayedecernay.com

  ⬅ 🛖 🚪 **P**

Cuisine moderne • Élégant

LA BELLE ÉPOQUE

L'enseigne ne ment pas : derrière une devanture digne d'une auberge d'autrefois, on découvre un décor d'une sobre élégance, au noir et blanc très «début de siècle», assorti d'une jolie terrasse dominant la vallée de Chevreuse. Mais le chef signe une cuisine dans le goût de... notre époque.

Formule 35 € – Menu 40 € (semaine)/75 € – Carte 68/81 €

PLAN : A3
CHÂTEAUFORT
10 pl. de la Mairie ✉ **78117**
TEL. 01 39 56 95 48
www.labelleepoque78.fr
Fermé 1ᵉʳ-20 août, dimanche et lundi

Cuisine traditionnelle • Bistro

BARBEZINGUE

Drôle de nom pour un étonnant concept : le Barbezingue fait restaurant, table d'hôte (buffet à l'étage) et... barbier le vendredi matin ! On y déguste une généreuse cuisine canaille, avec, en prime, une terrasse pour l'apéritif et un terrain de pétanque. Plus qu'un concept, un lieu de vie plein de gourmandise.

Menu 25/42 € – Carte environ 35 €

PLAN : B2
CHÂTILLON
14 bd de la Liberté ✉ **92320**
TEL. 01 49 85 83 50
www.barbezingue.com
Fermé 3 semaines en août, dimanche soir et lundi

A/C

Cuisine moderne • Traditionnel

LE CLOS DE CHEVREUSE

Le chef, dont le parcours est évocateur (il a passé sept ans au Bristol, entre autres), compose ici des préparations équilibrées et soignées, autant d'un point de vue des saveurs que sur le plan esthétique. L'été, on court s'installer sur la coquette terrasse fleurie, au calme de la cour.

Formule 20 € – Menu 45 € – Carte 56/66 €

PLAN : A3

CHEVREUSE

33 r. de Rambouillet ✉ **78460**
TEL. 01 30 52 17 41
www.leclosdechevreuse.net
Fermé 9-30 août, dimanche soir, mardi soir et mercredi

🍴◯

Cuisine traditionnelle •
Classique

LA BARRIÈRE DE CLICHY

Aux portes de Paris, en face du nouveau Palais de justice, cette table au passé prestigieux (elle a vu passer quelques grands noms, comme Guy Savoy ou Bernard Loiseau) continue de célébrer le beau classicisme : escargots dans une infusion légèrement aillée, filet de bar rôti sur sabayon au champagne et purée de courgettes... La tradition a du bon.

Formule 29 € – Menu 38 € (déjeuner), 50/65 € – Carte 45/85 €

PLAN : B2

CLICHY

1 r. de Paris ✉ **92110**
TEL. 01 47 37 05 18
www.labarrieredeclichy.com
Ⓜ **Mairie de Clichy**
Fermé août, samedi, dimanche et fériés

 🔧

🍴◯

Cuisine traditionnelle •
Brasserie

BISTRO DE PARIS

Sur la rue principale, proche de l'impressionnante église de Jean Hébrard en béton armé, cette ancienne brasserie (1907) avec comptoir en zinc, miroirs, moulures et lustre à boule propose une cuisine traditionnelle sous forme d'un menu-carte et de quelques incontournables, à l'image du suprême de volaille jaune forestière, pommes grenaille et jus au citron confit.

Menu 30 € – Carte 30/50 €

PLAN : B2

COLOMBES

3 pl. du Général Leclerc ✉ **92700**
TEL. 01 47 84 22 48
www.bistrodeparis.fr
Fermé dimanche et lundi

♿ 🔧 🥢

🍴◯

Cuisine moderne • Cosy

AUX ARMES DE FRANCE

Il souffle comme un vent de fraîcheur sur cet ancien relais de poste tenu par un jeune chef passé par plusieurs maisons étoilées. Au menu : des recettes généreuses en saveurs, à l'image de ces macaronis farcis au foie gras et céleri-rave, gratinés au parmesan. Ambiance feutrée, accueil charmant.

Formule 38 € – Menu 51/73 €

PLAN : C3

CORBEIL-ESSONNES

1 bd Jean-Jaurès ✉ **91100**
TEL. 01 60 89 27 10
www.aux-armes-de-france.fr
Fermé 1er-15 août, dimanche et lundi

♿ 🔧

⛹○

Cuisine créative • Contemporain

LE BISTROT PIERRE LAMBERT

En face du parc de Bécon, l'ex-Trois Marmites a été repris par un ancien apprenti de la maison, Pierre Lambert. Une salle au cadre contemporain sert d'écrin à une cuisine créative, présentée sous forme d'un menu surprise qui change chaque semaine.

Formule 34 € – Menu 42/58 €

PLAN : B2

COURBEVOIE

215 bd St-Denis (en face du parc de Bécon)
✉ **92400**
TEL. 01 43 33 25 35 – www.pierrelambert.fr
Fermé 1 semaine en février, 3 semaines en août, 24-31 décembre, dimanche et lundi

A/C

⛹○

Cuisine créative • Élégant

LES METS DE MO

Des plats créatifs et instinctifs, aux influences multiples, dans lesquelles les épices sont utilisés à bon escient ; de bons produits frais issus des circuits courts... Pas besoin d'avoir fait de grandes études pour comprendre comment cette table a gagné les cœurs (et les ventres) des Cristoliens. Irrésistible !

Formule 29 € – Menu 32 € (déjeuner), 46/79 € – Carte 55/72 €

PLAN : C2

CRÉTEIL

29 av. Pierre-Brossolette ✉ **94000**
TEL. 01 48 98 49 52
www.lesmetsdemo.com
Fermé 3 semaines août, dimanche et lundi

♿ A/C **P**

⛹○

Cuisine moderne • Bistro

LA MAISON DU PRESSOIR

Des recettes pétillantes, qui ne manquent ni de fraîcheur ni de saveurs : on a eu bien raison de pousser la porte de cette Maison du Pressoir, dont la fondation date de la fin du 19e s. Le décor, dans un style de bistrot chic, n'est pas sans charme ; on peut aussi profiter d'une plaisante terrasse au calme.

Formule 19 € – Menu 25 € (déjeuner en semaine), 35/49 € – Carte 39/53 €

PLAN : C3

CROSNE

34 av. Jean-Jaurès ✉ **91560**
TEL. 01 69 06 49 83
www.lamaisondupressoir.fr
Fermé 17-27 février, 29 juillet-21 août, dimanche soir, lundi et mardi

🕳 ⛺

⛹○

Cuisine moderne • Intime

VERRE CHEZ MOI

Une belle surprise que cette discrète maison de ville, tenue par un jeune sommelier passionné : à l'unisson de ses vins «coup de cœur» – surtout de petits propriétaires –, on déguste une cuisine très appétissante, fine et parfumée. L'été venu, profitez de la jolie cour sur l'arrière. Arrêt recommandé Verre Chez Moi !

Formule 32 € – Menu 36 € (déjeuner) – Carte 40/67 €

PLAN : B1

DEUIL-LA-BARRE

75 av. de la Division-Leclerc ✉ **95170**
TEL. 01 39 64 04 34
www.restaurant-verrechezmoi.com
Fermé vacances de février, 1 semaine début mai, 3 semaines en août, lundi soir, samedi midi et dimanche

🕳 ⚅ **P**

‖○
Cuisine moderne • Convivial

AU FULCOSA

Au Moyen Âge, Fourqueux portait le nom de Fulcosa, «fougère» en latin, car la plante tapissait les forêts alentour... Les jeunes propriétaires ont le sens de l'histoire ! Dans un décor chaleureux – mobilier en bois, tableaux en exposition –, ils nous régalent d'une bonne cuisine de saison, entre tradition et innovation.

Formule 20 € – Menu 39 € – Carte 34/42 €

PLAN : A2

FOURQUEUX

2 r. du Mal.-Foch ✉ 78112
TEL. 01 39 21 17 13
www.aufulcosa.fr
Fermé 1 semaine en février, 1 semaine en juillet, 3 semaines en août, dimanche et lundi

‖○
Cuisine classique • Bistro

L'AMBASSADE DES TERROIRS

La philosophie de la maison ? Des produits labellisés rigoureusement sélectionnés, du circuit court, du bio ! Avec tout cela, les deux associés proposent une bonne cuisine du terroir, savoureuse et cuisinée avec application. La bonne adresse des environs.

Formule 20 € – Menu 32/34 € – Carte 39/70 €

PLAN : B1

GENNEVILLIERS

45 r. Pierre-Timbaud ✉ 92230
TEL. 01 47 98 39 26
www.ambassadedesterroirs.com
Fermé 3 semaines en août, samedi midi, lundi soir et dimanche

---

☺
Cuisine moderne • Bistro

LE SAINT JOSEPH

Dans ce bistrot de quartier, mijote une goûteuse cuisine au goût du jour, déclinée sous forme d'un menu-carte, imaginé par le chef Benoît Bordier, au parcours exemplaire. On se régale dans une ambiance familiale, jusqu'à la petite carte des vins, mettant en avant des femmes vigneronnes. Un coup de cœur.

Formule 29 € – Menu 34 € – Carte 34/60 €

PLAN : B2

LA GARENNE-COLOMBES

100 bd de la République ✉ 92250
TEL. 01 42 42 64 49 (réservation conseillée)
www.lesaintjoseph-restaurant.fr
Fermé 3 semaines en août, 1 semaine vacances de Noël, dimanche et lundi

‖○
Cuisine moderne • Contemporain

LES SAVEURS SAUVAGES

Face à la petite gare RER de Gif-sur-Yvette, cette adresse entre bistrot et gastro nous accueille dans un bel intérieur contemporain. La cuisine, soignée et goûteuse, est traversée de quelques touches asiatiques – le chef est d'origine vietnamienne. Vous y retournerez avec plaisir : le menu change tous les jours !

Menu 31/45 € – Carte 42/48 €

PLAN : B3

GIF-SUR-YVETTE

4 r. Croix-Grignon (face à la gare RER) ✉ 91190
TEL. 01 69 07 01 16
www.lessaveurssauvages.fr
Fermé 1 semaine en avril, 3 semaines en août, vacances de Noël, dimanche et lundi

¶O
Cuisine traditionnelle • Auberge

LES VIGNES ROUGES

La tradition est de mise dans cette maison surannée, au cœur de ce village proche d'Auvers-sur-Oise (l'enseigne fait d'ailleurs référence à une œuvre de Van Gogh). De bonnes saveurs au menu : foie gras poêlé, andouillette braisée au chablis...

Menu 38 € – Carte 45/70 €

PLAN : B1

HÉROUVILLE

✉ 95300
TEL. 01 34 66 54 73
www.vignesrouges.fr
**Fermé 1er-10 mai, 3 semaines en août,
2-15 janvier, dimanche soir, lundi et mardi**

A/C

¶O
Cuisine moderne • Contemporain

LA PASSERELLE

Des produits rigoureusement sélectionnés, une cuisine fine et colorée où la Méditerranée fait de fréquentes incursions, le tout réalisé par un jeune chef talentueux et motivé... On emprunte joyeusement cette Passerelle pour se rendre sur les terres de la gourmandise et des saveurs !

Formule 34 € – Menu 40 € (déjeuner en semaine), 60/95 € – Carte 63/88 €

PLAN : B2

ISSY-LES-MOULINEAUX

172 quai de Stalingrad ✉ 92130
TEL. 01 46 48 80 81
www.lapasserelle-issy.com
Fermé août, dimanche et lundi

🛖 ♿ A/C

¶O
Cuisine traditionnelle • Convivial

LE 7 À ISSY

Ici, on goûte une cuisine traditionnelle copieuse et bien ficelée. Habitués et hommes d'affaires ne boudent pas leur plaisir !

Formule 28 € – Menu 36/69 € 🍸 – Carte 45/62 €

PLAN : B2

ISSY-LES-MOULINEAUX

7 rond-point Victor-Hugo ✉ 92130
TEL. 01 46 45 22 12
www.7aissy.fr
Ⓜ Corentin-Celton
**Fermé 1er-25 août, 24-30 décembre, lundi soir,
samedi midi et dimanche**

A/C

¶O
Cuisine classique • Bistro

BONNE FRANQUETTE

Cette petite auberge, située face au château (17e s.) d'un joli village francilien, se distingue par une ambiance éminemment chaleureuse. La cuisine, savoureuse et renouvelée au fil des saisons, s'accompagne de délicieux vins à prix raisonnables. Ne manquez pas la spécialité maison : la cervelle de veau meunière aux câpres.

Formule 34 € – Menu 42 €

PLAN : B3

JANVRY

1 r. du Marchais ✉ 91640
TEL. 01 64 90 72 06
www.bonnefranquette.fr
**Fermé 1er-14 mai, 20 août-10 septembre,
23 décembre-9 janvier, samedi midi,
dimanche et lundi**

A/C 🍃

¶○
Cuisine japonaise • *Simple*

AUDA

Cette adresse de poche propose une cuisine japonaise en petits plats, façon tapas (beignet wakame, maki à l'oursin, porc tonkatsu) dans un cadre épuré, rehaussé de bières, sakés, whisky japonais et autres mangas. Un izakaya à Levallois !

Menu 38 € – Carte 25/40 €

PLAN : B2

LEVALLOIS-PERRET

51 r. Danton ✉ **92300**
TEL. 01 47 59 94 17
www.pierrelambert.fr
Ⓜ Anatole France
Fermé 1 semaine en février, 3 semaines en août, dimanche et lundi

¶○
Cuisine moderne • *Bistro*

LE BISTROT D'OSCAR

Ici, on joue la carte bistrot ! Ceviche au pamplemousse rose et coriandre ; wok de gambas sauvages ; nouilles sautées au piment d'Espelette... Les plats, généreux et bien ficelés, sont parfumés à souhait. Et pour ceux qui veulent profiter du grand air, direction la terrasse !

Formule 22 € – Menu 30 € (déjeuner) – Carte 34/52 €

PLAN : B2

LEVALLOIS-PERRET

1 pl. du Maréchal-de-Tassigny ✉ **92300**
TEL. 01 47 59 00 82
Ⓜ Louise Michel
Fermé 2 semaines en août, samedi, dimanche et fériés

🛖

¶○
Cuisine moderne • *Simple*

JE L'M Ⓝ

Julien Roucheteau propose ici une cuisine du marché bien ficelée – sardine marinée ; faux-filet de bœuf, écrasée de pommes de terre ; cheesecake, etc. À déguster en terrasse, l'été.

Formule 24 € – Menu 27 € (déjeuner)/30 € – Carte 43/52 €

PLAN : B2

LEVALLOIS-PERRET

4 pl. Henri-Barbusse ✉ **92300**
TEL. 01 47 57 49 00
web restaurant-jlm.fr
Ⓜ Louise Michel
Fermé 3 semaines en août, vacances de Noël, dimanche, lundi et fériés

🛖 ♿

¶○
Cuisine traditionnelle • *Classique*

LA PETITE MARMITE

Un auvent couvert de chaume, une salle tout en bois, des banquettes douillettes... et une cuisine traditionnelle bien mitonnée, réalisée par une équipe stable et fidèle. Cette Petite Marmite réchauffe les cœurs !

Menu 35 € – Carte 47/137 €

PLAN : C2

LIVRY-GARGAN

8 bd de la République ✉ **93190**
TEL. 01 43 81 29 15
www.lapetitemarmite-livrygargan.com
Fermé vacances de février, 8-31 août, dimanche soir et mercredi

🛖 A/C ⛧ 🍽

Cuisine moderne · Élégant

LA BOURGOGNE

La bonne table de Maisons-Alfort et au-delà. Ses atouts : un cadre très moderne, chaleureux et intime, et surtout de belles saveurs. La cuisine est ici une chose sérieuse, fondée sur les meilleurs produits et savoir-faire... sans craindre la nouveauté !

Menu 36/65 €

PLAN : C2

MAISONS-ALFORT

164 r. Jean-Jaurès ⊠ 94700
TEL. 01 43 75 12 75
www.restaurant-labourgogne.com
Fermé 6-26 août, 22 décembre-2 janvier, samedi midi et dimanche

AC

Cuisine moderne · Cosy

LA PLANCHA

Ambiance «voyage» dans ce restaurant à deux pas de la gare du RER A. La carte, assez originale, propose des recettes combinant avec succès les produits français, espagnols et japonais.

Formule 29 € – Menu 38/67 € – Carte 54/76 €

PLAN : B1

MAISONS-LAFFITTE

5 av. de St-Germain ⊠ 78600
TEL. 01 39 12 03 75
https://laplanchadekiko.eatbu.com/
Ⓜ Maisons-Laffitte
Fermé 16 juillet-22 août, dimanche soir, mardi et mercredi

AC

Cuisine classique · Élégant

LE TASTEVIN

En bordure de parc, cette maison bourgeoise élégamment décorée cultive un certain art de vivre à la française... et chante son amour des beaux produits ! Le chef, d'origine italienne, maîtrise bien son sujet ; il revisite les classiques en y apportant quelques touches méditerranéennes. Jolie carte des vins.

Formule 39 € – Menu 48 € (déjeuner en semaine), 98/102 € – Carte 84/106 €

PLAN : B1

MAISONS-LAFFITTE

9 av. Eglé ⊠ 78600
TEL. 01 39 62 11 67
www.letastevin-restaurant.fr
Fermé 2 semaines en août, dimanche soir et lundi

Cuisine créole · Romantique

LA CASE DE BABETTE

Babette de Rozières, fameuse chroniqueuse culinaire, a plus d'un tour dans son sac ! Au cœur du joli bourg de Maule, elle rend hommage à sa Guadeloupe natale avec une cuisine ensoleillée, débordante de saveurs. Le service est assuré avec attention et professionnalisme, et l'on mange au son d'une discrète musique des îles...

Formule 26 € – Menu 32 € (déjeuner en semaine) – Carte 43/65 €

PLAN : A2

MAULE

2 r. St-Vincent ⊠ 78580
TEL. 01 30 90 38 97
www.lacasedebabette.com
Fermé dimanche et lundi

¶O
Cuisine traditionnelle •
Contemporain

QUAI DE MEUDON

Cette ancienne gare, avec ses poutres métalliques et ses rivets, vous rappelle quelque chose ? Normal : elle a été bâtie par les équipes d'Eiffel pour l'exposition universelle de 1889... Les plats sont intéressants et bien réalisés ; la terrasse, au deuxième étage, offre une belle vue sur les îles de la Seine... Courez-y !

Formule 26 € – Carte 33/58 €

PLAN : B2

MEUDON

10 rte des Gardes ✉ **92190**
TEL. 01 40 95 24 60
www.quaidemeudon.com
Fermé 3 semaines en août et dimanche soir

¶O
Cuisine traditionnelle •
Auberge

AU CŒUR DE LA FORÊT

À l'issue d'un chemin cahotant, vous voilà bien au cœur de la forêt... Si le dépaysement est garanti, la cuisine suit sans détour la voie de la tradition : au menu, rien que des valeurs sûres, au gré du marché ! Cadre élégant et champêtre, comme il se doit, avec une jolie terrasse face aux frondaisons.

Menu 39/49 €

PLAN : B1

MONTMORENCY

av. du Repos-de-Diane (accès par chemin
forestier) ✉ **95160**
TEL. 01 39 64 99 19
www.aucoeurdelaforet.com
Fermé 15-25 février, août, jeudi soir,
dimanche soir et lundi

¶O
Cuisine traditionnelle • Bistro

L'AMOURETTE

Il se dit que les Parisiens n'aiment pas passer le périph'.. Et si les «banlieusards», de leur côté, avaient de bonnes raisons de snober la capitale ? C'est le cas à Montreuil avec cet amour de bistrot, animé et convivial, où l'on sert de belles assiettes de tradition : assiette de cochonnailles, tête de veau...

Formule 15 € – Menu 19 € (déjeuner) –
Carte 30/58 €

PLAN : C2

MONTREUIL

54 r. Robespierre ✉ **93100**
TEL. 01 48 59 99 94
www.lamourette.fr
Ⓜ **Robespierre**
Fermé 3 semaines en août, 24 décembre-
1ᵉʳ janvier, samedi, dimanche et fériés

¶O
Cuisine moderne • Design

VILLA9TROIS

Une jolie demeure ancienne, un décor bourgeois et design, une grande terrasse sous les arbres, une cuisine en prise sur les dernières tendances... Cette Villa du «9Trois» est un havre pour une clientèle, disons-le, dorée. Dress code : chic et décontracté.

Menu 39/48 € – Carte 50/70 €

PLAN : C2

MONTREUIL

28 r. Colbert ✉ **93100**
TEL. 01 48 58 17 37
www.villa9trois.com
Ⓜ **Mairie de Montreuil**
Fermé dimanche soir

🍴○
Cuisine traditionnelle •
Familial

À LA COUPOLE

Un lieu chic et sobre, d'esprit feutré (boiseries sombres, tons crème et chocolat), où l'on savoure une bonne cuisine traditionnelle. Parmi les spécialités de la maison : le foie gras et les abats, ris et rognons en tête !

Formule 31 € – Menu 40 €

PLAN : B2

NEUILLY-SUR-SEINE

3 r. de Chartres ⊠ 92200
TEL. 01 46 24 82 90
Ⓜ Porte Maillot
Fermé vacances de printemps, août, samedi, dimanche et fériés

🍴○
Cuisine traditionnelle • Bistro

LA BOUTARDE

Un vrai bistrot ! Service décontracté, boiseries, ardoise du jour suivant l'inspiration du chef, et belle cuisine traditionnelle dans l'assiette (terrine de campagne, filet de merlu rôti etc.). C'est bon, tout simplement.

Formule 30 € – Menu 36/52 €

PLAN : B2

NEUILLY-SUR-SEINE

4 r. Boutard ⊠ 92200
TEL. 01 47 45 34 55
www.laboutarde.com
Ⓜ Pont de Neuilly
Fermé 3 semaines en août, vacances de Noël, samedi et dimanche

🍴○
Poissons et fruits de mer •
Élégant

JARRASSE L'ÉCAILLER DE PARIS

Un restaurant au décor intimiste et original où les luminaires ont, par exemple, la forme d'oursins. Dans l'assiette, on se régale de produits de la mer en provenance directe des petits bateaux de pêche bretons. Fraîcheur garantie !

Menu 42/70 € – Carte 59/114 €

PLAN : B2

NEUILLY-SUR-SEINE

4 av. de Madrid ⊠ 92200
TEL. 01 46 24 07 56
www.jarrasse.com
Ⓜ Pont de Neuilly
Fermé 2 semaines en août, samedi et dimanche

🍴○
Cuisine moderne • Tendance

RIBOTE

Fringant, ce néo-bistrot où officie un duo de chef trentenaires ; ils composent une cuisine légère et parfumée, ancrée dans l'air du temps, dans un esprit «so bistronomie» : carpaccio de thon ; pressé d'agneau etc. Et vins (forcément) natures !

Formule 22 € – Carte 41/49 €

PLAN : B2

NEUILLY-SUR-SEINE

17 r. Paul-Chatrousse ⊠ 92200
TEL. 01 47 47 73 17
Ⓜ Pont de Neuilly
Fermé 3 semaines en août, 1 semaine à Noël, samedi et dimanche

¶○
Cuisine classique · Traditionnel

MOULIN D'ORGEVAL

La grande salle de restaurant donnant sur la pièce d'eau, le mobilier en rotin, les tentures... Tout ici a un petit côté rétro. Plusieurs menus sont proposés (cuisine du monde, de la mer, de saison ; beau chariot de desserts...) et l'on vient là comme à la campagne. Option «brasserie» au déjeuner.

Menu 74 € – Carte 42/66 €

PLAN : A2

ORGEVAL

200 r. de l'Abbaye (*1,5 km au Sud*) ⊠ 78630
TEL. 01 39 75 85 74
www.moulindorgeval.com
Fermé 23 décembre-2 janvier et dimanche soir

¶○
Cuisine classique · Élégant

LA GUEULARDIÈRE

En place depuis presque 30 ans, Alain Bureau est un vrai chef à l'ancienne, un authentique artisan, inconditionnel du «fait maison» : foie gras, saumon fumé, ou encore millefeuille caramélisé... Classique par ses racines, actuelle par son inspiration, sa cuisine séduit ! Cadre élégant et raffiné, superbe terrasse.

Menu 27/85 € – Carte 60/86 €

PLAN : D3

OZOIR-LA-FERRIÈRE

66 av. du Gén.-de-Gaulle ⊠ 77330
TEL. 01 60 02 94 56
www.la-gueulardiere.com
Fermé dimanche soir

¶○
Cuisine traditionnelle · Bistro

L'ARDOISE

Le credo du patron : «je ne fais que ce que je maîtrise bien.» Son baron d'agneau aux herbes, son parmentier de boudin basque ou encore son riz au lait lui donnent raison ! Son petit bistrot – avec le mobilier patiné et les murs couleur beurre frais qui vont bien – est épatant.

Formule 18 € – Carte 30/50 €

PLAN : C2

LE PERREUX-SUR-MARNE

22 bd de la Liberté ⊠ 94170
TEL. 01 43 24 18 31
Fermé août, dimanche, lundi et fériés

¶○
Cuisine créative · Élégant

LES MAGNOLIAS

Ces Magnolias se sont imposés en douceur auprès des gourmets du Perreux-sur-Marne. Le chef met un soin particulier dans la présentation de ses plats, goûteux et volontiers créatifs. Autour de lui, en cuisine et dans l'élégante salle, s'affaire une jeune équipe soucieuse de bien faire.

Formule 35 € – Menu 58/147 € ♟ – Carte environ 68 €

PLAN : C2

LE PERREUX-SUR-MARNE

48 av. de Bry ⊠ 94170
TEL. 01 48 72 47 43
www.lesmagnolias.com
Fermé 5-28 août, samedi midi, dimanche et lundi

〒◯

Cuisine classique • Auberge

LA MARE AU DIABLE

Amateurs de vieilles pierres, vous appré-
cierez cette demeure du 15e s. tapissée de
vigne vierge et de glycine, ses poutres, sa
grande cheminée, son parc bucolique.. Un
décor qui charma en son temps George
Sand ! Le classicisme est de mise dans l'assiette, mais aussi quelques spécialités italiennes, origines du chef obligent.

Menu 35 € 🍷 (déjeuner en semaine)/47 € –
Carte 62/92 €

PLAN : D3

LE PLESSIS-PICARD

✉ 77550
TEL. 01 64 10 20 90
www.lamareaudiable.fr
Fermé 3 semaines en août, dimanche soir et
lundi sauf fériés

🏠 🍴 🍽 🅿

〒◯

Cuisine moderne • Tendance

AUBERGE DU CHEVAL BLANC

L'Auberge du Cheval Blanc, c'est surtout la
personnalité de Laurence Ravail, chef truculente et passionnée, intarissable sur les
produits et les vignerons qu'elle adore (belle
sélection de vins). Ses assiettes ne mentent
pas : colorées et savoureuses, elles mêlent
recettes nouvelles et ingrédients bio.

Formule 32 € – Menu 43/60 € – Carte 50/83 €

PLAN : A1

PONTOISE

47 r. de Gisors ✉ 95000
TEL. 01 30 32 25 05
Fermé 28 juillet-21 août, samedi midi,
dimanche et lundi

🏠 🐾

〒◯

Cuisine moderne • Cosy

L'OR Q'IDÉE

Un jeune couple plein d'idées, une rue
calme, une décoration contemporaine, et
dans l'assiette, une cuisine au goût du jour,
fraîche et alléchante, qui fait la part belle aux
produits frais, travaillés avec soin, avec une
prédisposition pour les agrumes.

Menu 35 € (déjeuner)/69 € – Carte 51/65 €

PLAN : A1

PONTOISE

14 r. Marcel-Rousier ✉ 95000
TEL. 01 34 35 47 10
www.lorqidee.fr
Fermé 3 semaines en août , lundi soir, mardi
soir, mercredi soir, samedi midi et dimanche

🏠 ♿ 🐾

〒◯

Cuisine traditionnelle • Bistro

AU POUILLY REUILLY

Un bistrot dans son jus, pour une cuisine qui
ne l'est pas moins : ris de veau aux morilles,
rognons émincés sauce moutarde, boudin
noir grillé, côte de bœuf... Le respect de la
tradition, avec des produits de qualité.

Formule 25 € – Menu 32 € – Carte 35/80 €

PLAN : C2

LE PRÉ-ST-GERVAIS

68 r. André-Joineau ✉ 93310
TEL. 01 48 45 14 59
Fermé août, samedi et dimanche

Ⓐ/ℂ

Cuisine moderne • Branché

SAPERLIPOPETTE !

Cette ancienne brasserie a subi un sacré lifting, devenant un restaurant chaleureux et branché, sous la houlette experte de l'équipe de l'Escargot 1903, Macaille etc. La cuisine, façon bistrot chic – côte de bœuf et côte de veau sont toujours à l'ardoise – est généreuse et bien tournée. Service stylé et attentionné.

Formule 25 € – Menu 36/40 € – Carte 47/63 €

PLAN : B2

PUTEAUX

9 pl. du Théâtre ⊠ 92800
TEL. 01 41 37 00 00 (réservation conseillée)
www.saperlipopette1.fr
Ferme samedi et dimanche en août

Cuisine moderne • Cosy

L'ESCARGOT 1903

Aux fourneaux de l'Escargot 1903, on trouve un jeune chef aux solides références – il travaillait précédemment au Ritz, à Paris. Il propose une bonne cuisine de produits, avec une attention particulière portée à l'esthétique des plats. Deux agréables terrasses.

Formule 49 € – Menu 59 € (déjeuner)/110 € – Carte 85/135 €

PLAN : B2

PUTEAUX

18 r. Charles-Lorilleux ⊠ 92800
TEL. 01 47 75 03 66
www.lescargot1903.com
Ferme samedi et dimanche

Cuisine traditionnelle • Classique

LES ÉCURIES DE RICHELIEU

Nichées dans une élégante bâtisse du 17e s., ces Écuries de Richelieu vous accueillent dans une salle conviviale et claire, ou dans une cave voûtée intimiste, pour déguster une cuisine traditionnelle autour d'un court menu. Bon rapport qualité-prix.

Menu 35 €

PLAN : B2

RUEIL-MALMAISON

21 r. du Dr-Zamenhof ⊠ 92500
TEL. 01 47 08 63 54
www.ecuries-richelieu.com
Fermé samedi midi, dimanche soir et lundi

Cuisine moderne • Cosy

LE PATTE NOIRE

Inutile de montrer patte blanche pour espérer manger dans ce restaurant du centre-ville ! Derrière les fourneaux, le chef réalise une cuisine bien dans l'air du temps avec de beaux produits. Dans l'assiette, les assaisonnements sont bons, les cuissons réussies. Accueil et service tout sourire.

Formule 29 € – Menu 36/99 € – Carte 54/82 €

PLAN : B2

RUEIL-MALMAISON

56 r. du Gué ⊠ 92500
TEL. 09 81 20 81 69
www.lepattenoire.com
Fermé 3 semaines en août, 1 semaine en septembre, samedi midi, dimanche soir et lundi

¶O

Cuisine moderne •
Contemporain

LA GRANGE DES HALLES

Rungis, ce n'est pas seulement le célèbre marché connu de tous les chefs, mais aussi un vieux bourg, où se trouve cette Grange au look atypique – tableaux contemporains, banquettes en velours... Homard du vivier, millefeuille à la vanille de Madagascar : la cuisine est calée sur les saisons et, évidemment, le marché.

Formule 19 € – Menu 22 € (déjeuner), 34/43 €

PLAN : C3

RUNGIS

28 r. Notre-Dame ⊠ 94150
TEL. 01 46 87 08 91
www.la-grange-des-halles.webnode.fr
Fermé 3 semaines en août, lundi soir, samedi midi et dimanche

🛖 🅿

¶O

Cuisine traditionnelle • Bistro

LE GARDE-MANGER

Ce bistrot de quartier, apprécié par la clientèle locale pour son ambiance conviviale et son accueil sympathique, propose une cuisine traditionnelle (œufs pochés aux morilles, pavé de cabillaud rôti, magret de canard etc.), et des planches d'apéritif en début de soirée.

Menu 20 € (déjeuner) – Carte 34/50 €

PLAN : B2

ST-CLOUD

21 r. d'Orléans ⊠ 92210
TEL. 01 46 02 03 66
www.legardemanger.com
Fermé dimanche

🛖

¶O

Cuisine classique • Élégant

CAZAUDEHORE

Ambiance chic et cosy, décor dans l'air du temps, délicieuse terrasse sous les acacias, cuisine soignée et belle carte des vins... Une vraie histoire de famille depuis 1928.

Formule 39 € – Menu 59/85 € – Carte 46/87 €

PLAN : A2

ST-GERMAIN-EN-LAYE

Hôtel La Forestière
1 av. du Président-Kennedy ⊠ 78100
TEL. 01 30 61 64 64
www.cazaudehore.fr
Fermé dimanche soir en août et de novembre à mars

🛖 🍴 ♿ 🆒 ⇄ 🕸 🅿

¶O

Cuisine moderne • Épuré

LE 10

Ce restaurant lumineux, dont les baies vitrées donnent sur la rue, propose une carte courte où les produits de qualité sont à la fête, et des assiettes modernes qui vont à l'essentiel. Aucun doute : le chef, qui a travaillé pendant six ans à l'hôtel de Matignon, connaît bien son métier.

Menu 35 € (déjeuner en semaine), 58/90 €

PLAN : A2

ST-GERMAIN-EN-LAYE

10 r. des Louviers ⊠ 78100
TEL. 01 34 51 04 24
www.lestablesdegalilee-le10.fr
Fermé dimanche et lundi

♿ 🆒

Cuisine classique · Élégant

PAVILLON HENRI IV

L'un des atouts de ce restaurant est sans conteste son superbe panorama sur la vallée de la Seine. Un cadre exceptionnel où l'on vient savourer une cuisine classique et de beaux produits ; on y inventa les pommes soufflées et la béarnaise !

Formule 35 € – Menu 51/120 € 🍷 – Carte 60/88 €

PLAN : A2

ST-GERMAIN-EN-LAYE

**Hôtel Pavillon Henri IV
19 r. Thiers ✉ 78100
TEL. 01 39 10 15 15
www.pavillonhenri4.fr
Fermé samedi midi et dimanche soir**

.🍴

Cuisine moderne · Bistro

LE WAUTHIER BY CAGNA

Risotto du Piémont au homard et beurre blanc, escalopes de ris de veau braisées, mousseline de céleri et sauce Albufera... Une cuisine bien dans l'air du temps, réalisée avec de bons produits du marché : voilà la promesse de cette sympathique maison sangermanoise au joli intérieur de bistrot chic. Service attentionné.

Formule 28 € – Menu 34 € (déjeuner en semaine)/48 € – Carte environ 53 €

PLAN : A2

ST-GERMAIN-EN-LAYE

**31 r. Wauthier ✉ 78100
TEL. 01 39 73 10 84
www.restaurant-wauthier-by-cagna.fr
Ⓜ Saint-Germain-en-Laye
Fermé 3 semaines en août, 1 semaine en mars, mercredi midi, dimanche et lundi**

🍴

Cuisine traditionnelle · Élégant

L'ATELIER GOURMAND

Au cœur du village, dans une ancienne ferme, une table bien nommée : on y apprécie une cuisine de tradition bien tournée et toute fraîche (le chef s'approvisionne auprès du maraîcher voisin). Cadre classique et agréable, face au jardin clos de murs.

Menu 39 € (semaine) – Carte 54/65 €

PLAN : B3

ST-JEAN-DE-BEAUREGARD

**5 Grande-Rue ✉ 91940
TEL. 01 60 12 31 01
www.lateliergourmand-restaurant.fr
Fermé 24 février-4 mars, 6-13 mai,
4-26 août, 24 décembre-1er janvier, samedi
midi et dimanche**

🍴

Cuisine chinoise · Exotique

L'AMBASSADE DE PÉKIN

Cette Ambassade au décor typique représente non seulement Pékin, mais aussi le Sichuan, le Vietnam, la Thaïlande, etc. Au menu, donc, un joli éventail de spécialités asiatiques, parmi lesquelles les crevettes à l'ail et au poivre, ou le canard laqué.

Formule 13 € – Menu 48 € (semaine) – Carte 20/91 €

PLAN : C2

ST-MANDÉ

**6 av. Joffre ✉ 94160
TEL. 01 43 98 13 82
Ⓜ St-Mandé-Tourelle**
A/C

¶○

*Cuisine traditionnelle •
Branché*

MA COCOTTE

Nichée dans les puces de St-Ouen, une cantine chic signée «by Philippe Starck». La déco joue la carte du loft contemporain chaleureux, la cuisine celle des classiques – bien troussés – dont on ne se lasse pas : poulet fermier à la broche, fish and chips de Portobello, etc. Cette cocotte a la cote !

Formule 26 € ♟ – Menu 31 € ♟ – Carte 40/62 €

PLAN : B2

ST-OUEN

106 r. des Rosiers ⊠ 93400
TEL. 01 49 51 70 00
www.macocotte-lespuces.fr
Ⓜ Porte de Clignancourt

🛖 ♿ AC ⌷

¶○

*Cuisine traditionnelle •
Vintage*

LE COQ DE LA MAISON BLANCHE

Une cuisine très traditionnelle (tête de veau sauce ravigote, coq au vin, etc.), un authentique décor estampillé 1950, des serveurs efficaces et de nombreux habitués de longue date : cette adresse, incontournable à St-Ouen, ressuscite un film d'Audiard !

Menu 32 € – Carte 45/97 €

PLAN : B2

ST-OUEN

37 bd Jean-Jaurès ⊠ 93400
TEL. 01 40 11 01 23
www.lecoqdelamaisonblanche.com
Ⓜ Mairie de St-Ouen
Fermé août et samedi et dimanche en juillet

🛖 AC ⌷ 🎱

¶○

Cuisine moderne • Bistro

LA PUCE

À un saut de puce des puces de St-Ouen, cette Puce-là ne fait pas faux bond à la qualité : dans ce bistrot sympathique, on apprécie ravioles au foie gras et lentilles à la crème de porto blanc, ch'tiramisu aux spéculos, etc. Des plats bien tournés, aux prix raisonnables, comme les vins. De quoi mettre la puce à l'oreille !

Formule 23 € – Menu 36 € – Carte environ 40 €

PLAN : B2

ST-OUEN

17 r. Ernest-Renan ⊠ 93400
TEL. 01 40 12 63 75
Ⓜ Mairie de St-Ouen
Fermé 18 février-6 mars, 3 semaines en août, dimanche, lundi et fériés

---

¶○

Cuisine moderne • Bistro

LE RIPAILLEUR Ⓝ

En face de la patinoire et à deux pas de la mairie, ce restaurant qui louche vers l'esprit bistrot propose une cuisine chaleureuse (ris de veau, pâté en croûte) à base de produits frais, et à prix imbattables. Ici, prime convivialité et ripaille ! Une adresse bien sympathique.

Formule 16 € – Menu 18 € (déjeuner en semaine) – Carte 30/40 €

PLAN : B2

ST-OUEN

9 r. du Dr-Bauer ⊠ 93400
TEL. 09 83 04 68 50
www.leripailleur.fr
Ⓜ Mairie de St-Ouen
Fermé 3 semaines en août, mardi soir, mercredi soir, dimanche et lundi

♿ AC

🍴○

Cuisine grecque • Méditerranéen

YAYA Ⓝ

Yaya est le surnom donné aux grands-mères dans les pays méditerranéens. Ce restaurant est né d'une rencontre entre deux frères et un chef. À l'arrivée, une jolie cuisine grecque: poulpe grillé, mezzés, gâteau à l'orange (une recette de la grand-mère des deux frères, justement...). Une table sympathique dans le quartier en plein essor de Saint-Ouen.

Carte 25/38 €

PLAN : B2

ST-OUEN

8 r. de l'Hyppodrome ✉ 93400
TEL. 01 44 04 27 65
www.yayarestaurant.com
Ⓜ Mairie de St-Ouen
🍴🏠 ♿

🍴○

Cuisine traditionnelle • Bistro

HOSTELLERIE DU PRIEURÉ

Banquettes, nappes à carreaux, objets anciens... Dans ce village pittoresque, cette jolie auberge ravit les amoureux d'autrefois – et la salle avec sa cheminée, les romantiques! À la carte, pas de nostalgie : foie gras poêlé aux girolles, fricassée d'écrevisses et ris de veau, macaron glacé au caramel...

Formule 28 € – Menu 38/48 € – Carte 47/58 €

PLAN : B1

ST-PRIX

74 r. Auguste-Rey ✉ 95390
TEL. 01 34 27 51 51
www.restaurantduprieure.com
Fermé 5-20 août, samedi midi, lundi midi et dimanche

A/C

😋

Cuisine du Sud-Ouest • Classique

LA TABLE D'ANTAN

Vous serez d'abord séduit par un accueil prévenant en ce restaurant d'un quartier résidentiel. On y savoure une cuisine classique et des spécialités du Sud-Ouest de qualité.

Formule 26 € – Menu 32/51 € – Carte 46/82 €

PLAN : B3

STE-GENEVIÈVE-DES-BOIS

38 av. Grande-Charmille-du-Parc (près de l'hôtel de ville) ✉ 91700
TEL. 01 60 15 71 53
www.latabledantan.fr
Fermé 7-27 août, dimanche soir, mardi soir, mercredi soir et lundi sauf fériés

🏠 A/C

🍴○

Cuisine traditionnelle • Auberge

LA MAISON DES BOIS

Dans la même famille depuis 1926, cette auberge typique, couverte de vigne vierge, affiche un décor des plus classiques. Même esprit à la carte, avec des recettes traditionnelles et des suggestions du marché. Terrasse ombragée sous un vieux marronnier.

Menu 47 € – Carte 70/82 €

PLAN : A2

STE-APOLLINE

1467 avenue d'Armorique ✉ 78370
TEL. 01 30 54 23 17
www.lamaisondesbois.fr
Fermé dimanche soir, mardi soir et mercredi

🏠 🪑 ♿ 🅿

Cuisine classique • Traditionnel
AU MÉNIL

Le chef, aussi expérimenté que passionné par son métier, s'est entouré d'une équipe jeune et motivée. Il en résulte une cuisine généreuse et savoureuse, sans esbroufe, réalisée avec de beaux produits directement piochés au marché de Rungis. La maison est en évolution permanente, signe que l'envie et le plaisir sont toujours au rendez-vous !

Formule 18 € – Menu 23 € (déjeuner en semaine), 38/60 € – Carte environ 42 €

SAVIGNY-SUR-ORGE
24 bd Aristide-Briand ✉ 91600
TEL. 01 69 05 47 48
www.aumenil.com
Fermé 7-21 août et mercredi

Cuisine moderne • Design
LES PETITS PRINCES

C'est une jolie petite maison d'angle, sise non loin du tram T2, que vous remarquerez à sa façade peinte. Ici, on concocte une cuisine actuelle, jamais ennuyeuse, déclinée sous forme d'un menu-carte, et élaborée par un chef au beau parcours. A noter, sur l'arrière, une cour/terrasse avec verdure. Voiturier en fin de semaine.

Formule 22 € – Menu 29/36 € – Carte 36/62 €

PLAN : B2

SURESNES
26 r. du Val-d'Or ✉ 92150
TEL. 01 41 47 87 61
www.restaurantlespetitsprinces.fr
Fermé 28 juillet-21 août, 22-30 décembre, dimanche et lundi

Cuisine traditionnelle • Contemporain
AU PÈRE LAPIN

Dîner face à la tour Eiffel, ça vous dit ? Dans ce cas, installez-vous sur la terrasse du Père Lapin, pour savourer une bonne cuisine de bistrot (terrine de lapin, côte de bœuf rôtie etc.). Par mauvais temps, on prend place dans une salle au décor contemporain... et l'on n'est pas malheureux !

Formule 28 € – Menu 34 € (déjeuner en semaine) – Carte 39/57 €

PLAN : B2

SURESNES
10 r. du Calvaire ✉ 92150
TEL. 01 45 06 72 89
www.auperelapin.com
Fermé dimanche soir

Cuisine moderne • Chic
BISTRO LÀ-HAUT

Sur le mont Valérien, les anciens Jardins de Camille ont laissé place à ce «bistrot d'altitude» (une cabine de téléphérique est installée à l'entrée), parfait trait d'union entre Megève et l'Ouest parisien. La cuisine se décline au fil des saisons : tourteau émietté, velouté glacé de petits pois à la menthe ; rascasse rôtie, julienne de légumes, soupe de poissons... So chic.

Menu 49 €

PLAN : B2

SURESNES
70 av. Franklin-Roosevelt ✉ 92150
TEL. 01 45 06 22 66
www.bistrolahaut.fr
Fermé samedi et dimanche

🍴◯

Cuisine traditionnelle • Branché

MACAILLE

Sur les quais, à deux pas de la Défense, cette ancienne brasserie a adopté les atours d'un appartement de famille, dont les espaces, modulables et décorés de façon différente, évoquent les pièces d'antan. Une cuisine fraîche de saison, comme à la maison !

Menu 30 € – Carte 40/56 €

PLAN : B2

SURESNES

29 quai Gallieni ✉ **92150**
TEL. 01 41 44 77 80
www.macaille.fr
Fermé dimanche et lundi

🍴◯

Cuisine traditionnelle • Simple

ST-MARTIN

Proche d'une jolie église gothique du 13e s. et des bords de Seine, un restaurant à l'atmosphère familiale. Au menu, des recettes de tradition ou plus actuelles, et des suggestions qui varient selon le marché. Simple et bien tourné.

Formule 22 € – Menu 26 € (déjeuner en semaine)/36 € – Carte environ 41 €

PLAN : A1

TRIEL-SUR-SEINE

2 r. Galande (face à la poste) ✉ **78510**
TEL. 01 39 70 32 00
www.restaurantsaintmartin.com
Fermé 2 semaines en août, vacances de Noël, mercredi et dimanche

😊

Cuisine moderne • Tendance

LA JUMENT VERTE

Dans un hameau qui semble tranquille… et pourtant stratégiquement situé, tout près du parc des expositions de Villepinte et de l'aéroport de Roissy, voici une escale gourmande toute trouvée. On y déguste une belle cuisine tout en fraîcheur et saveurs, recherchée juste comme il faut. Décor à la fois simple et avenant.

Formule 28 € – Menu 32/53 € – Carte 38/60 €

PLAN : C1

TREMBLAY-VIEUX-PAYS

43 rte de Roissy ✉ **93290**
TEL. 01 48 60 69 90
www.aubergelajumentverte.fr
Fermé 3 semaines en août, samedi, dimanche et fériés

🍴◯

Cuisine moderne • Tendance

CHÂTEAU DES ÎLES

Dans le calme de cette charmante adresse, le chef réalise une cuisine au goût du jour, évoluant au fil des saisons ; on l'accompagne d'un vin de Bordeaux choisi dans une imposante carte. À savourer en terrasse pendant les beaux jours !

Menu 46/80 € – Carte 60/92 €

PLAN : C2

LA VARENNE-ST-HILAIRE

85 quai Winston-Churchill ✉ **94210**
TEL. 01 48 89 65 65
www.chateau-des-iles.com
Fermé lundi en août et dimanche soir

*Cuisine moderne •
Design*

FAIM ET SOIF

Un restaurant de poche, cosy et confortable, à la déco colorée : l'endroit parfait pour soigner sa faim et sa soif ! On se retrouve ici pour déguster des mets appétissants, ceux d'une vraie cuisine de produits, bien dans l'air du temps et renouvelée chaque semaine.

Carte 54/73 €

PLAN : C2

LA VARENNE-ST-HILAIRE

**28 r. St-Hilaire ⊠ 94210
TEL. 01 48 86 55 76
www.faimetsoif.com
Fermé 1 semaine en août,
dimanche et lundi**

Cuisine moderne • Contemporain

LE BISTROT DU 11

Vous l'avez deviné : l'équipe de la Table du 11, à Versailles également, se cache derrière ce Bistrot du 11, installé dans une rue touristique piétonne non loin du château. C'est aussi contemporain dans la décoration (béton ciré, carreaux de ciment, poutres métalliques, cuisines ouvertes sur la salle) que dans l'assiette, où de beaux produits sont déclinés sous la forme d'un menu-carte avec quatre entrées, quatre plats et trois desserts. Œuf, lentilles et persil ; cabillaud, chou pointu et tarama ; tarte au chocolat chaud, vanille... Des propositions soignées, bien dans l'air du temps, et les prix sont raisonnables : à découvrir d'urgence.

Formule 27 € – Menu 36 €

PLAN : A2

VERSAILLES

**10 r. de Satory ⊠ 78000
TEL. 01 75 45 63 70
www.lebistrotdu11.com
Fermé 18 février-5 mars, 3 semaines en août,
dimanche et lundi**

Cuisine moderne • Convivial

L'ANGÉLIQUE

Sur l'avenue de Saint-Cloud, un hôtel particulier du 17e s. abritant en son sein une salle à manger élégante et feutrée.. Aucun doute : on est à Versailles ! Dans l'assiette, tout est fait maison avec de bons produits, si bien que l'on passe un agréable moment.

Menu 39 € – Déjeuner en semaine 49/94 €

PLAN : A2

VERSAILLES

**27 avenue de St-Cloud ⊠ 78000
TEL. 01 30 84 98 85
www.langelique.fr
Fermé 3 semaines en août, 24 décembre-5 janvier,
dimanche et lundi**

‖○

Cuisine classique • Contemporain

ORE

Ore, c'est la bouche, en latin. Un nom d'une simplicité désarmante pour cet endroit tout simplement exceptionnel : un pavillon du 17e s. aménagé au cœur du château de Versailles. Alain Ducasse est le Roi Soleil de ces lieux, y faisant appliquer la loi culinaire qu'on lui connaît : celle de la naturalité, et d'un hommage sans cesse renouvelé au beau produit.

Formule 22 € ⛾ – Carte 34/80 €

PLAN : A2

VERSAILLES

pl. d'Armes (Pavillon Dufour-Château de Versailles - 1er étage) ✉ **78000**
TEL. 01 30 84 12 96
www.ducasse-chateauversailles.com
Fermé le soir et lundi

⇐ ⇔ ⚿ ⌖

‖○

Viandes • Bistro

LA TOUR

Avis aux amateurs de viande ! Ici, on est expert en la matière : choix des morceaux, maturation, etc. Dans la salle, on a même accroché les plaques émaillées remportées par des éleveurs de bovins. Le cadre est celui d'un bistrot pur jus : tables serrées, comptoir... Ambiance conviviale.

Formule 25 € – Carte 32/70 €

PLAN : A2

VERSAILLES

6 r. Carnot ✉ **78000**
TEL. 01 39 50 58 46
www.restaurants-yvelines.com/restaurant-la-tour-versailles
Fermé dimanche soir

☂ A/C

‖○

Cuisine moderne • Convivial

ZIN'S À L'ÉTAPE GOURMANDE

Une vraie étape gourmande, dans le quartier de Porchefontaine. Faire le marché tous les deux jours, ne proposer que du fait-maison (à part le pain) et une large collection de vins : tel est le sacerdoce du chef, Alain Zinsmeister ! L'hiver, on mange au coin du feu et, l'été, sur la jolie terrasse à l'arrière...

Formule 29 € – Menu 36 € (semaine), 39/46 €

PLAN : A2

VERSAILLES

125 r. Yves-Le-Coz ✉ **78000**
TEL. 01 30 21 01 63 (réservation conseillée)
www.arti-zins.fr
Fermé 1 semaine en août, 1 semaine en janvier, samedi midi, dimanche et lundi

☂ ⅏

☺

Cuisine moderne • Bistro

LE CAFÉ DES ARTISTES

Ici, se déguste une cuisine contemporaine, goûteuse et inspirée, réalisée avec de beaux produits, que l'on ira volontiers déguster en terrasse, en contemplant distraitement le charmant jardin. Idyllique et bucolique.

Formule 31 € – Menu 36 €

PLAN : B2

VILLE-D'AVRAY

Hôtel Les Étangs de Corot
55 r. de Versailles ✉ **92410**
TEL. 01 41 15 37 00
www.etangs-corot.com

☂ A/C

¶○
Cuisine moderne • Convivial

MAYA

Ce restaurant de poche, ancienne quincaillerie, est tenu par un ex-directeur artistique dans la publicité... Associé au chef (et compatriote) Juan Arbelaez, il propose une amicale cuisine sud-américaine, déclinée sur ardoise, à apprécier dans une salle colorée, avec ses murs en planches de bois et son plafond en... tôle !

Formule 22 € – Menu 27 € (déjeuner en semaine) – Carte 34/48 €

PLAN : B2

VILLE-D'AVRAY

45 r. de Saint-Cloud ✉ **92410**
TEL. 01 41 15 50 48
Fermé 3 semaines en août, dimanche et lundi

😊
Poissons et fruits de mer • Traditionnel

LA RIGADELLE

Spécialité du lieu : le poisson, d'une grande fraîcheur (arrivages de Bretagne) et préparé en aïoli, en bouillabaisse ou en cotriade par un chef qui connaît parfaitement son métier... et qui fait évoluer ses recettes petit à petit, touche par touche, afin de suivre les saisons. Une adresse pleine de goût... et de mérite !

Formule 26 € – Menu 35/58 € – Carte 45/73 €

PLAN : C2

VINCENNES

23 r. de Montreuil ✉ **94300**
TEL. 01 43 28 04 23
⊕ Château de Vincennes
Fermé 13 août-7 septembre, dimanche soir, lundi et mardi

♿ A/C

¶○
Cuisine traditionnelle • Intime

L'HÉDONISTE

Au centre de Vincennes, ce petit restaurant à l'atmosphère intimiste propose une cuisine du marché et de saison ; les deux associés, bretons, s'autorisent de nombreux clins d'œil à leur région. Spécialité maison : les escargots moelleux au saté et au bleu...

Formule 19 € – Menu 23 € (déjeuner en semaine)/32 € – Carte 35/57 €

PLAN : C2

VINCENNES

26 r. de Montreuil ✉ **94300**
TEL. 01 43 74 98 62
⊕ Château de Vincennes
Fermé 3 semaines fin juillet-début août, vacances de Noël, dim. et lundi

A/C

¶○
Cuisine traditionnelle • Familial

LE MARCIGNY

La Bourgogne mise à l'honneur ! Ce petit restaurant à succès porte le nom du village dont est originaire l'épouse du chef. Plats traditionnels, pain maison et vins régionaux.

Menu 29/39 €

PLAN : C3

VIRY-CHÂTILLON

27 r. Danielle-Casanova ✉ **91170**
TEL. 01 69 44 04 09 (réservation conseillée)
www.lemarcigny.fr
Fermé samedi midi, dimanche soir et lundi

A/C

Cuisine moderne • Auberge

LA FERME DE VOISINS

On accède à ce joli corps de ferme du 19e s. par une cour fleurie, qui fait office de terrasse l'été venu. La carte, plutôt courte, met en valeur les incontournables de la maison – sucettes de gambas, tête de veau «irremplaçable» – et recèle des plats goûteux et créatifs. Une belle adresse à découvrir au plus vite.

Formule 34 € – Menu 39 € (déjeuner), 44/69 €

PLAN : A2

VOISINS-LE-BRETONNEUX

4 r. Port-Royal ⊠ 78960
TEL. 01 30 44 18 18
www.lafermedevoisins.fr
Fermé 1 semaine fin avril, 2 semaines en août, 24-30 décembre, samedi midi et dimanche

Cuisine moderne • Rustique

LA GRANGE AUX DÎMES

Vieilles pierres, cheminée monumentale, haute charpente en bois... Cette belle grange aux dîmes du 13e s. transporte dans l'Île-de-France d'hier ! Pour autant, la cuisine joue la carte de la gastronomie d'aujourd'hui, sous l'égide d'un chef venu de grandes maisons parisiennes. Saveurs flatteuses et accueil aimable.

Menu 36/38 € – Carte environ 77 €

PLAN : B3

WISSOUS

3 r. André-Dolimier ⊠ 91320
TEL. 01 69 81 70 08
www.grangeauxdimes.com
Fermé 1 semaine en février, 1 semaine à Pâques, 3 semaines en août, samedi, dimanche et fériés

MICHELIN INNOVE SANS CESSE POUR UNE MEILLEURE MOBILITÉ PLUS SÛRE, PLUS ÉCONOME, PLUS PROPRE ET PLUS CONNECTÉE.

Les pneus s'usent plus vite sur les petits trajets en ville...

?

VRAI !

La fréquence des freinages et des accélérations en ville use davantage vos pneus ! Dans les embouteillages, armez-vous de patience et conduisez en douceur.

La pression des pneus agit uniquement sur la sécurité...

?

FAUX !

Au-delà de la tenue de route et de la consommation de carburant, une sous pression de 0,5 Bar diminue de 8 000 km la durée de vie de vos pneus. Pensez à vérifier la pression environ une fois par mois, surtout avant un départ en vacances ou un long trajet.

*Équiper ma voiture avec **2 pneus hiver** me garantit une sécurité maximum...*

FAUX !

En hiver, en dessous de 7°C notamment, pour une meilleure tenue de route, vos quatre pneus doivent être identiques et changés en même temps.

2 PNEUS HIVER SEULEMENT = la tenue de route de votre véhicule n'est pas optimale.

4 PNEUS HIVER = c'est le choix d'une **meilleure sécurité** dans les virages, en descente et en cas de freinage.

Si vous êtes régulièrement confrontés à la pluie, à la neige ou au verglas, optez pour un pneu de la gamme ***MICHELIN* Alpin**. Cette gamme vous offre confort et précision de conduite pour affronter les obstacles de l'hiver.

MICHELIN S'ENGAGE

▶ MICHELIN EST
LE **N°1 MONDIAL
DES PNEUS ÉCONOMES
EN ÉNERGIE** POUR
LES VÉHICULES LÉGERS.

▶ POUR **SENSIBILISER
LES PLUS JEUNES
À LA SÉCURITÉ ROUTIÈRE,**
MÊME EN DEUX-ROUES :
DES ACTIONS DE TERRAIN
ONT ÉTÉ ORGANISÉES
DANS **16 PAYS** EN 2015.

QUIZ

1 POURQUOI BIBENDUM, LE BONHOMME MICHELIN, EST BLANC ALORS QUE LE PNEU EST NOIR ?

Le personnage de Bibendum a été imaginé à partir d'une pile de pneus, en 1898, à une époque où le pneu était fabriqué avec du caoutchouc naturel, du coton et du soufre et où il est donc de couleur claire. Ce n'est qu'après la Première guerre mondiale que sa composition se complexifie et qu'apparaît le noir de carbone. Mais Bibendum, lui, restera blanc !

2 SAVEZ-VOUS DEPUIS QUAND LE GUIDE MICHELIN ACCOMPAGNE LES VOYAGEURS ?

Depuis 1900, il était dit alors que cet ouvrage paraissait avec le siècle, et qu'il durerait autant que lui. Et il fait encore référence aujourd'hui, avec de nouvelles éditions et la sélection sur le site Book a table/MICHELIN Restaurants dans quelques pays.

3 DE QUAND DATE « BIB GOURMAND » DANS LE GUIDE MICHELIN ?

Cette appellation apparaît en 1997 mais dès 1954 le Guide MICHELIN signale les « repas soignés à prix modérés ». Aujourd'hui, on le retrouve sur le site et dans l'application mobile Book a table/ MICHELIN Restaurants.

Si vous voulez en savoir plus sur Michelin en vous amusant, visitez l'Aventure Michelin et sa boutique à Clermont-Ferrand, France :

www.laventuremichelin.com

Une meilleure façon d'avancer

INDEX THÉMATIQUES

_____

INDEX ALPHABÉTIQUE DES RESTAURANTS

A

C

LES TABLES ÉTOILÉES ⌘

⌘⌘⌘

Alain Ducasse au Plaza Athénée	(8e)	186
Alléno Paris au Pavillon Ledoyen	(8e)	187
L'Ambroisie	(4e)	84
Arpège	(7e)	146
Astrance	(16e)	352
Le Cinq	(8e)	188
Épicure au Bristol	(8e)	189
Guy Savoy	(6e)	112
Pierre Gagnaire	(8e)	190
Le Pré Catelan	(16e)	353

⌘⌘

L'Abeille	(16e)	354
L'Atelier de Joël Robuchon - St-Germain	(7e)	147
Carré des Feuillants	(1er)	18
Le Clarence	(8e)	191
Le Gabriel	(8e)	192
Le Grand Restaurant - Jean-François Piège	(8e)	193
Le Grand Véfour	(1er)	19
Kei	(1er)	20
Maison Rostang	(17e)	386
Mathieu Pacaud - Histoires	(16e)	355
Le Meurice Alain Ducasse	(1er)	21
Passage 53	(2e)	52
Sur Mesure par Thierry Marx	(1er)	22
Sylvestre	(7e)	148
La Table de l'Espadon	(1er)	23
Le Taillevent	(8e)	194

LES TABLES ÉTOILÉES

LES BIB GOURMAND ⊛

Abri Soba ⓝ	(9ᵉ)	238
L'Antre Amis	(15ᵉ)	332
Astier	(11ᵉ)	273
L'Atelier du Parc	(15ᵉ)	332
Au Bon Accueil	(7ᵉ)	162
Aux Enfants Gâtés	(14ᵉ)	314
Barbezingue	(Châtillon)	460
Le Bistrot du 11 ⓝ	(Versailles)	480
Bistrotters	(14ᵉ)	314
La Bourgogne	(Maisons-Alfort)	467
Café des Abattoirs	(1ᵉʳ)	30
Le Café des Artistes ⓝ	(Ville-d'Avray)	481
Le Caillebotte	(9ᵉ)	238
Les Canailles Pigalle	(9ᵉ)	239
Les Canailles Ménilmontant ⓝ	(20ᵉ)	434
Le Casse Noix	(15ᵉ)	333
Le Chefson	(Bois-Colombes)	457
Chez les Anges	(7ᵉ)	162
Chez Michel	(10ᵉ)	256
52 Faubourg St-Denis	(10ᵉ)	256
Circonstances	(2ᵉ)	56
Clamato	(11ᵉ)	273
Le Clos des Gourmets	(7ᵉ)	163
Les Cocottes - Tour Eiffel	(7ᵉ)	164
Comme Chez Maman	(17ᵉ)	391
Le Desnoyez ⓝ	(20ᵉ)	434
L'Empreinte ⓝ	(14ᵉ)	315
L'Envie du Jour	(17ᵉ)	391
L'Esquisse	(18ᵉ)	417
Etsi ⓝ	(18ᵉ)	417
Graindorge	(17ᵉ)	392
I Golosi	(9ᵉ)	239
Il Goto	(12ᵉ)	292
Impérial Choisy	(13ᵉ)	302
Le Jourdain ⓝ	(20ᵉ)	435
Jouvence	(12ᵉ)	292
La Jument Verte	(Tremblay-Vieux-Pays)	479
Kisin ⓝ	(8ᵉ)	214
Kokoro	(5ᵉ)	99

LES BIB GOURMAND

MENUS À MOINS DE 30 EUROS

RESTAURANTS PAR TYPE DE CUISINE

Cuisine argentine

Anahi ⅰ◯	(3ᵉ)	75
Biondi ⅰ◯	(11ᵉ)	276

Cuisine basque

Au Bascou ⅰ◯	(3ᵉ)	76
Pottoka ⊕	(7ᵉ)	165

Cuisine bourguignonne

Au Bourguignon du Marais ⅰ◯	(4ᵉ)	87

Cuisine bretonne

Breizh Café - Le Marais ⅰ◯	(3ᵉ)	77
Breizh Café - Odéon ⅰ◯	(6ᵉ)	126

Cuisine chinoise

L'Ambassade de Pékin ⅰ◯ (Saint-Mandé)		475
Diep ⅰ◯	(8ᵉ)	219
Impérial Choisy ⊕	(13ᵉ)	302
Lili ⅰ◯	(16ᵉ)	375
Mer de Chine ⅰ◯	(13ᵉ)	305
Passy Mandarin La Muette ⅰ◯	(16ᵉ)	378
Shang Palace ✿	(16ᵉ)	366
Taokan - St-Germain ⅰ◯	(6ᵉ)	138
Taokan - St-Honoré ⅰ◯	(1ᵉʳ)	47

Cuisine classique

L'Ambassade des Terroirs ⅰ◯ (Gennevilliers)		463
L'Ambroisie ✿✿✿	(4ᵉ)	84
Apicius ✿	(8ᵉ)	196

L'Assiette ⅰ◯	(14ᵉ)	316
Auberge Nicolas Flamel ⅰ◯ (3ᵉ)		76
Au Ménil ⅰ◯ (Savigny-sur-Orge)		478
Benoit ✿	(4ᵉ)	85
Bonne Franquette ⅰ◯ (Janvry)		464
Le Café de la Paix ⅰ◯	(9ᵉ)	244
Cazaudehore ⅰ◯ (Saint-Germain-en-Laye)		474
Chez les Anges ✿	(7ᵉ)	162
Le Chiquito ✿ (Méry-sur-Oise)		446
Dominique Bouchet ✿	(8ᵉ)	202
La Gueulardière ⅰ◯ (Ozoir-la-Ferrière)		470
Lasserre ✿	(8ᵉ)	207
Laurent ✿	(8ᵉ)	208
Maison Rostang ✿✿	(17ᵉ)	386
La Mare au Diable ⅰ◯ (Le Plessis-Picard)		471
Le Mazenay ⅰ◯	(3ᵉ)	78
Moulin d'Orgeval ⅰ◯ (Orgeval)		470
Ore ⅰ◯ (Versailles)		481
La Pagode de Cos ⅰ◯	(8ᵉ)	229
Pavillon Henri IV ⅰ◯ (Saint-Germain-en-Laye)		475
Relais Louis XIII ✿	(6ᵉ)	116
Le Relais Plaza ⅰ◯	(8ᵉ)	230
Le Taillevent ✿✿	(8ᵉ)	194
Le Tastevin ⅰ◯ (Maisons-Laffitte)		467

Cuisine coréenne

Bibimbap ⅰ◯	(5ᵉ)	102
JanTchi ⅰ◯	(1ᵉʳ)	39
Jium ⅰ◯	(15ᵉ)	344
Kohyang ⅰ◯	(15ᵉ)	345
Mandoobar ⊕	(8ᵉ)	214
Mee ⊕	(1ᵉʳ)	30
Soon Grill ⅰ◯	(3ᵉ)	79

Cuisine créative

Akrame ❀	(8e)	195
Alain Ducasse au Plaza Athénée ❀❀❀	(8e)	186
Alan Geaam ❀	(16e)	356
À mère ⅼ◎	(10e)	258
Anicia ⅼ◎	(6e)	121
L'Archeste ❀	(16e)	358
Arpège ❀❀❀	(7e)	146
Astrance ❀❀❀	(16e)	352
AT ⅼ◎	(5e)	100
L'Atelier de Joël Robuchon - Étoile ❀	(8e)	198
L'Atelier de Joël Robuchon - St-Germain ❀❀	(7e)	147
Auberge des Saints Pères ❀	(Aulnay-sous-Bois)	444
Bistro Brute ⅼ◎	(8e)	215
Le Bistrot Pierre Lambert ⅼ◎	(Courbevoie)	462
Caïus ⅼ◎	(17e)	395
Chamarré Montmartre ⅼ◎	(18e)	419
Le Chiberta ❀	(8e)	200
Le Clos Y ⅼ◎	(15e)	340
Le Concert de Cuisine ⅼ◎	(15e)	341
La Condesa ⅼ◎	(9e)	245
Le Corot ❀	(Ville-d'Avray)	447
La Dame de Pic ❀	(1er)	25
Dersou ⅼ◎	(12e)	294
Dilia ⅼ◎	(20e)	436
Garance ❀	(7e)	155
Gordon Ramsay au Trianon ❀	(Versailles)	449
Le Grand Véfour ❀❀	(1er)	19
Guy Savoy ❀❀❀	(6e)	112
Iratze ⅼ◎	(11e)	279
Ken Kawasaki ❀	(18e)	415
Les Magnolias ⅼ◎	(Le Perreux-sur-Marne)	470
MaSa ❀	(Boulogne-Billancourt)	451
Mathieu Pacaud - Histoires ❀❀	(16e)	355
Les Mets de Mo ⅼ◎	(Créteil)	462
Nomos ⅼ◎	(18e)	422
Orties ⅼ◎	(9e)	249
Pages ❀	(16e)	363
Passage 53 ❀❀	(2e)	52
Pierre Gagnaire ❀❀❀	(8e)	190
Le Pré Catelan ❀❀❀	(16e)	353
Pur' - Jean-François Rouquette ❀	(2e)	53
Quinsou ❀	(6e)	115
Restaurant du Palais Royal ❀	(1er)	28
Restaurant H ❀	(4e)	86
Saturne ❀	(2e)	54
Sur Mesure par Thierry Marx ❀❀	(1er)	22
Tempero ⊕	(13e)	303
Toyo ⅼ◎	(6e)	139
Yam'Tcha ❀	(1er)	29
Ze Kitchen Galerie ❀	(6e)	118

Cuisine créole

La Case de Babette ⅼ◎	(Maule)	467

Cuisine danoise

Copenhague ❀	(8e)	201
La Petite Sirène de Copenhague ⅼ◎	(9e)	250

Cuisine du Sud-Ouest

Au Trou Gascon ❀	(12e)	290
D'Chez Eux ⅼ◎	(7e)	172
Lou Tíap ⅼ◎	(20e)	437
La Table d'Antan ⊕	(Sainte-Geneviève-des-Bois)	477

Cuisine du monde

Spoon ⅼ◎	(2e)	68

Cuisine du terroir

Ambassade d'Auvergne ⅼ◎	(3e)	74
Auberge Pyrénées Cévennes ⅼ◎	(11e)	275

RESTAURANTS PAR TYPE DE CUISINE

Cuisine flamande

Graindorge ⓐ (17e) 392

Cuisine grecque

Bistrot Mavrommatis ⓘ (1er) 34
Les Délices
 d'Aphrodite ⓘ (5e) 103
Etsi ⓐ (18e) 417
Mavrommatis ✿ (5e) 97
Mavrommatis -
 Le Bistro Passy ⓘ (16e) 376
Yaya ⓘ (Saint-Ouen) 477

Cuisine indienne

Gwadar ⓘ (1er) 38

Cuisine israélienne

Balagan ⓘ (1er) 33
Tavline ⓘ (4e) 90

Cuisine italienne

L'Altro ⓘ (6e) 121
Baffo ⓘ (4e) 87
Bistro d'Italia ⓘ (17e) 393
Caffè Stern ⓘ (2e) 61
Caméléon d'Arabian ⓘ (6e) 127
Casa Bini ⓘ (6e) 128
Le Cherche Midi ⓘ (6e) 129
Ciasa Mia ⓘ (5e) 102
Conti ⓘ (16e) 372
Crudus ⓘ (1er) 36
Emporio Armani Caffè ✿ (6e) 113
Le George ✿ (8e) 204
I Golosi ⓐ (9e) 239
Il Carpaccio ✿ (8e) 206
Il Cuoco Galante ⓘ (9e) 247
Il Goto ⓐ (12e) 292
Il Gusto Sardo ⓘ (16e) 374
Loulou ⓘ (1er) 41
Marco Polo ⓘ (6e) 134

Marzo ⓘ (7e) 176
Mori Venice Bar ⓘ (2e) 66
Nolita ⓘ (8e) 228
Officina Schenatti ⓘ (5e) 104
Osteria Ferrara ⓘ (11e) 280
Passerini ⓘ (12e) 295
Penati al Baretto ✿ (8e) 211
Samesa ⓘ (17e) 406
Sormani ⓘ (17e) 406
Tosca ⓘ (8e) 232
Le Vinci ⓘ (16e) 380

Cuisine japonaise

Abri Soba ⓐ (9e) 238
Aida ✿ (7e) 149
Auda ⓘ (Levallois-Perret) 466
Azabu ⓘ (6e) 123
Le Bar des Prés ⓘ (6e) 123
Beige ⓘ (5e) 101
Benkay ⓘ (15e) 337
Bon Kushikatsu ⓘ (11e) 277
Enyaa ⓘ (1er) 37
Hotaru ⓘ (9e) 247
Isami ⓘ (4e) 90
Jin ✿ (1er) 27
Kinugawa Vendôme ⓘ (1er) 39
Kinugawa Matignon ⓘ (8e) 221
Kisin ⓐ (8e) 214
Komatsubaki ⓘ (8e) 221
Kunitoraya ⓘ (1er) 40
Kura ⓘ (16e) 375
Matsuhisa ⓘ (8e) 226
Nodaïwa ⓘ (1er) 43
Okuda ⓘ (8e) 228
Sagan ⓘ (6e) 135
Sanukiya ⓘ (1er) 45
Shu ⓘ (6e) 137
Sushi B ✿ (2e) 55
Le Sushi Okuda ⓘ (8e) 231
Teppanyaki
 Ginza Onodera ⓘ (6e) 138
Yen ⓘ (6e) 140
Zen ⓐ (1er) 31

Cuisine libanaise

Cuisine lyonnaise

Cuisine méditerranéenne

Cuisine moderne

RESTAURANTS PAR TYPE DE CUISINE

513

Cuisine nord-africaine

Cuisine portugaise

Cuisine péruvienne

Cuisine russe

Cuisine sud-est asiatique

Cuisine thaïlandaise

Cuisine traditionnelle

Poissons et fruits de mer

Antoine ✿	(16e)	357
Belle Maison ⅱ◯	(9e)	243
La Cagouille ⅱ◯	(14e)	317
Clamato ⓐ	(11e)	273
Dessirier par Rostang Père et Filles ⅱ◯	(17e)	398
Divellec ✿	(7e)	153
Le Dôme ⅱ◯	(14e)	321
Le Duc ⅱ◯	(14e)	321
L'Écailler du Bistrot ⅱ◯	(11e)	278
La Fontaine Gaillon ⅱ◯	(2e)	63
Gaya Rive Gauche par Pierre Gagnaire ✿	(7e)	156
Helen ✿	(8e)	205
Jarrasse L'Écailler de Paris ⅱ◯	(Neuilly-sur-Seine)	469
La Marée Jeanne ⅱ◯	(2e)	65
Marius et Janette ⅱ◯	(8e)	225
La Méditerranée ⓐ	(6e)	119
Petrossian - Le 144 ⅱ◯	(7e)	177
Pétrus ⅱ◯	(17e)	403
Prunier ⅱ◯	(16e)	379
Rech ⅱ◯	(17e)	405
La Rigadelle ⓐ	(Vincennes)	482
Salt ⅱ◯	(11e)	281

Viandes

L'Atelier d'Hugo Desnoyer ⅱ◯	(16e)	369
Atelier Vivanda - Cherche Midi ⅱ◯	(6e)	122
Atelier Vivanda - Lauriston ⅱ◯	(16e)	370
Atelier Vivanda - Marais ⅱ◯	(3e)	75
The Butchers of Paname ⅱ◯	(6e)	126
Café des Abattoirs ⓐ	(1er)	30
La Maison de L'Aubrac ⅱ◯	(8e)	223
Severo ⅱ◯	(14e)	324
Sur la Braise ⅱ◯	(6e)	137
La Table Hugo Desnoyer - Secrétan ⅱ◯	(19e)	429
La Tour ⅱ◯	(Versailles)	481

TABLES EN TERRASSE 🛖

SALONS PARTICULIERS ⬓

SALONS PARTICULIERS

AUTOUR DE PARIS -
INDEX DES LOCALITÉS CITÉES

PLANS DES ARRONDISSEMENTS

CREDITS

Page 6 (de haut en bas) : L'Archeste / Michelin • Le Baudelaire • Anne-Emmanuelle Thion/ Le Taillevent • Gregoire Gardette/L'Orangerie

MICHELIN TRAVEL PARTNER

Société par actions simplifiées au capital de 11 288 880 EUR
27 Cours de l'Île Seguin - 92100 Boulogne Billancourt (France)
R.C.S. Nanterre 433 677 721
© 2017 Michelin Travel Partner, Tous droits réservés
Dépôt légal : novembre 2017
Imprimé en Italie, sur du papier issu de forêts gérées durablement.

Edition - Conception graphique : **i c i 𝕭 a r b è s**
Compogravure : Nord Compo, Villeneuve-d'Ascq (France)
Impression : LEGO, Lavis (Italia)

L'équipe éditoriale a apporté le plus grand soin à la rédaction de ce guide et à sa vérification. Toutefois, les informations pratiques (formalités administratives, prix, adresses, numéros de téléphone, adresses Internet..) doivent être considérées comme des indications du fait de l'évolution constante de ces données : il n'est pas totalement exclu que certaines d'entre elles ne soient plus, à la date de parution du guide, tout à fait exactes ou exhaustives. Avant d'entamer toutes démarches (formalités administratives et douanières notamment), vous êtes invités à vous renseigner auprès des organismes officiels. Ces informations ne sauraient de ce fait engager notre responsabilité.